普通高校工商管理系列规划教材

# 管理学

王国顺 ◎ 主　编

邓春平  
王长斌 ◎ 副主编

清华大学出版社
北　京

## 内 容 简 介

本书是在国家推进实施一流本科课程"双万计划"的背景下推出的。一流的专业要有一流的课程来支撑，一流的课程离不开一流的教材。本书分为六部分，共 12 章，在总论基础上按照计划、组织、领导、控制四大职能展开，最后介绍管理新环境与新问题。在材料选取上，本书力图贯彻"课程思政"理念，较多采用中国企业案例，反映中国企业管理创新最新成果，体现中国企业管理挑战；在体例设计上，本书以方便教师引导学习、学生自主学习为原则，综合采用正文中相关案例、案例讨论题、推荐阅读资料等方式，方便教师进行场景化教学和学生拓展知识纵深。

本书封面贴有清华大学出版社防伪标签，无标签者不得销售。
版权所有，侵权必究。举报：010-62782989，beiqinquan@tup.tsinghua.edu.cn。

图书在版编目（CIP）数据

管理学/王国顺主编. —北京：清华大学出版社，2020.8（2023.4重印）
 普通高校工商管理系列规划教材
 ISBN 978-7-302-56082-1

Ⅰ. ①管… Ⅱ. ①王… Ⅲ. ①管理学－高等学校－教材 Ⅳ. ①C93

中国版本图书馆 CIP 数据核字（2020）第 136988 号

责任编辑：左玉冰
封面设计：李伯骥
责任校对：宋玉莲
责任印制：杨　艳

出版发行：清华大学出版社
　　　　网　　址：http://www.tup.com.cn，http://www.wqbook.com
　　　　地　　址：北京清华大学学研大厦 A 座　　邮　　编：100084
　　　　社 总 机：010-83470000　　邮　　购：010-62786544
　　　　投稿与读者服务：010-62776969，c-service@tup.tsinghua.edu.cn
　　　　质量反馈：010-62772015，zhiliang@tup.tsinghua.edu.cn
印 装 者：三河市君旺印务有限公司
经　　销：全国新华书店
开　　本：185mm×260mm　　印　张：23.5　　字　数：549 千字
版　　次：2020 年 9 月第 1 版　　印　次：2023 年 4 月第 4 次印刷
定　　价：65.00 元

产品编号：065567-02

# 普通高校工商管理系列规划教材

## 编 委 会

主　任：王国顺

副主任：孙永波　杨浩雄

委　员：(按姓氏笔画排序)

王　真　王　晶　王　勇　邓春平　刘文纲

李业昆　何　辉　张　永　张景云　张运来

张　浩　曹正进　蒯鹏州

# 前言
## FOREWORD

北京工商大学自1980年设立企业管理专业,开设管理学课程,至今已有近40年的历史。管理学课程开设初期叫"商业管理概论",1999年改名为"管理概论",2003年正式定名为"管理学"。课程教材最初使用我系(原北京商学院管理系)潘大钧教授主编的《管理概论》,2003年更新为潘大钧教授编写的《管理学》,2009年工商管理系组织骨干教师编写了新版《管理学》教材,2014年做了修订。

自上一版教材修订以来,我国企业管理的环境发生了深刻的变化。数字经济重构了商业模式与组织形态,竞争进入到跨界时代;我国经济从高速增长步入高质量发展阶段;国际市场环境不确定性大大增强;新生代员工期待新管理。环境的变化呼唤并推动着企业管理理论和实践的创新,并相应要求及时更新教材内容。

基于推进我校工商管理"高精尖"学科建设的需要,我们与清华大学出版社合作,以工商管理系骨干教师为主,编写出版这本管理学教材。本教材的特色与创新如下:第一,在各章正文中统一加入"相关链接""相关案例""国际视野"板块,将最新的知识点和企业实践案例融入教材,方便教师在课堂上将学生导入教学场景,启发学生思考和拓展相关知识。第二,在各章小结后增加中英文关键词,与思考题一起,方便学生对各章关键知识点进行复习。第三,在每章后增加案例讨论题,方便教师在课堂上组织学生集体研讨。第四,每章后附5篇左右精选推荐阅读资料,多为经典著作或文章,帮助学生拓展知识广度和深度。

本教材由北京工商大学商学院企业管理学科责任教授王国顺教授任主编,邓春平教授和王长斌副教授担任副主编。全书共分12章:第1章由邓春平、王长斌编写;第2章由刘海龙、周燕编写;第3章由黄珍、谭娟编写;第4章由王长斌编写;第5章由孙永波、周燕编写;第6章由杨阳编写;第7章由曹正进编写;第8章由曹正进、孙百惠编写;第9章由李宁编写;第10章由孙笑然、吴玥编写;第11章由高俊光编写;第12章由刘海龙(第1节)、武晓宇(第2节)、吴玥(第2和第3节)、朱蓉(第4节)、王长斌(第5节)编写。

在本书编写过程中,借鉴了国内外许多著作、论文及其他文献资料,尽量反映最新的理论进展,在此深表谢意。囿于编者水平和时间限制,书中肯定有疏漏或不足之处,敬请各位专家和读者批评指正,以便今后修订完善。同时,特别要对北京工商大学商学院的领导和相关老师以及清华大学出版社左玉冰编辑致以诚挚谢意,感谢他们给予的大力支持。

编　者<br>
2020年7月20日

# 目录

## 第1章 管理导论 ········· 1

### 1.1 管理的含义 ········· 1
- 1.1.1 管理的概念 ········· 1
- 1.1.2 管理的任务 ········· 3
- 1.1.3 管理的目标 ········· 4
- 1.1.4 组织与管理环境 ········· 6

### 1.2 管理的职能 ········· 7
- 1.2.1 管理职能的提出与分类 ········· 8
- 1.2.2 管理的基本职能 ········· 9
- 1.2.3 管理职能的延伸 ········· 10
- 1.2.4 管理者的角色 ········· 11
- 1.2.5 管理者层级与管理工作的差异 ········· 12

### 1.3 管理者技能和素质要求 ········· 12
- 1.3.1 管理者的技能 ········· 13
- 1.3.2 管理者的素质 ········· 14

### 1.4 管理学及管理的科学与艺术之争 ········· 15
- 1.4.1 管理学 ········· 15
- 1.4.2 管理的科学与艺术之争 ········· 16
- 1.4.3 管理学的学习方法 ········· 18

## 第2章 管理思想的演进 ········· 24

### 2.1 早期管理思想与理论萌芽 ········· 24
- 2.1.1 我国古代的管理思想 ········· 25
- 2.1.2 西方古代的管理思想 ········· 26
- 2.1.3 西方管理理论的萌芽 ········· 27

### 2.2 古典管理理论 ········· 28
- 2.2.1 发展概况 ········· 29
- 2.2.2 泰罗的科学管理理论 ········· 29

　　　　2.2.3　法约尔的一般管理理论 …………………………………………… 32
　　　　2.2.4　韦伯的理想的行政组织理论 ………………………………………… 34
　　　　2.2.5　古典管理理论的系统化 ……………………………………………… 35
　　2.3　近代管理理论 ……………………………………………………………… 36
　　　　2.3.1　发展概况 ……………………………………………………………… 36
　　　　2.3.2　霍桑实验与人际关系学说 …………………………………………… 37
　　　　2.3.3　行为科学理论 ………………………………………………………… 38
　　2.4　当代管理理论 ……………………………………………………………… 39
　　　　2.4.1　发展概况 ……………………………………………………………… 39
　　　　2.4.2　管理丛林 ……………………………………………………………… 39
　　　　2.4.3　管理新思潮 …………………………………………………………… 44

第3章　管理决策 ……………………………………………………………………… 49
　　3.1　决策概述 …………………………………………………………………… 49
　　　　3.1.1　决策的概念 …………………………………………………………… 50
　　　　3.1.2　决策的理论 …………………………………………………………… 51
　　　　3.1.3　决策的类型 …………………………………………………………… 53
　　3.2　决策过程 …………………………………………………………………… 59
　　　　3.2.1　决策过程 ……………………………………………………………… 59
　　　　3.2.2　决策的影响因素 ……………………………………………………… 63
　　　　3.2.3　决策风格 ……………………………………………………………… 64
　　3.3　决策方法 …………………………………………………………………… 65
　　　　3.3.1　定性决策方法 ………………………………………………………… 65
　　　　3.3.2　定量决策方法 ………………………………………………………… 67
　　3.4　决策陷阱及改善 …………………………………………………………… 69
　　　　3.4.1　决策过程中的陷阱 …………………………………………………… 69
　　　　3.4.2　准确收集利用信息 …………………………………………………… 70
　　　　3.4.3　正确运用直觉 ………………………………………………………… 72
　　　　3.4.4　把握决策时机和确定决策者 ………………………………………… 73
　　　　3.4.5　学会处理错误的决策 ………………………………………………… 73

第4章　计划 …………………………………………………………………………… 77
　　4.1　计划概述 …………………………………………………………………… 77
　　　　4.1.1　计划和计划工作 ……………………………………………………… 77
　　　　4.1.2　计划的不同形式 ……………………………………………………… 79
　　　　4.1.3　计划的类型 …………………………………………………………… 81
　　　　4.1.4　计划工作的权变因素 ………………………………………………… 83
　　4.2　计划方法 …………………………………………………………………… 84

## 目 录 CONTENTS

  4.2.1 计划工作的程序 ... 84
  4.2.2 设定目标的方法 ... 86
  4.2.3 计划工作的技术 ... 92
 4.3 战略计划 ... 95
  4.3.1 战略计划的内涵 ... 95
  4.3.2 总体战略计划 ... 100
  4.3.3 业务战略计划 ... 104

## 第 5 章 组织与组织设计 ... 112

 5.1 组织基础 ... 112
  5.1.1 组织的概念 ... 112
  5.1.2 正式组织与非正式组织 ... 113
 5.2 组织设计理论概述 ... 115
  5.2.1 组织设计的任务 ... 115
  5.2.2 组织设计相关概念 ... 116
  5.2.3 组织设计的原则 ... 122
  5.2.4 组织设计的影响因素 ... 123
 5.3 组织结构类型 ... 124
  5.3.1 常见的组织结构类型 ... 124
  5.3.2 较新的组织结构类型 ... 129
 5.4 组织运行 ... 130
  5.4.1 组织制度 ... 130
  5.4.2 组织文化 ... 133
 5.5 组织变革 ... 136
  5.5.1 组织变革的含义与动力 ... 137
  5.5.2 组织变革的内容与过程 ... 138
  5.5.3 组织变革成效的影响因素 ... 140

## 第 6 章 人力资源管理 ... 147

 6.1 人力资源管理概述 ... 147
  6.1.1 人力资源管理发展历程 ... 147
  6.1.2 人事管理与人力资源管理 ... 150
  6.1.3 人力资源管理过程和主要内容 ... 150
 6.2 工作分析和人力资源计划 ... 151
  6.2.1 工作分析 ... 151
  6.2.2 人力资源规划 ... 155
 6.3 人员招聘 ... 156
  6.3.1 人员招募 ... 157

　　　　6.3.2　甄选 …………………………………………………………………… 158
　6.4　员工培训 …………………………………………………………………………… 160
　　　　6.4.1　入职引导 ………………………………………………………………… 160
　　　　6.4.2　员工培训 ………………………………………………………………… 161
　6.5　绩效评估与员工发展 ………………………………………………………………… 162
　　　　6.5.1　绩效评估 ………………………………………………………………… 162
　　　　6.5.2　员工晋升 ………………………………………………………………… 164
　　　　6.5.3　职业生涯发展 …………………………………………………………… 166
　6.6　员工薪酬管理 ………………………………………………………………………… 168
　　　　6.6.1　薪酬管理的基本原则 ……………………………………………………… 168
　　　　6.6.2　薪酬体系的构成 …………………………………………………………… 169

第 7 章　个体行为与激励 ……………………………………………………………………… 175
　7.1　激励概述 ……………………………………………………………………………… 175
　　　　7.1.1　需要与动机 ……………………………………………………………… 176
　　　　7.1.2　激励 ……………………………………………………………………… 177
　　　　7.1.3　人性假设理论 …………………………………………………………… 179
　7.2　基于需要的激励理论 ………………………………………………………………… 181
　　　　7.2.1　马斯洛的需要层次理论 ………………………………………………… 181
　　　　7.2.2　奥尔德弗的 ERG 理论 ………………………………………………… 184
　　　　7.2.3　麦克利兰的成就需要理论 ……………………………………………… 185
　　　　7.2.4　赫茨伯格的"双因素"理论 ……………………………………………… 187
　7.3　基于过程的激励理论 ………………………………………………………………… 189
　　　　7.3.1　弗鲁姆的期望理论 ……………………………………………………… 189
　　　　7.3.2　亚当斯的公平理论 ……………………………………………………… 191
　　　　7.3.3　波特和劳勒的综合激励模型 …………………………………………… 194
　　　　7.3.4　洛克的目标设置理论 …………………………………………………… 195
　7.4　强化理论 ……………………………………………………………………………… 196
　　　　7.4.1　强化方式 ………………………………………………………………… 196
　　　　7.4.2　管理中的应用 …………………………………………………………… 197

第 8 章　领导 …………………………………………………………………………………… 203
　8.1　领导概述 ……………………………………………………………………………… 203
　　　　8.1.1　领导的概念 ……………………………………………………………… 204
　　　　8.1.2　领导与管理 ……………………………………………………………… 204
　　　　8.1.3　领导者的角色和作用 …………………………………………………… 205
　　　　8.1.4　领导者的影响力 ………………………………………………………… 206
　8.2　领导特质与领导行为理论 …………………………………………………………… 209

- 8.2.1 领导特质理论 ······ 209
- 8.2.2 领导行为理论 ······ 211
- 8.3 领导权变理论 ······ 216
  - 8.3.1 费德勒模型 ······ 216
  - 8.3.2 情境领导理论 ······ 218
  - 8.3.3 路径—目标理论 ······ 219
- 8.4 当代领导观 ······ 220
  - 8.4.1 交易型领导与变革型领导 ······ 221
  - 8.4.2 魅力型领导与愿景型领导 ······ 222
  - 8.4.3 团队领导 ······ 223
  - 8.4.4 基于价值观的领导 ······ 224

## 第 9 章 沟通 ······ 231

- 9.1 沟通概述 ······ 231
  - 9.1.1 沟通的定义 ······ 231
  - 9.1.2 沟通的重要性 ······ 232
  - 9.1.3 人际沟通的过程 ······ 232
  - 9.1.4 沟通的类型 ······ 234
- 9.2 组织沟通的渠道与网络 ······ 239
  - 9.2.1 组织沟通渠道 ······ 239
  - 9.2.2 组织沟通的网络 ······ 245
- 9.3 组织沟通障碍及其改善途径 ······ 248
  - 9.3.1 人际沟通的障碍 ······ 248
  - 9.3.2 组织沟通的障碍 ······ 249
  - 9.3.3 改善人际沟通的途径 ······ 251
  - 9.3.4 改善组织沟通的途径 ······ 253

## 第 10 章 控制概述 ······ 259

- 10.1 控制概述 ······ 259
  - 10.1.1 控制的定义和特征 ······ 259
  - 10.1.2 控制的重要性 ······ 260
  - 10.1.3 控制的类型 ······ 261
- 10.2 控制的过程 ······ 267
  - 10.2.1 确定控制标准 ······ 267
  - 10.2.2 衡量绩效与发现偏差 ······ 270
  - 10.2.3 纠正偏差 ······ 274
- 10.3 有效控制的原则与权变因素 ······ 275
  - 10.3.1 有效控制的原则 ······ 276

    10.3.2 有效控制的权变因素 ·················· 277
  10.4 当今时代的控制问题 ·························· 279
    10.4.1 信息化背景下的控制问题 ·············· 279
    10.4.2 虚拟团队的控制问题 ·················· 281
    10.4.3 突发事件的应急控制问题 ·············· 283
    10.4.4 员工贪腐问题 ······················ 285

## 第 11 章　控制方法 ···················· 290

  11.1 财务控制方法 ································ 290
    11.1.1 预算控制 ·························· 290
    11.1.2 财务数据分析 ······················ 297
    11.1.3 财务审计 ·························· 300
  11.2 运营控制方法 ································ 303
    11.2.1 库存控制 ·························· 303
    11.2.2 质量控制 ·························· 305
  11.3 综合控制方法 ································ 310
    11.3.1 标杆控制 ·························· 310
    11.3.2 平衡计分卡控制 ···················· 313
    11.3.3 管理信息系统控制 ·················· 316

## 第 12 章　管理新环境与新问题 ·············· 322

  12.1 企业伦理与社会责任 ·························· 322
    12.1.1 企业伦理 ·························· 323
    12.1.2 企业社会责任的内涵 ·················· 324
    12.1.3 企业的社会责任行为 ·················· 327
  12.2 全球化和多元文化中的管理 ···················· 328
    12.2.1 全球化及其影响 ···················· 328
    12.2.2 多元文化情境 ······················ 330
    12.2.3 全球化下的管理实践 ·················· 332
  12.3 创新与创业管理 ······························ 333
    12.3.1 创新的内涵、分类和动力 ·············· 333
    12.3.2 创新的过程和创新的管理 ·············· 337
    12.3.3 创业者和创业管理 ·················· 338
  12.4 数字经济与组织管理 ·························· 342
    12.4.1 数字经济的内涵和发展历程 ············ 342
    12.4.2 数字经济给组织管理带来的机会和挑战 ···· 344
    12.4.3 数字经济时代的组织管理创新 ·········· 345
  12.5 中国企业的管理探索及展望 ···················· 348

  12.5.1 计划经济条件下的生产导向型管理 ·················· 348
  12.5.2 转轨时期的管理变革与创新 ·················· 349
  12.5.3 市场经济条件下的企业管理 ·················· 350
  12.5.4 新时代的中国企业管理创新展望 ·················· 352

**参考文献** ·················· 358

# 第 1 章

# 管 理 导 论

(1) 掌握管理的定义、管理的目标、管理的职能、不同层级管理者的技能要求。
(2) 理解管理的任务、组织与环境的关系、管理的科学性与艺术性。
(3) 了解不同层级的管理者、管理角色理论、管理者的素质、管理学、管理的学习方法。

现代人的目标和抱负,需要前所未有的合作努力。正因此,管理成为当今时代的一个热词。如果你在网络上搜索"靠管理"三个字,检索到的网页有数千万条。而且涉及社会的方方面面,学校靠管理、企业靠管理、安全靠管理、规范医疗服务靠管理……管理已然成为人类各种活动中最重要的活动之一,是协调个体努力必不可少的因素。所以有人讲:社会发展靠经济,经济发展靠企业,企业振兴靠管理。随着人类协作活动变得越来越复杂,范围和规模越来越大,管理变得越发重要了。那么,什么是管理?管理者做什么?管理者需要具备什么样的技能?管理是科学还是艺术?应该如何学好管理学这门课呢?本章就是要带着你开始学习思考这些关于管理的最基本问题。

## 1.1 管理的含义

要系统学习管理学,首先要对管理的基本含义有个最基本的理解。本节的主要内容正是要介绍管理的基本概念,如管理的目标、管理的任务、管理与环境的关系等。

### 1.1.1 管理的概念

管理,顾名思义,有管有理,管人理事。在哲学意义上,管理是集中人的脑力和体力达到预期目的的活动。无论是目标管理还是时间管理,凡是需要统筹安排的事务,都称为管理活动。

由于管理的个人经验及观察视角的不同,管理被赋予了众多定义。代表性的观点如下:现代管理理论的创始人,法国实业家法约尔于1916年提出:管理是由计划、组织、指挥、协调及控制等职能为要素组成的活动过程。孔茨在法约尔的基础上进一步将管理定义为:为实现预定目标而进行的计划、组织、人员配备、领导、控制或合理组织和有效利用有限资源以达到既定目标的过程。罗宾斯对管理的定义是:管理是指同别人一起,或通过别人使活动完成得更有效的过程。1978年诺贝尔经济学奖获得者赫伯特·西蒙则提出:管理就是决策。而彼得·德鲁克则提出:管理是一种以绩效、责任为基础的专业职能。以上不同的定义,实际上分别从职能过程、用人、决策等角度给管理下了定义。企业界给予管理下的定义就更多了。有人认为管理就是监督控制,有人认为管理就是考核,也有人说管理就是领导。可见,不同的人去思考管理,经常会给出不同的管理的定义。但是为大家所公认的,现代人所指的管理,是将其作为组织的管理工作来讲的,而不是指料理个人的事务。因此,借鉴现有的定义,我们从系统论的角度给管理下一个定义:管理是指在特定的环境条件下,以人为中心,对组织所拥有的资源进行有效的计划、组织、领导、控制,以便达到既定组织目标的过程(图1-1)。

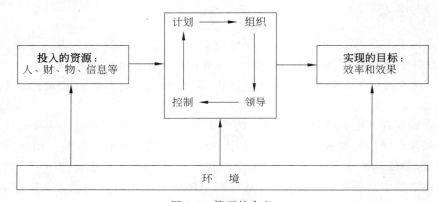

图 1-1 管理的含义

我们可以从以下几方面来理解管理的内涵。

### 1. 管理的载体

管理是组织中的管理,管理的载体是组织。虽然现实生活中,人人都需要统筹安排各种事务,需要实施管理、如时间管理,目标管理等。但从狭义上来讲,只有涉及两人以上的合作才需要管理;管理是管理者从事的活动,有下属才能够从事管理工作。我们在大学里学习这门课,正是着重于组织这种多人协作系统中的管理。组织是管理的载体,现代管理就是对组织运作过程的管理。

### 2. 管理的主体

管理的主体是掌握企业管理权力、承担管理责任、决定管理方向和进程的有关组织和人员。管理者和管理机构是管理主体的两个有机组成。

### 3. 管理的对象

管理的对象是一切可调用的资源(原材料、人员、资本、土地、厂房、设备、顾客、信息)。

### 4. 管理的本质

管理的本质是活动或过程(分配、协调活动或过程)。管理是一个连续进行的活动过程,实现组织目标的过程,就是管理者执行计划、组织、领导、控制等职能的过程。由于这一系列职能之间是相互关联的,从而使得管理过程体现为一个连续进行的活动过程。

### 5. 管理的目标

管理是一种有意识、有目的的活动,它服务并服从于组织目标,对组织的资源进行有效的整合和利用,管理的根本任务是有效率地完成组织既定目标,达成期望效果。

### 6. 管理的环境

管理活动是在一定的环境中进行的,在开放的条件下,任何组织都处于千变万化的环境之中,复杂的环境成为决定组织生存与发展的重要因素。

## 1.1.2 管理的任务

管理必须完成三项同等重要的任务:①实现组织的特定目的和使命;②使工作富有成效,员工具有成就感;③处理对社会的影响与承担社会责任。这三项任务常常是在同一时间、同一个管理行动中完成的。

### 1. 实现组织的特定目的和使命

一个组织的存在,是为了特定的目的、使命以及特定的社会功能。对企业而言,这就是经济绩效。管理层只能以它创造的经济成果来证明自己存在的必要与权威性。如果管理层未能创造经济成果,管理就是失败的;如果管理层不能以顾客愿意支付的价格提供顾客需要的商品和服务,管理就是失败的;如果管理层未能用交付于它的经济资源提高或至少保持其生产财富的能力,管理也是失败的。

### 2. 使工作富有成效,员工具有成就感

企业所有的资源里面,只有人才是具有主观能动性的。只有使人力资源具有生产力,企业才能运作。今天的组织已经逐渐变为个人赖以谋生、取得社会地位、获得个人成就与满足的工具。因此,使员工有成就感不仅重要,而且也是一种衡量组织绩效的尺度。自豪感和成就感是无法给予的。离开员工的具体工作,自豪感和成就感就不可能存在。庆祝能让人有胜利的感觉,并且营造出一种认同感、充满积极活力的气氛。

### 3. 处理对社会的影响与承担社会责任

一个组织是为了某种特殊目的和使命、某种特殊的社会职能而存在的,企业也不例

外。只有对社会有益的企业才是好企业。而且，人们都愿意在一家不同凡响、能为社会作出重大贡献的公司工作。

总之，管理本身不是目的，管理的上述任务是管理职能存在的原因，它构成了管理权力与管理合法性的基础。管理职权应该独立于资本所有权而存在，即便是所有者，也应该像一个管理人员那样来行事。任何组织成员，都不应在组织中行使脱离责任与贡献的管理特权，否则会破坏管理的职能，对组织造成损害。

国际视野

### 企业管理的边界与企业社会责任

2019年，奥巴马投资了一部纪录片《美国工厂》，将镜头聚焦到在美国开工厂的中国商人曹德旺身上。这部纪录片全景记录了福耀玻璃在美国俄亥俄州开办工厂的前前后后，反映了福耀的"中国式管理"在美国工厂里面临的挑战。

《美国工厂》为了突出美国工人对管理方式的抵制，较多地展示了中国工人服从的那一面，像工人一天工作12小时、孩子放在老家照顾、一年只有春节才能回家的现实，只有在中国工人身上才会发生。

无独有偶，国内也出现了面临非议的管理方式的报道。广州有一家房地产公司的职工吐槽公司的"奇葩"规定：要求员工每月走18万步，少走一步扣一分钱。是鼓励运动还是变相扣钱？消息传出后，网友"炸锅"了，纷纷留言爆料自己公司的"奇葩"规定。职场中类似步数考核这样让职员哭笑不得的企业规定比比皆是，且"奇葩"程度各异。比如有的企业在招聘时给求职者设置地域、生肖甚至星座的门槛；又如，有的企业在实际管理中"奇葩"至极，完不成业绩被罚自己抽自己100个嘴巴等等；再如，在职工权益上毫不顾及，甚至因女职工生育而对其调岗、解雇。

结合近来热议的"奇葩"案例，这些现象引起了对管理的道德与法律边界，企业社会责任的思索。

资料来源：光明网-时评频道，《企业管理不能突破法律与道德边界》，2019-01-02.

### 1.1.3 管理的目标

管理的最终结果是要高效地达成既定的目标。任何管理活动，其最终目标都可以归于发挥组织的效能，这包括两方面：效率和效果。换句话说，效率和效果是评价管理工作有效性的两个指标。

效率是管理极其重要的组成部分，它是指输入与输出的关系。对于给定的输入，如果你能获得更多的输出，你就提高了效率。类似地，对于较少的输入，你能够获得同样的输出，你同样也提高了效率。因为管理者经营的输入资源是稀缺的，所以他们必须关心这些资源的有效利用，尽力去减少人、财、物、信息等资源的浪费。因此，管理就是要努力提高投入产出比。然而，仅仅有效率是不够的，管理还必须使活动实现预定的目标，即追求活动的效果。当管理者实现了组织的目标，我们就说他们是有效果的。因此，效果涉及的是活动的结果。

根据管理大师彼得·德鲁克的观点,效率是"以正确的方式做事",而效果则意味着要"做正确的事"。效率和效果不可偏废,但这并不意味着效率和效果具有同样的重要性。当然能同时提高效率和效果是最好的,但在效率与效果无法兼得时,我们首先应着眼于效果,然后再设法提高效率。

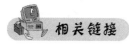

### "现代管理学之父"德鲁克

作为第一个提出"管理学"概念的人,当今世界,很难找到一个比德鲁克更能引领时代的思考者。20世纪50年代初,他指出计算机终将彻底改变商业;20世纪90年代,他率先对"知识经济"进行了阐释。2002年6月20日,彼得·德鲁克成为当年美国"总统自由勋章"的获得者,这是美国公民所能获得的最高荣誉。无论是英特尔公司创始人安迪·格鲁夫,微软董事长比尔·盖茨,还是通用电气公司前CEO(首席执行官)杰克·韦尔奇,他们在管理思想和管理实践方面都受到了德鲁克的启发与影响。"假如世界上果真有所谓大师中的大师,那个人的名字,必定是彼得·德鲁克。"这是著名财经杂志《经济学人》对彼得·德鲁克的评价。因此,德鲁克获得了"现代管理学之父"的荣誉称号。

德鲁克概括了管理者的三大使命:达成目的、使工作者有成就感、履行社会责任。

德鲁克还对组织学作出了杰出贡献。在其《公司的概念》一书中,他讲述拥有不同技能和知识的人在一个大型组织里怎样分工合作。该书的重要贡献还在于,德鲁克首次提出"组织"的概念,并且奠定了组织学的基础。组织的目的是使平凡的人做出不平凡的事。组织不能依赖于天才,因为天才稀少如凤毛麟角。考察一个组织是否优秀,要看其能否使平常人取得比他们看来所能取得的更好的绩效,能否使其成员的长处都发挥出来,并利用每个人的长处来帮助其他人取得绩效。组织的任务还在于使其成员的缺点相抵消。

德鲁克还对管理学的特征进行了概括:"管理是一门学科,这首先就意味着,管理人员付诸实践的是管理学而不是经济学,不是计量方法,不是行为科学。无论是经济学、计量方法还是行为科学都只是管理人员的工具。但是,管理人员付诸实践的并不是经济学,正好像一个医生付诸实践的并不是验血那样。管理人员付诸实践的并不是行为科学,正好像一位生物学家付诸实践的并不是显微镜那样。管理人员付诸实践的并不是计量方法,正好像一位律师付诸实践的并不是判例那样。管理人员付诸实践的是管理学。"

德鲁克非常强调培养经理人的重要性。他认为,经理人是企业中最昂贵的资源,而且也是折旧最快、最需要经常补充的一种资源。建立一支管理队伍需要多年的时间和极大的投入,但彻底搞垮它可能不用费多大劲。21世纪,经理人的人数必将不断增加,培养一位经理人所需的投资也必将不断增加。与此同时,企业对其经理人的要求也将不断提高。企业的目标能否达到,取决于经理人管理的好坏,也取决于如何管理经理人。而且,企业对其员工的管理如何,对其工作的管理如何,主要也取决于经理人的管理及如何管理经理人。企业员工的态度所反映的,首先是其管理层的态度。企业员工的态度,正是管理层的能力与结构的一面镜子。员工的工作是否有成效,在很大程度上取决于他被管理的方式。

德鲁克指出,有效的管理者具有不同的类型,缺少有效性的管理者也同样有不同类型。因此,有效的管理者与无效的管理者之间,在类型方面、性格方面及才智方面,是很难加以区别的。有效性是一种后天的习惯,既然是一种习惯,便可以学会,而且必须靠学习才能获得。

资料来源:根据德鲁克《管理的实践》《公司的概念》《管理:任务、责任和实践》等著作及相关资料整理而来。

### 1.1.4 组织与管理环境

组织是管理的载体,而一个组织总是在一定的环境下经营的。组织需要从环境中获取资源,其最终产出的价值实现也要在环境中完成。组织能否有效地完成这一投入产出过程,取决于管理者能否使组织有效地去适应外部环境。从这个意义上讲,组织作为社会有机体,是生存于外部大环境下的一个开放式系统。这个开放式系统,成为管理系统的运作场域。

#### 1. 作为开放式系统的组织

组织是为实现某一共同目标,经由分工与合作及不同层次的权力和责任制度而构成的人的集合。组织本质上是一个由两人以上构成的协作系统。一个组织从环境中获取输入(资源)并将其转化为输出,这种输出被分配到环境中。组织对外是开放的,并且与环境发生着持续的作用。组织是由相互依赖的因素,包括个体、群体、态度、动机、组织结构、目标、直觉等所组成的系统。管理者的工作就是要协调组织中各部分的活动,确保所有相互依存的部分能够在一起工作,实现组织目标。

社会的各级组织包括军事的、宗教的、学术的、企业的等多种类型的组织,这些组织都是一种协作的系统。个人可以对是否参与某一协作系统作出选择,这取决于个人的动机,如目标、愿望和推动力等。组织则通过其领导和控制等职能来有意识地协调与改变个人的行为和动机。

个人的目标往往和组织的目标不完全一致。经理人员的作用就是在一个组织中充当系统运转的中心,并对组织成员的活动进行协调,指导组织的运转,实现组织的目标。经理人员的主要职能有三个方面:①提供信息交流的体系;②促成个人付出必要的努力;③规定组织的目标。一个组织的生存和发展有赖于组织内部平衡与外部适应。

当今社会已经成为一个"组织化的社会"。在这样的社会中,至少大部分社会任务,都存在于组织内部并由组织来完成。组织存在的目的并不仅仅是它们自身的利益。它们是每个社会有机体完成某项社会任务的依托。也正是由于大型社会组织的兴起,才使得管理变得日益重要,管理学科的兴起成为20世纪一个关键的事件。

#### 2. 管理环境

任何组织都是在一定环境中运行的;任何管理也都要在一定的环境中进行,这个环境就是管理环境。管理环境制约和影响管理活动的内容与效果。管理环境的变化要求管理的内容、过程、方式、方法等随之调整，以更好实现管理目标。

根据罗宾斯提出的"管理环境是对组织绩效起着潜在影响的外部机构或力量"，如果根据环境的变化程度和环境的复杂程度，可以将组织所处的环境划分为四种类型：相对稳定和简单的环境、动荡而简单的环境、相对稳定但极为复杂的环境、动荡而复杂的环境。一般而言，根据组织界线（系统边界），可以把环境分为组织内部环境和组织外部环境，或称为工作（具体）环境和社会（一般）环境。

（1）组织内部环境。组织内部环境是指管理的具体工作环境。影响管理活动的组织内部环境包括物理环境、制度环境、组织文化、人员素质等。物理环境要素如工作地点的空气、光线和照明、声音（噪声）、色彩等，它对于员工的工作条件、工作心理和行为以及工作效率都有极大的影响。制度环境包括组织的工艺操作规程和工作流程、规章制度、薪酬激励制度、责权利关系以及组织结构特征等。组织文化，包括组织的价值观念、组织信念、经营管理哲学以及组织的精神风貌等。人员素质如组织成员的能力、责任心、归属感、合作精神和奉献精神等。

（2）组织外部环境。组织的外部环境，实际上也是管理的外部环境。外部环境可以分为一般外部环境和特定外部环境。一般外部环境指对所有的社会组织都发生作用，但又不是全部因素都对某一组织发生直接作用的外部环境，主要有自然、社会人口、文化、经济、政治、法律、技术、资源等。一般外部环境对组织的影响是间接的、长远的，从总体上来说是不易控制的，因此它的影响是相当大的，有时甚至能影响到整个组织结构的变动。特定外部环境是具体地对某一特定组织发生作用、直接影响组织的结构特点和活动方式的外部环境，是针对特定组织而言的，主要包括供应商、顾客、竞争者、政府和社会团体等。不同组织的具体环境各不相同。特定外部环境对企业组织的影响是直接的、迅速的。组织环境的基本特征是变化速度加快，综合性的作用日益显著。

### 3. 组织与环境的关系

根据开放式系统的观点，组织必须像生物体一样对环境开放，建立一种与周围环境融洽的关系。环境是一个值得时刻注意的关键要素，组织作为开放系统与它所处的环境之间发生着持续的、动态的相互作用。组织则是由环境所塑造的反应性系统，是塑造它们自身情境的集体行动者，或者看成在更大、更广阔系统中的成员行动者。

组织与环境的关系包括两方面：第一，外部环境对组织的决定、制约和影响作用；第二，组织对环境的消极被动地或积极主动地适应（积极主动地应对环境）。组织表现出的功能，是由组织本身与它的环境共同决定的。组织作为整体同环境的相互联系、相互作用，对于组织的运行和发展也有着不可忽视的作用，它可以促进组织的发展，也可以阻碍组织的发展。组织向环境开放是组织得以向上发展的前提，也是组织得以稳定存在的条件。

## 1.2 管理的职能

组织目标的完成，依靠一连串的组织行动来实现，即管理的运作过程。管理运作过程，也就是管理职能行使的过程，是指管理人员在管理过程中为完成管理任务、达成组织目标的职责行为和活动功能。它是管理过程中的基本要素或行为步骤。组织目标也正是在管理过程中通过各种管理职能来实现的。

管理是活动内容既复杂而范围又非常广泛的社会活动过程。管理活动,也是一种劳动,是一种执行由社会共同劳动的协作性质所引起和决定的"管理劳动"。管理职能正是由社会分工所产生的管理劳动专业化中划分出来的管理劳动行为。

## 1.2.1 管理职能的提出与分类

管理职能这个概念的提出,是长期的管理实践和百年来管理理论发展的产物,是人们对管理工作应有的一般过程、基本内容和侧重从职责、功能的角度,对管理应有的活动行为所做的理论概括。

不同组织层次、不同专业领域的管理活动,具体内容固然相异,然而,人们发现在不同层次、领域的管理活动中,管理人员又大都采用某些类似的基本程序、发挥着某些具有共同性作用的功能,如计划、组织、控制等。把某些共同的管理活动、行为、职责和功能加以系统性归纳认识,升华为理论,形成了"管理职能"这个概念的理论表述。最早系统明确地提出管理职能的是西方古典管理理论创始者之一的法国人亨利·法约尔。他认为管理就是由计划、组织、指挥、协调、控制五个要素(职能)组成。在法约尔之后,许多学者结合管理内容的新变化,对管理的职能做了进一步的探究,又提出了一些新的管理职能,或者在对原有职能的某些方面进行强调时,从中又分离出新的职能。比较大的变化主要有以下几方面。

(1) 人事、激励、信息沟通等职能的提出。这是缘于行为科学学派的形成、发展,管理活动中从重视技术因素逐渐转向重视人的因素的结果,把原属于组织职能的这部分内容单分出来。

(2) 决策、创新职能的提出。这是从社会系统学派发展、分化出来的决策理论学派的主张,强调创新、决策而从计划职能中划分出来。

(3) 指挥职能、协调职能归并到领导职能中,并扩展控制职能内容。这是组织行为理论兴起的认识。该理论中的领导行为学说和权变在领导方式方面的观点,是领导职能提出并扩展内容的理论根据。有的学者是把指挥职能归并到领导职能中,而把协调职能的有关内容纳入控制职能范围。

现在,国内外的管理学者对管理职能的划分,仍是众说纷纭。除了法约尔的五职能说为最普遍外,还有七职能、五功能、三功能,或者四功能、二功能等等。例如,美国管理学者古利克,在把古典管理学派有关管理职能的理论加以系统化时,就提出过有名的七职能论,即计划、组织、人事、指挥、协调、报告、预算控制。当代美国管理学者孔茨和奥唐奈则认为管理应具有的是计划、组织、人员配备、指导和领导、控制五功能,也被当代许多人认为是权威的划分。而唐纳利等人则坚持认为管理只包括计划、组织和控制三种功能。20世纪60年代以来,有的学者提出增加决策、创新等项职能。我国管理学者较为普遍的阐述是四职能或五职能,即计划、组织、领导、控制或计划、组织、指挥、协调、控制。

## 1.2.2 管理的基本职能

尽管国内外管理学者对管理职能的划分不同，但大致也都能对管理内容做基本概括。区别多是对各个职能界定范围宽窄不同，所赋予的定义存在着差异。应当看到，管理职能的分类首先要取决于管理对象所具有的特征，而且要有助于明确管理要干什么、如何达成组织目标。一般地说，按计划、组织、领导和控制四项职能进行划分，可以表达管理系统、管理人员为实现组织目标、按管理过程实施管理所应具备的主要职责和功能，因此，可以看作管理的四大基本职能。

图 1-2 管理的职能

从管理职能运用上考察，计划—组织—领导—控制—计划……各职能运用紧密衔接、交错进行，在时间上具有继起性，在空间上具有并存性（图 1-2）。当管理者进行管理时，他们的工作通常表现为一组进行中的决策和工作活动。同时面对快速变化的环境，管理者越来越需要创新的职能，引领组织借助创新的产品与服务、管理方法、理念与商业模式来把握机会，规避威胁，获得持续的发展。而协调则是管理工作的本质要求，长期利益与短期利益，部门利益与整体利益，组织管理过程总是涉及各式各样的矛盾，需要用协调的方式去解决。

### 1. 计划

计划是为实现组织既定目标而对未来的行动进行规划和安排的工作过程。在具体内容上，它包括组织目标的选择和确立，实现组织目标方法的确定和抉择，计划原则的确立，计划的编制，以及计划的实施。计划是全部管理职能中最基本的职能，也是实施其他管理职能的条件。计划是一项科学性极强的管理活动。

### 2. 组织

为实现管理目标和计划，必须设计和维持一种职务结构，在这一结构里，把为达到目标所必需的各种业务活动进行组合分类，把管理每一类业务活动所必需的职权授予主管这类工作的人员，确定各自的责权利关系，并对各种人员进行恰当而有效的选择、培训以及考评，其目的是配备合适的人员去履行组织机构规定的各项职务，以保证组织活动的正常进行，进而实现组织既定目标。这一过程即为组织。组织为管理工作提供了结构保证，它是进行领导、控制的前提。

### 3. 领导

领导就是对组织成员和下属的行为进行引导和施加影响的活动过程，其目的在于使个体和群体能够自觉自愿而有信心地为实现组织既定目标而努力。领导所涉及的是主管人员与下属之间的相互关系。领导是一种行为活动，目前已形成了专门的领导科学，成为管理科学的一个新分支。

4. 控制

控制是按既定目标和标准对组织的活动进行监督、检查,发现偏差,采取纠正措施,使工作能按原定计划进行,或适当调整计划以达预期目的。控制工作是一个延续不断的、反复发生的过程,其目的在于保证组织实际的活动及其成果同预期目标相一致。

管理职能循序完成,并形成周而复始的循环往复,这就是管理的基本过程,其中每项职能之间是相互联系、相互影响的,以构成统一的有机整体。

这四项管理基本职能,既有各自独特的内容、发挥各自特有的作用,又相互联系、相互影响、相互配合,共同发挥着管理的作用。在管理过程中应将四项职能作为一个整体来认识、来运用、来研究。从履行职能的时间逻辑关系看,通常是先计划,继而进行组织,然后实施领导,最后运用控制。这个先后顺序也可以说是理论上叙述管理过程的四个主要步骤。但是,管理过程是一个各职能活动周而复始的循环过程。从不断持续进行的实际管理过程看,各项管理活动在时间上彼此重叠,在空间上相互交织在一起。因此,不能机械地按固定顺序进行管理,重要的是在于按各职能涵盖的内容认真地进行管理。

### 1.2.3 管理职能的延伸

管理系统、管理人员在运用上述四项基本管理职能实施管理时,必须把决策、创新和协调贯穿在每项管理职能之中,而不仅仅看作一项管理职能,更不能认为只是某项管理职能的一部分内容。决策、创新和协调的重要性体现在以下方面。

1. 决策是各项管理职能的核心

决策贯穿于管理全过程,是管理过程的核心。管理系统、管理人员运用上述四项基本管理职能,随时随地都不离开做决策,各项管理职能实施中也都存在决策问题。事实证明,无论是计划、组织、领导还是控制,其工作过程说到底都是由决策的制定和决策的执行两大部分活动所组成的。可以说,决策渗透于管理的所有职能中,分布在管理各个层次的各项管理活动中。因此不能把决策作为某项管理职能的一部分。

2. 创新是各项管理职能的灵魂

社会在发展进步,科学技术在飞跃,竞争在加剧,蕴藏在被管理系统中的巨大潜力亟待开发,需要管理系统、管理人员独辟蹊径,锐意创新。管理创新越来越重要。有的管理学者主张将创新看成管理的一项新职能,但尚未得到大多数人的认可。其实,科学的管理始终是一种创造性的而不是适应性的管理。换言之,管理切忌墨守成规、不求改进,不能只限于重复做那些过去已经做过的事情,或者只是人云亦云,满足于拾别人牙慧,必须不畏艰难,勇于创新,有所发现、有所发明、有所创造、有所前进。而保持现状,便是落伍。因此,在运用各项管理职能时,都要充满着创新精神,把创新作为组织兴旺发达的不竭动力,作为管理进步的灵魂。如同各项职能的运用都包含决策一样,也都包含创新。

### 3. 协调是管理工作的本质要求

管理工作之所以必要，是因为人、财、物、科技、信息、时间等各种资源不可能自然地协调。协调既有解决矛盾，也有避免重复或漏洞，以统一力量、协同活动、优化组合，有效地完成组织的目标。有了协调，组织作为一个整体才能表现出整合的力量，管理活动才能收到个人单独活动所不能收到的良好效果，才能出现"1＋1＞2"的协同效应。虽然影响管理追求"1＋1＞2"协同效应的因素除了协调之外，还有要素的质量以及互补、相容的程度和内外部环境等，但是，协调无疑是最重要的影响因素。因此，管理系统、管理人员在运用各项管理职能时，都有协调问题，事实上也都在进行着协调。可以肯定地说，协调是实施管理、执行任务而不偏离正确决策要求的必要保证。它也不仅仅是某一项管理职能中一个内容，而是贯穿在各项管理职能之中，体现着管理工作的本质要求。

## 1.2.4 管理者的角色

管理者做什么？问起这个问题，你会怎么回答呢？管人，理事，抑或其他？再问一个问题，你认为管理者的日常状态是什么样的呢？可能不少人会直觉地想到这个词："运筹帷幄，决胜千里"。然而，当我们用眼睛和心灵去观察身边的管理者时，却又会发现上自国家领导人，下至大学院系级的领导、企业的中层干部、乡镇干部，好像多数管理者都很忙碌，天天要出席活动、处理冲突、拍板决策，或者是调研，天天坐在办公室的管理者并不多。

管理者真正做了什么？他们是怎么做的？为什么要这样做？20世纪60年代，美国麻省理工学院斯隆管理学院博士生明茨伯格心中怀着类似的疑问。他没有简单地去接受别人的观点，也没有停留在计划、组织、领导、控制的概念上，而是花了一周时间，对5位CEO的活动进行了观察和研究。这5个人分别来自大型咨询公司、教学医院、学校、高科技公司和日用消费品制造商。明茨伯格发现，在企业管理过程中，管理者很少花时间做长远的考虑，他们总是被这样或那样的事务和人物牵引，而无暇顾及长远的目标或计划。一个显而易见的事实是，他们用于考虑一个问题的平均时间仅仅9分钟。管理者若想固定做一件事，那这样的努力注定要失败，因为他会不断被其他人打断，总会需要他去处理其他事务。所以，明茨伯格认为，那种从管理职能出发，认为管理是计划、组织、指挥、协调、控制的说法，未免太学究气了。你随便找问一个经理，他所做的工作中哪些是协调而哪些不是协调，协调能占多大比例，恐怕谁也答不上来。所以，明茨伯格主张不应从管理的各种职能来分析管理，而应把管理者看成各种角色的结合体。

依据他基于实地观察基础上的思考，明茨伯格提出：和人们对于管理者的直觉想象不同，管理者的工作并非井然有序，而是经常被意外事情打断。他们在组织中扮演着十种角色，这十种角色又可进一步归纳为三大类：人际角色、信息角色和决策角色（表1-1）。

表 1-1　管理者的十种角色

| 类别 | 角色 | 描述 |
|---|---|---|
| 人际角色 | 代表人<br>领导者<br>联络者 | 象征性首脑,履行例行的社会法律义务<br>指导并激励人们努力达到共同目标<br>建立维护外部关系网络 |
| 信息角色 | 监督者<br>传播者<br>发言人 | 寻找、获得、筛选内外信息<br>传递、共享内外信息<br>向内外发布组织信息 |
| 决策角色 | 企业家<br>混乱驾驭者<br>资源分配者<br>谈判者 | 寻求问题和机会,发起变革和方案策划<br>处理重大意外动乱,排除和化解矛盾<br>分配组织的各种资源<br>企业内、外部重要谈判中代表 |

这十种角色是基于对 CEO 工作的考察所总结出的,但对于中基层管理者来讲也同样适用。不过在各类角色上所花费的时间和精力,差异就会比较大了。

明茨伯格提出的管理角色理论是考察管理者工作的一个有趣视角,有助于我们更好地理解管理者做什么。但是,到底是管理职能方法还是明茨伯格的鼓励角色方法,能更好地描述管理者做什么呢?虽然大量的后续研究检验了明茨伯格管理角色分类的有效性,但由于管理职能方法清晰、明确地对管理者从事的大量活动和使用的鼓励技能进行了分类,管理职能方法仍然是获得普遍接受的方法。

### 1.2.5　管理者层级与管理工作的差异

这是一个高度分工的社会。所以,我们会看到高矮胖瘦、各种性格的管理者处在各行各业里面。无论是在政府、企业,还是在事业单位,各式各样的组织都需要管理者去履行责任。而在一个企业里,也会有财务部、人力资源部、研发部、市场部等各个部门的经理。他们有着各自的专业特长,但都在做着管理性质的工作。

管理工作不是会计、销售、研发、安全等职能。因此,管理工作性质的差异更多地体现在层级,而不是部门业务的差异上。按照在组织中所处的层级,可以将管理者划分为高层管理者、中层管理者和基层管理者。高层管理者是一个组织中最高领导层的组成人员,拥有人事、资金等资源的控制大权,负责组织的长远发展计划、战略目标和重大政策的制定,又称决策层;中层管理者是一个组织中层机构的负责人员,他们是高层管理者决策的执行者,故称执行层;基层管理者,指一个组织中业务"第一线"的管理人员,负责现场作业指挥和监督,故称作业层。

不同层级的管理者在各项管理职能上花费的时间不同,越往高层走,管理者在计划和控制职能上所用的时间越多,而到了基层,管理者更多的时候是从事领导或者督导工作。

## 1.3　管理者技能和素质要求

管理者是指从事管理活动、实施管理行为、履行管理职能、对实现组织目标承担责任的人。在中国,我们习惯于用"领导""头儿"这样的词来称呼。管理者是一个组织或一定领域中的"统帅",负责管理他人及其他要素,努力实现组织目标,他的管理工作比其他业务工作更加重要。因此,一个优秀的组织必须有一批优秀的管理者。

### 1.3.1 管理者的技能

尽管管理者的角色并非那么好玩,然而,因为看到管理者手中所掌控的资源,或者是所担负的责任,或者是社会所赋予的地位,很多人都有做管理者的愿望。那么,管理者应有什么样的素质和技能呢?

**1. 管理者的技能**

不管什么类型的组织中的管理者,也不管他处于哪一管理层次,所有的管理者都需要有一定的管理技能。罗伯特·李·卡茨(Robert L. Katz)列举了管理者所需的三种技能,海因茨·韦里克(Heinz Weihrich)对此进行了补充。综合来说,管理者需要具备的管理技能主要有以下三方面。

(1) 技术技能。技术技能是指对某一特殊活动——特别是包含方法、过程、程序或技术的活动的理解和熟练。它包括专门知识、在专业范围内的分析能力以及灵活地运用该专业的工具和技巧的能力。技术技能主要是涉及"物"(过程或有形的物体)的工作。

(2) 人际技能。人际技能是指一个人能够以小组成员的身份有效地工作的行政能力,并能够在他所领导的小组中建立起合作的努力,也即协作精神和团队精神,创造一种良好的氛围,以使员工能够自由地、无所顾忌地表达个人观点的能力。管理者的人际技能是指管理者为完成组织目标应具备的领导、激励和沟通能力。

(3) 概念技能。概念技能是指管理者对抽象、复杂的情况进行思考和概念化的技能,是"把企业看成一个整体的能力,包括识别一个组织中的彼此互相依赖的各种职能,一部分的改变如何能影响所有其他各部分,并进而影响个别企业与工业、社团之间,以及与国家的政治、社会和经济力量这一总体之间的关系"。即能够总览全局,判断出重要因素并了解这些因素之间关系的能力。

**2. 不同层级管理者所需管理技能的差异**

这些技能对于不同管理层次的管理者的相对重要性是不同的(图1-3)。技术技能、

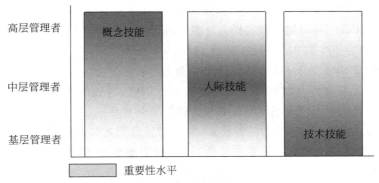

图 1-3 不同层级管理者所需技能的差异

人际技能的重要性依据管理者所处的组织层次从低到高逐渐下降,而概念技能则相反。

对基层管理者来说,具备技术技能是最为重要的,具备人际技能在同下层的频繁交往中也非常有帮助。当管理者在组织中的组织层次从基层往中层、高层发展时,随着他同下级直接接触的次数和频率的减少,人际技能的重要性也逐渐降低。也就是说,对于中层管理者来说,对技术技能的要求下降,而对概念技能的要求上升,同时具备人际技能仍然很重要。但对于高层管理者而言,概念技能特别重要,而对技术技能、人际技能的要求相对来说则很低。当然,这种管理技能和组织层次的联系并不是绝对的,组织规模大小等一些因素对此也会产生一定的影响。

### 1.3.2 管理者的素质

管理者所承担的重重角色,以及其所肩负的组织责任,使得坐在管理者的位置上,想轻松并不容易。尤其是对于那些刚刚由专业职务升任管理者的人,如果没有完成角色的转换,会很容易被迎面而来的一连串事务所左右,一头扎进事务堆里。他会很忙碌,但却没有效能。因此,管理者需要具有职业化的管理素质,具备道德标准。

#### 1. 职业化的管理素质

德鲁克从"管理者的五项重要习惯"入手,概括了管理者应该具备的职业化的关联素质。

(1) 善于利用有限的时间。他认为,时间是最稀有的资源,丝毫没有弹性,无法调节、无法储存、无法替代。时间一去不复返,因而永远是最短缺的。而任何工作又都要耗费时间,因此,一个有效的管理者最显著的特点就在于珍惜并善于利用有限的时间。这包括三个步骤:记录自己的时间,管理自己的时间,集中自己的时间,减少非生产性工作所占用的时间。这是管理的有效性的基础。

(2) 重视贡献和工作绩效。重视贡献是有效性的关键。"贡献"是指对外界、社会和服务对象的贡献。一个单位,无论是工商企业、政府部门,还是医疗卫生单位,只有重视贡献,才会凡事想到顾客、想到服务对象、想到病人,其所作所为都考虑是否为服务对象尽了最大的努力。有效的管理者重视组织成员的贡献,并以取得整体的绩效为己任。

(3) 善于发挥人之所长。德鲁克认为,有效的管理者应注重用人之长处,而不介意其缺点。对人从来不问"他能跟我合得来吗?"而问"他贡献了些什么?"也不问"他不能做什么?"而问"他能做些什么?"有效的管理者择人任事和升迁,都以一个人能做些什么为基础。

(4) 集中精力于少数主要领域,建立有效的工作秩序。他认为,有效性的秘诀在于"专心",有效的管理者做事必"先其所当先",而且"专一不二"。因为要做的事很多,而时间毕竟有限,而且总有许多时间非本人所能控制。因此,有效的管理者要善于设计有效的工作秩序,为自己设计优先秩序,并集中精力坚持这种秩序。

(5) 有效的决策。管理者的任务繁多,"决策"是管理者特有的任务。有效的管理者,做的是有效的决策。决策是一套系统化的程序,有明确的要素和一定的步骤。一项有效的决策必然是在"议论纷纷"的基础上做成的,而不是在"众口一词"的基础上做成的。有效的管理者并不做太多的决策,而做出的决策都是重大的决策。

### 2. 管理者的道德要求

需要指出的是,除了具备职业素质,对于管理人员来讲,最重要的素质莫过于道德素质:管理者是因为责任才存在。在终极目的上,管理是要改善他人的生活,而不是得到一时的荣光。

道德通常是指规定行为是非的惯例或原则。当今社会的管理领域正在发生变化,强调个人权力和社会公正的新的发展趋势,意味着管理者需要具备非功利的道德标准。这对当今的管理者是一个实实在在的挑战。依据个人权力和社会公正来制定决策,要比依据效率和利润等功利性标准制定决策含有更多的模糊性,具有更大的难度。这将导致管理者日益发现自己正面临着道德困境。道德困境体现在管理的各个方面,也因此引发了一系列问题。中下层管理人员是否应该随时附和并执行上级的决策?组织是否应该为了使股东获得好的收益,提高员工工资而裁减部分员工?这些问题困扰着管理者,使管理者迫切需要采取措施走出困境。

对于一个组织而言,首先,应在组织内部制定道德准则。道德准则可以涉及各个方面,如做可靠、正直的管理者;不做任何损害组织的不合法和不恰当的事情;履行企业社会责任等。每个方面下又要设一些细则,具体地规范管理者的道德行为。其次,在组织的人力资源管理方面,对于选拔管理者要有一个甄选过程,剔除道德上不符合要求的管理者。另外,对管理者进行适当的道德评价。这些措施可以在一定程度上解决道德困境问题,使模糊的道德标准变得明晰,使公司成员有明确的道德标准。

## 1.4 管理学及管理的科学与艺术之争

### 1.4.1 管理学

管理学是一门系统地研究管理活动过程及其基本规律和一般方法的科学。广义上管理学是人类所有集体化、社会化行为中积累起来的一般的人文学科。自有了人的社会生活,就产生了关于管理的学说。狭义上的管理学指一个世纪以来,特别是近代工业革命以来主要通过自然科学分析方法调查、试验、研究提炼归纳形成的理论和知识体系。

管理学作为一门独立的学科正式形成于 19 世纪末 20 世纪初,其代表作是美国古典管理理论学家泰罗的著作:《计件工资制》、《车间管理》和《科学管理原理》等。自此,管理学逐渐受到各国政府和企业界的高度重视,经过近百年的发展,已经形成了许多管理理论学派。我们会在后面的章节中加以介绍。

虽然不同学派对管理的认识不同,但是只要是管理学,无论什么样的学派,无论这些学派对管理的认识有多么的不同,它都是一门研究管理活动内在规律性的科学,它以组织中的管理活动作为自己的研究对象,通过管理活动的研究,以探讨内在的规律性,然后上升为理论,形成一个理论体系。管理学的理论体系是由一系列的反映管理活动内在规律性的概念、原理、原则、制度、程序、方法等所组成的。而今,管理学科已经成为一门高度发展、涵盖广泛的知识体系。在管理学科体系内,又包括企业战略、组织理论、组织行为、人力资源、国际管理等分支专业。

## 1.4.2 管理的科学与艺术之争

管理是科学还是艺术？对于这个问题的争论，至今莫衷一是。一方面，有人坚持认为管理是科学，管理的原则是具有普遍性的，所以管理学理论才进入大学课堂；另一方面，有人认为管理学的理论到了现实中根本不管用，一个人掌握管理学知识的多少同他能否做好管理完全是两码事，因为管理完全是基于经验和悟性的一门艺术。实际上，无论是科学还是艺术，都是人们在思维上要简单化才提出来的命题。现实中，管理的科学性和艺术性本身就是一体两面，既不是纯科学，也不是纯艺术。

### 1. 管理的科学性

科学是运用范畴、定理、定律等思维形式反映现实世界各种现象的本质和规律的知识体系，是人类智慧结晶的分门别类的学问。凡是科学都具有共同的特点：客观规律性、可检验性和系统性等。

人类经过漫长的社会生产实践活动，经过无数次的成功与失败，在管理实践中发现、归纳出一系列反映管理活动过程中客观规律的管理思想和管理方法。尤其是在现代公司制确立之后，大型企业的发展使得管理开始发展成为一门独立的学科。无论是泰勒的科学管理理论，还是其后的行为科学理论，都极大地影响了管理的实践，推动了企业和社会的发展。

管理者如果不掌握科学的知识，他们要进行管理就必然靠运气、靠直观、靠过去的经验办事。而有了系统化的管理知识，管理者就有可能对管理上存在的问题找到可行的正确的解决方法。如果不承认管理是一门科学，不按照客观规律办事，违背管理原则，在实践中，随心所欲地进行管理，必然会遭到惩罚，最终导致管理效果不佳或失败。

现代管理学分为许多不同的学派，对于管理学的不同学派，我们也可以看成不同的分支。对这些不同学派的思想、概念、原理、方法系统地加以分析、整理，我们会发现，这些学派的代表人物虽然属于不同的国家、不同的职业、不同的文化，没有或很少从对方的思想中汲取营养，却常常采用类似的研究途径，提出一些尽管词句不同但内容上相似的原理。由此我们应该认识到：就像哲学一样，管理是一门社会科学，尽管与自然科学之间存在一定距离，具有一定的不精确性，但由于有实用而且可以信赖的管理学知识客观地存在着，管理学并不像有些人所认为的那样不科学、不统一。管理学唯一缺少的就是要将不同学派的这些管理知识相互联系起来，使之成为一门更规范的科学。

**成思危论谈管理科学是兴国之道**

管理是实践性非常强的科学，管理的对象是非常具体的，所以管理必须结合实际情况，也必须随着实践的发展而发展，管理科学是自然科学和社会科学的交叉学科。实践证明，人是千差万别的，人的因素不是简单可以用数学来描述的。所以管理科学有三大基础，管理科学是数学、经济学和行为科学的交叉融合。只有将这三者结合起来，才能真正推动管理科学的发展。我觉得在中国认识自然科学的重要性的人比较多,但真正对社会科学的认识,相对来看还是比较薄弱的。管理本身既是科学又是艺术。一方面管理科学是研究管理过程中科学规律的科学,但另一方面管理也有艺术运用之妙,这一点绝对不能忽视。

管理科学与经济科学不同之处在于,经济科学研究的是理想模式,以及这种模式为什么是最好的,即研究的是什么(what)和为什么(why)的问题;管理科学研究的是如何从当前的状况达到理想的状况,也就是研究怎么走、如何做的问题,即研究的是如何(how)的问题。所以重要的就是要从当前实际情况出发,一步一步走到理想状态,在这个过程中,还有个路径依存的作用,像下象棋一样,你走了第一步,后面几步都会受到第一步的影响。

从现在西方管理科学的发展来看,我认为有这么几个特点:

第一个特点是管理是把数学、运筹学、信息科学和行为科学综合起来,提高管理的有效性。要把数学、运筹学、信息科学、行为科学结合起来,才能真正做出有效的管理决策。我认为西方非常重视行为科学,包括在金融方面,现在也出现了行为金融学学派,就是研究在股市等方面人为什么会有跟风等行为。人是千差万别的,每个人有他的特点,人的行为不是千篇一律的,所以不研究人的行为是不行的。

第二个特点是非常重视战略问题研究。

第三个特点是重视组织管理。一个企业的组织形式和结构对其自下而上与发展至关重要。但现在有了计算机辅助后,一个领导可以管到20多个人,这就为组织扁平化创造了条件。此外,要鼓励创新精神就要有各种新型的组织存在,特别是高科技的发展,会造成没有边界的固定组织、半自治式的组织等。因此从组织形式来看,西方已经发展到了趋向灵活的、应变的组织管理,而不是坚持过去的金字塔式的管理。

第四个特点就是竞争合作理论。过去在市场经济中企业之间只讲竞争不讲合作,千方百计降低成本,多占领市场,似乎非要把竞争对手压倒在地,企业才能生存和发展。但新的管理思想认为,竞争是必要的,但合作也是必要的。因为企业之间通过合作,建立企业联盟,把市场做大,尽管仍然有竞争,但每个企业也取得了发展。

资料来源:本刊采访团.成思危论谈管理科学是兴国之道[J].管理科学文摘,2013(1)(有改动)

### 2. 管理的艺术性

艺术活动是人们以直觉的、整体的方式把握客观对象的一种方式。它具有很强的自我表现性和创造性。一个人学完了管理学就能够高效地做管理吗?不一定。在现实生活中的管理问题千差万别,非常复杂,仅仅凭借书本上的管理理论和管理原则来进行管理,无异于"纸上谈兵",是不能保证其成功的。只有根据实际情况,灵活地运用管理理论和方法,才能获得预期的效果。

管理是一门艺术,正是指管理者在管理实践过程中随机制宜地、创造性地运用管理技术和方法来解决管理问题,它具有很强的技艺和技巧性。管理活动是处理和协调人与人之间关系的社会活动,管理主体是人,管理主体之中最重要的也是人,人是有思想、有意识的高级社会动物,而不是统一的零件和机器。大学毕业生和民工对公平的感觉不可能一样,美国雇员和中国雇员的成就感也一定不同。更关键的是,同一个民族,同一个班毕业,在同一个公司、同一个部门工作的人对公平和成就感也可能不一样。人尽管有同样的共性,但恰恰是人的特殊性构成了不同的企业。世界上没有两个同样的人,世界上也没有两个同样的企业。因此,管理永远是具体的,管理者需要具体问题具体分析。

正因为如此,德鲁克才说:"管理是实践的艺术。"

### 3. 管理科学性与艺术性的关系

管理既是一门科学,又是一门艺术。管理是一门科学,管理科学的形成经历了漫长的岁月而成为一套比较完整的、反映管理过程客观规律的理论体系,使得管理活动能够在一系列体现管理客观规律的原理、原则和方法的指导下进行。管理亦是一门艺术,管理理论并不能为人们提供解决一切问题的标准答案。

管理的科学性与艺术性是统一的、互补的。管理者想要实施有效的管理,更好地实现组织目标,必须以管理科学提供的一般理论和基本方法为指导,根据组织面临的内外环境,充分发挥积极性、主动性和创造性,因地制宜地将抽象的管理理论与具体的管理实践相结合起来,采用适当的方法灵活地、创造性地解决所遇到的问题。

富有成效的管理,既离不开扎实的管理理论知识,又离不开管理者自身主观能动性和创造性的充分发挥。对管理理论的深刻理解是学好管理学的前提和基础,高超的管理艺术是最终实现管理目标的有力保障,二者之间不是互相排斥、互相矛盾的,而是互相补充、互相依存的。片面地强调哪一方面都可能导致管理的失败。如果只讲管理的科学性,不讲管理的艺术性,难免导致僵化管理;相反,只讲管理的艺术性,而不讲管理的科学性,则难免犯经验主义错误,缺乏进一步提升管理水平的后劲。采取"背诵原理"的方式来进行管理活动,必然是脱离或忽视现实情况的无效活动,而没有掌握管理理论的管理者进行管理活动时,必然是靠经验、凭直觉办事,很难找到能够解决管理问题的可行方案。

另外,在不同层级的管理工作中,科学与艺术的成分各有侧重。基层管理工作科学性的成分多一些,而高层管理工作艺术性的成分多一些;创业期艺术性的成分多一些,成长期科学性的东西多一些。两者的特点如表1-2所示。

表 1-2 管理的科学性与艺术性之比较

| 艺术性 | 科学性 |
| --- | --- |
| 实践 | 理论 |
| 经营 | 管理 |
| 高层 | 基层 |
| 组织和人 | 业务和事 |
| 创造性 | 规范性 |
| 非程序 | 程序性 |
| 创业期 | 成长期 |

## 1.4.3 管理学的学习方法

管理的科学性告诉我们,管理是可以学习的,管理者是可以教育培养的。我们不否认有人是天生的管理者,其先天个性、家庭熏陶、成长经历,使其颇具悟性,加上机缘很容易就胜任管理者的岗位。但是与我国经济社会发展的要求相比,天生的管理者远不够用。而且,现代的管理者,不能完全靠自己的摸爬滚打去总结管理经验,尤其是大型组织的管理者,更是需要熟悉当代管理理论。只有在学习现代管理理论的基础上,融会自己的经验,总结出自己的管理指导思想,才能充分发挥组织的整体效能。

### 1. 管理学的知行循环模式

管理作为科学与艺术的两面,说明学习管理一定要贯彻知行合一的原则。

因为管理的艺术性,一个学习管理的学生要胜任管理工作,离不开实践经验的积累,离不开隐性知识。如果脱离了管理实践,只是对管理的变量关系进行推敲研究,那么顶多能做一个管理科学研究者,不可能会做管理。又因为管理的科学性,企业的各级管理者如果只是靠经验积累来做管理,不能够进行理性的系统思考,形不成自己的理论,则会"限于"甚至"陷于"经验主义的泥沼。随着企业的成长壮大,创业者若没有打通从思考到理论这一环节,则无法判断复杂的形势,管理复杂的要素,难以继续胜任高层管理工作。如果这时没有建立完善的公司治理结构,形成可以依赖的高管团队,则企业会进入停滞甚至崩溃的危机。曾经的中国家族企业"5 000万现象"(企业做到5 000万元,再往上做就做不上去了),一定程度上就是这个原因所导致的。反过来,我们也看到诸如张瑞敏、任正非、柳传志这样的企业家都有自己的一套管理理论。

因此,对于尚未接触管理理论的靠机会与实干成长起来的管理者,其学习管理的过程主要是从实践到经验总结这一方式。如果为了提升自己,到大学里接受管理再教育,则将这一学习过程进一步打通了。而对于大学生来讲,学习管理主要是从思考到理论这一环节,另外也需要结合情景案例的独立思考,强化对间接管理经验的学习。如果能够结合沙盘模拟实践课程和实习机会,在运用理论的过程中融会贯通,将成文化的显性知识转化为个人的隐性知识,通向管理者的道路就有效地加速了。

管理概念和实际之间的矛盾,需要在知行循环的学习中去打通。

### 2. 管理学的学习方法

为了未来的管理生涯发展,需要我们抓住在学校进行理论学习的机会。可以采用的具体方法如下。

1) 案例分析法

案例分析法是通过对现实中发生的典型管理事例进行整理并展开系统分析,从中把握不同情况下处理管理问题的不同手段和方法,以掌握管理理论、提高管理技能的一种方法。案例分析中所用的案例都是典型的案例,具有典型性、生动性、具体性,因而能够调动学习者的学习积极性,引导学习者独立思考,不失为一种好的学习方法。

2) 比较研究法

比较研究法是通过不同管理理论或管理方法异同点的研究,总结其优劣以借鉴或归纳出具有普遍指导意义的管理规律的方法。例如,对不同社会制度或不同管理体制下的管理加以比较研究;对不同历史条件下、不同生产力水平下的管理加以比较研究;对不同文化背景、不同文化水平条件下的管理加以比较研究,等等。

3) 历史研究法

历史研究法是对前人的管理实践、管理思想和管理理论予以总结概括,从中找出带有规律性的东西,实现古为今用的方法。这种研究方法运用的结果最终构成了人类管理思想产生与发展的历史。因此,通过研究管理思想产生与发展的历史,是一种很好的学习管理学的方法。

4) 定量分析法

定量分析法是运用自然科学知识尤其是数学知识,把握管理活动与管理现象内在的数量关系、寻求其数量规律、解决管理问题的方法。任何事物都兼有质与量的规定性,管理也不例外。对管理问题进行定量分析,既是管理实践的客观要求,又是管理走向科学化的必经之路。

## 本章小结

1. 本章介绍了管理的概念、任务、目标等基本概念,讨论了组织与环境的关系。组织与环境的关系包括两方面:一是外部环境对组织的决定、制约和影响作用;二是组织对环境的消极被动的或积极主动的适应。

2. 计划、组织、领导、控制是管理的四大基本职能,管理人员在运用四项基本职能时要将决策、创新和协调贯穿在每项管理职能之中。

3. 明茨伯格提出管理者在组织中扮演着十种角色,可归纳为人际角色、信息角色和决策角色三大类。管理者需要具备的技能主要包括技术技能、人际技能和概念技能。不同层级的管理者所需掌握的技能也存在差异。管理者需要具备职业化的管理素质和道德标准。

4. 本章还介绍了管理的科学与艺术之争。现实中,管理的科学性和艺术性本身就是一体两面,既不是纯科学,也不是纯艺术。管理既是一门科学,又是一门艺术,其科学性与艺术性是统一的、互补的,并且在不同层级的管理工作中,科学与艺术的成分各有侧重。

5. 学习管理学一定要贯彻知行合一的原则,通过知行循环模式打通管理概念和实际之间的矛盾。管理学的具体学习方法包括案例分析法、比较研究法、历史研究法、定量分析法。

## 关键词汇

管理(management)　　　　　　　　管理者(manager)
管理职能(management functions)　　管理技能(management skills)
技术技能(technical skills)　　　　　人际技能(human skills)
概念技能(concept skills)　　　　　　管理者角色(the role of manager)

 **思考题**

1. 管理学究竟是不是科学？
2. 管理者履行哪些管理职能？承担哪些管理角色？
3. 在《论语·子路篇》里，孔子说："其身正，不令而行；其身不正，虽令不从。"从管理者技能和素质要求角度，你如何理解上列这句话的？
4. 除了计划、组织、领导与控制职能之外，还有别的职能吗？
5. 管理者需要什么管理技能？学校能否培养出真正的管理者（企业家）？
6. 现实中大多数管理者并没有学过专门的管理理论，而他们中不乏一流的管理者，为什么？

 **案例讨论题**

**教师节离任的马云：从马老师到马师傅 要向全世界讲述他的功守道**

2018年9月10日，在这个大家纷纷向恩师表达感激与祝福的日子里，阿里巴巴的董事局主席马云先生宣布离任，引发了轩然大波。

**充满暗示意味的日子**

对马云略有了解的人都应该知道，"教师"这个职业性前缀，对于马云而言，是充满了特殊的象征意味的。在各种公开场合中，马云曾经多次谈到过："这一辈子不会拿掉的烙印，就是当老师""能够成为老师是我最大的荣幸""最大的遗憾就是只当了6年老师"。而在马云微博上的自我简介里，是这样写的：1988年毕业于杭州师范学院外语系，同年担任杭州电子工业学院英文及国际贸易教师，1995年创办中国第一家互联网商业信息发布网站"中国黄页"，1998年出任中国国际电子商务中心国富通信息技术发展有限公司总经理，1999年创办阿里巴巴，并担任阿里集团CEO、董事局主席。在这段简单的介绍中，我们不难看出，在马云的心目中，自己短暂的6年教师生涯，与大学毕业、离职创业、建立阿里巴巴并列为自己人生当中最为重要的坐标。而其中更为有趣的是，9月10日教师节，恰恰就是马云的生日，也是阿里巴巴的成立纪念日。如今，更是马云从阿里巴巴董事局的离任之日。你很难说这不是马云刻意的选择。也许在他看来，冥冥之中，就注定了他将会是一名教师，哪怕离开了校园，离开了讲台，这一点也不会改变——或者说，从未改变。

**全中国最成功的教师？**

马云的这种"教师情怀"，深刻地影响着自己一手创立的阿里巴巴。据说，在阿里巴巴内部，同事之间互相的称呼是"同学"，他们也不叫马云"老板"，而是叫他"马老师"。而在马云看来，这并没有什么不好，他曾经说过，当CEO其实就和做老师是一样的。而做老师唯一的目的就是让你的学生比你更强、比你更好。如果不能和老师一样，抱着成就他人的想法，不是去帮助员工成功、不是去帮助客户成功、不是去帮助合作伙伴成功，那么这家公司就很难成功。

正是这种教师特有的理想主义，让阿里巴巴与其他公司区别开来，成为如今这样具有独特的象牙塔味道的互联网公司。在那之后，阿里巴巴设立的马云公益基金，先后发起"乡村教师计划"、"乡村校长计划"和"乡村师范生计划"，意在激发社会对乡村教育的更大关注；而后启动的100亿元阿里巴巴脱贫基金中，教育脱贫也是最为重要的方向之一。

尽管商业巨子马云一手打造了如此奇迹般的超级商业帝国，但在这背后，他却始终将自己定位为一名教师，时刻不忘对教育的反哺，不忘对青年的教导和鼓舞。大家或者还记得那个著名的段子——"我最快乐的时候是每个月拿91块钱的时候"。也许马云想和我们强调的并非工资数额的多少，更重要的是，他是以"马老师"的身份拿到的这份工资吧……

**马老师或是马师傅**

在退休之后，马老师是否会再次成为马老师，引起了很多议论。但在更多的人看来，马老师或许已经有了一个更为时髦的、崭新的身份：马师傅。在去年"双11"网络电商购物节来临之际，一部网络短电影火遍了大江南北，这就是马师傅亲身主演的武侠电影《功守道》。在这部电影当中，马云师傅化身绝世太极高手，拳打四海，脚踢南北，将国际上知名的技击高手教育了个遍，在电影的最后，马师傅和功夫皇帝李连杰饰演的扫地僧平分秋色，坐而论道。

而在那之后，马云几乎每次访谈中，必然要找机会谈论起太极拳。不管是公司的管理、又或者是生活的态度、再或是成功的经验，马师傅必然能够从太极之中给你找到答案。好为人师？不止那么简单。在2011年，马云就和李连杰达成了合作，建立了太极禅国际文化发展有限公司，其目的在于推广太极文化的发展。而早在此之前，陈氏太极的第12代传人、太极拳世界冠军王占海，就已经在2009年被马云礼聘到杭州，成为马云的师兄，指导马云练拳，并随他一起出差、开会，学习公司管理。建立一个太极推广公司、培育一个太极拳高手作为公司高管、亲自站在前台为太极摇旗呐喊——马师傅所谓何求？

**形而上之道**

2013年初，马云接受采访的时候说道：太极拳给自己带来的"最大的是哲学上的思考"，"阴和阳，物极必反，什么时候该收，什么时候该放，什么时候该化，什么时候该聚。这些跟企业里面是一模一样的，你去看西方的管理哲学，是从基督教的思想过来的。包括日本的精益管理，也都有自己的哲学思想在里面的。中国公司的管理，要不就是从西方学一些管理思想过来，要不就是从日本学习一些流程管理的方法，没有一个文化根基。我认为我们必须要有一个文化根基，中国的管理才能够进入到世界的管理财富中。我从太极拳里悟出了儒释道文化，很有味道的东西。我把它融入企业管理，这样我是很有根源的。"

原来如此。马师傅的格局已经超越了物质的表象。当阿里巴巴放眼望向全世界的时候，在与商业伙伴们进行金钱往来时，在向全世界推广中国的产品时，遇到得最多的问题，恐怕并非金钱上的纠纷，更多的应该是文化和思想观念上的冲突。

西方有着他们自己的基督教哲学，日本也有着自己的武士道思想，每当谈论起他们，在他们背后的文化图腾，那些十字架、那些菊与刀，并非流于表明的概念，而是实实在在存在的，存在于每一个文明圈子的个体当中。而中国呢？当我们的物质日益丰富的时候，当我们的产品走遍世界的时候，我们要向外界展现一个什么样的中国？我们文化的根基，在哪里？所以，当马师傅跳出了形而下的束缚之后，他看到的是更为长远的东西：文化的认同感。这不是生意"经"或者"术",而是"道"。传道授业解惑者,既是马师傅,也是马老师也。

**马老师的新课程**

与群雄争锋,天下无敌之后,归隐山林之间,再将自己的绝世神通传授给年轻的少侠们,这几乎是每一名隐士高人的宿命。而现如今,与另一位高人李连杰合作,从"中国功夫"这个广为世人所知的IP(知识产权)着手,打造全新的文化载体,似乎就成为马师傅未来的目标。我们的邻居韩国和日本,早就在这条道路上先行一步:三星为了跆拳道在全世界的普及不知道撒下了多少美元,而柔道、空手道的形象早就与日本文化捆绑在一起,牢不可分。现在,我们中国人需要给人一种什么印象?霸道的?凌厉的?强壮的?不,都不是,我们需要告诉所有人,中国人虽然强大,但却是谦和的、自然的、中庸的。要完美地诠释这一切,还有比脱胎于道家风骨的太极,更为合适的载体吗?

所以马老师以武叙文,创立了"功守道"。而"功守道"这个名字,就很好地说明了一切:功者,内练一口气,非功也,守其谦冲之道。是天道,也是人道。这,才是马老师要给全世界带来的新课程。如今,功守道已经成立了自己的品牌,有了自己的比赛,也在逐渐地完善规则,正在全世界的范围内进行大规模的推广。时隔多年,马老师再度站上了前台,不过这一次,他给我们上的不再是英语课。

马老师利用自己的影响力,亲自讲述着一个关于文化传承的故事——据说甚至有超过40个国家的领导人都表现出了对《功守道》电影的浓厚兴趣。蓬勃生长的功守道,承载的是马云的勃勃雄心,而谁又能说,一旦推广得当,未来就一定不会在亚运和奥运当中见到功守道的身影呢?电影之中,马师傅与李连杰坐而论道。电影之外,马老师再登讲台,将要向世界讲述他全新的道。

资料来源:腾讯网,https://sports.qq.com/a/20180910/064091.htm

**启发思考题**

1. 马云说,当 CEO 其实就和做老师是一样的。谷歌创始人之一拉里·佩奇说,未来组织中最重要的功能已经越来越清晰,那就是赋能,而不再是管理或激励。请从管理概念的角度,谈谈你对两人观点的理解?

2. 材料提到管理思想背会都有一个文化根基,你认为中国传统文化的哪些方面可以用来构建中国式管理理论,以完美地向世界诠释中国管理思想之道?

3. 请解释企业功守道的内涵?任意选择某一角度(如管理者素质要求、企业社会责任、商业竞争策略)进行说明即可。

## 本章推荐阅读资料:

1. [美]彼得·德鲁克.卓有成效的管理者[M].许是祥,译.北京:机械工业出版社,2019.
2. 杨杜.现代管理理论[M].2版.北京:经济管理出版社,2013.
3. 姜杰.中国管理思想史[M].北京:北京大学出版社,2011.
4. 陈春花,乐国林,曹洲涛.中国领先企业管理思想研究[M].北京:机械工业出版社,2016.
5. 马晓颖,孟维巍.领导干部读伦理经典[M].北京:国家行政学院出版社,2010.

# 第 2 章

# 管理思想的演进

(1) 掌握西方管理理论发展的古典、近代和当代三大阶段,尤其是每阶段的代表理论和代表人物;泰罗的科学管理理论、法约尔的一般管理理论、韦伯的理想行政组织理论;梅奥的人际关系学说以及行为科学理论主要的研究领域。

(2) 理解管理理论丛林中主要理论流派的主要观点,理解业务流程再造、学习型组织、知识管理的概念。

(3) 熟悉国内外管理思想的历史发展过程、近代管理理论的历史发展过程、当代管理理论丛林现象、管理新思潮的发展趋势。

管理实践活动同人类的历史一样悠久,但是对管理进行正式的研究则是一门较新的学科。自从有了人类社会生活,就有了管理的实践,就产生了关于管理的学说。在漫长的管理实践活动中,人们积累了大量的管理经验,并逐步形成了管理思想。管理思想是客观存在着的管理实践活动在人们的意识中经过思维活动而产生的观点、见解和论议,并以不同的方式同实践相联系。

随着社会生产力的发展,人们把各种管理思想加以归纳、总结,形成了管理理论;人们又运用这些管理理论去指导管理实践,以期获得效果,并在管理实践中验证和完善这些管理理论。到目前为止,管理的历史发展经过了早期管理思想、古典管理理论、近代管理的发展、当代管理理论等几个大的发展阶段。

## 2.1 早期管理思想与理论萌芽

自从有了人与人之间的社会生活,就有了管理的实践和经验总结。管理经验、管理思想的历史和人类的历史一样古老。有关管理的理论和知识体系,是在人类长期实践、长期积累基础上形成的。早期的管理实践活动主要产生于大型集体活动(大型工程)、社会管理实践、政治控制、战争中的军事管理以及宗教管理等领域。

### 2.1.1 我国古代的管理思想

我国历史悠久,历代积累下来的有关管理思想的文献资料浩如烟海,其中记载着我国古代无数杰出的政治家、军事家、思想家有关国家管理、军事管理、经济管理、文化教育管理、法律管理等方面的学说和主张,珍藏着中华民族祖先卓越的智慧和丰富的实践经验。

我国古代的经济管理思想基本内容可分为两大部分:一是宏观管理方面"富国之道"的管理思想,主要研究国家如何管理才能繁荣昌盛、长治久安;二是微观管理方面"治生之术"的管理思想,主要研究百姓如何从事生产、举办实业、发家致富。它起源于2700多年前的春秋时期,初步形成于2400多年前的战国时期,到公元前一世纪中叶的西汉中期已臻于成熟。在此后的2000多年的时间里,虽无质的变迁,但内容不断丰富。

先秦诸子百家的理论主张是我国古代管理思想的精华所在,对我国传统文化的形成和延续起着决定性的作用,影响深远。如孔子及儒家的管理思想、《孙子兵法》的战略思想、老子的"无为而治"思想、法家的"以法治国"思想、商家的经营管理思想等,至今仍被运用于现代管理之中。及至汉代汉武帝执政时期,力主行仁政管理国家的儒家思想成为后来历代王朝管理国家的理论基础和指导思想,同时也成为融于民族性格之中指导人们行为的准则。

我国古代无论是宏观的富国之道,还是微观的治生之术等经济管理思想,可以在历代统治阶级的政治家、军事家和思想家留传下来的许多著作中找到。如《周礼》《道德经》《论语》《尚书》《老子》《荀子》《墨子》《韩非子》《商君书》《孙子兵法》《汉书》《唐书》等。

虽然我国的管理思想源远流长,独具特色,但由于种种原因,在相当长的历史时期内都未能形成系统化的科学管理理论,也未能得到很好的发扬和发展。直到近年来,特别是改革开放以后,中国传统文化和管理思想的价值与魅力开始逐渐被国内外学术界和实务界所重视。

**中国传统文化为中国式管理筑基**

中华民族5000多年文明历史所孕育的优秀传统文化,是世界古老文明中唯一没有中断,且历久弥新的文化体系,其中所蕴含的价值纲领和核心精髓成为人类"轴心时代"文化突破与文明巅峰的重要组成部分。由此,可以说,形成于2500年前的优秀传统文化承载着中华民族至高的精神追求和优良的道德传统,是中华民族的根脉所在,深刻地影响着中国人的价值观、思维方式、个人素养以及行为模式等。换言之,中国传统文化孕育出来的管理,必然带有中华文化的特色和独有的价值。

中国传统文化的思想体系中包含着以下几个重要维度:天、地、人的系统观;在生命中的过去、现实与未来的时空观;个人和他人的群体观;有形和无形之间相生相容的哲学观;精神和物质之间的有机关系。精神决定着人对物质的态度,进而决定了人获得物质的方式、数量以及获得之后自身生命的状态。

从中国的优秀传统文化中所蕴含的哲学智慧出发,将其精髓思想做进一步的提炼,对管理理念中的一些根本性问题进行突破与升级、颠覆与重构,为现实的管理问题提供根本性的解决之道,具有非常重要的理论意义和现实意义。同时,管理研究学者还应将艰涩的理论表述转变成人们日常生活中最简洁的语言体系。

随着中国在世界舞台上发挥着越来越重要的影响,其国际地位也受到世界各国越来越广泛的认可,特别是近年来很多优秀的中国企业在世界上的影响力越来越强。由此,对管理研究学者而言,在这样的现实条件下进行中国式管理的研究既是一个最好的时机,也是一份历史责任。

资料来源:改写自齐善鸿,李宽,孙继哲.传统文化与现代管理融合探究[J].管理学报,2018,15(5):633-642.

### 2.1.2 西方古代的管理思想

有文字记载的管理思想的著名例子,是希伯来人领袖摩西的岳父耶特鲁对摩西处理政务事必躬亲这种做法的批评与建议。据《圣经》旧约全书的《出埃及记》记载,他建议摩西:一要制定法令,昭示民众;二要建立等级,委托管理;三要分级管理,管理者各司其职,自己只对最重要的政务亲自处理。公元前 2000 年左右,古巴比伦国王颁布了《汉谟拉比法典》(*The Code of Hammurabi*),法典本文共 282 条,内容涉及财产、借贷、租赁、转让、抵押、遗产、奴隶等各个方面,对各种职业、各个阶层的人的责、权、利给予了明确的规定。

考古证据表明,古埃及人是首先意识到"管理跨度"的实践者,后来的希伯来人在《圣经》里提出的"以十为限"的管理思想即来源于此。古埃及纸莎草纸抄本表明,早在 3000 多年前古埃及的官僚国家就认识到组织工作和行政管理的重要。

古希腊的著名哲学家苏格拉底(Sokrates)也早在 2000 多年前就认识到管理的普遍性,把管理解释为区别于技术知识和经验的一种技能,这与现代对职能的见解也很接近。随后不久(公元前 370 年左右),古希腊学者瑟诺芬(Xenophon)以制鞋为例,论述了劳动分工的优越性,指出一个从事专业化工作的人一定能工作得最好的道理。这种思想和 19 世纪末 20 世纪初泰罗提出的专业化分工的管理思想也很一致。亚里士多德(Aristotle)在其《政治学》中提出了有关管理的许多见解,如劳动的专业化、部门分工、权利的集中与分散、协作、领导等问题。

罗马天主教会早在工业革命以前,就成功地解决了大规模活动的组织问题。它采取按地理区域划分基层组织,并在此基础上又采用有高度效率的职能分工。在各级组织中配备辅助人员,使专业人员和下级参与制定决策的过程,而又不破坏指挥的统一。罗马天主教会能够控制在全世界各地的几亿教徒的宗教生活,在很大程度上得益于这一组织形式。

中世纪的管理思想,既吸收了前人的智慧和成果,又有了自身的特色,有了较大的发展。11 世纪以前的有关著作表明,当时思想家们主要是论述领导者的品质和领导方式方面的管理思想。之后的中期和后期管理思想的内容就丰满多了。著名的威尼斯商人和兵工厂关于计划、决策、企业组织与领导、会计、控制、生产管理、人事管理等方面的工商业管理经验,就比较全面地体现了当时的管理思想。

15世纪意大利杰出的政治思想家和历史学家尼柯罗·马基雅维利则阐述了很多管理思想,其中影响最大的是他在《君主论》和《谈话录》中所提出的四项管理原则。他所提出的这些管理原则是对当时出色领导者活动的概括和总结,是为了使君主能成功地管理一个国家,但同样也适用于管理其他组织,对以后的管理思想发展有相当大的影响。

在18世纪以前人类漫长的历史时期,生产力增长十分缓慢,管理思想也没有重大的、质的变化。尽管在古代,中、外都有组织浩大工程的管理实践活动(如举世无双的我国古长城、埃及的金字塔等)和丰富卓越的管理思想,但受当时的历史条件制约,无法形成系统的科学管理思想和理论。西方系统的管理思想和理论,是在资本主义经济发展到一定的阶段才产生的。

### 2.1.3 西方管理理论的萌芽

18世纪60年代开始于英国的资产阶级工业革命,使以机器为主的现代意义上的工厂成为现实;而工厂制度的建立与发展,促进了人们对管理的关注与发展。企业规模不断扩大,劳动产品的复杂程度与工作专业化程度日益提高,经理人员也逐渐摆脱其他工作,专门从事管理工作。从工业革命开始到19世纪末20世纪初,在这100多年里,管理思想有了重大的发展,为科学管理理论的诞生奠定了基础,但还未形成较系统的、科学的管理理论。这一时期可以看作管理理论产生的萌芽阶段,涉及管理方面的著作可分为两大类:一类偏重于管理职能和原则的理论性研究,另一类则偏重于管理技术和方法的研究。

英国资产阶级古典经济学家、哲学家亚当·斯密(Adam Smith)于1776年发表的《国民财富的性质和原因的研究》(简称《国富论》),系统地阐述了劳动价值论及劳动分工理论;所提出的政治经济学原理,不仅对经济和政治理论的发展有着突出贡献,而且对以后的西方管理理论也有着十分重要的影响。

英国的数学家、科学家、作家、剑桥大学教授查尔斯·巴贝奇(Charles Babbage)对西方管理理论的产生也作出了重要贡献。他通过时间研究和成本分析,进一步地分析了劳动分工使生产率提高的原因。也就是说,早在泰罗发表《科学管理原理》之前80年,巴贝奇就将科学方法应用于管理,并加以理论化。

美国人亨利·瓦农·普尔(Henry Varnum Poor),长久地探求一种管理的科学原理,提出具有明确组织结构的管理制度和新型的领导方式。他针对美国当时最大的行业——铁路业,提出了一些管理的原则和方法,如合理分工、严格制度、及时调度等措施。

此外,在西方管理理论的萌芽阶段,还有英国的小詹姆斯·瓦特(James Watt)和马修·鲁宾逊·博尔顿(Mathew Robinson Boulton)所提出的科学管理制度;罗伯特·欧文(Robert Owen)重视人的作用和地位,倡导"和谐一致"的人事管理制度;安德鲁·尤尔(Andrew Ure)主张建立工厂秩序和法典,第一个明确地提出在工厂里建立必要的规章制度;等等。这些都有许多闪光的管理思想,都对后来管理理论的产生明显的影响。

这一时期体现在生产管理、劳动管理、工资奖励、成本核算、人事管理、领导方式、组织结构等各个方面,尤其在人类观和劳动组织问题上的管理思想,为西方管理理论的建立和发展做了充分的准备,有着明显的影响。但这一时期还没有形成完整的、系统的管理理论,没能使传统管理摆脱小生产方式,管理仍然主要靠个人经验来进行。

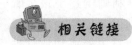

**什么是理论**

在各种学科领域,理论为掌握学科知识、了解其中的重要关系奠定了基础。好的理论可以帮助我们细化和系统化对世界的思路与想法,产生与解释个体、团体和实体之间的相互关系,改进对人、群体和组织的预测与期望,获得对世界的更好的理解。

理论是若干构念或概念及其相互关系的一种陈述,旨在说明一个现象如何以及为何发生,是对观察、经历或记录的现象的任何连贯一致的描述或解释。一个好的理论必须包括四个基本要素:什么(what)、如何(how)、为什么(why)、谁何处何时(who where when)。研究人员往往会选择最重要的因素去记录、描述与解释有趣的现象和事实,这些最重要的因素被称为构念或概念,也就是什么,这也是好的理论的主要构件和元素。确定了一系列的构念或概念之后,下一步是通过一定的办法如文本形式、绘制图形等,来对这些构念或概念之间的关联以及作用机理进行描述,即如何。"什么"和"如何"组成了理论主题,而为什么则帮助解释两者之间拟定关系背后的心理、经济和社会机制。在一定的假定下,研究者将"什么"和"如何"组合成一个模型,并从中推导出可检验的命题,并通过一定的逻辑和资料加以检验,以解释构念或概念之间的关系和影响,进而修订或发展理论。任何一个理论特别是社会科学中的理论,不会适用于所有可能的条件,即存在限制理论适用性的空间、时间、价值等边界和约束条件,即谁何处何时。边界与约束条件可以根据实际研究进展加以修正或补充。

资料来源:改写自迈尔斯.管理与组织研究必读的40个理论[M].徐世勇,李超平,译.北京:北京大学出版社,2017:2-7.

## 2.2 古典管理理论

尽管管理思想由来已久,但是管理在西方成为系统的管理理论,则公认是在19世纪末20世纪初。美国的泰罗提出的科学管理理论,是西方管理理论形成的标志。从此以后的100多年间,人类的管理思想达到了从未有过的高度,日趋科学、系统、完善,管理理论蓬勃发展,进入一个盛况空前的繁荣时期。从其发展的历史和内容来看,西方管理理论的发展主要可以分为三个阶段:古典管理理论阶段、近代"人际关系——行为科学"理论阶段、当代管理理论阶段。

下面将分节依次详细介绍和阐述各个阶段的主要管理理论与重要贡献。需要注意的是,管理思想与管理理论发展阶段的划分并不是绝对的,尤其是起止年代多有交叉。三个阶段的划分,只是表明西方管理理论和管理思想的一般演变过程以及每个阶段的主导管理理论与管理思想,做到历史与逻辑的统一,不能割断它们之间的继承和延续、相互吸引的交叉关系,以把握管理理论的产生、形成与发展的全过程。

## 2.2.1 发展概况

古典管理理论产生和形成于19世纪末到20世纪初,这一学派的代表人物有美国的泰罗(Frederick Taylor)、法国的法约尔(Henri Fayol)、德国的韦伯(Max Weber)以及后来的美国人古利克(Luther Gulick)和英国人厄威克(Lyndall Urwick)等人。

古典管理理论较系统地探讨了经济管理问题,主要代表性理论有美国的泰罗开创的"科学管理理论"、法国的法约尔所提出的"一般管理理论"以及德国的韦伯所提出的"理想的行政组织体系理论"等。尽管这些管理理论产生于不同的国家、不同的年代,但它们都有一个共同的特征,都强调用"科学"的方法来进行管理,因而这个阶段的管理理论又被统称为"科学管理理论",相应的时期被称为科学管理时代。古典管理理论的产生,标志着管理作为一门科学已经形成。

古典管理学派从泰罗等人开始从事管理的实际试验和理论研究算起,距今已经一个多世纪了。他们的理论不但在当时起到了重要的作用,对以后管理理论的发展也有着深远的影响,其中许多原理与做法至今仍被许多国家参照采用。

## 2.2.2 泰罗的科学管理理论

泰罗,美国著名管理实践家、管理学家、科学管理之父。为了改进管理,从1880年起,他开始试验和研究,逐步形成后来被称为"科学管理"或"泰罗制"的管理理论和制度。

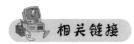

**搬运生铁试验**

泰罗受雇于伯利恒钢铁公司期间,进行了著名的"搬运生铁块试验"。搬运生铁这项工作不需要借用其他工具,只用双手就能完成。生铁搬运工弯下腰,捡起一块重约92磅(约41.73千克)的生铁,走动一段距离,然后将它放到地上或一堆生铁上。泰罗认为,搬运生铁是最原始、最初级的劳动形式,但其中却存在着深奥的科学。

第一步是挑选合适的工人。经过认真观察和研究,详细了解每位员工的性格、习惯和抱负,最后泰罗挑选了一位身材矮小、精力充沛、吝啬、爱财的荷兰移民施密特。他每天挣1.15美元,这在当时仅够维持生存。第二步是激励和引导工人按照科学方法工作。泰罗用每天能挣到1.85美元的机会来激励施密特,使他严格照泰罗规定的各种程序、方法搬运生铁。通过试验,从每天每人平均装运生铁12.5长吨(约12.7吨)达到了每天每人平均搬运生铁47长吨(约47.8吨)的目标,大大提高了劳动生产效率,并制定出了一套最优搬运方法、最优步行距离、最优工休间歇。这说明,即使最基本的工作中也存在着科学规律;精心挑选和培训工人,按照科学规律工作,工作效率会成倍提升。

资料来源:改写自泰勒.科学管理原理[M].赵涛,等译.北京:电子工业出版社,2013:24-29.

泰罗所奠定的科学管理理论有三个基本出发点:一是科学管理的根本目的是谋求最高工作效率,即提高劳动生产率;二是用科学管理来代替传统的经验管理,作为提高工作效率的重要手段;三是科学管理的核心是要求管理人员和工人双方都实行重要的精神变革——心理革命。双方进行观点上的转变,把注意力从被视为最重要的问题——盈余的分配上,转向增加盈余的数量上,使盈余增加到以致没有必要就如何分配盈余的问题进行争吵为止。当双方不再相互敌视,而是以友好合作和互相帮助来代替对抗与斗争时,通过共同努力,就能使盈余量猛增,完全可以做到使工人的工资大大增加了,同时资方的利润也大大增加了,从而达到科学管理的根本目的。泰罗认为,用这种新的看法、新的观点来代替老的看法、老的观点,在劳资双方中进行一场完全的心理革命,进而提高劳动生产率,正是科学管理的精华和实质所在。

基于此,泰罗从作业管理和组织管理两个方面提出了六项科学管理原理,以及贯彻这些原理的具体制度和方法。

### 1. 科学作业原理

泰罗认为,管理人员的首要任务就是发展和建立一种严格的科学,为每一项工作制定出完善而又公正的工作标准,使工人掌握标准化的操作方法,使用标准化的工具和材料,并使作业环境标准化,要采用科学方法来确定工人使用现有的设备和原料所应完成的工作量,即所谓标准化原理。要发现和发展这些标准化的作业要素,必须对一切正在使用的方法、工具,以及劳动和休息时间的搭配,甚至机器的安排和作业环境的布置等进行科学的研究与分析,进行准确、精密的动作和工时研究。

### 2. 计件付酬原理

在当时的企业中,普遍存在着令人头痛的"磨洋工"现象。泰罗认为,造成工人磨洋工的原因,除了缺乏科学的作业方法外,还有当时所采用的不合理的分配制度。只要将工资率定得合理,就会削弱工人磨洋工的动机。问题的关键在于,要为每一项工作制定出完善而又公正的日工作标准,这便是科学管理的真正开始。

泰罗认为,"差别计件工资制"是一个有力的报酬制度。简单来说,差别计件工资制就是对同一种工作采取两个不同的工资率:对那些完工时间短且质量也高的工人按较高的工资率计算,对那些完工时间长且质量差的工人按较低的工资率计算。差别计件工资制能自动地将工人正确地分级,按照工人的实际工作成果来增减其工资;能吸引和培养很多优秀工人,并剥离真正懒惰和能力低下的工人;能增进工人与管理人员之间的友好合作,工人无须再组织工会发起罢工运动。

### 3. 计划与作业分离原理

将企业中的计划职能(其含义就是指管理职能)与执行职能(工人的实际操作)分开,设立专门的计划部门和计划人员,按照科学的规律,制订计划,管理企业,即管理职能由专门的计划部门和计划人员来承担,工人只从事具体的作业。

计划与作业相分离,从其直接的意义来看,实现了管理和作业的专业化,从而有利于提高工作效率。从深层次来看,它从组织结构的角度奠定了科学管理理论形成、推广和应用的基础。因为,只有计划职能与执行职能相分开,企业中才有专门的部门和人员来从事科学管理理论的研究与应用工作。

### 4．职能组织原理

将整个管理工作进行细分,分成许多范围较小的各种具体职能,每个管理者只承担一两种管理职能;废除军队式的组织结构形式(直线制或称全能工长制),实行"职能工长制",以8个职能工长来代替原来的一个工长,在其职能范围内直接同工人发生联系。泰罗的这种职能管理思想对以后管理的专业化和职能部门的建立产生了重大影响。

### 5．例外管理原理

企业的高层管理人员只保留对例外事项或重要事项的决策权和监督权,而将那些经常出现、重复出现的"例行"问题的解决办法制度化、标准化,将一般的日常行政事务授权给下级管理人员去处理。这有利于减轻高层管理人员的日常工作事务,使他们能够集中精力进行企业重大问题的决策。泰罗提出的这种以例外原则为依据的管理控制原则,以后发展成为管理上的分权化原则和实行事业部制等管理体制。

### 6．人事管理原理

泰罗认为,为了提高劳动生产率,必须为各项工作挑选一流工人。选拔和培养一流工人是管理部门的职责。管理部门的任务就是为工人找到最合适的工作,帮助他们成为一流工人,并设法激励他们发挥其最大的能力。泰罗认为,健全的人事管理的基本原则,是使工人的能力与工作相配合,并循序渐进地培训工人,使之真正按照科学的规律、标准去操作。

在泰罗时期以及以后的一个时期,还有一些人对科学管理理论的形成与完善作出了重要的贡献。例如,弗兰克·加尔布雷斯(Frank Gilbreth)受泰罗学术演讲的激发,长期从事动作研究与疲劳研究,力求精简动作、降低疲劳,从而提高劳动生产率,被后人誉为"动作研究之父";莫里斯·库克(Morris Cooke)曾跟随泰罗进行了一年半的管理研究,他将科学管理思想传播到教育和公用事业组织中,强调效率对于非营利组织也具有和营利组织同等重要的价值;亨利·甘特(Henry Gantt)曾是泰罗的助理,也是科学管理运动和人际关系理论的先驱者之一,他设计出了掌握生产计划进度的"甘特图"以改进工厂的管理技术,并在泰罗计件工资制的基础上提出了更为优越的"计件奖励工资制";哈林顿·埃默森(Harrington Emerson,1853—1931)对工时测定、降低成本、提高效率、消除浪费、组织结构等开展了研究,进一步丰富了科学管理理论;亨利·福特(Henry Ford,1863—1947)创建了福特汽车公司,倡导流水线型大批量生产方式,并促进了管理与生产的进一步标准化,用实践充实了泰罗的管理标准化原理。

总之,以泰罗为杰出代表的科学管理运动,解决了工业化初期企业发展中迫切需要解决、具有普遍价值的劳动生产率问题,为工业化初期的企业发展作出了巨大贡献。其中,泰罗率先在管理实践和管理问题研究中采用观察、记录、调查、试验等近代分析科学方法,开创科学管理先河,奠定了科学管理的坚实基础,成为名副其实的"科学管理之父"。

### 2.2.3 法约尔的一般管理理论

法约尔是法国著名管理实践家、管理学家、古典管理理论创始人之一。法约尔认为，管理理论是一个由原则、标准、方法、程序等构成的体系，是经过检验得到证明的体系，并且是得到普遍承认的体系。法约尔的管理理论主要是针对一般性经营管理，因此其理论也被称为"一般管理理论"。一般管理理论可以用六种经营活动、五大管理职能和十四条管理原则来概括。

#### 1. 六种经营活动

法约尔认为，经营和管理是两个不同的概念，"经营"是指导或引导一个组织趋向一个目标。经营共有六类基本活动（职能），技术活动、商业活动、财务活动、安全活动、会计活动和管理活动。"管理"只是六种活动中的一种，而管理本身又由五种要素构成，其关系如图2-1所示。

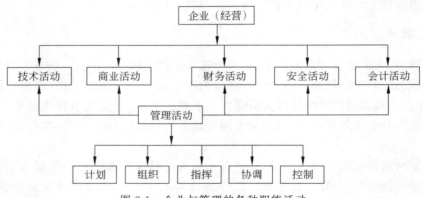

图 2-1　企业与管理的各种职能活动

#### 2. 五大管理职能

法约尔指出，人们对前五种活动了解较多，但对管理活动知之甚少。法约尔第一个明确提出了管理的五大职能，包含计划、组织、指挥、协调、控制五大要素或职能。管理是一种专业性、技术性很强的工作和过程。管理是一种具有一般性的、适用于企业、事业单位和行政组织的一般职能。

法约尔所提出的管理职能五要素的理论以及关于五要素形成一个完整过程的思想，为西方管理理论揭示管理的职能和管理的过程奠定了一般性框架的基础，成为管理过程学派的创始人。

#### 3. 十四条管理原则

法约尔提出了著名的十四条管理原则，至今仍有重要的实践指导意义。这些原则包括以下几方面。

(1) 劳动分工。劳动分工属于自然规律,不仅适用于技术工作,而且也适用于管理工作。实行劳动分工的结果,是职能的专业化和权力的分散,人们的工作范围减少,工作的熟练程度提高,从而工作效率得到了提高,并且降低了培训费用。但法约尔同时强调,劳动分工应有一定的度。

(2) 权力和责任。权力和责任是互为因果的,两者必须一致。凡是有权力行使的地方,就有责任。为了保证权力的正确使用,必须规定责任的范围,制定有效的奖惩制度。

(3) 纪律。为使企业顺利发展,纪律是绝对必要的,是成功之本。但纪律是以企业及其雇员之间的服从和尊重为基础的,而不是以恐惧为基础。

(4) 统一指挥。无论在何种活动中,一个下级只应该接受一个上级的命令。如果这条原则受到破坏,权力将受到损害,纪律将受到危害,秩序将受到扰乱,稳定将受到威胁。

(5) 统一领导。对于目的相同的一组活动,只能有一位领导者和同一项计划,这是统一行动、协调力量和集中精力的必要条件。

(6) 个人利益服从整体利益。

(7) 员工报酬。法约尔指出,已有的几种人员付酬方式各有利弊,可以配合使用,选择的原则是:能保证报酬公平;奖励做出有益努力的人以激发其工作的热情;不应导致超过合理限度的过多的报酬。

(8) 集权原则。集权不是说明管理本身好坏的一项制度,可以根据管理部门的主观意愿或客观情况来决定采纳或不采纳,但总是程度不同地存在着。

(9) 等级制度。等级制度是指从最高层领导者直至最基层人员的领导系列,它显示出权力执行的路线和信息传递的渠道。贯彻这个原则,就是要在组织中建立一个不中断的等级链。法约尔提出了"跳板原则"(图 2-2),利用联系板可以横跨等级链而进行直接的横向联系,如工长 F 可以直接同工长 P 联系,而不用再逐级向上报告。为了避免出现多头指挥的现象,应用此原则进行联系,只有当所有各方都同意并且上级人员随时都可以了解情况的时候才能进行。

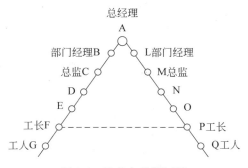

图 2-2 法约尔的"跳板"

(10) 秩序。建立秩序的目的是避免物资和时间的损失,并使每个人都在能够发挥出自己最大能力的岗位上任职。

(11) 公平。为鼓励企业的员工能全心全意和无限忠诚地执行其职责,管理人员应当以友好、公正的态度来严格执行规章制度,使员工受到平等的对待,努力使公平感深入人心。

（12）人员的稳定。保持人员的稳定，需要有秩序地安排人员并补充人力资源。

（13）首创精神。提出一个计划并且保证计划的实现，就是首创精神。应尽可能鼓励和发展员工的这种精神，在一切工作中，都要发挥个人的主动性、能动性和创造性。

（14）团结合作。要努力在企业内部建立起和谐、团结的气氛。人员间的思想交流，特别是面对面的口头交流，有助于增强团结，应当鼓励口头交流，反对滥用书面的联系方式。

在上述十四条原则中，决定法约尔管理理论实质的，是统一指挥和等级制度这两条原则。

### 2.2.4 韦伯的理想的行政组织理论

马克斯·韦伯，著名德国思想家、社会学家，被誉为"组织理论之父"。马克斯·韦伯提出的"理想的行政组织"，也叫"官僚制""科层制"的理论，对工业化以来各种不同类型组织产生了广泛而深远的影响，成为现代大型组织广泛采用的一种组织管理方式。

#### 1. 权力的类型

韦伯对组织问题的研究，是从组织内部的权力问题开始的，并以此揭示出不同的组织所具有的特性。韦伯认为，任何组织都必须以某种形式的权力作为其基础；没有某种形式的权力，任何组织都不能达到自己的目的，实现其目标；只有权力，才能变混乱为有秩序。他认为，存在着三种被社会所接受的纯粹形态的"合法"权力形式：传统的权力形式、超凡的权力形式和法理型的权力形式。这三种不同的权力形式，都有其存在的"合法性"依据。

传统的权力形式，是以古老传统的神圣不可侵犯性和按照传统行使权力者地位的合法性为依据。超凡的权力形式，是以对某人所特有的非凡的神圣性、英雄事迹、模范品质的忠诚与热爱为依据。法理型的权力形式，是以法律性或提升者发布命令的权力为依据，建立在对于正式制定的规则和法令的正当行为的要求上。

韦伯认为，在这三种纯粹形态的权力中，传统的权力的效率最低，只有法理型的权力才是理想的权力形态，才能作为行政组织体系的基础。它能保证行政管理的合理性、连续性，能按照人的能力来选拔人才，并按照法定的程序来正确行使权力，是保证组织能健康发展的最好的权力形式。

#### 2. 理想的行政组织体系

理想的行政组织体系作为一种标准模式，便于说明从小规模的企业"世袭"管理过渡到大规模的专业管理的转变过程。它强调规则、程序而不是个人，强调能力而不是偏爱。从"纯技术"的观点来看，这种理想的行政组织体系是符合理性原则的，是一种高度结构的、正式的、非人格化的组织体系，是效率最高的。它可以摆脱传统组织的随机性、易变性、主观性和偏见性的影响，在精确性、稳定性、纪律性和可靠性等方面都优于其他组织形式，并能适应所有各种管理工作，所以是最好的一种组织形式。韦伯认为，官僚集权的组织是理想的组织形式。因为它是通过职务或职位而不是通过个人或世袭地位来管理。

### 3. 理想的行政组织的特点

韦伯提出的理想的行政组织的主要特点有以下几方面。

(1) 分工明确，权责制度化。把组织中为了实现其目标所需要的全部活动都划分为各种基本的作业，作为任务分配给组织中的每个成员。组织中的每一个职位都明文规定其权利和责任，并使之作为明确的规范而制度化。实现劳动分工，明确规定每一个成员的权力和责任。

(2) 按等级原则形成等级体系。组织中的各种职务和职位按照职权的等级原则组织起来，形成一个自上而下的等级体系或指挥体系，使组织中的每一个成员都能明确自己应该接受谁的指挥和监督，可以对谁发布命令。在这个体系中，每一个下级只接受其上级的控制和监督。上级不仅要为其行为负责，还要为自己下属的行为负责。为了做到这一点，他必须对自己的下级拥有权力，能发出下级必须服从的命令。

(3) 根据职务进行人员任用。组织中人员的任用，完全根据职务上的要求，有严格的选择准则。每一个职位上的人员必须称职，同时也不能随意免职。

(4) 公职人员是任命的。除了某些按规定必须通过选举产生的公职以外，所有担任公职的人都是任命的。

(5) 管理人员是职业管理者。行政管理人员领取固定薪金，是一种"职业的"管理者。管理者的职务是他的职业，他有固定报酬，有按业绩表现晋升的机会，应忠于职守而不是忠于某个人。

(6) 严格遵守组织规定。行政管理人员必须严格遵守组织中规定的规则和纪律，这些规则和纪律是不受个人情感影响而在任何情况下都普遍适用的。原则上所有人都服从制度规定，不是服从于某个人。

(7) 成员关系是职位关系。组织成员之间的关系，只是一种职位的关系，是由职位所赋予的权力所决定的，不受个人情感的影响，个人之间的关系不能影响到工作关系。

马克斯·韦伯深刻揭示了管理过程中制度权威的地位，奠定了制度化管理的基础，奠定了现代管理的一个基本方面。更为重要的是，他在理想的行政组织理论中倡导的理性精神、合理化精神，揭示了科学管理的精髓。

## 2.2.5 古典管理理论的系统化

泰罗、法约尔、韦伯等人所创立、倡导的古典管理理论，后来为许多人所研究、传授和实践，其中较为系统地加以整理阐述的有厄威克和古利克。

林德尔·厄威克是英国的管理学家，他提出了探索统一管理理论的设想，力图将古典管理理论的各种学说观点予以综合，使之一体化，以反映古典管理理论的本质。他以法约尔的思想为框架，提出了设想能"适用于一切组织"的八项原则：目标原则；相符性原则；职责原则；组织阶层原则；控制幅度（管理幅度）原则；专业化原则；协调原则；明确性原则。

卢瑟·古利克（Luther Gulick）是美国的管理学家。他对古典管理理论的发展也作出了重大贡献。关于管理的原则，他归纳为十项：劳动分工和专业化；按目标、程序、顾客或地区把工作加以部门化；通过等级制进行协作；通过思想进行协作；通过委员会进行协作;分权化或"控股公司"概念;统一指挥;直线和参谋;授权;控制幅度。

　　古利克在他与厄威克合编的《管理科学论文集》中,将古典管理学派中有关管理职能的理论加以系统化,提出了有名的 POSDCRB,即管理七职能论:计划(planning);组织(organizing);人事(staffing);指挥(directing);协调(coordinating);报告(reporting);预算(budgeting)。他的管理七职能论是他对法约尔等人有关管理过程的论点加以整理、分析、展开后形成的一种管理理论。但是,古利克关于管理职能的描述,主要应用于政府部门的管理。

　　综合来看,古典管理理论的各个分支实质上都是在"经济人"假设的前提下追求效率最大化的目标:泰罗的科学管理理论侧重提高个人效率,法约尔的一般管理理论侧重提升企业组织的效率,而韦伯的理想的行政组织理论侧重追求社会组织的效率,如图 2-3 所示。从历史的视角看,古典管理理论奠定了现代管理理论的基础,对管理理论的研究有很强的指导和借鉴作用;时至今日,对提高产量、提高生产和工作效率,特别是对那些当今生产力发展水平相适应的国家,仍有巨大的指导作用。

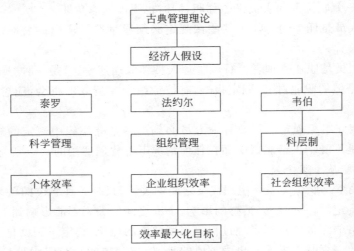

图 2-3　古典管理理论的系统化

## 2.3　近代管理理论

### 2.3.1　发展概况

　　古典管理理论的研究对象主要是工作和组织,虽然也承认个人的作用,但更强调对个人行为的控制与规范。19 世纪晚期和 20 世纪早期,在古典管理理论发展的同时,一些人开始注意到人的行为对组织成功的重要性,并贡献了许多的重要思想。例如,德国心理学家雨果·芒斯特伯格(Hugo Munsterberg)从工人的心理和精神方面来研究科学管理与工业效率之间的关系;玛丽·福莱特(Mary P. Follett)用科学管理的方法和原理来分析人际关系与群体,架起了科学管理和行为科学之间的桥梁;莉莲·加尔布雷斯(Lillian M.

Gilbreth)注重研究个体行为,关注在管理中如何理解心理学的作用和重要性。

后来,对人的行为的研究不断发展。这一时期的发展可划分为两个时期:始于20世纪20年代的人际关系理论和20世纪50年代后的行为科学理论,这也代表着这一阶段最突出的理论成果。

人际关系理论的代表人物有原籍澳大利亚而后来移居美国的梅奥(George Elton Mayo)和美国的罗特利斯伯格(Fritz G.Roethlisberger)。梅奥和罗特利斯伯格进行的霍桑试验发现工人是"社会人",是复杂的社会系统的成员;企业中除了"正式组织"之外,还存在着"非正式组织"。当然在此之前,已经有一些学者涉足对人的行为的研究。

后期的行为科学理论的代表人物有美国的马斯洛(Abraham H. Maslow)、赫茨伯格(Fredrick Herzberg)、麦格雷戈(Douglas McGregor)、阿吉里斯(Chris Argyris)、卢因(Kurt Lewin)、利克特(Rensis Likert)等,他们主要从人的需求、动机和激励问题、人性问题、非正式组织以及人与人的关系问题、企业中领导方式的问题四个方面进行研究。

## 2.3.2　霍桑实验与人际关系学说

梅奥是原籍澳大利亚的美国行为科学家。他与罗特利斯伯格通过霍桑试验,提出著名的"早期人际关系学说",开辟了行为科学研究的道路。

1924年开始,美国西方电气公司在芝加哥附近的霍桑工厂进行了一系列试验。霍桑试验最初的目的是根据科学管理原理,探讨工作环境对劳动生产率的影响。但试验过程中出现的一些结果,出乎研究者事前的预料和假设,如在照明试验中,不论照度提高还是降低,劳动生产率都上升了。当时试验主持者无法对此给出合理解释。一个偶然和机会,使得从1927年起,梅奥和罗特利斯伯格参加到该项试验中,研究心理和社会因素对工人劳动过程的影响。试验完成后,梅奥和罗特利斯伯格1933年出版了试验报告《工业文明的人类问题》,总结了霍桑试验的研究工作。

根据霍桑试验的结果,梅奥和罗特利斯伯格提出了以下几条原理。

### 1. 工人是社会人

工厂的工人不是单纯追求金钱和物质收入的"经济人",他们还有心理上和社会方面的感情需要,是"社会人",是复杂的社会系统的成员。他们有诸如友情、安全感、归属感和受人尊重等方面的需要。试验中比起照明程度的变化来,工人受重视的感觉更能调动工作的积极性。因此,要调动职工的积极性,不能单纯从技术和物质条件着手,而必须首先从社会、心理方面来考虑合理的组织与管理,达到某种平衡,使得个人在贡献其劳动以达成共同目标的过程中能获得其个人需要的满足,使之愿意进行协作,从而达到提高劳动生产率的目的。

### 2. 企业中存在非正式组织

企业中除了正式组织之外,还存在着非正式组织。非正式组织有自己的行为规范,很多时候与管理者的正式规定相冲突,影响劳动生产率。古典管理理论所注意的只是正式组织的一面,而梅奥等人则认为还存在着非正式组织,并强调它同正式组织是相互依存的,对生产效率的提高有很大影响。管理者要善于利用非正式组织的作用,不能只重视正式组织的作用。既要有科学管理、理性分析能力,也要通晓人性,重视人际关系协调。

### 3. 新型的领导能力在于提高工人的满意度

新型的领导能力,在于通过提高职工的满意度而激励职工的工作积极性,从而提高生产率。工人所要满足的需要中,金钱只是一部分,更多的是感情、安全感、归属感等。梅奥等人通过霍桑试验了解到,工人并不是把金钱当作刺激积极性的唯一动力的"经济人",而是在物质之外还有社会的和心理的因素的"社会人"。

## 2.3.3 行为科学理论

继梅奥和罗特利斯伯格的研究之后,研究者将心理学、社会学、人类学、经济学,甚至医学等多种学科,融入管理理论之中,开辟了管理中一个新领域。梅奥和罗特利斯伯格的理论通常被称作早期人际关系学说,1949年起,该领域的研究成果改称为行为科学,20世纪60年代以后,更多地使用组织行为学名称。

行为科学理论的研究主要集中在以下四个方面。

### 1. 有关人的需要、动机和激励的问题

这方面的代表性理论主要有:①美国的马斯洛的"需要层次论";②赫茨伯格的"双因素理论";③奥德弗(Clayton P. Alderfer)的"ERG 理论";④斯金纳(Burrhus Frederic Skinner)的"强化理论";⑤弗鲁姆(Victor H. Vroom)的"期望理论"。还有亚当斯(J. S. Adams)的"公平理论"和麦克莱兰(David McClelland)的"成就需要理论"等。

### 2. 企业管理中的"人性"问题

这方面的代表性理论有:①麦格雷戈的"X 理论——Y 理论";②阿吉里斯的"不成熟——成熟理论"。还有莫尔斯(John Morse)和洛希(Jay W. Lorsch)的"超 Y 理论",沙因(Edgar H. Schein)的"人性假设理论"等。

### 3. 企业中的非正式组织以及人与人的关系问题

这方面的代表性理论有:①卢因的"团体力学理论";②布雷德福(Leland Bradford)的"敏感性训练"。

### 4. 企业中的领导方式问题

这方面的代表性理论有:①利克特的"领导方式"理论;②坦南鲍姆(Robert Tannenbaum)和施米特(Warreu H. Schmidt)的"领导方式连续统一体理论"。还有布莱克(Robert R. Blake)和莫顿(Jane S. Mouton)的"管理方格理论",费德勒(Fred E. Fiedler)的"权变领导模型",豪斯(Robert J. House)的"目标—途径理论"等。

总体来讲,行为科学理论对管理理论发展的杰出贡献在于,从根本上改变了古典管理理论传统的思维方式,把管理研究的重心从事转向人,改变了对人的看法,强调重视人的

因素,发展了管理理论的新的研究方法,填补了管理理论研究的一大空白,开辟了管理实践的新道路,在很多方面弥补和完善了古典管理理论的不足,推动了管理理论和管理实践的发展。

## 2.4 当代管理理论

### 2.4.1 发展概况

经历了20世纪三四十年代的发展时期后,管理学进入蓬勃发展的当代理论发展阶段。特别是第二次世界大战后,管理领域中出现百花齐放的局面。其中既有沿着历史线索逐步丰富和完善的历史源流,也有新出现的思想和主张。

20世纪50年代之后,管理理论的发展,是将现代的自然科学、技术科学和文化学说的最新成果广泛地运用到管理中,形成了一系列新的管理理论,出现了许多管理学派,这些学派在历史渊源和研究内容上相互影响、盘根错节,形成了"管理理论丛林"。这些学派主要有以巴纳德(Chester. I. Barnard)为首的社会系统学派、以西蒙(Herbert A. Simon)为代表的决策理论学派、以卡斯特(F. E. Kast)为代表的系统管理学派、以德鲁克(Peter Drucker)为代表的经验主义学派、权变理论学派、管理科学学派等。

近年来,随着管理研究和实践对变革与创新的日益重视,业务流程再造、学习型组织创建和知识管理等新思潮也不断涌现。

### 2.4.2 管理丛林

"管理丛林"之提法为哈罗德·孔茨(Harord Koontz)首创,意为管理理论学派林立,观点丛生。1961年孔茨把管理理论的主要学派划分为6个,1981年他再着手此项工作时,发现学派则较20年前增加了近一倍,达11个之多。本书也采用"学派"立论法对管理丛林加以认识,主要介绍的管理理论学派也是11个,但与孔茨所划分的11个学派有所不同。受篇幅限制,在此仅简单介绍这11个学派的主要内容和观点。

1. 决策理论学派

最早把决策这个概念引入管理理论的,是20世纪30年代巴纳德等人。决策概念在管理学界真正得以传布和管理决策理论较系统的思想创成则是在20世纪的60年代初,而这要归功于西蒙和马奇(J.G.March)等人的杰出工作。决策理论学派是从社会系统学派中分化出来的,对管理决策问题给予特别的关注并有独到的研究。决策理论学派对管理科学的思想贡献主要体现在以下三个方面。

(1) 突出决策在管理的地位。组织活动的中心过程就是决策。决策贯穿于管理的全过程,决策还贯穿于组织的各个层次和各个方面。管理实际上就是决策。

(2) 提出许多决策原理或主张。如以理性为依据的决策过程,决策的满意原则,有限理性,绝对理性决策的替代。

(3) 促进人们对决策上的"双因素"的综合重视。该学派既强调决策中采用定量方法、计算机辅助决策技术,又重视心理因素、人际关系等社会因素在决策中的作用,"硬""软"两类因素并行不悖地体现在自身的理论体系中。

### 2. 管理过程学派

管理过程学派一直致力于研究和说明"管理人员做些什么和如何做好这些工作?"侧重说明管理工作实务。管理过程学派的开山鼻祖为古典管理时期的法约尔,20世纪七八十年代最著名的代表人物是孔茨,当代则以罗宾斯(Stephen P.Robbins)更具代表性。其间有很多管理学家从事这方面研究。

管理过程学派吸收其他管理学家的思想和主张,不断丰富各项管理职能和管理原则的内容,具有非常广泛的影响。当代管理过程流派对管理职能的概括是计划职能、组织职能、领导职能(含激励)、控制职能。

### 3. 权变管理学派

权变管理学派又叫情境管理学派,是20世纪60年代末70年代初形成的。权变管理学派的基本思想包括以下三点。

(1) 组织及其工作都是开放的,而不是封闭的系统。研究组织及其工作所处的内外环境因素,都要以系统的观点为依据。

(2) 否认存在着普遍的适用于所有环境的管理理论与方法。这是权变管理学派最重要的思想。在进行组织及其活动的管理时不存在一定最好的办法。管理者所采用的方式方法要随着组织的内外环境而改变,环境与管理之间存在着一种函数关系。

(3) 计划、组织、领导和控制诸职能的具体运用过程中也要持有权变的观点。

### 4. 管理者角色学派

这是"管理丛林"11个学派中较新的一个学派,其推广得力于亨利·明茨伯格(Henry Mintzberg)。这个学派主要通过观察管理者的实际活动来明确管理者工作的内容。

明茨伯格关于管理者的角色的认识主要是建立在实证研究的基础上。他观察并研究了5个不同组织5位总经理的活动,得出结论说,经典的观点认为,管理者的职责就是计划、组织、协调、控制,然而事实表明并非如此,管理者还进行了许多别的工作。明茨伯格根据自己和别人对管理者实际活动的研究,认为管理者的工作可以用多种"角色"来描述。他认为,管理者的角色包括三类共10个。第一类是人际关系方面的角色,即代表人角色、领导者角色、联络者角色。第二类是信息传递方面的角色,即监督者接收者、监督者传播者和发言人。管理者的最后一类是决策制定方面的角色,有企业家、混乱驾驭者、资源分配者和谈判者这4个具体角色。但并不是说所有的管理者对每种角色都给予同样的关注。

### 5. 社会协作系统学派

社会协作系统学派注重把社会学应用于组织的分析与管理,与行为科学也有较深的渊源,是一个专门研究组织理论的学派。该学派的创始人是巴纳德。

社会协作系统学派的理论要点包括以下几点。

（1）组织是一个社会协作系统。巴纳德把组织定义为"两个或两个以上的人的有意识协调的活动或力量的系统"。巴纳德从研究组织中的个体出发，以组织为基础分析和说明管理的职能和过程。该理论的结构为：个体假设→协作行为和协作系统理论→组织理论→管理理论。

（2）正式组织和非正式组织。在对个体基本特征和协作过程分析基础上，巴纳德提出著名的正式组织和非正式组织理论。正式组织包含协作意愿、共同目标、信息沟通三个基本要素。正式组织与非正式组织互为条件、互为制约、互为促进，组织都是正式组织与非正式组织的统一体。

（3）管理人员的职能。巴纳德认为，管理人员最根本的职能是协调，管理人员有三方面的基本职能：建立和维持一个信息联系的系统，从组织成员那里获得必要的努力，规定组织的共同目标。

（4）组织纽带。怀特·贝克（Wight Bakke）所指的组织"纽带"或手段有：①组织规范系统，即由工作规范和联系安排而产生的协作系统；②职位系统，直线职权层级；③沟通系统；④奖惩制度；⑤组织规程，即使组织具有特征或个性的构想与手段。

### 6. 社会技术系统学派

管理学界通常把社会技术系统学派的创立归功于英国的埃里克·兰斯多恩·特里斯特（Eric Lansdown Trist）、埃莫里（F. E. Emery）等人。特里斯特及其在美国塔维斯托克研究所中的同事，通过对长臂采煤法生产问题的研究，发现只分析社会协作系统是不够的，由机器设备、采掘方法等构成的技术系统对社会系统有很大的影响，个人态度和群体行为也取决于人们在其中工作的技术环境。该学派的大部分研究成果都集中体现在技术因素、技术系统与人及其工作的关系上。该学派认为，必须把社会协作系统与技术系统结合起来考虑管理问题，管理者的一项主要任务就是要确保社会协作系统与技术系统的相互协调。

### 7. 经验管理学派

重视管理经验的传统古已有之。作为管理学体系中的一种主张，经验管理学流派是以大企业成功管理人员的管理经验为主要研究对象，重视经验借鉴、重视案例分析、强调行为过程中的学习和提高的一个流派。该流派的主要代表人物有德鲁克、戴尔（Ernest Dale）、艾尔弗雷德·斯隆（Alfred P. Sloan）、亨利·福特（Henry Ford）等。经验学派主张，研究他人成功的管理经验和失措的管理行为，管理者就能通过比较，加以借鉴、批判，取人之优，弃人之差，做成自己的管理之事。这个学派这样的主张就内在地决定了其要用比较的方法来研究管理。

### 8. 数量管理科学学派

数量管理科学学派正式形成是第二次世界大战之后。数量管理科学学派关注对数学、统计学和信息手段的运用，以作为制定管理决策和提高组织效益的支持。数量管理科学学派包括有管理科学、运营管理和管理信息系统三个分支。管理科学是指通过先进的数学模型、统计方法的运用从而去提高决策有效性的这样一门管理学科,也叫运筹学。运营管理的主要职能或专长领域在于对生产、对产品和服务配送进行管理,包括存货管理、作业进程安排、生产计划、设备布置、质量控制等等内容。管理信息系统是通过建立在计算机手段和技术基础上的、供管理用的信息系统的设计与实施来进行管理。

### 9. 系统管理学派

系统管理理论是一般系统理论在管理理论中的应用。这一学派的代表人物有约翰逊(R. A. Johnson)、罗森茨韦克(J. E. Rosenzwig)、卡斯特、梅萨罗维奇(M. Mesarovich)等人。系统管理学派的理论是建立在组织能被直观化为若干系统的概念上。该学派认为,一个组织,从运营过程的角度看,由输入、转换过程、产出和反馈这四大过程组成。组织是一个开放的技术、社会系统,它由许多分系统组成,是围绕各种技术的人类活动的构成和综合。技术系统影响着对组织投入的种类、转换过程的性质和系统的产出,社会系统决定着对技术利用的有效性。当然,还可以从另外的角度对组织系统进行细化分类,诸如作业分系统、协调分系统和战略分系统。在每一分系统内部同样可对结构组成进行细化认识,找到或确立有一些子系统。

### 10. 战略管理学派

战略管理学派是众多管理理论学派中最具活力的学派。西方战略管理理论萌芽于20世纪20年代,60年代是战略管理理论奠基发展期,战略研究的中心是理论问题,主要内容是战略的概念、构成要素、制定过程、组织与战略的关系等问题。70年代企业环境出现剧烈动荡。这一时期,战略管理的理论研究就由战略概念发展到战略计划,进而又由战略计划转向战略管理,而实践研究则由战略制定程序进入战略计划方法,进而从战略计划方法走向战略实施和追踪决定。随着对战略在确立竞争优势中作用研究的深入,管理学者们开始将战略研究重点也确立在对公司内部竞争优势源泉的分析上。

到了90年代后期,战略管理领域又发生较重大的进展,在竞争动力学、动态竞争优势理论、企业内部知识的作用、合作型竞争(尤其是战略性联盟、公司间网络结构)以及新型公司组织形式等方面的研究取得了丰硕的进展。多学科交叉,公司不断地确认和开展新的盈利源泉,发明新型组织形式在更为成熟的市场中竞争和其他一系列管理实践活动,都促进了对战略的深入研究。

### 11. 企业文化学派

企业文化学派的兴起在第二次世界大战后,特别是20世纪70年代以后,发展于80年代。这一理论学派是在日美企业管理比较和几乎同时进行地对一些美国公司调查研究所得认识这二者的共同促动下而诞生的。第二次世界大战后日本经济实力迅速增强,日本企业的竞争力也迅速上升,甚至超过了美国企业。日本的崛起引起了美国管理学家的关注,他们开始研究日本企业成功的原因,并将其与欧美企业进行比较。研究者们发现,日本企业文化是成功的关键因素。企业文化理论就是这一背景下产生的。

企业文化学派的主要观点有以下几点。

（1）管理文化的核心是使员工关心企业。

（2）企业文化系统五要素。迪尔和肯尼迪认为构成企业文化理论系统的要素有企业环境、价值观、英雄人物、文化仪式和文化网络。

（3）7"S"框架。任何一种明智的管理都涉及7个变量，即结构、战略、体制、人员、作风、技巧和共有价值观。

（4）革新性文化的八种品质。彼得斯和沃特曼认为，出色的企业都有一套独特的文化品质，如包括贵在行动、鼓励革新、容忍失败、以人促产、深入现场、以价值观为动力、不离本行、精兵简政、辩证处理矛盾。

企业文化学派的学者们把企业管理从技术、经济层面上升到文化层面，是管理思想发展史上的一场理论大变革。企业文化对企业长期经营业绩有着很大作用。尽管企业文化是不易改变的，但努力、持之以恒地努力，完全可以把它转化为有利企业经营业绩增长的企业文化。企业文化在下一个十年内很可能成为决定企业兴衰的关键因素。

**相关案例**

### 理论开发的过程

管理学科相对年轻，新理论的开发与发展更能提供重要和独到的见解，深化人们对管理现象的理解，并推动管理和组织实践的发展。研究者开发新理论的过程非常复杂，因人而异，但往往包括冲突、探索、完善、公布四个阶段。

冲突是许多研究者开发理论的起点，即研究者对管理、组织和世界本质的认识存在着冲突与争论，观察到的现象与观点相反。例如，促使洛克、莱瑟姆和班杜拉开发他们的目标设定理论与社会认知理论的动机，是因为他们相信，现存的关于人类行为的行为学理论，假设个体意志有限是不准确的。波特、斯蒂尔斯和莫迪开始他们组织承诺理论的研究，是因为20世纪六七十年代剧烈的政治变化和社会运动，与异常平静的组织生活之间的不一致。

探索是为了解决问题，冲突和不协调引导研究者去寻找可能的答案，助推新理论初步框架的产生，但尚需进一步去发现和完善。职业道路和轨迹、同事间的对话和互动、天赋和机会、教育和培训，可能都会对理论的探索过程产生重要影响。例如，为了找到工业心理学与心理学的一致，弗鲁姆开始了从肯考迪亚大学到麦吉尔大学，到密歇根大学，再到宾夕法尼亚大学的研究旅程；洛克和莱瑟姆在目标设定领域共同工作、开发理论，合作了近30年。

在完善阶段，研究者通过观察、归纳、释义和研究，将其观点推向深入并进行拓展。例如，卢梭认为包括上述四类行动的三种具体途径，花时间在组织中、写两本书、开展一系列研究项目，帮助他完善心理契约理论；阿吉里斯运用了一系列田野研究方法，包括观察、录制和采访，去研究单环和双环学习理论。

最后，研究者会通过发表论文、出版著作等形式，将模型和研究结果展示给各种恰当的受众。例如，比奇和米切尔发表了许多关于镜像理论的论文，而弗鲁姆在28岁的时候出版了一本150页的专著《工作与激励》。当然,不断受拒也常常伴随着学术成果发表过程。巴尼的论文被多次拒绝,直到他做了《美国管理学会学报》的编辑,才接受自己的论文并发表在一个专刊中。研究者的新颖思想和由此产生的重大议题,可能让杂志很难衡量他们的贡献。

在理论开发和发展过程中,这四个阶段不一定是单独的线性阶段,阶段的重叠和来回反复是非常常见的。对于多数研究者而言,开发和发展一套好的理论令人无比兴奋,同时也遍布风险、压力、艰苦、未知与受挫。因此,研究者要做好充分准备,要积极主动有工作激情,坚持不懈克服困难,秉承工作纪律和承诺,敢于大胆创新。

资料来源:改写自[美]肯·G.史密斯,[美]迈克尔·A.希特.管理学中的伟大思想:经典理论的开发历程[M].徐飞,等译.北京:北京大学出版社,2016:452-464.

### 2.4.3 管理新思潮

自20世纪90年代以来,管理发展上的主流是管理的变革与创新,其中相对成熟和较有影响的是业务流程再造、学习型组织和知识管理。进入21世纪之后,全球化与逆全球化、企业伦理与社会责任、创新与创业管理、中国本土化管理创新等被越来越多地关注和研究,相关内容请见本书第九章。

#### 1. 业务流程再造

"再造"的概念源起于麻省理工学院(MIT)在1984—1989年进行的一项名为"20世纪90年代的管理"的研究。1993年迈克尔·哈默和詹姆斯·钱皮在其著作《企业再造:企业革命的宣言书》一书中,首次提出了业务流程再造概念,并将其定义为:对企业业务流程进行根本性的再思考和彻底性的再设计,以取得企业在成本、质量、服务和速度等衡量企业绩效的关键指标上取得显著性的进展。

业务流程再造的创意之处就在于它所认为的是没有什么事物是不可触动的,组织中现有的理念、结构、做法等都可能作为变革的对象。业务流程再造所提倡的是一种革命式的变革,是脱胎换骨式的变革,是彻底的重新设计。这类变革是彻底的,改善是显著的。业务流程再造不是对企业现有的业务工作进行改良、提高或修修补补,而是要勇于抛弃不合适的旧一套组织结构和工作流程,从头从新做起,开辟做好组织工作的崭新途径。

#### 2. 学习型组织

学习型组织是美国学者彼得·圣吉(Peter M. Senge)在《第五项修炼》(*The Fifth Discipline*)一书中提出此管理观念,企业应建立学习型组织,其含义为面临变遭剧烈的外在环境,组织应力求精简、扁平化、弹性因应、终身学习、不断自我组织再造,以维持竞争力。

学习型组织不存在单一的模型,它是关于组织的概念和雇员作用的一种态度或理念,是用一种新的思维方式对组织的思考。在学习型组织中,每个人都要参与识别和解决问题,使组织能够进行不断的尝试、改善和提高能力。

学习型组织应包括五项要素。

(1) 自我超越。对于管理者来说，重视员工的自我超越修炼就是培养下属突破极限的自我实现能力，达到工作上、心理上的成熟，人际关系处理的熟练，所拥有知识的不断丰富，业务活动中精益和勤奋精神的充裕。建立个人愿景，保持创造性张力（愿景与现实之差距）、认清结构性冲突、诚实地面对真相、运用潜意识等，是进行自我超越修炼的着手处。

(2) 改善心智模式。心智模式即思维定式，以及由思维定式所决定的思想、心理和行为方式。改善心智模式的修炼主要落实上对自己心智模式的反思和对他人心智模式的探寻。

(3) 建立共同愿景。共同愿景是所有组织成员共同持有的价值观、使命、目标，它创造出众人是一体的凝聚感，并贯彻到组织各项工作的联结与协作上。确定共同愿景，对于学习型组织是至关重要的，因为它为学习提供了焦点和能量。

(4) 团体学习。团体学习是通过开放式交流、集思广益，互相学习，取长补短，以达到共同进步，使团体的力量得以充分发挥的目的。

(5) 系统思考。系统思考第五项修炼，是整体、动态、本质看待事物的修炼。这项修炼最为重要，员工个人、管理者自己或一个组织的事业成败都与能否进行系统思考有关。

### 3. 知识管理

20世纪60年代初，美国管理学教授彼得·德鲁克首先提出了知识工作者和知识管理的概念。20世纪90年代中后期，美国波士顿大学信息系统管理学教授托马斯·H.达文波特，提出了知识管理的两阶段论和知识管理模型，是指导知识管理实践的主要理论。与此同时，日本管理学教授野中郁次郎博士针对西方的管理人员和组织理论家片面强调技术管理而忽视隐含知识的观点提出了一些质疑，并系统地论述了关于隐含知识和外显知识之间的区别，为我们提供了一种利用知识创新的有效途径。

进入到21世纪初，瑞典企业家与企业分析家卡尔-爱立克·斯威比博士将对知识管理的理论研究引向了与实践活动紧密结合并相互比照的道路，他从企业管理的具体实践中得出，要进一步强调隐含知识的重要作用，并指出了个人知识的不可替代性。

**中国本土管理理论的构建**

自改革开放以来，中国的经济发展和体制转型举世瞩目，已经快速成为当今世界的第二大经济体。但是，30年过后，大量的研究并没有为我们理解中国特色的管理现象提供具有洞察力的见解。虽然有越来越多的关于中国情景的管理与组织的高水平论文被发表，但这些论文在过去的30多年间仅贡献了市场转型、网络资本主义、关系等新概念以及面子、人情等少许儒家思想中的概念，中国悠久的历史传统、深厚的儒家文化、有特色的社会主义制度，以及转型和快速增长中很多独具特色的元素在现有管理理论中还没有得到体现，即真正中国本土的管理理论并没有被发展出来。

为什么30多年来中国管理学研究的贡献仅如此有限？原因或许有三点：一是过于

追随西方概念与理论,而缺乏理论创新的自信;二是迫于职称晋升等制度的压力,追求在西方主流期刊发表论文,而不敢研究新的中国管理实践;三是我们自身实践不足,企业这种组织形式及其整体运营框架皆来自西方。这可能是最大的问题,导致我们的理论构建更多是在做西方理论的情景化,而不是中国情景的理论化。管理新知来自管理实践。例如,第二次世界大战后的日本,其管理学研究至少贡献了诸如精益生产、核心竞争力、企业文化、知识创新公司、全面质量管理等全新概念和理论。这些概念和理论都是从日本企业发展实践中提炼出来并抽象成管理知识的。

那么应该如何构建中国本土管理理论乃至理论体系呢?第一是"知古",要深入了解中国传统,特别是关注和研究中国古代那些符合世界发展潮流、适应世界急速变化的传统思想,如"责任、创造与完美人格""动态""阴阳""悟"等传统智慧;第二是聚焦"解释中国现象、解决中国问题"的根本使命,坚信并研究中国经验的全球价值。中国30多年的高速增长侧面证明了中国管理经验的可取之处,中国管理经验并非只有本土价值,还具备全球价值。

资料来源:改写自徐淑英,任兵,吕力.管理理论构建论文集[M].北京:北京大学出版社,2016:537-542,559-563.

## 本章小结

1. 西方管理理论的发展主要分三个阶段:古典管理理论阶段、近代"人际关系——行为科学"理论阶段、当代管理理论阶段。

2. 古典管理理论阶段,泰罗提出了科学作业等六项科学管理原理,称为"科学管理理论";法约尔的一般管理理论提出,管理包括计划、组织、指挥、协调、控制五种职能;韦伯提出了理想行政组织理论。

3. 近代"人际关系——行为科学"理论阶段,研究主要集中在四个方面:有关人的需要、动机和激励的问题、企业管理中的"人性"问题、企业中的非正式组织以及人与人的关系问题、企业中的领导方式问题。

4. 随着学科交叉融合以及管理研究和实践的发展,社会系统学派、决策理论学派、系统管理学派、经验管理学派、权变理论学派、数量管理科学学派等一系列新的管理理论开始出现,形成了"管理丛林"。随着管理变革与创新的不断进行,业务流程再造、学习型组织、知识管理等管理新思潮开始涌现。

## 关键词汇

古典管理理论(classical management theory)
科学管理理论(scientific management)
一般管理理论(general administrative theory)
理想的行政组织理论(bureaucracy theory)
霍桑试验(the hawthorne studies)

人际关系理论(human relations theory)
行为科学理论(behavioral science theory)
管理丛林(the management theory jungle)
业务流程再造(business process reengineering,BPR)
知识管理(knowledge management)
学习型组织(learning organization)

思考题

1. 试述科学管理之前的管理发展。
2. 为什么称泰罗为"科学管理之父"？
3. 法约尔对管理学的主要贡献是什么？
4. 什么是理想的行政组织？
5. 巴纳德理论的特征是什么？
6. 梅奥人际关系学说的主要思想是什么？
7. 试论述孔茨的"管理丛林"中包括的主要流派。
8. 当代管理理论发展的特征是什么？
9. 管理发展的新思潮包括了哪些理论？
10. 西方管理理论发展的主要阶段是什么？
11. 一种理论是如何被开发和发展的？

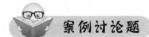案例讨论题

**倡导知行合一的中国管理学术研究**

管理领域"知"代表抽象理论与研究，"行"代表具体实践与实务。中国的管理学术研究刊发在西方顶级学术期刊的文章越来越多，但是中国的管理学术研究与我们的管理实践实务却日益割裂，少有研究直面现实巨变与实践痛点。根源之一在于管理理论与管理实践之间有内在的矛盾张力。但是，两者本身固有的差异性并不是构成理论与实践脱节的最主要原因。管理学术评价体系的过度单一化与简单化的导向，及其对研究者个体的禁锢和钳制，才是导致管理理论与管理实践日益撕裂的罪魁祸首。而更深层的原因在于管理领域的研究背离了学术研究的"初心"——"参与性学术研究"。主流管理学术界在事实上否定或忽视了管理学是一门介于纯理论与纯实践之间的"应用导向型"学科这一内涵。

作为当代管理学领域的两位大师级人物，德鲁克和马奇恰好代表了两座异峰突起、双峰对峙的管理研究风格和路径。德鲁克绝少发表主流学术论文，而是把自己对社会重要"功能器官"的企业组织及其管理职能的长期深入思考和洞见发表于《哈佛商业评论》以及自己的专著，产生了巨大的实践影响。他开创的以实践为导向的MBA教育模式，后来被美国顶级商学院广泛采用。马奇专注于纯科学式的理性探索，把组织管理领域中纷繁复

杂的现象，通过学术手段进行归纳、抽离、概念化和理论化。研究成果的实践价值属于意外收获而非基本目标。马奇在组织、决策等众多领域都取得了一系列开创性的研究成果，是名副其实的全能教授，是"学术界的堂吉诃德"。

"立地"不足，"顶天"缺乏，是当前管理学术研究所面临的两大难题与痛点。实际上，"德鲁克之路"与"马奇之路"在管理学真知灼见方面殊途同归，两条道路不是绝对分离，而是可以融合，知行合一达到"顶天立地"的境界。一方面，管理理论根源于管理实践的丰厚经验，又能为未来新的管理实践提供有益的指导与启发；另一方面，管理实践为管理理论的构建与发展提供良好的种子与土壤，又能从管理理论中获得启示与借鉴。管理领域的"知行合一"，就是从实践上升成为理论，再从理论落地指导实践，以此达到"有实践基础的管理研究"与"有理论基础的管理实践"，相互促进与有机统一。当然，这需要学者与企业家两个群体共同积极参与，彼此贡献互补的知识、经验、成果积累，形成共享的研究成果。这种"参与性学术研究"是理论联系实践的有效方式。管理咨询、案例研究都不是真正的"参与性学术研究"。

作为一门"应用导向型"学科（如同工程学、医学和法律学，但区别于经济学或心理学），管理理论对管理实践的启发与指导是检验其学术研究成果不可或缺的标尺之一。对于大多数学者而言，既可以知主行辅，也可以知辅行主。当然，最佳选择是将学者与实践者双重身份融为一体，走真正的"知行合一"之路。相较于主流研究范式这一稳妥的阳光大道而言，真正的知行合一意味着要选择非主流的甚至是危险的独木桥。衷心希望能有更多的怀有理想与情怀的中国管理学者加入"知行合一"之路。

资料来源：改写自李平,杨政银,陈春花.管理学术研究的"知行合一"之道：融合德鲁克与马奇的独特之路[J].外国经济与管理,2018,40(12)：28-45.

**启发思考题**

1. 目前管理学术研究面临怎样的突出问题？问题的原因有哪些？
2. 在管理学术研究领域，德鲁克与马奇分别带给我们什么启示？
3. 什么是管理学术研究的知行合一？如何才能实现知行合一？

## 本章推荐阅读资料：

1. [美]弗雷德里克·泰勒.科学管理原理[M].赵涛,等,译.北京：电子工业出版社,2013.
2. [美]丹尼尔·雷恩.管理思想史[M].5版.孙健敏,黄小勇,李原,译.北京：中国人民大学出版社,2009.
3. [美]杰佛里·A.迈尔斯.管理与组织研究必读的40个理论[M].徐世勇,李超平,译.北京：北京大学出版社,2017.
4. [美]肯·G.史密斯,迈克尔·A.希特.管理学中的伟大思想：经典理论的开发历程[M].徐飞,等,译.北京：北京大学出版社,2016.
5. 徐淑英,任兵,吕力.管理理论构建论文集[M].北京：北京大学出版社,2016.

# 第 3 章

# 管 理 决 策

（1）掌握决策的含义、主要的决策类型、决策的基本过程、主要的决策方法、最优决策标准与满意决策标准。

（2）理解决策与管理职能的关系、古典决策理论、行为决策理论及现代决策理论的基本思想、影响决策的主要因素、决策陷阱。

（3）熟悉决策过程的基本步骤、主要决策方法的运用、不确定型决策方法的决策准则。

（4）了解决策风格、如何提高决策的有效性。

决策对于组织的重要性，历来管理学家和决策者都深有体会。现代决策理论的奠基人赫伯特·西蒙认为："决策是管理的心脏"，彼德·德鲁克说过："制定有效决策是管理者首先需要具备的管理技能。"从管理的四大职能来看，无不涉及决策。制订计划的过程是决策；组织结构的设计、管理权限的设置等是涉及组织职能的决策问题；领导方式的选择、激励方案的确定等是涉及领导职能的决策问题；在运作结果与计划目标做比较的基础上，提出纠正偏差的工作措施，是控制职能的决策问题。决策贯穿于整个管理活动的之中，渗透于管理的方方面面，具有普遍性，直接影响着管理的成效，甚至关系到组织的生死存亡。

本章将主要讨论决策概念及相关问题，理性的决策过程及影响决策的相关因素，决策基本方法，以及如何提高决策的正确性。

## 3.1 决策概述

决策是一种困难的、具有挑战性的管理行为，其本质是择优。可以将决策看成一个系统，也可以视为一个持续的活动过程。

### 3.1.1 决策的概念

**1. 决策概念的理解**

决策,是指识别问题并对未来的行为确定目标,以及据此从两个或者两个以上的可行方案中选取一个满意方案的分析判断过程,通常被视为管理行为的核心。对于这个概念,可有如下理解。

(1) 决策的前提:识别问题、确立目标。没有问题则无须决策,没有目标就无从决策。决策一般是为了解决某些问题,这些问题可能是危机问题、非危机问题,也可能是机会问题。决策者认为这些问题需要解决时,才会有决策。进而,没有目标的决策或目标不明确的决策,决策无从做起,会导致决策的无效或失误。拟订决策备选方案、评价和选择这些方案、对决策实施效果的检查都要依据决策目标。而且,决策目标必须具体、可衡量、可检验。

(2) 决策的条件:若干个可行的备选方案。"多方案抉择"是科学决策的重要原则,一个方案无从比较其优劣,也无选择的余地。自古华山一条路,解决某个问题,只有一个办法,就不存在选择的可能性。决策总是在两个或者两个以上可行的方案中进行选择,这就要求决策时不仅要有若干个方案来相互比较,而且各方案必须是可行的。

(3) 决策的重点:方案的比较分析。每个备择方案都有其优、缺点,有的方案还带有很大的风险,决策者需掌握充分的信息,对每个备择方案进行综合的分析和评价,确定每个方案对目标的贡献程度和可能带来的潜在问题,从中选出较为理想的合理方案实施。

(4) 决策的结果:选择一个满意方案。所有的备选方案首先必须是可行的,其次是有差异性的,这种差异性表现在实现决策目标能否达到最优值上。但是,由于决策问题所涉及的系统的复杂性、目标多样性以及备选方案的不可穷尽性,追求最优方案既不经济又不现实。因此,科学决策要遵循"满意原则",即追求的是诸多方案中,在现实条件下,能够使主要目标得以实现,其他次要目标也足够好的可行方案。

(5) 决策的实质:主观判断过程。决策是人做出来的,所以必然受到人的主观意志的影响。决策有一定的规则和程序,但它又受诸多价值观念和决策者经验的影响。在分析判断时,参与决策人员的价值准则和经验会影响决策目标的制订、备选方案的提出、方案优劣的判断以及满意方案的抉择。因此,决策本质上而言是管理者基于客观事实的主观判断过程。也正因为如此,对同一个问题,不同的人有不同的决策选择结果是正常现象。这就要求管理者能够听取各方面的不同意见,在此基础上根据自己的判断作出正确的选择。

**2. 决策的要素**

决策本身可看成一个系统。从静态角度看,决策系统一般由决策者、决策对象、决策环境、决策方法与技术、决策结果及决策方案等要素组成。

决策者是决策的主体,是决策最基本的要素,是为最终决策结果负责的人。决策者可能是个人、团队或群体,处于决策系统的核心地位,素质、能力、水平如何将直接影响着决策活动的成败。

决策对象是指决策所要达到的目的或需要解决的问题,决策对象的确立是科学决策的起点,它为选择行动方案提供了衡量标准,也为决策实施结果是否符合组织要求提供了比较标准。

决策环境是支持决策的外部条件,一个决策是否正确,能否顺利实施,它的影响效果如何,不仅取决于决策者和决策方案,而且直接取决于决策所处的环境和条件。

决策方法与技术是决策者发掘备选方案、提供决策依据、补充决策思路的重要手段,决策者通过决策方法与技术从多种方案中选"优"。

决策结果是指一项决策实施后所产生的效果和影响,一切决策活动都是为了取得决策的结果。对每一备选方案的实施结果进行客观、公正的预测和评价,是方案择优的最终依据之一。决策后果要通过实施决策方案的形式来实现,决策的核心是为了获得一个决策者满意的决策方案。

### 3.1.2 决策的理论

#### 1. 古典决策理论

古典决策理论又称规范决策理论,是基于"经济人"假设提出来的,主要盛行于20世纪50年代以前。古典决策理论认为,应该从经济的角度来看待决策问题,即决策的目的在于为组织获取最大的经济利益。

古典决策理论的主要内容为以下几方面。

(1) 决策者必须全面掌握有关决策环境的信息情报。

(2) 决策者要充分了解有关备选方案的情况。

(3) 决策者应建立一个合理的自上而下的执行命令的组织体系。

(4) 决策者进行决策的目的始终都是在于使本组织获取最大的经济利益。

古典决策理论假设,作为决策者的管理者是完全理性的,决策环境条件的稳定与否是可以被改变的,在决策者充分了解有关信息情报的情况下,是完全可以做出完成组织目标的最佳决策的。古典决策理论忽视了非经济因素在决策中的作用,这种理论不一定能指导实际的决策活动,从而逐渐被更为全面的行为决策理论代替。

#### 2. 行为决策理论

行为决策理论的发展始于20世纪50年代。对古典决策理论的"经济人"假设发难的第一人是赫伯特·A.西蒙,他在《管理行为》一书中指出,理性的和经济的标准都无法确切地说明管理的决策过程,进而提出"有限理性"标准和"满意度"原则。其他学者对决策者行为做了进一步的研究,他们在研究中也发现,影响决策者进行决策的不仅有经济因素,还有其个人的行为表现,如态度、情感、经验和动机等。

行为决策理论的主要内容为以下几方面。

(1) 人的理性介于完全理性和非理性之间,即人是有限理性的,这是因为在高度不确定和极其复杂的现实决策环境中,人的知识、想象力和计算力是有限的。

（2）决策者在识别和发现问题中容易受知觉上的偏差的影响，而在对未来的状况做出判断时，直觉的运用往往多于逻辑分析方法的运用。所谓知觉上的偏差，就是指由于认知能力的有限，决策者仅把问题的部分信息当作认知对象。

（3）由于受决策时间和可利用资源的限制，决策者即使充分了解和掌握有关决策环境的信息情报，也只能做到尽量了解各种备选方案的情况，而不可能做到全部了解，决策者选择的理性是相对的。

（4）在风险型决策中，与经济利益的考虑相比，决策者对待风险的态度起着更为重要的作用。决策者往往厌恶风险，倾向于接受风险较小的方案，尽管风险较大的方案可能带来较为可观的收益。

（5）决策者在决策中往往只求满意的结果，而不愿费力寻求最佳方案。导致这一现象的原因有多种。

① 决策者不注意发挥自己和别人继续进行研究的积极性，只满足于在现有的可行方案中进行选择。

② 决策者本身缺乏有关能力，在有些情况下，决策者出于个人某些因素的考虑而做出自己的选择。

③ 评估所有的方案并选择其中的最佳方案，需要花费大量的时间和金钱，这可能得不偿失。

行为决策理论抨击了把决策视为定量方法和固定步骤的片面性，主张把决策视为一种文化现象。除了西蒙的"有限理性"模式，林德布洛姆的"渐进决策"模式也对"完全理性"模式提出了挑战。林德布洛姆认为决策过程应是一个渐进过程，而不应大起大落（当然，这种渐进过程积累到一定程度也会形成一次变革），否则会危及组织内的稳定，给组织带来结构、心理倾向和习惯等的震荡与资金困难，也使决策者不可能了解和思考全部方案并弄清每种方案的结果（这是由于时间的紧迫和资源的匮乏）。因此，"按部就班、修修补补的渐进主义决策者或安于现状的人，似乎不是一位'叱咤风云'的英雄人物，而实际上是能够清醒地认识到自己是在与无边无际的宇宙进行搏斗的足智多谋的解决问题的决策者"。这说明，决策不能只遵守一种固定的程序，应根据组织内外环境的变化进行适时的调整和补充。

### 3. 当代决策理论

继古典决策理论和行为决策理论之后，决策理论有了进一步的发展，即产生了当代决策理论。当代决策理论的核心内容是：决策贯穿于整个管理过程，决策程序就是整个管理过程。

组织是由作为决策者的个人及其下属、同事组成的系统。整个决策过程从研究组织的内外环境开始，继而确定组织目标、设计可达到该目标的各种可行方案、比较和评估这些方案进而进行方案选择（做出择优决策），最后实施决策方案，并进行追踪检查和控制，以确保预定目标的实现。这种决策理论对决策的过程、决策的原则、程序化决策和非程序化决策、组织机构的建立同决策过程的联系等做了精辟的论述。

对当今的决策者来说，在决策过程中应广泛采用现代化的手段和规范化的程序，并以系统理论、运筹学和电子计算机为工具,辅之以行为科学的有关理论。这就是说,当代决策理论把古典决策理论和行为决策理论有机地结合起来,它所概括的一套科学行为准则和工作程序,既重视科学的理论、方法和手段的应用,又重视人的积极作用。

### 3.1.3 决策的类型

可按不同的标准对决策进行分类,通过了解各种类型的决策的特点,掌握不同类型决策的规律,有助于管理者在实践中进行合理决策。

#### 1. 程序化决策与非程序化决策

按组织中问题的性质不同,决策可分为程序化决策和非程序化决策。

程序化决策,也称常规性决策,是针对日常工作经常需要解决的、一般性问题的决策。这类决策问题一目了然,经常以相同或相似的形式重复出现,决策者的目标清楚,被称为结构良好的问题。在许多情况下,对这类问题的解决,决策者有先例可鉴,或可依以往的经验、现成的政策、规则和曾采用的程序与方法进行,而且这些方案是熟悉的和被过去的实践证明是成功的。决策可以程序化到具有重复性和例行性的程度,以及程序化到可以采用确定性的方法来处理的程度,决策过程的创造性较小。例如,餐馆的服务员不小心将饮料洒在顾客的衣服上,会遇到恼怒的顾客,就必须采取一些措施来平息顾客的抱怨。因为饮料洒在顾客身上这种事是经常发生的,所以通常处理这类问题有一些标准的程序,如可以提出由餐馆来支付顾客衣服的清洗费用等方式来处理。解决这类问题,不需要餐馆的管理者再去识别问题,权衡决策的标准以及开发多种可能的解决方案。只是依据系统化的程序、规则或政策来制定这类决策即可。程序化决策虽然在一定程度上限制了决策的自由,使得个人对于做什么和如何做有较少的自由选择权,但却可以为决策者节约宝贵的时间和精力,使他们可以把更多的时间和精力投入到其他更重要的活动中去。

非程序化程序决策是针对过去不曾发生的,具有唯一性的和不可重复性的问题的决策。例如,重大的投资、组织变革问题、开发新产品或打入新市场的问题等。这类决策问题是新颖的、独一无二的,信息模糊的和不完整的,被称为结构不良问题。这类问题的决策,一般无先例可循,无固定模式,无现成章法可依,工作难度较大,它更多地依赖决策者个人的经验、知识、直觉、判断力和解决问题的创造力等。因为如此,对于同样一个问题,不同的决策者可能做出完全不同的决策处理。

较低层次的管理者面对的通常是熟悉的和重复性的问题,也就是结构良好的问题,在大多数情况下是进行程序化决策。随着管理者所处的组织层次的上升,他们面对的问题通常具有更多的结构不良的特征,多数情况下进行的是非程序化决策。一般来说,最高层次上运用程序化决策并不具有太多的现实意义,因为面对的绝大多数问题是非重复性的。这样,高层管理者往往把例行性决策授权给下级管理层,把时间用于解决更棘手的问题;而下级管理者,也把无例可循的或困难的决策向上报告或呈送,形成管理上的决策分工和工作习惯。所以,一般来说,越是基层管理,所处理的决策问题,程序化的所占比重大;越是高层管理,非程序化的所占比重大。如图 3-1 所示。

需要注意的是:第一,管理实践中只有极少的决策是完全程序化或完全非程序化的,

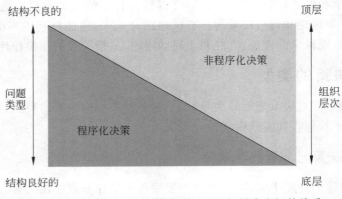

图 3-1 各种问题类型、决策类型以及组织层次之间的关系

把决策说成是程序化为主的或非程序化为主的,可能会更准确点。第二,很少有程序化决策完全排除个人判断,另一个极端上,即使是完全独特要求的非程序化决策的情况,也可以得到程序化决策程序的帮助。第三,程序化决策有助于提高组织的效率,只要可能,应当尽量程序化。第四,随着现代技术的发展,很多以前被认为是完全的非程序化决策问题已经具有了程序化决策的因素,程序化决策的领域日益扩大——运筹学等数学工具被广泛地运用到以前被认为依靠判断力的决策中来;计算机技术的广泛应用,又进一步扩展了程序化决策的范围。

### 2. 确定型决策、风险型决策与不确定型决策

按决策信息的完备程度和环境因素的可控程度,决策可分为确定型决策、风险型决策和不确定型决策。

决策信息的完备程度和环境的可控程度主要体现在决策的备选方案、自然状态及后果三个方面,它们之间实际上是彼此相互关联的。决策的备选方案是指可供决策者选择的各种可行方案;决策的自然状态是指决策时所面临的不以决策者的主观意志为转移的客观情况与条件;决策的后果是指采取决策所决定的行动后所带来的后果、结果或引起的变化。

确定型决策:是指在稳定、可控的条件下的决策。决策者确切知道自然状态的发生,每个备选方案只有一个确定的结果,最终选择哪个方案取决于对各个方案的直接比较。例如,某企业要贷款,可从三家银行获得,利率分别为 5%、6%、7%,在其他条件相同的情况下,显然是从利率 5% 的银行贷款。事实上,在组织中,确定型决策并不多,特别是对高层管理者来说,这是一种理想化的决策活动。

风险型决策:又称随机决策,是指在可供选择的方案中存在着两种或两种以上的自然状态,哪种状态最终会发生是不确定的,但可估计其发生的客观概率的决策。在每种不同的状态中,每个备择方案会有不同的后果,所以,不管哪个备择方案都有一定的风险,如股票投资决策就属于此类决策,一般通过比较各方案的损益期望值来进行决策。

不确定型决策:是指在不稳定条件下的决策,可供选择的方案中存在两种或两种以

上自然状态,或者决策者根本不知道有多少种自然状态,并且这些自然状态所发生的概率无法预先估计出来的决策。例如,某企业有一笔闲置的资金,可以用来投资扩建现有的工厂,也可以用来另建相同规模的工厂,都面临着三种市场状态:销路好、一般、差,但是每种市场状态发生的概率并不清楚,此时的决策即为不确定型决策。处理这类问题无规律可循,一般依靠决策者的经验和直觉来进行决策。

### 3. 战略性决策与战术性决策

按决策调整的对象和涉及的时限,决策可分为战略性决策和战术性决策。

战略性决策是由高级管理者做出的关于组织发展方向和远景问题的决策,如组织方针目标与计划、技术改造和引进、企业产品更新换代、组织结构变革等。战术性决策是由中层或基层管理者做出的关于组织局部问题的决策,如财务决策、销售计划的制订、新产品的定价以及资金的筹措等。

"战略"与"战术"本是军事术语,战略是对全局的筹划和指导,战术是实现目标的方法和手段。在管理学的研究中,战略性决策与战术性决策的区别主要表现在以下三方面。

(1) 从调整对象上看,战略性决策涉及的是组织活动的方向和内容,它对外部环境比较重视;战术性决策的重点则是考虑如何动员决策对象内部的资源来实现战略目标。战略性决策解决的是"干什么"的问题,是根本性决策;战术性决策解决的是"怎样干"的问题,是执行性决策。

(2) 从涉及的时间范围来看,战略性决策面对的是组织整体在未来较长一段时期内的活动,对组织的影响深远。战术性决策要解决的是组织的某个或某些具体部门在未来较短时期内的行动方案,对组织具体活动的影响较为直接。因此,战略性决策是战术性决策的依据,战术性决策是对战略性决策的落实。

(3) 从作用和影响上看,战略性决策的实施是组织活动能力的形成与创造过程,战术性决策的实施则是对已经形成的能力的应用,因此,战略性决策的实施效果影响组织的效益和发展,战术性决策的实施则主要影响组织的效率与生存。

### 4. 初始决策与追踪决策

按决策的起点,决策可分为初始决策和追踪决策。

初始决策是指对即将开展的某一组织活动,或要着手的该活动行动方案所进行的首次抉择;追踪决策是指通过原有决策的实施后,发现原先确定的决策目标有问题或不能得以实现,而对原定的目标或方案做根本性的调整。追踪决策的依据是原有决策的实施效果,以及和原有决策所涉及的当前的主客观情况的变化。追踪决策是实施过程中发生的,并且是一种根本性的调整。它不同于我们通常所说的决策修正。决策修正也可能在决策实施过程中发生(也会在决策前发生),但只是对原有决策的一般完善。追踪决策是必要的,也是一种正常现象,因为人的认识有限,许多决策牵涉的环境因素是非可控的,甚至是不可预测的。与初始决策相比,追踪决策具有如下几个特征。

(1) 回溯分析。回溯分析的源头是原有决策的起点。它是对原有决策产生的动机、背景、关系、机制等的分析,寻找产生失误的原因,以便有针对性地确定调整的思路与方案。要注意对原有决策方案合理思想的利用,并对原有决策方案抉择过程中被"否认"的不同意见重新加以审视。

(2) 非零起点。一般的决策是以"零"为起点,因为通常选择的方案尚未实施,客观对象与环境尚未受到决策的干扰与影响。追踪决策则不同。当初决策时的环境、情况、要求或条件已经发生完全不同、重大不同或相当程度的变化。

(3) 双重优化。第一,所做出的追踪决策应优于原有决策。只有达到了这个要求,追踪决策才有意义。第二,所做出的追踪决策要在新构设的若干方案中进一步择优。第二重意义上的优化是对追踪决策所提出的高级要求。

(4) 心理效应。心理效应对决策的具体过程有着重要、微妙的影响,在追踪决策中表现得更为显明。由于追踪决策要在原有决策业已实施但又须改变的基础上进行,这就必然使得与这一决策的有关人员处于不同程度的利害关系之中,有着不同心理反应。心理效应有积极的一面,也有消极的一面。有的人能够正确对待将要进行或正在进行的追踪决策,有的人则可能不会。

### 5. 单目标决策与多目标决策

按决策目标的多少,决策可分为单目标决策和多目标决策。

如果决策所要实现的目标只有一个,那就是单目标决策,如产量最大化、成本最低化等;如果要同时实现两个或两个以上目标,那就是多目标决策,如关于企业既要追求利润最大化又要追求职工福利最大化的方案决策。由于实际管理工作比较复杂,因此,除了十分简单的任务外,往往都是多目标决策。决策者在决策时要防止忽视、遗漏目标。一般地说,有三种目标是容易忽视或遗漏的:①无形目标。有形的尤其是数量指标一般容易看到,但对于无形的目标,如企业的信誉、对职工积极性的影响等就容易被忽视。②社会目标。如社会责任、减少环境污染、倡导道德风尚等。③长远目标。长远目标的效果往往不明显,尤其是眼前压力不大时,往往容易被忽视长远目标。有没有长远的目标是衡量一个单位高层决策者的主要标准。

### 6. 单项决策与序贯决策

按决策工作的连续程度,决策可分为单项决策与序贯决策。

单项决策也称静态决策,它所处理的问题是确定某个时点的状态或某个时期的结果,它所要求的行动方案只有一个(虽然这个方案中可能包含几个目标和许多决策变量)。例如,我们要决定今年各种产品的产量,决策结果的回答只有一个,即各产品产量计划应达到多少。序贯决策则不同,它要做出一系列相互关联的决策,它有三个特点:第一,它做出的决策不是一个而是一串;第二,这一串决策彼此相互关联,前一项决策直接影响后一项决策;第三,决策者关心的是这一整串决策的总后果。例如,某企业决定投入一笔资金开发生产一种新产品,它就需要合理安排各年的投资重点,确定连续几年的产值和利润计划,这种决策就是序贯决策。序贯决策可以一次全部决定下来,也可以先决定第一步怎样做,然后为下一步确定几个可行的行动方案,视第一步行动的后果来选用相应的下一步方案,或者再制订新的方案。

### 7. 个体决策与群体决策

按决策的主体,决策可分为个体决策和群体决策。

(1) 个体决策。个体决策是整个过程中只由一个人来完成的决策。个体决策具有反应快速、效率高和责任明确等优点,但是个体决策受到决策者的能力、学识、经验、性格以及动机、习惯、偏好等因素的影响,这些影响因素可能会对决策的有效性产生负面作用。

为了提高个体决策的有效性,在决策过程中,考虑以下几个步骤会有帮助:第一,明确需求和目标。决策的动力来自需求和满足需求之后的目标,这一步是所有决策的起点,与一般决策过程的第一步没有区别。第二,做出是否征求员工想法的判断。个体决策的制定过程可以由决策者一人完成,也可以寻求员工的支持,征询员工的想法。第三,比较各项选择方案。个体决策在比较选择方案的时候容易陷入的误区是对于过去经验的依赖,这时,需要决策者再次回顾决策的目标,审慎地对各选择方案进行再次比较。第四,评估负面情境。再好的决策条件也不能完全忽视可能出现的负面情境的存在,必须随时考虑负面情境发生的可能性。决策者应提前根据各种可能性,制订好防范措施。第五,果断选择最佳决策方案。完成前面四个步骤后,决策者已经对各方案做到心中有数,这时候个体决策者最需要避免的是犹豫和自我怀疑,在决策者已经不能选择更好决策的情况下,决策者必须果断地做出决策。

(2) 群体决策。群体决策是决策过程的某一环节或整个过程是由两个人以上的群体完成的决策。在一个正式的组织中,群体决策的数量往往多于个体决策的数量。因为群体往往比个人拥有更广泛的知识、经验和信息,有利于产生更加丰富多样的备选方案、发现和评价备选方案中可能存在的问题、利用更完整的知识信息决定方案,同时在决策执行的过程中,群体决策因为参与者增加,其决策的代表性更大,更容易为更多的成员所接受。

相对于个体决策,群体决策有下面一些优点。

① 更完全的信息和知识。更多的个体资源的投放,在同一问题的决策上可集合到更多的信息和知识和经验。俗话说,三个臭皮匠,顶个诸葛亮。

② 产生更多的比较方案,增加观点的多样性。当群体成员来自不同的工作领域,群体成员技能、知识、专业、经验和利益上的差异,能对问题进行更全面的扫描,为决策带来不同的观点,这一优点就更加突出,有利于克服个体决策时较常出现的"隧道视野"的缺点。

③ 增加对决策方案可实施性。一方面,群体决策对于不同方案的讨论有助于及时发觉和修正决策过程中隐藏的错误,增加决策准确性,为增加决策方案可实施性提供基础;另一方面,不少决策方案出台后,在执行过程出现不少障碍,对决策方案不理解或不情愿执行,一个原因就是那些将要或正在执行决策的人没能够参与到该决策制定过程中。视有关情况让有关人员参与决策,会感觉对决策承担更大的责任,有助于加强责任意识,提高决策的接受程度,使决策方案能够获得更多的支持,有利于决策方案的顺利执行。

④ 提高决策合法性。群体决策制定过程与民主管理思想一致,因此,人们觉得群体制定的决策比个体制定的决策更合法。拥有全权的个体决策者不与他人磋商,这会使人感到决策是出自于独裁和武断。

同样，相对于个体决策，群体决策的弊病主要表现以下几方面。

① 用时较多。群体决策经常需要将大量时间投入集体讨论以形成共识，要和上下级、其他人员反复讨论，有时还会出现激烈的争议、甚至陷入僵局，其成员之间的相互影响常导致低效，与个体决策用时相比，群体决策用时要多。当所做的决策要对当前的活动做出快速反应时，用时多的群体决策就成为限制。

② 少数人控制。参与群体决策的成员可能会因组织职位、经验、有关问题的知识、易受他人影响的程度、语言技巧、自信心等在决策中的作用不同。决策需要群体商议这种形式来走过场并增加其合法性的情况并不鲜见。当集体的决策讨论被某个（或某些）领导、专家、年长者、资源拥有者所控制，如果控制者又是抱有成见或是低水平的话，群体决策就会受到其不利影响。当管理者需要群体决策作为所谓民主管理的"遮羞布"时，决策的一开始就受个别人操纵。

③ 从众现象。群体中存在着社会压力。群体中某些成员希望被群体接纳和重视，或不被多数主流意见者所孤立，在决策讨论时就很可能不会提出或坚持自己的不同意见，因此限制了理智的判断，"随大流"发表决策意见，损害了最后决策的质量。

④ 责任不清。在个体决策中，谁的责任很明确具体。而对于群体决策，决策责任在一定程度上分散化，由群体成员分担。可能出现下述情况：一是大家都愿意出谋划策，但又没有人愿意承担最后抉择的责任，或没有人对决策结果负责；二是滥用表决的方式，将责任推给大家，可能是人人负责，人人都不负责。

这样的群体决策从决策方案的优秀性来看，并不比杰出的个体决策好。

个体决策和群体决策的选择。群体决策和个体决策各有利弊，那在什么情况下选择群体决策？在什么情况下选择个体决策呢？需要考虑决策问题和决策者两个方面的因素。

决策问题的性质。①决策的时间限制。如果需要在短时间内确定决策方案，则以个体决策方式为宜，反之就选择群体决策方式。②决策问题的复杂程度。假如决策需要解决的是一个复杂的问题，如涉及企业的战略规划等，最好由群体决策的方式来解决。③决策方案表明的创造性。根据相关的研究成果显示，如果要解决的是一个创造性的问题，没有过去或他人的经验可以参考，选择群体决策的效果很可能好于个体决策的效果。

决策者的能力。其主要指领导者的能力，如果领导者具有渊博的知识、丰富的经验、敏锐的洞察力和良好的心理素质，那应当倾向于用个体决策的方法；而如果领导者的能力不能满足个体决策的需要，那就需要争取其他人的参与，以群体决策的方式解决问题。

总之，个体决策和群体决策都各具优缺点，两者都不能适用于所有情况。把群体决策和个体决策进行比较时，群体决策的准确性、决策的创造性、最终决策的接受程度，都要好于个体决策，而个体决策的速度和效率要高于群体决策，同时，群体决策的风险性也比个体决策小。

## 3.2 决策过程

决策过程是指从问题提出到方案确定所经历的过程,这个过程由一系列前后关联又相互独立的步骤组成。一般而言,决策的过程包括诊断问题、确定决策目标、拟订备选方案、评价和选择方案、方案的实施及其控制等阶段的工作内容。在从事这些工作的过程中,决策者要受到环境、组织文化、时间、过去决策以及他们自己对待风险的态度等多重因素所影响。

### 3.2.1 决策过程

一般来说,典型的决策过程包括以下五个阶段。

**1. 诊断问题**

明确决策问题是决策过程的起点。所有决策都是针对决策者要解决的问题(或机会)展开的,所以,决策的一开始就是问题识别、分析。

有些时候问题分析比识别难。比如,成本超出了就说明出了问题,但要精确地进行分析却不怎么容易。又比如在企业中,决策者看到企业产品的销量不佳,经常会贸然地做出增加广告投放或者加强促销力度等决策,却没有分析造成企业销售不佳的真正原因,而这个原因很可能是因为企业的产品不符合消费者的需求,或者是产品的定价偏高因素,或者只是另一个问题的征兆等。由此做出这样的决策方案很有可能就是打不开锁的钥匙,达不到应有的效果,甚至可能南辕北辙,距离要解决的问题越来越远。但如此明显的问题是极少的。

有些时候,问题识别又比问题分析为难。我们平常所说的"提出问题比分析问题更为可贵",说的就是这个道理。工作上责任心不够,缺乏进取精神,知识不够广,业务素质不够高等,对问题就会熟视无睹,看不出是问题,或"有眼无珠",发现不了问题。

没有找出问题的实质,或没认识到真正的问题,也是决策过程第一步骤易犯的错误。产生这类错误的通常原因,可能是决策者分析问题时急于求成和随意猜测或占有的信息不适用,也可能与指导思想有问题、所采用的分析方法不科学有关。所以,要对问题做系统的诊断,明确问题的性质、范围和产生问题的关键所在,即使问题的实质明确化。

有些问题很明确,可以直接进入下一个决策步骤,如程序化决策问题的识别、分析工作量就较小。有些问题则外在表现与实质原因之间的关系很复杂,如非程序化决策问题,牵涉的因素很多,需要花较多的时间来加以识别、分析。因此,决策问题的必须探究问题的真正原因所在,并注意区分决策问题的类型。正确的问题诊断可以解决决策目标的针对性问题,它是决策目标确定的一个基础。

**2. 确定决策目标**

决策目标是决策者希望通过决策活动所要获有的结果或是希望出现的预期状态。决策目标是决策的出发点,也是决策的归宿点。方案的拟订与评价,要以决策目标为依据;

决策方案的实施是否取得预期结果,要以决策目标为尺度。决策问题的决策目标一旦确定,下面的决策工作内容就有了可靠、扎实的基础。

在确定决策目标时,要注意以下问题:第一,决策目标要明确具体。一般地说,越是近期目标,就越要求明确具体,远期目标则允许有一定的模糊性。第二,目标要切合实际,这就是说,要防止目标偏高或偏低。目标偏高,按现有条件很难达成目标的要求;目标偏低,按现有条件即使不经过努力也可以达到目标,这两种情况都不利于充分发挥组织的潜能。第三,多目标应有主次之分。在多目标决策的情况下,应尽可能剔除那些从属性的或不太重要的目标,使决策目标的数量减少,从而更有效地把握主要目标。为此,首先要弄清目标间的相互关系,分清主次。

### 3. 拟订备选方案

决策目标确定之后,就应拟订达成目标的各种备选方案。这是一个非常重要的阶段,直接决定了决策的质量。因为决策的本质是选择,而要进行选择,就必须有多个备选方案,才谈得上选择,进而才谈得上选优。

(1) 科学预测。决策是针对未来行动的,因此,在决策之前,必须对决策对象及其所处的外部条件可能发生的变化进行预测。决策过程中所需要的信息和所需要进行的预测,会随着决策的内容和决策对象的不同而有所不同。一般而言,任何决策都需要以下几个方面的信息和预测:决策对象的现状,决策对象的发展规律,决策对象外部条件的发展变化。在此基础上,仔细研究影响目标实现的可控因素和非可控因素,积极因素和消极因素,根据决策的目标和现实条件及未来可能发生的变化,合理地制订决策方案。

(2) 确定原则。决策的本质是选择,因而需要有两个以上可行的备选方案。拟订备选方案时,理论上需要遵循两个原则:①整体详尽性——拟订的备选方案要把所有可能方案都包含其中。②相互排斥性——不同的备选方案是相互排斥的,没有最好的两个方案,即各个方案之间应有原则的差异且互相排斥,执行了方案甲就不能同时执行方案乙。之所以要遵循这两个原则,以整体详尽性为例,是告诫决策者在拟订决策备选方案时要尽量慎重,从主观上尽力追求寻找最优方案。其一,因为实现决策目标的最终方案就在这些备选方案中形成,如果不把所有方案找到,可能最好的方案就恰恰漏掉了;其二,不利于决策创新。有的决策者在处理决策问题时,其能力不断增强,逐渐归纳形成了自己处理决策问题的一系列经验法则,这时候处理与过去决策类似的问题时,可能会投入很少的决策时间,跳过许多决策的步骤,自信地依赖过往经验沿用过去方法做出决策,决策上缺少创新,而我们知道创新是决策的灵魂。同时,这也是理论上的要求,我们再以整体详尽性为例。在决策实践中,其一,不能详尽罗列,其二,可能无法做到详尽无遗,因为决策问题的时间限制,决策者的认知、经验、能力、决策环境等因素的限制。因此,决策者要因时顺势,目的是要决策者慎重对待,注意发挥创造性。

(3) 拟订方案。依照决策的目标要求,根据拟订方案的原则,先拟出适量的初步决策方案,初步淘汰掉一些优越性不大的方案,然后对初步筛选余下的方案,严格论证,细致推敲,反复测算,通过细节确定系统的可行性研究,估计实施结果。这里,一是要虚心听取他人的意见,尤其是批评性的,甚至是挑剔性的怀疑、反对意见;二是由于所拟订的方案都是为了相同决策目标的实现,解决都是同一问题,因此,预拟的各个不同方案(即使是被初步淘汰的方案)或多或少都有一些有益的思想成分,要注意吸收补益。最终得到一组能够实现决策目标的可行的备选方案。

### 4．评价和选择方案

评价和选择方案是从一组能够实现决策目标的可行的备选方案选取决策者将要用于实施的最理想的方案。

(1) 方案评价和选择的标准。

为了从多个备选方案中选出最理想的方案,需要对这些方案进行比较和评价,对方案的评估不能凭个人的主观好恶,而应采取科学的态度、依据科学的标准来进行。

① 价值标准。价值标准是最优的决策标准。根据理性决策模式理论,最理想的决策能给组织带来最大化的利益,越接近决策的目标越好。以此为标准做的决策方案是最理想的方案,也就是最优化的决策。

② 满意标准。决策中,对结果的"最优"追求,并非不可能,但可能付出的成本太高、代价太大,实现的难度大。很多决策在事后被证明:最满意的决策并不是最优的决策。出现这种情况有可能是以下几方面的原因:①受环境和决策者个人因素的限制,无法获得全部的可行方案,有可能最优方案并不在备选方案中。②在一个系统内部,对某一局部来说,方案是最优的,但对决策对象的整体而言,却不是最优的,就无法达到最优。③有时候最优的方案并不是决策者最乐于接受的方案。因为有些方案尽管最优,但是对执行者的要求很高,对控制决策执行的要求很高,反而影响了决策执行效果;而一些从预计结果看上去不是最优的决策方案,由于适合决策者的需要,有较高实现把握,又便于执行,反而是决策者最满意的方案,而成为最终实施的方案。在这里决策者执行了"满意"标准而不是"最优"标准。换句话说,假如一个方案能够较好地满足决策目标的基本要求,决策者就可把它认定为可付诸实施的方案。这不等于否定决策的最优标准,某些较简单的决策问题,在信息、时间、资源、能力等条件下许可时,能够做到相对最优化的,还是应当争取最优化。同样管理上有"追求完美是效率的敌人"这么一种见解。

(2) 方案评价和选择的方法。

方案评价通常采用的方法有三种,即经验判断法、数学分析法和试验法。

经验判断法是一种古老的方法,它尤其适用于对定性因素的分析、决断。与方案的拟订中的经验运用应注意的问题一样,不能机械地、简单化操作。个人的经验或某些人的经验是有限的,要集大家的经验。对于比较复杂的方案,最好把每一方案的优缺点都列出来对比,用一些关键评价标准来决定一些方案的淘汰。

数学分析法是一种定量的决策方案选择法,它用数学模型进行科学测算后对方案加以选择。

试验法是通过一系列试验后最终确定选择方案的决策方法。试验法在方案选择中有特殊的用途,对方案的选择既无经验可鉴,又难以采用数学模型进行评估,同时这个决策涉及的问题又是重大的,在这些情况下,可先选择少数单位做试点,以取得经验和数据,最终用于实施。

(3) 方案选择和防范分析。

① 过程。研究各个方案的限制因素,综合评价各个方案的技术合理性、措施可操作性、经济时效性、环境适应性以及它对社会和生态的影响,分析各个方案可能出现的问题、困难、障碍、风险,并制订相应的防范、应变措施,经过以上分析评价,就可对每个方案的利弊、长短有一个结论,并可据此来进行选择,这是在决策过程中最为关键的一步。

② 防范分析。当最终选取某一方案后,应对这一方案实施的潜在问题进行防范分析。防范分析是前馈控制,是未雨绸缪,是前馈的做法。决策是针对未来的活动、未来的实施环境和条件是变化的,也可能产生有利影响,也可能产生不利影响,所以,方案实施之前或实施绩效尚未生成之前,可能出现哪些偏差,有什么必要条件可以使这一决策活动的管理者在实施之前或者偏差出现之前就能预先采取措施,从而防止可能出现偏差的产生和发展,就需要对潜在问题进行防范分析。

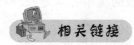

**李世石阿尔法狗人机大战——谁是赢者?**

2016年,Google以100万美元作为对胜利者的奖赏,推出了如今享誉世界的人工智能围棋软件阿尔法狗挑战围棋世界冠军李世石九段,最终以李世石认输告终,这场备受关注的人机大战的最终比分就此定格在1∶4。这是计算机围棋软件第一次击败人类最顶尖的围棋九段职业棋手。因为大家知道,从变化数量来说,围棋棋盘对应了361阶乘的变化,这个数字已经超过全宇宙量子的数量,所以一直以来人们认为人工智能想要在围棋这个游戏上战胜人类是不可能的。这一比赛结果彻底颠覆了人类对人工智能决策能力的认知。从事后发表的有关阿尔法狗的学术论文来看,人工智能通过深度学习、强化学习等新技术的突破,已经在复杂度极高的博弈问题中表现出超过人类最高认知水平的能力,这对管理过程和其他决策过程会产生巨大的影响。

资料来源:编者根据有关资料整理。

5. 方案的实施及其控制

实施选定方案直接影响着决策的结果。最基本是确定决策的执行者以及确保决策得以执行的资源。在实施方案中还要注意两点:一是对方案的检验,二是对方案实施的追踪和修正。

(1) 检验决策。检验方案是对决策方案进行审视、反馈、修正、再决策的过程。决策方案选定之后,可能在实施前有的决策方案内容临时做了调整,有的方案甚至被撤销。有的方案要进入试点试验,如果试点成功,即决策方案被试验证实,选定的决策方案就可以进行普遍实施;如果检验证实决策不当,则及时反馈、跟踪检查并修正,直到证实可以普遍实施。

(2) 实施及控制。制定、检验决策的完成,并不意味着决策过程的结束,通过实施、执行、追踪与评价决策,可以发现决策执行过程中出现的偏差,采取相应的处理措施进行决策控制,才能构成科学决策的完整过程。决策很少按预先设想的方式实现,即使决策方案事先经过了细致周密的考虑,也会由于各种因素的不断变化而出现偏离目标的情况,即使最好的决策也会碰到波折、意外,最有效的决策最终也会变得陈旧,决策反馈是达到预期目标的有效手段。这就要在决策执行的过程中,实施控制反馈,进行追踪检查。

对于决策执行过程的追踪与控制,对于大多数的管理决策来讲是必需的。

### 3.2.2 决策的影响因素

决策的影响因素包括对决策过程各个阶段的影响因素,并对最终方案的选定产生影响。制定一个有效的组织决策需要考虑以下五个方面的影响因素。

#### 1. 环境

对决策的影响表现在两方面:推动决策和制约决策。首先,环境的变化使组织面临新的问题,组织为应付这些问题,就要进行决策。其次,决策者在进行决策时,要考虑各种环境因素并受其制约,决策如果脱离了环境或对环境因素认识不足,在执行时就会遇到困难,甚至根本无法执行。

#### 2. 决策者的素质和风格

决策者的价值观、知识水平、战略眼光、领导能力、民主作风、对待风险的态度等会直接影响决策的过程和结果。并且决策者(不管是个体决策者还是群体决策者)的决策风格会决定决策者是趋于用理性的和逻辑性的思维方式,还是趋于用创造性和直觉类型的思维方式,也会影响到备选方案的特点,影响到不同决策备选方案的评价,进而影响到决策方案的确定。

#### 3. 组织文化

组织文化影响着组织及其成员的行为和行为方式,它对决策的影响也正是通过影响人们对组织、对改变的态度而发挥作用。团结、和谐、平等的组织文化会激励人们积极参与组织决策,涣散、压抑、等级森严的组织文化则容易使人们对组织的事情漠不关心,不利于调动组织成员的参与决策的热情。在偏向保守、怀旧、维持的组织中,人们总是根据过去的标准来判断现在的决策,总是担心在变化中会失去什么,从而对将要发生的变化产生怀疑、害怕和抵御的心理与行为;相反,在具有开拓、创新气氛的组织中,人们总是以发展的眼光来分析决策的合理性,总是希望在可能产生的变化中得到什么,因此渴望变化,欢迎变化,支持变化。显然,前一种组织文化有利于决策的实施,后一种组织文化则会成为实施新决策的障碍。为此,在制订以及选择决策方案时,必须考虑实施方案时可能遇到的组织文化方面的阻力,以及为克服这种阻力而必须付出的代价。

#### 4. 过去的决策

在实际的管理工作中,程序化决策、序贯决策占有很大比例,即使是非程序化决策、单项决策也能从过去找到类似的例子,再加上心理因素的影响,就使得决策者在做新决策时经常会考虑过去的决策,问一问以前是怎么做的。所以,过去的决策总是在有形或无形地影响现在的决策。这种影响有利有弊,其好处是有利于实现决策的连贯性和维持组织的稳定,并使现在的决策建立在较高的起点上;其问题是不利于决策创新,不利于实现组织的跳跃式发展。

过去的决策对现在的决策的影响程度,主要受它们与决策者的关系的影响,这种关系越紧密,现在的决策受到的影响就越大。如果现在的决策是过去的决策的延续,因为决策者要对过去的决策负责,他在进行现在的决策时,就必然要考虑过去的决策。如果决策者以前已经做过许多类似的决策,他就容易形成一种思维定式,这种思维定式将影响他现在的决策。

5. 时间

美国学者威廉·R.金和大卫·I.克里兰把决策类型划分为时间敏感决策和知识敏感决策。时间敏感决策是指那些必须迅速而尽量准确的决策,战争中指挥官的决策多属于此类。这种决策对速度的要求远甚于质量。例如,当一辆汽车向一个人冲来时,他关键是要迅速跑开,至于向哪个方向跑更近些,相对及时行动来说则显得不再重要。相反,知识敏感决策对时间的要求就不太严格,这类决策的执行效果主要取决于决策者的知识及决策的质量,而不是决策的速度。例如,战略决策就多属于知识敏感决策(在时间非常仓促时,如外界环境突然变化,要求组织迅速做出反应的情况下,战略决策也可能是时间敏感决策)。

### 3.2.3 决策风格

根据决策者的思维方式趋向,以及模糊承受力的高低,我们可以将决策者分为四种类型。

(1) 命令型风格的决策者。命令型风格的决策者具有理性的思维方式和低程度的模糊承受力,这样的决策者重视效率和逻辑性,关注决策的短期结果,更加依赖过去的决策方案。而且在制定决策的时候,命令型决策者快速明确,考虑从较少的信息量中选定较少的备选方案。

(2) 分析型风格的决策者。分析型风格的决策者具有理性的思维方式和高程度的模糊承受力,这样的决策者希望掌握尽可能多的信息,进行深入细致的分析研究,按照最合理的原则谨慎地选择决策方案。

(3) 概念型风格的决策者。概念型风格的决策者具有宽泛的思维广度,乐于接受更多的备选方案甚至很多天马行空的方案,这样的决策者关注决策的长期影响,联系思考当前决策与今后决策之间的联系。

(4) 行为型风格的决策者。行为型风格的决策者关注他人的建议,并从中选择有助于决策有效执行的部分。决策者会较深入地思考决策的问题,决策的方案也考虑获得更多人的支持。

虽然这四种决策风格具有明显的差别,但大多数决策者具有一种以上的决策风格。考虑决策者的主流风格和辅助风格可能更具有现实意义。

## 3.3 决策方法

根据决策所采用的分析方法,决策方法可分为定性决策方法、定量决策方法、定性和定量相结合的决策方法。

定性决策方法是指就难以量化或难以做精确数量分析的决策,如企业战略目标的确定、人事任免、企业形象设计等,可根据管理者和专家经验、知识、判断能力及胆略,通过定性判断,寻求解决问题的最佳方案和决策方法。应用于程序化决策时,常采用借鉴法,即借鉴以往处理这类问题的惯例;应用于非程序化决策时,常采用头脑风暴法、名义小组技术、德尔菲法等。

定量决策方法是利用数学模型进行优选决策方案的决策方法。适用于既可以量化决策结果,又可对决策方案做数学分析的决策,如企业生产决策、组织的财务决策、企业投资决策等。较复杂的定量决策问题需要运用运筹学方法借助计算机解决,通过建立数学模型求得最优方案。目前,许多企业研制计算机软件,将程序化、决策化的过程交由计算机程序解决。一般的定量决策方法采用简单计算方法就可以解决,如确定型决策、风险型决策与不确定型决策方法。

定性和定量相结合的决策方法,运用于某些单纯利用其中一种方法难以解决的决策问题。

### 3.3.1 定性决策方法

#### 1. 头脑风暴法

头脑风暴法又称畅谈会法。这种方法是指把少数一些成员召集在一起,在一个宽松的、不加思想约束的气氛中,大家的思想火花、创造性设想互相激发、碰撞。这种方法能够起到与会成员知识互补、思维共振、扩大思考领域、获得大量思想的作用。利用这种集聚、激发思想的会议方法,对于提高决策的科学性、有效性、创新性是十分有益的,能够为决策者生成很多备选方案。

本方法的倡立者奥斯本为这种会议运作规定了四个原则。贯彻头脑风暴法的原则是成功运用头脑风暴法的关键。这些原则包括以下几方面。

(1) 禁止批判。无论发言多么离奇、不合理,都不许相互攻击、批评。会议不允许有对任何人的见解进行批评的行为,对任何提议、设想都不下结论。为了本原则得以实质性的贯彻,在会上也禁止溢美、吹捧之言。这样做的目的,就是让与会人员无所顾忌地畅所欲言。禁止批判原则是第一重要的原则,下列几条原则能否发挥它们的作用,直接取决于这条原则的落实情况。

(2) 自由奔放。这条原则鼓励与会人员尽可能发挥自己的想象力、联想力,尽可能多因素、多角度、多变量、多层次地考虑问题,摆脱传统思维习惯和陈规旧论的束缚,使自己的思维处于一个活跃、自由、独立的状态,尽力捕捉住在大脑闪现的思想火花。

(3) 多多益善。鼓励与会人员海阔天空尽量发挥,见解提得越多越受欢迎。会议对与会人员的所表达的想法是否成熟、是否深刻没有加以要求,只要求多提供思想的量与点。会议能集聚到更多的见解、主张、理解、看法,就为生成优质的解决问题的思想、方案提供一个扎实的基础。

(4) 允许补充。与会人员除了提出自己的意见外,还可在吸收别人的思想的基础上,从中提出更多的补充性思想,这有益于引起他人对原先提出的思想进行再思考。利用头脑风暴法要达成的就是这种思想碰撞与连锁反应的效果。

头脑风暴法有诸多一般会议讨论所起不到的作用,但也有一些局限性,主要表现在,与会人员素质可能参差不齐,所产生信息、思想的数量与质量受到他们的经验、知识、业务水平、思维能力水平等多方面的限制。主持者水平高低也是一个重要的影响因素。

在实际运用中,在头脑风暴法的基础上,又出现了一种反向头脑风暴法,也称质疑头脑风暴法,具体做法是:在召开头脑风暴法会议的基础上,召开第二次会议。这次会议的任务只对第一次会议提出的各种点子、见解、方案等进行质疑性评论,要尽量挑毛病,甚至达到吹毛求疵的地步。通过召开这样的质疑性会议,重新考虑决策构想,使之完善。

### 2. 德尔菲法

德尔菲法最早是由兰德公司提出的,它是通过综合专家们独立表达的意见来对方案做出评价、选择的集体判断法。德尔菲法进行决策的过程是:①选择专家。参与这种性质的活动,事先征得专家本人的同意,同时充分考虑专家人选构成上各方面的特质,达到合理匹配。②向邀请的专家递送方案的背景资料、要求,所设计的调查表要简明扼要,所提的问题不能模棱两可。③每位专家至少有一次以上修改自己主观意见的机会。

德尔菲法主要特点包括以下几方面。

(1) 匿名性。这可使专家较客观地发表意见。

(2) 集体性。专家可从工作小组人员的反馈中得知集体的总体意见并据此做出自己新的判断,最后得出的调查结论是集体意见的集中。

(3) 规范性。运用统计学方法对专家们的意见进行定量分析处理。

德尔菲法的优点包括以下几方面。

(1) 避免迷信权威或以权威自居。被询问的专家是以匿名的方式被征求意见,互不见面,各抒己见。

(2) 防止劝说性效应。避免口头表达能力强的人能够简明而有说服力地陈述自己的观点,会影响到表达能力弱的人阐述自己的观点。后者或许掌握更有价值的观点和更有说服力的论据,却在前者的面前退而却步。

(3) 防止潮流效应。在背靠背的情况下,带有突破性的新观点不会因为是少数而放弃,而公开场合会由于各种原因或许隐藏起自己的观点,或不愿争论下去。

这种方法也有一些缺点。对所征询的问题基本上只能做直观分析,专家个人和综合而来的集体意见的论证程度可能都不够高。

### 3. 名义小组法

名义小组法是为了解决集体决策过程中出现意见分歧的情况。首先在一个名义小组下,各个小组成员互不见面和讨论,在独立的环境中思考和分析决策的问题,提出自己的方案。然后让每位成员按一定次序陈述各自的方案,小组成员对所有的方案进行投票,选出最佳方案,决策者可以此为决策的依据。

## 3.3.2 定量决策方法

定量决策方法主要是解决有关活动方案的决策方法。多目标决策是新兴的决策科学分支,它的方法可分为定性与定量两大类,前文已述的德尔菲法、头脑风暴法都可以作为多目标决策的定性方法,下面要介绍的是一些直观、简单的多目标决策的定量方法。同样,在前述决策方法的分类中,已给出了确定型决策、风险型决策和不确定型决策三种方法的概念,这里将进一步分述各种方法。

### 1. 确定型决策方法

(1) 直观比较法。因为确定型决策中一个方案只有一种确定的结果,一般来说,这类决策比较好做。只要通过比较各个方案的结果状态,就可做出决策,如变量数目少的离散型控制变量的决策,问题比较直观,可行方案数目不多,每个方案的结果都可以反映出目标的实现程度,就不需要借助数学手段,通过简单的判断就可找到最优方案。

(2) 线性规划法。线性规划法是在一些线性模型的约束条件下,求得目标函数最值的方法。运用线性规划法的步骤是:①确定影响最值的变量;②根据限制条件列出函数方程;③找出可以实现最优的解。

(3) 边际分析法。边际分析法将边际收入和边际支出进行比较,当边际收入和边际支出相等时,企业可以获得最大利润。

### 2. 风险型决策方法

(1) 决策表法。决策表法是期望值这类方法中的一种。期望值法是一种根据不同备选方案在不同状态下的损益期望综合值,选择具有最大收益期望值或最小损失期望值的方案作为最佳决策方案。该方法的运作步骤主要有两个:确定风险概率,求期望值。风险概率可以凭借管理者个人的经验或第二手资料的分析来加以估计或测算取得。

(2) 决策树法。决策树法是风险型决策方法中最具代表性的,它通过计算几种可能方案的预期决策收益,以决策收益大小为依据,做出决策的选择。决策树法对分析多阶段的决策问题非常有效,因为每一阶段不断展开而形成树状图,决策树法因此得名。树状图的五个要素是决策起点、方案枝、自然状态结点、概率枝、结果点。决策起点用□表示,由此点画出的支线称为方案枝,它表示可能的方案。自然状态结点,表示可能的环境状态,由它画出的支线称为概率枝,表示各种可能的概率。

决策树法的基本步骤有:① 绘制决策树图。②计算期望损益值。根据图中有关数据,计算各方案的期望值并将其标于该方案对应的状态结点上方。③进行剪枝决策。比较各方案的期望收益值,从中择取收益值最大的方案,并将其余的备选方案剪掉,最终那条贯穿始终的方案枝即最佳的决策方案。

### 3. 不确定型决策方法

(1) 大中取大准则。大中取大准则也称为乐观法,这是一种激进的决策原则。决策者对客观情况感到乐观,有信心取得对每一方案的最佳结果,因此,按方案的最佳结果来进行抉择。

运用这种决策准则的几个核心决策步骤是:①确定若干可供比较选择的方案;②确定决策问题将面临的各种自然状态(客观情况),如市场销路好或不好、风天、雨天、晴天等;③测算各个方案在各种自然状态下的收益值并在表中列出;④求每一方案在各自然状态下的最大收益值,并加以比较;⑤选择最大收益值较大的方案作为决策选择的最终方案。

(2) 小中取大准则。小中取大准则也叫悲观决策准则。决策者认为有关条件很不利,没有希望取得最理想的结果,因此,他认为应从每一方案的最坏处着眼,从每一方案的出现最坏结果中选择一个最小收益值(收益值也可以为负数)最大的方案作为决策结果。显然,这种决策的指导思想是保守的。

(3) 等可能性准则。等可能性准则的假设前提是,各种自然状态出现的概率是未知的,又不能认为某一自然状态比其他自然状态出现的可能性大。因此,可做这样的假设:各种自然状态出现的概率一样,以此来代替各自然状态出现的概率。这样,一个不确定型决策的问题就转化成了一个风险型决策的问题。例如,用各方案的期望值进行决策分析。

(4) 乐观系数准则

乐观系数准则是介于上述两种决策准则之间的一种决策准则。持这一准则决策者认为,既不能把前景想象得一派大好,也不能设想得非常糟糕,对乐观程度、悲观态势要有一个基本估计。这个估计值称为乐观系数。若以 $\alpha$ 表示乐观系数,$0 \leqslant \alpha \leqslant 1$,则 $1-\alpha$ 就是悲观系数。$\alpha$ 值越大,态度越乐观。

运用乐观系数准则进行决策的步骤是:①确定乐观系数 $\alpha$;②以 $\alpha$ 和 $1-\alpha$ 为权数对每一方案的最大收益值和最小收益值进行加权平均,得出每一方案可能的收益值;③取各方案的可能收益值中最大者为决策目标值。

(5) 最小最大后悔值准则。若某一决策方案在未来实施的结果表明该决策并非最佳决策,要是采用其他决策方案会有更好的收益,到那时,决策者会为当时没有采用另外的方案而没有采用最佳方案而感到后悔。后悔的程度定义为后悔值。为了将来少一些后悔,决策者决定以后悔值作为决策准则。这种决策准则就是后悔值决策准则。最小最大的后悔值,就是使方案实施后对所决策的方案后悔程度达到最低。运用最小最大后悔值法,首先要找出每一自然状态下所有方案中的最大收益值;其次计算出每一状态下最大收益值与同一自然状态下各方案的收益值(包括最大收益值自身)的差额;再次确定每一方案的最大后悔值;最后在每一方案的最大后悔值中选取出最小后悔值,与该最小后悔值对应的方案就是所要择取的方案。

**大数据思维与决策**

《大数据思维与决策》是大数据时代的奠基之作,耶鲁大学计量经济学家伊恩·艾瑞斯早在20世纪末就洞察到大数据浪潮的到来。《大数据思维与决策》通过讲述各个领域有关大数据分析与决策的经典案例,为读者解答了一系列关系到现在与未来的问题,如为什么谷歌和亚马逊比你还了解你自己的喜好、医生如何利用数据分析做出正确诊断、教师是否要摒弃自身创造性为孩子提供有效的教育指导,以及政府、法院如何在推动信息公开的同时制定出有益于未来的制度和法案等。希望读者在阅读后,可以迅速在信息变革中把握机遇,充分利用大数据分析做出优质决策。

《大数据思维与决策》适合企业管理者、投资者、政策制定者、高校相关专业老师与学生等一切想走在互联网时代前列的人阅读。

资料来源:[美]艾瑞斯.大数据思维与决策[M].宫相真,译.北京:人民邮电出版社,2014.

## 3.4 决策陷阱及改善

管理者实际决策过程受多种因素影响,面临各种决策陷阱。本节将讨论决策过程中几种主要的陷阱及如何改善决策。

### 3.4.1 决策过程中的陷阱

在面临决策问题时,有些管理者会表现出以下几种典型的心理,陷入决策陷阱。

**1. 拖延**

拖延是一种没有正当理由而延迟做决策的倾向,有时又称作犹豫,并被喻为"时间小偷"。拖延通常会导致犹豫不定,会使问题更难处理,因为问题会随着时间进一步恶化,拖延通常源于对失败的恐惧,这在有"怪罪文化"之风的组织中尤为普遍,因为在这种文化中避免错误显然比获取成功更为重要。也许克服拖延最有效的方法就是把一个决策细分为多个阶段,然后为每个阶段设定完成的最后期限。

避免拖延并不意味着草率地做出决策,而是要避免不必要的耽搁,草率做出的决策跟被拖延的决策一样糟糕。在大多数情况下,可以在一个决策上"深思熟虑",使之经得起合理的推敲,在新的信息不太会出现的情况下将决策耽搁了几天才算是拖延。

**2. 锚定**

锚定是指在不知不觉中过于重视首先得到的信息。这会使你对问题做出错误的判断。人们倾向于把早期收到的信息当作评定其他信息的标准,如果后来的信息同早期信息相左,那么就有可能被忽略或不予理会,可惜的是,早期的信息通常不够准确,因为它们收集得太过匆忙,也没有时间反复核对来确保其足够全面。

### 3. 承诺升级

有些决策可能是根据早期信息制定的,但是随着更多的事实不断地出现,原有的决策可能站不住脚了,这时,决策者可能已经为原有的决策投入了大量的时间、精力和声誉,因此摒弃这项决策似乎白白浪费了过去的承诺,并且显得对他们的顾问也不够忠诚。因此,他们也许会觉得这么做会让自身颜面扫地,于是,他们可能会更加固执地动用各种资源以保证最初的决策能取得成功。

理性的决策者要掌握退出的时机。当明显地发现一项决策不起作用时,要果断地予以终止。然而,许多决策者拒绝或曲解负面信息,因为他们并不相信自己的决策是错误的。他们对某项决策变得如此执迷不悟,以至于断然拒绝合适的退出时机。在当今的动态环境中,这种类型的思维没有用武之地。我们必须认识到决策是一个开放的不断反复的过程,在决策实施过程中,密切关注事态的发展,一旦原有的决策方案不再能够达到原有的决策目标,就要准备重新开始决策。

### 4. 团队迷思

团队迷思是决策成员之间抑制不信任的一种心态,目的在于不惜一切表现团结,保持一致,决策成员会放弃他们对做出好决策有用的批判性评价。团队迷思在联系紧密的团队中尤为普遍,这些团队的成员有着类似的背景和一致的奋斗目标,在成员都彼此尊重的团队中这种团队迷思也较为普遍,团队迷思在一定程度上是由从众心理所造成的,持不同意见的成员可能会隐瞒他们的个人判断,从而表示赞成眼前的决定以表明和团队保持一致。不幸的是,其他决策成员或许也都会这么做,由此产生了大家都赞同的错觉,那些对这种显而易见的赞成提出质疑的人可能会被嘲笑,他们的忠诚度也会受到质疑。团队迷思通常会削弱整个团队形成各种不同备选方案以及有效评估的能力,许多灾难性的政治决策,都是因为团队迷思起到了负面的作用。

针对可能的决策陷阱,管理者可以从信息收集、正确运用直觉、把握决策时机和确定决策者、学会处理错误的决策等方面来有效决策。

## 3.4.2 准确收集利用信息

信息是决策的基础。决策的正确性在很大程度上取决于决策时所依据的信息量大小。为了理解问题、找出真正的问题,需要准确收集和分析与问题有关的各种信息。

### 1. 决策信息收集的原则

决策信息收集指的是通过一定的程序,利用有关方法和手段,从有关的信息源中收集满足决策活动所需要的信息。收集原则包括以下几方面。

(1)及时。及时、迅速地收集决策所需的信息,满足决策需要。在保证信息收集质量前提下,实现时间上的及时性,至少要做到两点:一是在工作上要有高度的责任心。不畏困难,竭尽所能把分散有关信息及时地收集上来。二是要提高业务素质。善于发掘信息,善于从别人意识不到的信息渠道中寻找出有价值的信息,避免时间的浪费和工作的拖延。

(2) 经济。围绕决策活动信息收集工作,需要人力、财力、物力等资源的投入,在保证信息收集工作质量、收集到满足决策需要的信息的前提下,讲求所费与所得的对比关系。信息收集上两种非经济性的做法要抛弃:一是为了收集信息,可以不惜昂贵的代价;二是不在信息收集上投入基本条件,又不现实地希望获得有较高使用价值的信息。

(3) 适用。信息有用的评价标准是全面系统、针对性、真实和准确。围绕决策问题,全面系统地收集信息,有利于获得有价值的完整的决策信息内容,形成对决策问题的完整认识与把握,形成可靠的决策依据。在收集过程中,对现实的、可能的、潜在的信息进行全方位扫描、甄别,并进行深入搜索,防止重要信息被遗漏,及时进行补充收集、追踪收集。

针对性是建立在全面系统基础之上的信息收集的有的放矢。理论上讲,与解决决策问题有关的基本信息都应列入收集内容之列,显然需要耗费大量时间精力。受到时间、人力、条件等资源的限制,这时要对有些"枝末"信息、次相关性信息取舍。决策不是坐等完全拥有方方面面的决策信息之后才开始动作。决策时机错过,再好的决策方案也会失去解决问题的价值。

真实和准确收集信息。在收集决策信息的全过程中,实事求是,深入细致,不主观臆断,不先入为主,不能为寻找支持某一观点成立的事实或数据而对相违的信息视而不见。通过调查、咨询、交流等各种手段,对所获的重要数据资料尽可能及时进行甄别、分析、筛选或补充收集,力求把误差降低到最低限度。

(4) 预见。决策中对决策信息的需求既有针对现实的,也有针对未来的。对决策信息的收集,既要考虑现实决策的信息需求,也要考虑未来决策的信息需求。两者兼顾,使决策信息既成为现实决策活动的依据,又可为未来决策活动打下一个好的工作基础。

### 2. 决策信息鉴别

鉴别是对收集到的信息内容的可信程度、准确性、时效性和适用性进行评估。剔除错误的、不真实的或失效的部分,并决定是否进行补充收集。信息鉴别,首先是信息量的评估,判明收集到的信息总体上是否能反映决策对象的总体性质和特征;其次是信息质的评估,即分析拥有的决策信息是否存在失真、误差。信息鉴别可采用经验判断、计算审核、逻辑检查、检验检查、抽样检查、佐证检查等方法。

### 3. 决策信息分析

决策信息分析与决策信息鉴别一样,在决策过程的每一工作环节都可能发生。决策信息分析贯穿于决策活动的全过程。

决策信息分析,是依据鉴别、整理过的数据、资料进行研究与预测,提出解决问题的思路。决策信息分析是决策所需信息收集的继续。在对经过鉴别、整理的大量信息进行综合研究与预测后,一些规律性的变化或倾向性的思路就可能从这中间被发现、挖掘出来,这是在原有决策信息中收集到具有新价值的决策信息,"书读百遍,其义自见",讲的也是这个道理。决策信息分析也是对解决决策问题的设想和预见。

### 3.4.3 正确运用直觉

管理者通常还运用直觉来帮助他们改进决策的制定。直觉不是理性的反义词,更不是随意的猜测过程。相反,它建立在分析问题和解决问题的广泛的实践经验基础之上,只要这些实践经验是有根据的,是合乎逻辑的,那么直觉也会是合乎逻辑的。当我们面临一个新问题时,我们的思维就开始在我们长期记忆的分类信息中搜索,一旦发现存在类似或相关的情况,我们的脑海就会闪出一个念头,这就是直觉。

一个优秀的管理者应努力学会正确运用自己的直觉。在以下情况下,直觉在决策中时常发挥着重要的作用。

(1)启发思路。直觉往往能给人带来新的思路,根据它很可能找到解决问题的好办法。

(2)解决急事。关键时刻,没有多少时间思考,只能靠平常的功力生成的直觉来办事。

(3)用于快速解决问题。有些事情虽然不是急事,但还是要尽量提高效率,这时候就可多用直觉思维。

(4)用于解决无关紧要的事情。这些事情办坏了,也没有多大的影响,基本上凭直觉解决就可以了。

(5)用于解决难题。许多难题一下子是难以解决的,可暂时放开,有空就想一想,一段时间后,往往可以获得灵感而解决问题。因为大脑经过长期的思考某一问题之后,智力灶处于高度亢奋的状态,脑海里储存的许多相应的信息在自然地反应,当反应达到一定的程度时,就产生了灵感。这里的有空想一想,就是把脑海里解决某个问题的信息活跃起来,以利于产生灵感。

(6)用于解决长远上的大问题。对许多长远上的大问题,既有必要做些计划,又不可为之花费过多的时间和精力,这种情况下,可在有空时想一想,让大脑自然运作,以求得到较多的、较好的灵感。将这些灵感收集、整理,为以后解决问题提供依据。

应当明确,根据直觉制定决策并非与理性决策毫无联系,相反,二者是相互补充、相辅相成的。一般地,在理性分析基础上再依据直觉做出的决策,从理论上而言,其正确的概率比单纯地依赖理性分析做出的决策或直接依靠直觉做出的决策更高,因为前者决策时所依赖的信息比后两者更宽广。

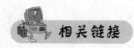相关链接

**决断 2 秒间**

仅仅通过一本书的封面就对这本书的内容做出判断,这样做合适吗?在马尔科姆·格拉德威尔在他所著的《决断 2 秒间》一书中,作者认为,人们在一眨眼的瞬间所做出的判断,往往最为有效,极为重要,而且通常是正确的。在有些情境下,想得越少反而越好。例

如,消防员接到附近一处居民报警,就在他们进入火灾现场展开灭火行动时,消防队长突然感觉有些不对劲。他迅速做出决定,命令所有队员撤离现场。不一会儿,他们刚刚所站的地板就倒塌了。消防队长的这个决定就是在一眨眼的瞬间做出的,但他却挽救了自己和队员们的生命。类似的重要决定每天都有,也存在于我们工作和生活的方方面面。《决断2秒钟》一书让它的读者有所改变,他们不再等到收集了足够的信息后才做决策,而是开始学会倾听自己内心的直觉判断。

1. 某种情境下,你收集信息仔细思考,但可能直觉决策更好。描述该情境。
2. 在你的职业生涯中,直觉决策正确吗?什么时候会错?
3. 领导者可以依据他们的直觉反应做出什么判断?

资料来源:格拉德威尔.决断2秒间[M].鲁刚伟,等译.北京:中国社会科学出版社,2007.

### 3.4.4 把握决策时机和确定决策者

有人曾说,"时机决定一切",这同样适用于决策制定。在不适当的时候做出正确的回答仍是一项低劣的决策。轻率浮夸是工作的大敌,过早做出决策或在时机尚未成熟的情况下草率做出决策,很可能得不到应有的效果;而拖延决策,可能会进一步扩大矛盾,带来不可收拾的后果。因此,在工作中要明确各类问题的核心和关键,分清轻重缓急,以准确把握决策时机。

另外,作为管理者而言,还要认识到并不是所有问题都必须由管理者来解决。作为管理者,与其说是个问题解决者还不如说是个问题发现者。对于现实中发生的很多问题,并不需要管理者亲自去解决。在面对问题时,管理者更多的时候不是直接决策,而是问一些简单的问题:在这个组织中,谁最适合来解决这个问题?我可不可以只做适当的指示,然后把整个问题的解决都交给下属?在管理实践中,决定由谁来决策有多种选择,如个体决策、协商决策、集体决策等。

### 3.4.5 学会处理错误的决策

决策者在决策时,或因为知识面窄,处理某些问题感到力不从心,或由于决策能力的限制,或由于只凭经验看待问题,难免会出现决策差错。通过自我反省认识错误,并采取适当方法予以弥补,可提高我们的决策能力。因此,一旦发生决策错误,应该采取以下积极的行动。

(1) 承认。要有勇气承认客观事实,错误已经发生,就应当承认过失,以集中精力分析原因,及时加以弥补,而不要忙于追究责任或推卸责任。

(2) 检查。由于决策过程中包含了很多步骤,因此要追溯决策的全过程,逐一检查,以找出在哪一步犯了错误。此外,还要分析决策的时间、方式和方法。通过检查反思,可使你学到一些决策的技巧,并避免重蹈覆辙。

(3) 调整。若一个决策总的看来是可行的,而只是在贯彻执行上发生了问题,则可通过发现薄弱环节予以调整,使这一决策趋于完善。

(4) 改正。若一项决策经过检查和调整仍无法修正,则要针对原因拟订一个修正计划,以改正决策错误,减少由于决策失误而可能造成的损失。

在当今快速变化的世界中制定决策并不是轻而易举的事情。成功的管理者需要具备良好的决策技能来进行计划、组织、领导和控制。

## 本章小结

1. 决策是对未来的行为确定目标,并据此从两个或者两个以上的可行方案中选取一个满意的方案的过程。决策贯穿于整个管理活动过程之中。

2. 制定决策的模式主要有完全理性决策模式、有限理性决策模式、直觉决策模式。决策模式隐藏着决策最一般的活动规律,被普遍应用于决策过程之中。

3. 管理者采用的决策类型,应反映决策者在不同的决策情境下所面对的问题类型的特征。针对决策问题是否结构良好,分为程序化决策与非程序化决策;此外,战略性决策与战术性决策是由不同的管理层做出;追踪决策是原有决策方案的执行表明决策目标将难以实现时,对目标或方案进行根本性的修正;个体决策与群体决策各有利弊,决策时要综合考虑。

4. 决策过程基于完全理性假设和有限理性假设,一般需要经过诊断问题(识别机会)、确定决策目标、拟订备选方案、评价和选择方案、方案的实施及其控制这几个步骤。在决策过程中,既要有确凿的数据、信息、严格地分析,也要依靠直觉、经验、道德、伦理。我们常常用满意标准代替最优标准。

5. 环境、决策者的素质和风格、组织文化、过去的决策、时间等因素会对决策过程的各个阶段产生影响,并对最终方案的选定产生影响。

6. 决策方法是确定决策结果的手段,头脑风暴法、德尔菲法、名义小组法、决策树法、不确定型决策的五种决策方法等是比较知名的分析方法。

7. 为了提高决策的正确性,管理者在决策过程中要准确地收集和利用信息、正确运用直觉、明智地把握决策时机和选择决策者,注意克服决策的心理障碍,并学会处理错误的决策。

## 关键词汇

决策(decision)　　　　　　　　　　　理性决策(rational decision making)
有限理性(bounded rationality)　　　　直觉决策(intuitive decision making)
程序化决策(programmed decision)　　非程序化决策(non-programmed decision)
确定型(certainty)　　　　　　　　　　风险型(risk)
不确定型(uncertainty)　　　　　　　　个体决策(individual decision making)
群体决策(group decision making)　　　战略决策(strategic decision making)
战术决策(tactical decision making)　　时间敏感(time sensitivity)
知识敏感(knowledge sensitivity)　　　头脑风暴法(brainstorming)
德尔菲法(delphi method)

1. 简述决策的概念和内涵。
2. 简述理性决策模式、有限理性决策模式、直觉决策模式主要思想。
3. 如何区别程序化决策与非程序化决策。
4. 战略性决策与战术性决策有何不同。
5. 简述追踪决策的概念及特点。
6. 确定型决策、风险型决策和不确定型决策有哪些不同。
7. 个体决策与群体决策概念及其优势和劣势。
8. 简述决策的过程。
9. 在实际决策过程中为什么常用决策的满意标准替代决策的最优标准。
10. 举例说明决策者的素质和作风对决策的影响。
11. 怎样理解时间敏感决策和知识敏感决策。
12. 头脑风暴法基本原则。
13. 在实际工作中怎样有效运用德尔菲法。
14. 不确定型决策方法有哪几个基本准则。
15. 简述决策信息与决策质量的关系。

## 海尔引领中国家电转型

海尔集团是在 1984 年引进德国利勃海尔电冰箱生产技术成立的,在青岛电冰箱总厂基础上发展起来的产品多元化、经营规模化、市场国际化的国家特大型企业,是中国首批公布的十大驰名商标中唯一的家电名牌。

海尔从一个亏空 147 万元的集体小厂迅捷成长为拥有白色家电、黑色家电和米色家电的中国家电第一品牌,产品包括 42 门类 8 600 多个品种,冰箱、冷柜、空调、洗衣机、电热水器、吸尘器等产品市场占有率均居全国首位,企业销售收入以平均每年 82.8% 的速度稳定增长,1997 年 8 月,海尔被国家经济贸易委员会确定为中国 6 家首批技术创新试点企业之一,重点扶持冲击世界 500 强。

"名牌发展"战略阶段,这一阶段海尔艰难起步并确立冰箱行业的名牌地位,其代表事件就是"砸冰箱",通过砸掉 76 台有问题的冰箱砸醒职工的质量意识,树立名牌观念。海尔 1984 年起步时管理混乱,无优势产品,职工人心涣散,要摆脱这种局面,必须高起点切入,给企业注入生存的希望。当时的外部环境是冰箱厂蜂拥而起,但没有名牌,因此海尔决定引进世界上最先进的电冰箱生产技术,生产世界一流的冰箱,创出冰箱行业的中国名牌。

1988 年海尔获得中国冰箱行业历史上第一枚国家质量金牌,标志着名牌战略初步成功。"先难后易"的战略,就是先进入欧美等发达国家和地区,取得名牌地位后,再以高屋建瓴之势进入发展中国家,并把使用海尔品牌作为出口的首要前提条件。而"三位一体"战略,即本土化营销、本土化设计及本土化制造相结合。

1999年,当大多数中国家电企业还在做OEM(贴牌生产)时,海尔在美国南卡州的制造基地奠基了。该基地占地44.5万平方米,计划分六期建设。首期项目是建筑面积为2.7万平方米的电冰箱厂。该项目已于2000年建成投产。

2001年6月,海尔集团并购了意大利一家冰箱工厂,继在美国之后,海尔在欧洲也初步实现了"三位一体"的本土化模式。通过跨国并购,海尔不但拥有了欧洲的白色家电生产基地,而且也拥有了参与当地制造商组织并获取信息的渠道以及零部件供应商网络,从而为实现当地融资、融智铺平了道路。

目前,海尔在海外已经设立18个贸易公司。此外,海尔在海外还设立10个信息站、6个设计分部,专门开发适合当地人消费特点的家电产品,提高产品的竞争能力。

从海尔的成功案例我们可以看出海尔在决策过程中首先从自身出发分析市场形势,确定了自己的目标与发展方向,设计了"三步走"的国际化战略,选择了高计数、高标准、高切入点企业发展战略。这一系列正确决策都取决于张瑞敏对当时形势的出色判断。

海尔的这种崭新的生产营销策略是当时其他老总所没有看到的。海尔一路辉煌走到今天建立了国际知名的"海尔帝国"可以说是由张瑞敏具有前瞻性的决策和海尔人孜孜不倦的努力共同成就的。

很多企业的失败不在于经营和投资,在于没有正确的决策。

资料来源:谷禹,新浪网,2017-11-23。

**启发思考题**
1. 海尔是如何在不同时期,做出正确决策的?
2. 讨论正确决策的重要性。

### 本章推荐阅读资料:

1. [美]赫伯特·西蒙 著.管理行为[M].杨跞等,译.北京:北京经济学院出版社,1988.

2. [美]斯科特·普劳斯.决策与判断[M].施俊琦,王星,译.彭凯平校.北京:人民邮电出版社,2004.

3. [德]格尔德·吉仁泽.直觉思维:如何构筑你的快速决策系统[M].余莉,译.北京联合出版公司,2018.

4. 约翰S.哈蒙德,决策的艺术[M].拉尔夫 L.基尼,霍华德·雷法.王正林,译.机械工业出版社,2016.

5. [日]BSR,大数据科学研究会.数据化决策——数据分析与高效经营[M].岳冲,译.人民邮电出版社,2018.

# 第 4 章

# 计　　划

（1）掌握计划的基本概念与主要类别、目标管理的内涵、战略管理的过程，以及一般竞争战略。

（2）理解计划工作的必要性、各类型计划的基本特征和主要用途、计划工作的程序、战略管理的含义。

（3）了解制定各类型计划的主要流程与技术。

《礼记·中庸》有云："凡事预则立，不预则废。"先哲早就洞察到了计划的重要性。要在多变复杂的环境中，有效地利用有限资源实现目标，组织必须制订切实可行的计划，协调各种资源的投入，分清事情的轻重缓急，如此方能在时空条件的约束下，把事情做成。

事实上，计划工作是管理工作的首要职能，它是管理活动的起点，是确定管理目标的首要步骤，也是实现管理目标，使管理由此岸到彼岸的桥梁。本章我们将首先介绍计划的概念、类型，计划工作的必要性，然后介绍计划工作的方法、技术和工具，最后着重就战略计划加以说明。

## 4.1　计划概述

### 4.1.1　计划和计划工作

计划是所有管理者都需要去做的事情。虽然对于不同层级的管理者来讲，计划的期限、范围、特点有很大的不同，但无一例外，有效的管理者首先是因为他们有从事计划工作的能力。

1. 计划的概念

计划是指管理者根据对组织外部环境与内部条件的分析，设定组织在未来一段时间的目标以及实现目标行动方案的策划过程,也就是计划工作。作为管理的首要职能,计划工作为组织设定目标,制定全局战略以实现这些目标,并开发一个全面的分层计划体系以综合和协调各种活动。

### 2. 为什么要做计划

许多人觉得做正式的计划是一件耗费精力的事情。那么管理者为什么还要做计划?首要的原因在于,绝大多数的研究表明,计划与绩效两者之间存在正相关关系。首先,正式计划通常与更高的利润、更高的资产报酬率及其他积极的财务成果相联系。其次,高质量的计划过程和适当的实施过程比泛泛的计划更可以导致较高的绩效。再次,在这些研究中,凡是正式计划未能导致高绩效的情况,一般都是环境的原因。当外部环境限制了管理者的选择余地时,会削弱计划对于组织绩效的影响。最后,计划的作用需要时间来证明。对于大多数组织来讲,在对绩效产生影响之前,通常至少需要实施四年的正式计划。

如何理解计划工作对组织绩效的影响机理,斯蒂芬·P.罗宾斯总结了四个理由。

第一,计划通过设定目标,给管理者和非管理者指明方向。通过计划的制订,可以让所有有关人员了解组织的目标,以及为达到目标他们必须作出什么贡献;可以强化各参与部门、各管理阶层以及员工个人之间的联系,促进信息沟通;可以增加各种业务活动之间的协调性,从而使各类资源的使用产生更大的合力。缺乏计划则会走许多弯路,从而使实现目标的过程失去效率。

第二,计划迫使管理者展望未来,预见变化。考虑变化的冲击,以及制定适当的对策,计划可以减小不确定性,它还使管理者能够预见到行动的结果。

第三,计划还可以减少重叠性和浪费性的活动。在实施之前的协调过程可能发现浪费和冗余;进一步地,当手段和结果清楚时,经营木桶的短板也就暴露出来了。

第四,计划设立目标和标准以便于进行控制。如果我们不清楚要达到什么目标,怎么判断我们是否已经达到了目标呢?在计划中我们设立目标和衡量标准,而在控制职能中,我们将实际的绩效与目标进行比较,发现可能发生的重大偏差,采取必要的校正行动。没有计划,就没有控制。

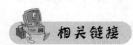

**好计划的标准**

管理职能论的奠基者法约尔为判定一项计划的优劣制定了简要的标准,他写道:"统一性、持续性、灵活性与准确性,这些都是一个好的行动计划的一般特征"。所谓"统一性",指的是一定时期内,针对一项业务企业只能有一个计划,两个担负同样任务的计划同时出台势必产生混乱。所谓"持续性",指的是人类不可能有一劳永逸的计划,一项计划的时效有限的目的在于方便人们对其修改。而前一个计划的执行期完成后应能与下一个同类型计划很好地衔接,以保证计划的连续性。所谓"灵活性",指的是计划的主观性应能适应客观变化,做到适时调整。所谓"准确性",指的是人们的计划必须能准确反映未来一段时期内的变化,如果不能准确把握这些变化,就不能产生有效的对策,计划的实施也就无从谈起。

资料来源：法约尔.工业管理与一般管理[M].成都：四川人民出版社,2017,57-59.

### 4.1.2 计划的不同形式

根据逻辑起点的先后和计划覆盖时空范围的不同,组织中所存在的计划通常包括宗旨、目标、战略、政策、程序、规则、规划和预算八种形式(图 4-1)。其中宗旨、目标和战略属于宽泛的组织计划,政策、程序和规则属于组织常备计划,而规划和预算属于一次性计划。

图 4-1 不同表现形式的计划

#### 1. 宗旨

任何组织都有其特定的宗旨。宗旨规定了组织生存的目的和使命,这种目的和使命反映社会对该组织的基本要求。例如,研究院所的宗旨是科学研究,大学的宗旨是教书育人和科学研究,医院的宗旨是治病救人,企业的宗旨是从事生产和服务。对于旨在为社会提供有经济价值的产品或服务而开展经营活动的企业组织说,有关宗旨主要包括两方面。

(1) 经营理念。经营理念,亦称经营哲学,它为企业的经营活动规定了价值观、信念和指导原则。例如,企业在经营过程中是否应该"利润唯上",还是要兼顾社会责任;"义"与"利"的关系应该遵循什么样的原则来处理;等等。企业经营哲学的确定,一方面取决于企业创办者的意图;另一方面也与整个社会的商业伦理有关。

(2) 使命,即规定这家企业究竟从事的是什么事业,经营业务的范围多大。确定企业的使命,应当明确而仔细地规定出这一企业应该干什么和不应该干什么。例如,一家中型企业将它的使命表述为:"我们的业务是在世界范围内向非家用空调市场提供空调系统的部件和维修服务。"从该企业的使命陈述中可以看出,这家企业并不供应空调系统,也不介入家用的空调器市场。经营成功的企业首先在于有明确的使命。例如,小米公司的使命是"始终坚持做'感动人心、价格厚道'的好产品,让全球每个人都能享受科技带来的美好生活"。企业使命或经营范围的确定需要综合考虑各产业领域的潜力与前景,尤其是顾客需求变化产生的市场容量和结构的变化,以及在有关领域中成功经营所需要的条件和关键要素,及其与企业自身拥有的资源和实力状况的匹配程度等等因素。

### 2. 目标

目标是在宗旨指导下,具体规定组织及其各个部门的经营管理活动在一定时期要达到的具体成果。例如,教书育人和科学研究是一所大学的宗旨,但一所大学在完成自己宗旨时会进一步具体化不同时期的目标和各院系的目标,如最近5年培养多少人才、完成多少科研课题、发表多少学术论文等。

### 3. 战略

战略是指企业为实现其宗旨和目标而确定的组织行动方向与资源配置纲要。战略是指导全局和长远发展的方针,是要指明方向、重点和资源分配的优先次序,不是要具体地说明企业如何实现目标。

### 4. 政策

政策是组织在决策或处理问题时,用来指导和沟通思想与行动的方针和明文规定。例如,某企业的一项人事目标是"在5年内大大提高员工的素质",相应的人事政策是"在今后5年中仅招收学有专长的员工"。政策的实质是承认存在着自主权,是组织为达到目标而制订的一种限定活动范围的计划。政策要规定范围和界限,但其目的不是要约束下级使之不敢擅自决策,而是鼓励下级在规定的范围内自由处理问题,主动承担责任,将一定范围内的决策权授予下级。

### 5. 程序

政策要通过更详细的程序去落地。程序规定了处理那些重复发生问题的标准方法。程序的实质是对例行的活动规定标准,以保证政策不走样地落实。可以把程序看作一系列规则的总和。程序是多种多样的,可以这样说,组织中所有重复发生的管理活动都应当有程序。例如,在组织的上层主管部门应当有重大决策程序、预算审批程序、会议程序等;在组织的中层职能管理部门应当有各自的业务管理程序。

程序还是一种经过优化的计划,它是对大量日常工作过程及工作方法的提炼和规范化。管理程序化水平是管理水平的重要标志,制定和贯彻各项管理工作的程序是组织的一项基础工作。

### 6. 规则

规则是针对具体场合和具体情况允许或禁止采取某种特定行动的规定,即每一步骤工作时所应遵循的原则和规章。它对人的行为具有最强大的约束力。例如,"企业内禁止吸烟"就是一条规则。规则不同于政策。政策的目的是指导行为,并给执行人员留有酌情处理的余地;而规则虽然也起到指导行动的作用,但是在运用规则时,执行人员没有自行处理权。规则也不同于程序,规则指导行动但不说明时间顺序。

7. 规划

规划是综合性的一次性计划,是为实现既定任务目标所必需的策略、政策、程序、规则、任务分配、执行步骤、使用资源以及其他要素的复合体。因此,规划工作的各个部分彼此协调需要有严格的管理技能,以及系统思考和行动的方法。在通常情况下,规划都有预算支持。规划可能很大,比如2022年北京冬奥会规划;规划也可能很小,比如冬奥会的运动员餐饮供应规划。一个大的规划往往需要很多支持计划。

8. 预算

预算被称为数字化的计划。预算可以帮助组织或企业的上层和各级管理部门的主管人员,从资金和现金收支的角度,全面、细致地了解企业经营管理活动的规模、重点和预期成果。例如,某企业的财务预算包括利税计划、流动资金计划、财务收支计划、财务收支明细计划表和成本计划等,其中财务收支明细计划表详细地列出企业各管理部门的主要收支项目的金额数量。预算是控制组织经营活动不可缺少的内容,是使组织的各级计划协调统一的重要手段。需要注意的是,有效的预算过程不是一年只做一次的工作,而是需要定期回顾和调整的持续过程。

### 4.1.3 计划的类型

依据不同的标准可以将计划分为不同的类型,每一种类型都从一个侧面说明了计划的本质特征及其主要功能。表4-1列出了按不同方法分类的计划类型。

表 4-1 计划的类型

| 分类标准 | 类　　型 |
| --- | --- |
| 广度 | 战略计划、管理计划、作业计划 |
| 时间框架 | 短期计划、长期计划 |
| 明确性 | 具体性计划、指导性计划 |
| 重复性 | 一次性计划、常备计划 |

1. 战略计划、管理计划与作业计划

根据计划的广度,可以将计划划分为战略计划、管理计划与作业计划。应用于整体组织的,为组织设立总体目标和寻求组织在环境中的地位的计划,称为战略计划。战略计划趋向于包含持久的时间间隔,通常为5年甚至更长,它们覆盖较宽的领域和不规定具体的细节。

管理计划是指有限资源如何在不同部门和活动间分配的计划,以保障战略计划的落实。管理计划聚焦于某一业务单元或部门的活动,如营销计划、人力资源计划等,决定需要做哪些工作、谁来做、何时做、投入多少费用去做。管理计划通常以一个会计年度为周期,需要组织估计某个职能计划执行过程中可能出现的变化及其对全部计划的影响,并出台必要的规章制度,做出相应的人力、财务预算。

由基层班组负责,规定在季度、月度及以下时间范围内,如何开展工作的细节计划称为作业计划。作业计划是一种工作现场的计划,它涉及许多十分具体的作业环节与要素,如工作场所、工作时间表、现场管理等。

战略计划的一个重要的任务是设立目标,管理计划将总体目标分解,而作业计划则假定目标已经存在,只是提供实现目标的方法,而在组织的管理层次与计划类型之间存在对应关系(图 4-2)。在大多数情况下,基层管理者的计划活动主要是制订作业计划,中层管理者主要是制订管理计划,而高层管理者要对制订战略计划负责。在一个大组织里,如果这种角色定位错了,如高层管理者将很多精力放在制订管理计划上,就会牵涉制订战略计划的精力,从而影响组织管理的效果。

图 4-2 不同层级的计划工作

### 2. 短期计划与长期计划

根据计划的时间框架,可以将计划划分为短期计划与长期计划。财务分析人员习惯于将投资回收期分为短期、中期和长期。短期是指一年以内的期间;长期一般超过 5 年以上;而中期介于两者之间。

(1) 长期计划。长期计划是以未来较长一段期间为执行期限,以设定企业长期目标及其实现手段为主要任务的战略性规划。一般将 5 年以上的、具有战略特征的计划称为长期计划。

(2) 短期计划。所谓短期计划,是依据中、长期计划的要求,结合近期的情况和特点做出的更为具体的安排和必要的调整,以及补充方案。

### 3. 具体性计划与指导性计划

根据计划的明确性,可以将计划分为具体性计划和指导性计划。具体性计划具有明确规定的目标,不存在模棱两可,没有容易引起误解的问题。例如,一位经理打算使他的企业的销售额在未来的 12 个月中增长 20%,他或许要制定特定的程序、预算分配方案,以及实现目标的各项活动的进度表,这就是具体性计划。

指导性计划只规定一些一般的方针,它指出重点但不把管理者限定在具体的目标上,或是特定的行动方案上。例如,一个增加利润的具体性计划,可能具体规定在未来的6个月中,成本要降低4%,销售额要增加6%;而指导性计划也许只提出未来的6个月中计划使利润增加5%~10%。显然,指导性计划具有内在的灵活性。当然,这种优点必须与丧失具体性计划的明确性进行权衡。

### 4. 一次性计划与常备计划

一次性计划是指为满足特定情况需要而设计的一次性的计划,又称为项目计划。项目一般是指某项具有临时特征的业务。项目计划是针对这些临时性业务而制订的专门计划,其计划执行期一般不长,同一项目的重复率也不高。

同运营计划一样,项目计划既可以归于某一层级之内,又可以游离于所有层级之外。从管理层级上讲,如果某一项目计划关系到整个企业的重大战略问题,则其可归于战略计划的层级水平上。例如,那些被国际奥林匹克委员会授权的"奥运会顶级赞助商"个个都有针对2022年北京冬奥会的既立足长久利益目标又十分详尽的计划。由于其事关重大,这些计划既具备战略计划的高度,又属于"临时性"项目,应当归于"项目计划"。

常备计划,又称为持续性计划,是指为达到一系列持久目标所制订的行动计划,主要是组织的政策、程序和规章,它提供了对重复进行的活动的持续指导,如面对员工生病、缺勤、吸烟、处罚、雇佣等问题,有必要制订常备计划。

## 4.1.4 计划工作的权变因素

在有些情况下,长期计划可能更重要,而在其他情况下可能正相反。类似地,在有些情况下指导性计划比具体性计划更有效,而换一种情况就未必如此。通常来讲,组织所处的环境特性、组织生命周期阶段不同,相应的计划工作重心也应该变化。另外,计划工作过程还会受到组织文化的影响。

### 1. 环境的不确定性程度

面临高度不确定性环境的组织,计划应当是指向性的,计划的期限也应尽量地短,因为精确的计划此时反而会束缚组织成员采取积极主动的行动,妨碍组织取得良好的绩效;相反,如果所有因素都保持不变,这样的组织无疑会从制订具体性计划当中受益,因为具体性计划指明了方向,并建立了非常详细的基准,可用以衡量实际经营中取得的成绩和存在的问题。

### 2. 组织的生命周期

组织都要经历一个生命周期,开始于形成阶段,然后是成长阶段、成熟阶段,最后是衰退阶段。在组织生命周期的各个阶段上,计划的类型并非都具有相同的性质,正如图4-3所描绘的,计划的时间长度和明确性应当在不同的阶段上做相应调整。

企业成长的不同阶段会面临不同的内外部环境。由此决定处于不同阶段的企业在计划工作上的侧重点不一样。在组织的形成阶段,管理者应当更多地依赖指导性计划,因为

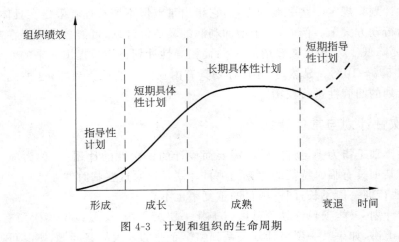

图 4-3 计划和组织的生命周期

处于这一阶段要求组织具有很高的灵活性。在这个阶段上,目标是尝试性的,资源的获取具有很大的不确定性,辨认谁是顾客很难,而指导性计划使管理者可以随时按需要进行调整。在成长阶段,随着目标更确定、资源更容易获取和顾客的忠诚度的提高,计划也更具有明确性。当组织进入成熟阶段,可预见性最大,从而也最适用于具体性计划。而当组织从成熟阶段进入衰退阶段,计划也从具体性转入指导性,这时目标要重新考虑,资源要重新分配。

3. 组织文化

组织文化的导向会影响到计划工作的重心和过程。例如,在重视过程胜于结果的组织文化中,组织的计划更侧重于具体的操作性内容;而在重视结果胜于过程的组织文化中,组织的计划则会倾向于目标性和指导性内容。另外,组织文化的风险倾向会影响到组织计划所包含的风险程度;而在团队导向的文化中,计划通常要由团队而不是个人来制订。组织文化更关注外部还是内部的倾向特征,则会影响到组织在计划工作中对于外部环境考察的程度。

当然,组织文化对计划工作的影响程度要受到组织文化自身强弱程度的影响。在强文化背景下,组织成员所共有的价值体系会对计划工作的重心和过程产生更大的影响。

## 4.2 计划方法

### 4.2.1 计划工作的程序

无论是由高层管理者在一个正式的计划部门辅助下完成,还是由不同组织层级、不同工作部门中的组织成员共同制订,编制计划工作步骤都是相似的,依次为:估量机会;确定目标;确定前提条件;拟订可供选择的方案;评价各种备选方案;选择方案;拟订辅助计划;编制预算,如图 4-4 所示。

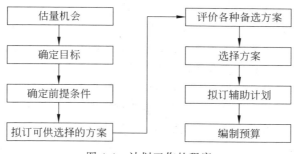

图 4-4　计划工作的程序

### 1. 估量机会

对机会的估量,要在实际的计划工作开始之前就着手进行,但它是计划工作的真正起点。其内容包括:对未来可能出现变化和预示的机会与威胁进行初步分析;分析自身的长处和短处,了解自身所处的地位;了解自己利用机会的能力。编制计划需要实事求是地对机会的各种情况进行判断。

### 2. 确定目标

确定整个组织的目标,然后确定每个下属单位的目标,包括确定长期的目标和短期的目标。在这一步上,要说明基本的方针和要达到的目标,要明确多重目标间的逻辑关系,区分多重目标的轻重缓急,要强调目标应由哪个主体实现,以及如何通过战略、政策、程序、规则、规划和预算等去完成最终目标。

### 3. 确定前提条件

确定一些关键性的计划前提条件,并达成共识。这些前提条件就是计划工作的假设条件即计划实施时的预期环境,包括时间和空间约束、法律政策环境、竞争态势、市场需求、人力、财力、物力等资源的限制。实际上就是通过预测和假设,估计未来环境中可能出现的影响计划实施的不确定因素,其变化、发展趋势和影响的范围与可能性,从而使制订计划的工作能够在由这些假设和预测结果以及方针和政策的构成的相对肯定的范围与条件下进行。

### 4. 拟订可供选择的方案

通常,最显眼的方案不一定是最合理的方案。在过去方案的基础上稍加修改和略加推演很可能遗漏掉达成更好目标的机会。实际上在复杂的情境下拟订方案,不是可以从现成公式中推导出来的,而是一件非常有挑战的事情。因此,计划工作负责人需要有洞察力,还需要鼓励计划工作参与者从多重角度分析问题,提出多个方案,以免忽略重要的能够达成多重目标,促使组织发展的机会。当然,方案也不是越多越好,我们可以采用数学方法和借助电子计算机的手段,避免在明显不重要或不可能发生的因素上考虑过多,以便把主要精力集中在少数最有成功希望的方案的分析上。

### 5. 评价各种备选方案

按照目标和前提来权衡各种因素,比较各个方案的利弊,对各个方案进行评价。评价实质上是一种价值判断。它一方面取决于评价者所采用的标准,另一方面取决于评价者对各个标准所赋予的权数。显然,确定目标和确定计划前提条件的工作质量,直接影响到方案的评价。在评价方法方面,可以采用运筹学中较为成熟的矩阵评价法、层次分析法以及在条件许可的情况下采用多目标评价方法。

### 6. 选择方案

这是在前五步工作的基础上做出的关键一步,也是实质性阶段——抉择阶段。可能遇到的情况是,有时会发现同时有两个可取的方案。在这种情况下,必须确定出首先采取哪个方案,而将另一个方案也进行细化和完善,并作为后备方案。

### 7. 拟订辅助计划

辅助计划是总计划下的分计划。总计划要靠辅助计划来保证和支持。例如,当一家航空公司决定需要一批新飞机开辟一条新航线时,这个计划还包含要制订很多辅助计划,如采购和安置零部件计划,建立维修设施计划,雇用和培训各种各样人员的计划以及办理保险计划。

### 8. 编制预算

计划工作的最后一步是把计划转变成预算,使计划数字化。预算实质上是资源的分配计划。预算工作做好了,可以成为汇总和综合平衡各类计划的一种工具,也可以成为衡量计划完成进度的重要标准。组织或企业的全面预算体现为收入和支出的总额,所获得的利润或者盈余,以及主要资产负债表项目的预算。

## 4.2.2 设定目标的方法

目标的含义是什么,它是指期望的成果,这些成果可能是个人的、小组的或整个组织努力的结果。所有的管理都从目标开始。组织目标的有效与否,目标为全体员工知晓与否、支持与否,首先就决定了管理的有效性。因此,设定有效目标的能力是管理者的必备素质。

### 1. 理解组织目标

组织目标指的是组织争取达到的一种未来状态,它是开展各项组织活动的依据和动力。每一个社会组织,都有自己预期的目的或结果,它代表着一个组织的方向和未来。下面我们将分别从组织目标的特性、体系来理解组织目标。

### 2. 组织目标的性质

组织目标具有社会性、多重性、网络性、控制与突破二重性四重性质。

(1) 组织目标的社会性。如彼得·德鲁克的定义,管理有三重任务:使组织有前途、使系统有效率,使员工有成就。这三重任务,决定了组织目标可分为三个层次:组织的社会层目标、组织层目标和个人层目标。这三层目标之间是对立统一的关系,组织目标需要兼顾外部社会期待、股东利益、员工利益等主要相关利益者的需求。因此,组织目标是环境因素,组织系统本身以及组织成员需要三方力量相互协调的产物。正因为此,也会出现组织公开宣称目标跟实际目标不一致的情况。因此,对组织实际目标的考察,需要结合组织的实际做法来做出判断。

(2) 组织目标的多重性。没有一种单一的指标能够有效地评价一个组织是否成功地履行了它的使命。过分强调某一个目标,如利润,会忽视其他目标,而这些目标对实现长期利润目标是不可少的。因此,一个组织的持续生存,必须在多重目标间取得一个平衡。例如,一个管理成功的企业通常要满足以下方面目标:利润率、市场地位、技术改进和发展、生产率、物质和财力资源、主管人员绩效和发展、员工工作质量和社会责任,等等。此外,任何一个组织,都要与外部若干个相关利益群体打交道。这些相关利益群体掌握着组织发展的各种资源,同时也对组织提出各自的利益要求。这进一步强化了组织目标的多重性。当然,每个组织在同一时刻所处的发展阶段不同,战略侧重点不同,因此可以定位自己的主要目标和次要目标。

(3) 组织目标的网络性。一个组织的总目标要由一系列子目标来支持,这些子目标可以是空间的,即全方位的,也可以是时间的,即全过程的,且它们之间相互联系、相互影响、相互制约。对总目标所进行的时间、空间和内容的分解,最终形成一个目标网络系统。从时间上来看,组织目标是由总的战略目标、长期目标、中期目标和短期目标组成的。从内容上来看,组织目标由战略目标、职能目标、具体技术目标三个层次构成。从空间上来看,组织目标由总体目标、部门目标、个人目标等构成。

一个组织的目标通常是通过各种活动的相互联系、相互促进来实现的。目标和具体的计划通常构成一个网络,它们很少表现为线性的方式,而是目标与目标之间左右关联、上下贯通、彼此呼应,融合成一个网络整体。由于组织目标按一定的网络的方式互相连接的,因此要使一个网络具有效果,就必须使各个目标彼此协调、互相配合、互相支援、互相连接。

(4) 控制与突破二重性。组织需要在稳定的基础之上追求创新和突破。没有稳定,难有效率;没有创新,难有未来。正因为此,组织目标也应考虑设定控制性和突破性双重目标。控制性目标是指生产水平或经营活动水平维持在现有水平。它强调组织目标应具有可及性。突破性目标是指使生产水平或经营活动水平达到前所未有的水平。它强调组织目标应具有挑战性。富有挑战性的目标是激励组织成员的动力,组织目标的设立应使员工"跳起来摘桃子"。例如,某公司利润率维持在20%左右的目标为可控性目标;通过加强管理,提高工作效率,使利润增加15%,这个目标就叫突破性目标。

### 3. 有效组织目标的特征

在设定目标时,管理者应该遵循以下五个步骤:①回顾该组织的使命和整体目标,以整体目标为指针,确定各项目标的轻重缓急;②评估可获得的资源,包括现有的资源和可以争取到的组织资源支持;③独自或与其他人共同制订目标;④以书面形式陈述目标,并把它们传达给所有相关人员;⑤评估结果以监控目标是否达到,必要时可以调整目标。

设定的目标应该反映所期望的结果,而且与组织的使命和其他领域的目标相协调;并符合SMART特征,即目标一定要具体明确(specific)、可衡量(measurable)、可实现(attainable)、重要(relevant)、有时限(time-bound)。

1) 明确

所谓明确就是要用具体的语言清楚地说明要达成的行为标准。明确的目标几乎是所有成功组织的一致特点。很多组织不成功的重要原因就是目标定得模棱两可,无法有效地传达给相关成员。试想,如果没有我国经济社会发展的"三步走"战略与"全面建成小康社会"的明确目标,会有当今我国经济社会发展的伟大成就吗?

2) 可衡量

可衡量是指目标应该是明确的,而不是模糊的。通常应该有一组明确的数据,作为衡量是否达成目标的依据。目标衡量性表达的是这样一个意思:人们必须能够回答"在期末,我们如何知道目标已经完成了。"目标的衡量标准遵循"能量化的量化,不能量化的质化"。使制订人与考核人有一个统一的、标准的、清晰的、可度量的标尺,杜绝在目标设置中使用形容词等概念模糊、无法衡量的描述。对于目标的衡量性应该首先从数量、质量、成本、时间、上级或客户的满意程度五个方面来进行,如果仍不能进行衡量,其次可考虑将目标细化,细化成分目标后再从以上五个方面衡量,如果仍不能衡量,还可以将完成目标的工作进行流程化,通过流程化使目标可衡量。

3) 可实现

目标在具备挑战性的同时,还要让任务完成者接受,认为通过努力后可以实现。根据美国管理心理学家弗鲁姆的期望理论,人们在工作中的积极性或努力程度是效价和期望值的乘积,其中效价是指一个人对某项工作及其结果能够给自己带来满足程度的评价;期望值是指人们对自己能够顺利完成这项工作可能性的估计。因此,如果一个目标对其接受者产生激发作用,这个目标必须是可以接受的,可以完成的。对一个目标完成者来说,如果目标超过其能力所及的范围,则该目标对其没有激励作用。

4) 重要

组织各层级的目标都是多重的。但不等于列举得越全,目标就越好。为了增强目标对行动的指导性,必须在众多的目标中间有所侧重,只将那些相对重要的、对其他目标的实现有着关键影响的目标列入。目标是否重要,需要经过以下问题的检验:这个目标值得追求吗?是否合适现在追求?目标与我们其他的努力协调吗?在现实的社会、经济、技术环境下,该目标可行吗?

5) 有时限

有时限是指目标实现是有时间限制的。没有时间限制的目标没有办法考核,最终也会耽误工作的完成。如果上下级之间对目标轻重缓急的认识程度不同,上司着急,但下属却不知道,到头来上司会暴跳如雷,而下属却觉得委屈。这种没有明确时间限定的方式也会带来考核的不公正,伤害工作关系,打击下属的工作热情。因此,目标设置一定要具有时间限制,根据工作任务的权重、事情的轻重缓急,拟定出完成目标的时间要求,定期检查项目完成进度,及时掌握项目进展的变化情况,以方便对下属进行及时的工作指导,以及根据工作计划的异常情况变化及时地调整工作计划。

### 4．目标管理

在众多企业中,目标的设定方式遵循以下程序:董事会制订战略目标,也就是确定公司的整体发展方向,总经理根据战略目标制订年度发展目标,部门目标则是对年度总目标的分解,员工根据部门目标制订个人目标。由于目标是从上至下、层层分解形成的,因而,作为公司的一员,在目标的执行上不存在讨价还价的余地。你的目标必须与上司的目标一致,这是确定无疑的。所以,在目标制订和执行过程中,你要检查你的目标是否与上司的目标有偏差。而上司也会在一段时间之后对实际的绩效进行评估,以判断各自分配的任务是否完成。这个过程看似没有问题,但实践中目标的分层转化并不容易,而且在分解的过程中常常遇到解读中的本位利益和偏见,导致目标在层层传达的过程中与公司高层目标背道而驰。

近年来,越来越多的企业开始改变传统的目标设定方法,采用目标管理,即由雇员与他的上司共同制订具体的绩效目标,定期地评审实现目标的进展过程以及基于进展过程进行奖励。

1) 目标管理的概念和由来

"目标管理"作为一种管理哲学,是由在实务界影响深远的美国管理学大师彼得·德鲁克(Peter Drucker)提出的。1954年,德鲁克在其《管理的实践》一书中首先提出了"目标管理和自我控制"的主张。他提出,并不是有了工作才有目标,而是相反,有了目标才能确定每个人的工作。企业管理人员必须通过目标对下级进行领导并以此来保证企业总目标。然而,目标绝不能被视作自上而下进行控制的工具,靠"压力"和"危机"进行管理是不可靠的,而且会因为片面强调工作的一个方面而损害其他的一切事情。与此相反,每位管理者必须自行发展和设定所掌管领域的目标。当然,高层管理者仍然需要保留对目标的同意权,但是发展出这些目标则是每一位管理者的职责所在。进一步地,每一位管理者都应适时获得评估自己绩效所需的信息,从而实现自我控制。

2) 目标管理的内涵

(1) 以整个组织的成果和成功为中心,注重成果第一,看重实际贡献。德鲁克在关于目标管理的论述中强调:"企业中的每一个成员都有不同的贡献,但所有的贡献都必须是为着一个共同的目标。他们的努力必须全都朝着同一方向,他们的贡献必须互相衔接而形成一个整体。"目标管理注重成果第一,看重实际贡献。组织实行目标管理,由于有了一套完善的目标考核体系,从而能够按员工的实际贡献大小如实地评价一个人。目标管理还力求组织目标与个人目标更密切地结合在一起,以增加员工在工作中的满足感。这对于调动员工的积极性、增强组织的凝聚力起到了很好的作用。

(2) 提倡参与管理,目标由实现目标的有关人员共同制订。目标管理提倡民主、平等和参与的管理思想,不主张管理者闭门造车而独断专行。目标的实现者同时也是目标的制订者,即由上级与下级在一起共同协商讨论确定目标。首先确定出总目标,然后对总目标进行分解,逐级展开,通过上下协商,制订出企业各部门、各车间直至每个员工的目标;

用总目标指导分目标,用分目标保证总目标,形成一个"目标——手段"链。目标管理使得组织层层、处处、人人、事事有目标。

（3）强调自我控制。德鲁克认为："目标管理的主要贡献之一,就是它使得我们能用自我控制的管理来代替由别人统治的管理。"目标管理通过预先确定目标,适当授权和及时的信息反馈,推动各级管理人员及员工实行自我控制。它使管理人员能够控制他们自己的成绩,这种自我控制可以成为更强烈的动力,推动他们尽自己最大的力量把工作做好,而不仅仅是"过得去"就行了。

（4）强调授权,促使权力下放。集权与分权的矛盾是组织的基本矛盾之一,唯恐失去控制是阻碍大胆授权的主要原因之一。授权是组织领导对自己和员工自信的表现。因为只有宽容而自信的领导才不怕自己失去对组织的领导力,才敢于授权,而且他对员工的才华和能力能够给予充分的信任。推行目标管理有助于促使权力下放,有助于在保持有效控制的前提下,调动员工的想象力和创造力,发挥其主观能动性,把组织局面搞得更有生气和更有效率。

3）目标管理的基本程序

制订目标、组织实施、检查评价是目标管理前后衔接、相辅相成的三个阶段。

1）制订目标

（1）制订高层管理目标：领导必须根据组织的使命和长远战略,估计客观环境带来的机遇和挑战,充分讨论研究。

（2）重新审议组织结构和职责分工。总目标制订后,要重新审查现有的组织结构,作出若干改变,以明确目标责任者和协调关系。

（3）确定下级和个人的分目标。在制订分目标时应注意：①由责任人参与协商分解组织目标,以明确确定和认可个人的职责；②目标应具体、可测量、有时间规定,便于考核；③目标方向正确,目标值恰当,既切合实际,又有挑战性。

（4）协议授权。上下级就实现目标所需条件及目标实现后的奖惩达成协议,并授予下级相应的资源配置权力。双方协商后,由下级写成书面协议。

2）组织实施

（1）宣传鼓动：使有关人员对目标内容、意义、依据、实施步骤、有利条件和困难有透彻的了解,充分调动其积极性和主观能动性。

（2）咨询指导：根据各级目标需要,加强目标实施过程各环节的指导,帮助解决目标实施过程中存在的问题,并提供各方面的支持。

（3）协调平衡：在目标实施过程中,对人、财、物、信息、技术等做横向协调,合理使用,为目标管理活动的正常开展创造条件。

3）检查评价

（1）定期检查：对各级目标的完成情况,要事先规定出期限,定期进行检查。检查的依据就是事先确定的目标。检查的方法可灵活地采用自检、互检和成立专门的部门进行检查。

（2）评价结果：达到预定的期限后,下级首先进行自我评估,提交书面报告；然后上下级一起考核目标完成情况,按照协商好的目标成果及奖惩条件决定奖惩。

（3）总结经验：对目标管理中的经验及教训进行总结，提出存在的问题，再次制订下一轮目标，开始新的循环。

目标管理哲学在逻辑上是严密的，使得管理者受绩效目标的指引和控制，而不是由上司指导和控制，从而大大调动了各级管理者的积极性。而实证研究也表明，目标管理能够提高员工绩效和组织生产率。

**安迪·格鲁夫论"目标管理"**

20世纪80年代，美国英特尔（Intel）公司为完成从存储器往处理器的转型，希望找到一个办法，同步作业重心、统御作业方针，完结"上下同欲"。作为德鲁克忠实信徒的英特尔时任首席运营官（1987年出任英特尔公司第三任CEO）安迪·格鲁夫（Andy Grove），发明、推行了"IMBO目标管理"（英特尔目标管理法）。结合摩尔定律的领先研发及生态营销策略，英特尔每年、每季、每月，甚至每两周都在利用这一管理工具为公司、团队和个人制订出一般4～6个的有限目标和各自对应的3～4项关键成果。一路狂奔并将竞争对手远远甩在身后。在他的著作《高产出管理》中，格鲁夫这样论述了如何成功地推行目标管理。

1. 一个成功的目标管理系统只需要回答两个问题：

我想去哪里？（答案提供了目标。）

我该如何调整自己的步调，看自己是否能到达目的地？（答案给了我们里程碑，或关键成果。）

2. 我们看到目标的嵌套层次结构：如果下属的目标得到满足，主管的目标也将得到满足。

3. 目标管理系统能提供卓越的一点就是专注。

4. 管理者的目标由一组适当的关键结果支持。关键结果要有用，必须包含非常具体的措辞和日期，以便在截止时间到来时不存在含糊不清的余地。

5. 关键成果可以如期而至，但目标仍有可能落空。因此，即使下属没有达到规定的目标，他也完全有可能表现出色，得到良好的评价。

6. 目标管理的主要目的是提供与当前具体任务相关的反馈；它应该告诉员工我们在做什么，以便我们可以在需要时对我们正在做的任何事情进行调整。

7. 目标管理系统是为了给一个人配速——把秒表放在他自己手里，这样他就可以衡量自己的表现。

8. 目标管理不是一个用来作为绩效评估基础的法律文件，只是一个用来确定个人表现如何的参照点。如果监管者机械地依赖目标管理制度来评估下属的业绩，或者如果下属严格地使用目标管理制度，而放弃利用一个新出现的机会，因为这不是之前设定的目标或关键结果，那么这两人的行为都是狭隘和不专业的。

1987年安迪·格鲁夫出任英特尔公司第三任首席执行官。在他的领导下，英特尔营收从19亿美元上升至260亿美元，成为最成功的科技公司，市值一度超过5 000亿美元。

1999年,曾任英特尔副总裁的风投专家约翰·杜尔将其带入其所投资、刚刚成立不到一年的谷歌,发展成为风行硅谷的OKR(objectives and key results),即目标与关键成果法。

资料来源:编译自 https://www.perdoo.com/resources/tribute-to-andrew-grove-father-of-okr/

### 4.2.3 计划工作的技术

计划工作效率的高低和质量的好坏很大程度上取决于所采用的计划方法。计划工作的方法很多,下面按照计划工作的范围,分别就战略计划、管理计划和作业计划的技术加以介绍。

#### 1. 战略计划技术

对环境进行监测和评估是战略计划制订的基础。20年前,环境分析是一种非正式的尝试,全靠管理者的直觉判断。今天,利用环境扫描、预测和对标管理、情景规划等结构化技术,可以显著地提高一个管理者准确分析环境的能力。

1) 环境扫描

无论小企业的管理者还是大企业的管理者都日益重视环境扫描,以预测和解释环境的变化。环境扫描是指浏览大量的信息以觉察正在出现的趋势和形成一套设想。最常用的环境扫描技术包括PEST分析,以及竞争者情报。PEST分析是指组织要对外部政治(political)、经济(economic)、社会文化(socio-cultural)、科技(technological)环境的变化进行监测,并根据变化程度大小以及对本组织的影响对有关因素进行重点分析。当前,PEST分析已经扩展到steepled分析,即增加了教育(education)、法律(legal)、环境(environmental),以及人口统计(demographics)因素的分析。竞争者情报则是系统地收集竞争者的基本信息:谁是竞争者?他们正在做什么?他们正在做的事情对我们有什么影响?竞争方面的准确情报,使得管理者能够预见竞争对手的行动而不仅仅是对其作出反应。

竞争者情报不是组织的谍报。事实上,一个组织制定关键战略所需的95%的有关竞争者的信息,都可以从公开出版物中得到。广告、推销材料、印刷品、向政府机构提交的报告、年度报告、征询广告、新闻报道,以及产业研究都是很容易获得的信息来源例子。贸易展览会和公司销售人员的汇报,也是竞争者情报的有效来源。许多企业甚至定期地购买竞争对手的产品,然后由自己的工程师将其拆开来,仔细研究其中有哪些技术创新。

广泛的环境扫描有可能解释出许多问题和联系,这些问题和联系可能影响你的组织当前的或拟议中的计划。并非所有的信息都同等重要,因此通常需要将信息的焦点限制在3~4个最重要的问题上,并就每一个问题发展出一套设想方案。

2) 预测技术

环境扫描为预测奠定了基础,从扫描中获取的信息被用于形成设想,这些设想又为预测确立了前提,而预测则是对未来结果的预言。或许管理当局最希望了解的两种预测结果是未来的收入和新技术的突破,但是,实际上组织的任何一般的和特定的环境要素,都可能是预测关注的对象。

预测技术可以划分为两种类型:定量预测技术和定性预测技术。当管理当局收集到足够的可靠数据时,定量预测技术是更可取的。定量预测将一组数学规则应用于过去的数据序列以预言未来的结果。常用的技术方法包括时间序列分析、回归模型、计量经济学模型等。当缺乏或难以获得精确数据时,适用定性预测技术,即运用团队的知识和经验进行判断。常用的技术方法包括德尔菲法、焦点小组、顾客评估方法等。

3) 对标管理

所谓对标管理,就是指企业以行业内或行业外的一流企业作为标杆,从各个方面与标杆企业进行比较、分析、判断,通过学习他人的先进经验来改善自身的不足,从而赶超标杆企业,不断追求优秀业绩的良性循环过程。

在实践中,对标管理的内容包括绩效、战略、流程、产品、职能、技术设备等经营各方面。其中,流程对标学习是最主要的内容。由此,企业通过分析各个领域的领先者的方法,然后模仿他们的做法来改进自己各个经营环节的质量,提升企业的绩效。对标管理适应了变革时代的要求,关注外界环境尤其是竞争对手的变化,以开放的观念不断寻求更好的做事方法,从企业经营的各个层面进行系统性的持续改进,从而使企业绩效获得突破性的提高。

目前,对标管理的开展在不同区域、不同企业的做法并不完全相同,但都应当遵循如下的基本步骤:发现并收集对标对象的内部资料和最佳实践经验,分析并理解这些最佳实践经验以便能够很好地利用,改进并应用这些最佳实践经验以提高企业现有水平。

4) 情景规划

近几十年来,由于对可持续发展的关注增强,以及全球化经济竞争、技术进步等带来的不确定性增加,人们对各种资源、机遇和发展途径难以十分准确地把握与控制。同时,由于政策偏颇而引起资源错误配置的状况屡屡发生,给世界各国带来了巨大的损失。为此,人们渴望能产生一种"毋留遗憾"的战略决策方法,采用一种能够系统地、连贯地思索、分析、评价和权衡未来各种可能性的思考方法与分析工具。作为制订长期战略计划的一种工具,情景规划得到了空前的重视。

情景规划又称为脚本计划,是厘清扑朔迷离的未来的一种重要方法。情景规划要求公司先设计几种未来可能发生的情形,接着再去想象会有哪些出人意料的事发生。这种分析方法使你可以开展充分客观的讨论,使得战略更具弹性。与传统单向、刚性的规划思路不同,情景规划并不试图对未来的情况做准确的预测,而是通过敏锐地洞察系统中重要的驱动力在不同的条件下可能的变化情况,结合不同利益主体对未来的不同需求和设想,系统地提出适应未来不确定环境下可能的解决方案,并通过广泛的讨论取得共识和确定行动方案。

相关案例

### 壳牌石油传奇的情景规划小组

第二次世界大战时,美国空军试图想象出它的竞争对手可能会采取哪些措施,然后准备相应的战略。到 20 世纪 60 年代,曾经供职于美国空军的赫尔曼·卡恩(Herman Kahn)把这种军事规划方法提炼成为一种商业预测工具。20 世纪 70 年代初,壳牌公司的计划人员开始在卡恩的工作成果上进行进一步的研究,形成了他们自己的情景规划方法。该方法能够回答两个问题:"20年到30年后我们会怎么样?""如何使人们就那些'无法想象'的事情展开共同的探讨?"

1972年,传奇式的情景规划大师,法国人皮埃尔·瓦克领导着壳牌情景规划小组。当时该小组发展了一个名为"能源危机"的情景。他们想象,一旦西方的石油公司失去对世界石油供给的控制,将会发生什么,以及怎样应对。在1973年至1974年冬季OPEC(石油输出国组织)宣布石油禁运政策时,壳牌有良好的准备,成为唯一一家能够抵挡这次危机的大石油公司。从此,壳牌公司从"七姐妹(指世界七大石油公司)中最小最丑的一个",一跃成为世界第二大石油公司。

1982年,皮埃尔·瓦克退休,接任他的是彼得·舒瓦茨。在1986年石油价格崩落前夕,壳牌情景规划小组又一次预先指出了这种可能性,因此壳牌并没有效仿其他的各大石油公司在价格崩落之前收购其他的石油公司和油田扩大生产,而是在价格崩落之后,花35亿美元购买了大量油田,彼得·舒瓦茨说这一举措为壳牌锁定了20余年的价格优势。

2002年2月,美国《BUSINESS 2.0》杂志推出了一个关于风险管理的封面专题,其中特别提到了壳牌石油传奇式的情景规划:"没有一个行业比石油行业对危机的理解更深刻,而石油行业里也没有一个公司具有比荷兰皇家壳牌石油传奇式的情景规划小组更长远的眼光。"

资料来源:[英]凯斯·万·德·黑伊登:情景规划[M].邱昭良,译.北京,中国人民大学出版社,2007.

高明的棋手总是能清晰地想象下一步和下几步棋的多种可能的"情景"。而"情景规划"能提供预防机制,让管理者"处变不惊"——对突变既非阵脚大乱,也非无动于衷。它更接近于一种虚拟性身临其境的博弈游戏,在问题没有发生之前,想象性地进入可能的情景中预演,当想象过的情景真正出现时,我们将能从容和周密地加以应对了。

### 2. 管理计划技术

在制订管理计划时,常采用的技术方法包括预算、滚动式计划法、盈亏平衡分析等。

1) 预算

长期以来,预算一直是管理当局最普遍采用的计划工具。预算本质上是一种将资源分配给特定活动的数字性计划,包括以货币单位或者工时、产量等非货币单位编制的定量计划。在国内,一般意义上,人们会将预算等同于财务预算。实际上作为一种定量计划工具,预算还可以用来改进时间、空间和材料的利用,即生产预算。像工时、能力利用或产量单位,可以按日、按周和按月编制预算。

2) 滚动式计划法

滚动式计划法是一种定期修订调整和编制下一轮计划的方法。其编制方法是:在已编制出的计划的基础上,采用"近细远粗"的原则,每经过一段固定的时期(例如一年或一个季度,这段固定的时期被称为滚动期),便根据变化了的环境条件和计划的实际执行情况,从确保实现计划目标出发对原计划进行调整。每次调整时,保持原计划期限不变,而将计划期顺序向前推进一个滚动期。采用滚动式计划法,管理者可以根据环境条件变化和实际完成情况,定期地对计划进行修订,使组织始终有一个较为切合实际的长期计划做指导,从而有效地避免由于变化所造成的不确定性给组织带来的不良后果。滚动式计划法大大地增加了计划的弹性,使短期计划、中期计划和长期计划有机地结合起来,有效地应对了不确定性。

3) 盈亏平衡分析

盈亏平衡分析,又称为量本利分析,是企业经营管理中应用非常普遍的一种分析方法。它研究企业在一定时期内、一定条件下某项生产经营活动的成本、业务量和利润三者之间的关系。具体地说,量本利分析是以成本性态为基础,确定企业的盈亏平衡点,进而分析在不同的业务量水平下,成本、价格等因素对企业利润的影响。由于量本利分析直接关系到企业经营活动中的收支平衡和盈利多少,所以在企业日常的经营管理活动中具有核心地位。依据量本利分析法进行利润规划,有利于公司根据市场的价格波动有计划地组织和安排生产经营,提高公司应变能力,最大可能地完成既定目标。

### 3. 作业计划技术

在制订作业计划时,最常用的技术方法为用于进度安排的甘特图、用于生产能力安排的负荷图、用于复杂项目管理的计划评审技术,以及用于资源优化配置的线性规划技术。这里我们将介绍前三种。

1) 甘特图

甘特图是在 20 世纪初由亨利·甘特开发的。它基本上是一种线条图,横轴表示时间,纵轴表示要安排的活动,线条表示在整个期间内计划的和实际的活动完成情况,用以直观地表明任务计划在什么时候进行,以及实际进展与计划要求的对比。

2) 负荷图

负荷图是甘特图的改进,它不是在纵轴上列出活动,而是在纵轴上列出整个部门或者某些特定的资源。负荷图可以使管理者计划和控制的生产资源和能力能够被充分有效地利用,它是工作中心的能力计划。

3) 计划评审技术

计划评审技术,是以时间为中心,找出从开工到完工所需要时间的最长路线,并围绕关键路线对系统进行统筹规划,合理安排以及对各项工作的完成进度进行严密的控制,以达到用最少的时间和资源消耗来完成系统预定目标的一种计划与控制方法。

## 4.3 战略计划

### 4.3.1 战略计划的内涵

#### 1. 战略

企业战略是企业面对激烈变化、严峻挑战的环境,为求得长期生存和不断发展而做出的长远性、全局性的谋划或方案,它是企业经营思想的集中体现。更具体地说,企业战略是在符合和保证实现企业使命的条件下,在充分利用环境中存在的各种机会和创造新机会的基础上,确定企业同环境的关系,规定企业从事的经营范围、成长方向和竞争对策,合理地调整企业结构和分配企业的全部资源,从而使企业获得某种竞争优势。

一般来讲,企业战略由以下四个要素组成。

(1) 经营范围

经营范围是指企业从事生产经营活动的领域。它是企业所处的行业、自己的产品和市场等所涉及的生产经营范围,反映企业目前与其外部环境相互作用的程度,也反映企业计划与外部环境发生作用的要求。

(2) 资源配置

资源是企业从事生产经营活动的基础,包括实物资源、货币资源、人力资源、技术专利、商标信誉等。资源配置是指企业过去和目前资源与技能配置所达到的水平和模式。资源配置的好坏会极大地影响企业实现自己目标的程度。因此,资源配置又称为企业的特殊能力。资源配置的目的,是要通过适当的使用资源,来形成特殊技能,以便更好地开展生产经营活动。相反,如果企业资源配置不当,就会影响企业的经营能力,影响企业的生产和发展。

(3) 竞争优势

竞争优势是指企业通过其资源配置的模式与经营范围的决策,在市场上形成的与其竞争对手不同的竞争地位。竞争优势既可以来自企业在产品和市场上的地位,也可以来自企业对特殊资源的正确运用。一般来说,产品和市场的定位对于企业总体战略相当重要,而资源配置则为经营战略起着十分重要的作用。

(4) 协同作用

在制定战略时,企业力求利用已有的设备、专利、生产技术、销售网络、商标等,进行合理组合,以形成相互协同作用。要实现各经营单位之间的优势互补,达到 $1+1 \geqslant 2$ 的整体效应,即企业总体资源所带来的总收益,要大于各部分资源收益之和。一般来讲,企业的协同可分为内部协同和外部协同,内部协同主要是指以下几项。

(1) 投资协同:共同进行研究开发、共同出资开发新领域等。

(2) 共享资源:共同利用人员与设备。

(3) 销售协同:共同利用现有销售网络。

(4) 管理协同:共同利用先进管理方法和经验。

## 2. 战略管理

战略管理是指对一个企业或组织在一定时期的全局的、长远的发展方向、目标、任务和政策,以及资源调配做出的决策和管理艺术。战略管理是指企业确定其使命,根据组织外部环境和内部条件设定企业的战略目标,为保证目标的正确落实和实现进度谋划,并依靠企业内部能力将这种谋划和决策付诸实施,以及在实施过程中进行控制的一个动态管理过程,如图4-5所示。

一般来说,战略管理包含战略分析、战略选择、战略实施、战略评价和调整四个阶段。

1) 战略分析

战略分析即了解组织所处的环境和相对竞争地位,评价影响企业目前和今后发展的关键因素，并确定在战略选择步骤中的具体影响因素。战略分析包括四个主要方面。

其一，确定组织当前的宗旨、目标和战略。定义公司的宗旨旨在促使管理当局仔细确定公司的产品和服务范围，它们是企业战略制定和评估的根据。

其二，外部环境分析。环境分析是战略管理过程的关键环节和要素。组织环境在很大程度上规定了管理当局可能的选择。成功的战略大多是哪些与环境相适应的战略。管理当局应很好地分析公司所处的环境，了解市场竞争的焦点，了解政府法律法规对组织可能产生的影响，以及公司所在地的劳动供给状况，等等。其中，环境分析的重点是把握环境的变化和发展趋势，并考察这些变化给企业将带来更多的机会还是更多的威胁。

其三，内部条件分析。战略分析还要了解企业自身所处的相对地位，具有哪些资源以及战略能力；还需要了解与企业有关的利益和相关者的利益期望，在战略制定、评价和实施过程中，这些利益相关者会有哪些反应，这些反应又会对组织行为产生怎样的影响和制约。继而，管理当局应从如下方面评价组织的优势和劣势：这些因素包括市场、财务、产品、研究与发展。内部分析同样也要考虑组织的结构、管理能力和管理质量，以及人力资源、组织文化的特征。

其四，重新评价组织的宗旨和目标。按照SWOT(Strengths-Weaknesses-Opportunities-Threats)方法分析和识别组织机会的要求，管理当局应重新评价公司的宗旨和目标。

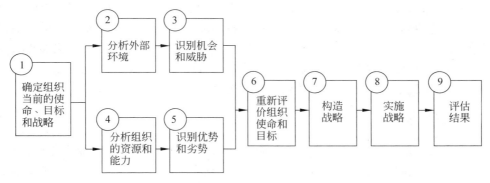

图4-5 战略管理过程

2) 战略选择

战略选择即战略制定、评价和选择。战略分析阶段明确了"企业目前状况"，战略选择阶段所要回答的问题是"企业走向何处"。

首先需要制订战略选择方案。企业可以从对企业整体目标的保障、对中下层管理人员积极性的发挥以及企业各部门战略方案的协调等多个角度考虑，选择自上而下的方法、自下而上的方法或上下结合的方法来制订战略方案。

其次是评估战略备选方案。评估备选方案通常使用两个标准：一是考虑选择的战略是否发挥了企业的优势，克服劣势，是否利用了机会，将威胁削弱到最低程度；二是考虑选择的战略能否被企业利益相关者所接受。需要指出的是，实际上并不存在最佳的选择标准，管理层和利益相关团体的价值观与期望在很大程度上影响着战略的选择。此外，对战略的评估最终还要落实到战略收益、风险和可行性分析的财务指标上。

再次是选择战略。根据企业的目标,兼顾企业战略实施的预期效益、风险、资源条件来做出选择,确定准备实施的战略。

最后是战略政策和计划。制定有关研究与开发、资本需求和人力资源方面的政策和计划。

3) 战略实施

战略实施即将战略转化为行动。战略实施主要涉及以下一些问题:如何在企业内部各部门和各层次间分配及使用现有的资源;为了实现企业目标,还需要获得哪些外部资源以及如何使用;为了实现既定的战略目标,需要对组织结构做哪些调整;如何处理可能出现的利益再分配与企业文化的适应问题,如何进行企业文化管理,以保证企业战略的成功实施;等等。

4) 战略评价和调整

战略评价即通过评价企业的经营业绩,审视战略的科学性和有效性。战略调整就是根据企业情况的发展变化,即参照实际的经营事实、变化的经营环境、新的思维和新的机会,及时对所制定的战略进行调整,以保证战略对企业经营管理进行指导的有效性。其包括调整公司的战略展望、公司的长期发展方向、公司的目标体系、公司的战略以及公司战略的执行等内容。

企业战略管理的实践表明,战略制定固然重要,战略实施同样重要。一方面,一个良好的战略仅是战略成功的前提,有效的企业战略实施才是企业战略目标顺利实现的保证。另一方面,如果企业没有能完善地制定出合适的战略,但是在战略实施中,能够克服原有战略的不足之处,那也有可能最终导致战略的完善与成功。当然,如果对于一个不完善的战略选择,在实施中又不能将其扭转到正确的轨道上,就只有失败的结果。

### 3. 战略计划

企业战略计划的制订过程,实质上是企业战略制定过程的延续,是企业战略的解读、分解,通过企业战略的目标化提高其可认识性、可衡量性和可执行性。有人说战略计划是更清晰、更具体的企业战略是有其道理的。这也基本上回答了战略计划制订工作所要达到的目的和所要做的工作。

1) 战略计划的作用

战略计划在企业管理中的作用主要体现在以下几方面。

第一,战略计划把企业的经营和管理提升到全局的长远的战略高度,要求管理者回答的问题不是"我能干什么",而是"我要干什么",促使管理者重视对经营环境的研究,对企业发展方向的把握。

第二,战略计划确立了战略在管理实践中的指导作用,对企业管理的诸多问题,如资源分配等确立了明确的原则和目标,从而使各层次和各方面的管理人员做到心中有数,减少了部门之间,总部与下属企业之间无谓的扯皮。它有利于各级管理人员集中精力去做战略规定的事,有利于充分利用企业的各种资源,提高协同效果。

第三,战略计划把企业的战略性目标与作业性目标紧密结合了起来,有利于调动全体人员参与战略实施的积极性,增强企业的凝聚力和向心力。

在战略计划的制订过程中,特别强调全局至上、战略主导、自上而下的工作原则,这些原则可以通过对战略计划与传统的长期计划的异同的讨论来认识。

2)战略计划的分层

企业战略分为三个层次进行(图4-6),第一层是总体战略,它涉及企业在市场上的整体地位及发展方向;第二层是业务战略,它涉及企业主营业务的发展方向及对策选择;第三层是职能战略,它基于上述两大战略的指导,对企业主要资源做出战略性的安排。与此相应,企业战略计划也分为这三个层次,在此只就总体战略计划和业务战略计划做较为细致阐述。

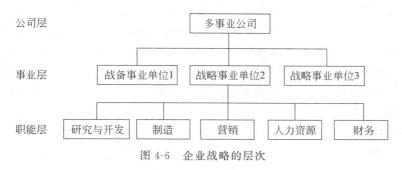

图4-6 企业战略的层次

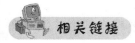

### 重新定义战略:看十年,做一年

智能商业时代的战略和传统的战略有何不同?最重要的就是不再有所谓的长期战略规划。由于环境变化太快,传统的五年、十年的详细的战略规划不再有效。战略本身需要不断地调整,战略制定的过程也变成了 vision(愿景)和 action(行动)的快速迭代。

虽然长期的战略很难有效,但针对未来的长期思考反而变得更重要了。基于对未来的长期思考,形成对未来变化的某种假设,这就是我们常说的 vision(愿景)。vision(愿景)显示了你对未来最有可能发生的产业终局的一种判断,这个判断是个假设,这个假设要不断地被实践验证和挑战,然后不断地纠正。这个实践就是快速的 action(行动)。但这种 action(行动)不是盲目的行动,他们是 disciplined experiments(有纪律的实验),也就是说,这是在 vision(愿景)指导下的尝试,目的是看这个行动是否是正确的方向,如果是,就要加大投入的力度;如果不是,就要放弃。这是一个持续实验的过程,vision(愿景)越来越清晰,行动的方向也越来越清楚,战略也就越来越明确。

这种新战略,核心的难点在于,一方面,vision(愿景)一定要快速找到落地的点,不能大而空。不然只是空想,或者美好的愿望,没法落地;另一方面,不能盲目跟风,要能不断地总结思考,形成对未来的自己的独特判断。这也要求组织内部信息流通要高效,也有足够的灵活性,随时调整。这是阿里巴巴核心价值观"拥抱变化"的核心价值:支持战略的快速调整。

但同样重要的是,既然是对未来的判断,总有不确定性。无论你怎么去收集信息、思考、推断,当你最后做决定的时候,总有一步叫基于信念的那一次跳跃(leap of faith),所以你最终的决定必然是基于信念。马云在一次演讲中提出一句后来变得很流行的话,叫作"因为相信,所以看见"。很大程度上,是因为你相信了,你往这个方向努力,它才一步步地变成现实。我在曾鸣书院的公号上曾经专门写过一篇文章,就是 vision(愿景)最终是拿来证明的,不是拿来挑战的,是因为我相信,最终才能做出来。所以 vision(愿景)其实也是理性跟感性的一个结合,理性的一面,你要不断地挑战自己,去纠正自己的判断。感性的一面,是你最终依靠的还是自己对自己信念的相信,所以这是非常重要的一个辩证思考。

为什么把新战略形象地称为"看十年,做一年"? 因为 vision(愿景)至少需要看十年,但是为什么要强调做一年,是因为你整个行动的核心是落在一年甚至是半年的时间框架下。基于未来的 vision(愿景),今天是投射在哪一个点上,找准这个切入点才是你聚焦努力的方向。所以夸张一点讲,在今天这样一个大变革的时代,战略被短路了,原来我们所熟悉的正规战略流程,被 vision(愿景)和 action(行动)的快速迭代所取代了。这其实是对大家提出了一个更高的要求,你要有长期思考的能力,但同时你也要有快速反应的能力,这两者有机结合,决定了大家能走多远。

重新定义战略:看十年,做一年。

1. vision(愿景)是对未来的假设和信念的不断思考。

2. strategy(战略)不是 planning(计划),而是 vision(愿景)和 action(行动)的快速迭代。

看十年,做一年。vision(愿景)和 action(行动)的快速迭代,是战略在这个时代新的表现形式。

资料来源:曾鸣.重新定义战略:看十年,做一年[Z/OL],微信公众号"曾鸣书院",2018-01-10.

### 4.3.2 总体战略计划

总体战略计划即有关企业中长期经营范围和发展方向的布局与安排。企业需要综合对内外部因素的 SWOT 分析工具,做出有关业务组合调整和发展方向的选择。

**1. 总体战略选择**

企业战略事关企业长久发展态势及重大战略选择,所以是高层管理者主持并参加的战略决策。一般来讲,企业一级重大战略存在增长型战略、稳定型战略和收缩型战略三种选择。

1) 增长型战略

增长型战略,又称扩张型战略或发展型战略,即扩大经营规模和销售,寻求企业长足进步的战略。从企业发展的角度来看,任何成功的企业都应当经历长短不一增长型战略的实施期。一般来讲,人们认为有密集型增长、一体化增长和多元化经营三种增长方向可供选择。

(1) 密集型增长战略,是指企业在原有业务范围内,充分利用在产品和市场方面的潜力来求得成长的战略。具体又分为三种类型:市场渗透战略、市场开发战略、产品开发战略。

当现有产品市场组合仍有比较大的市场潜在成长空间,或者企业自身具有竞争优势使其可以持续扩大自身市场份额时,企业可采用市场渗透策略,即立足于现有产品,充分开发其市场潜力。

而当市场上企业现有的产品已经没有进一步渗透的余地时,就必须设法开辟新的市场,比如将产品由城市推向农村,由本地区推向外地区等等,这种增长战略称为市场开发策略,即企业用现有的产品开辟新的市场领域的战略。

如果企业所在产业正处于高速增长阶段,企业产品又具有较高的市场信誉度和顾客满意度,但现有产品市场潜力有限,则应考虑产品开发战略,即在现有市场上通过改良现有产品或开发新产品来扩大销售量的战略。

(2) 一体化增长战略,是指企业对具有优势和增长潜力的产品、业务沿其经营链条的纵向或者横向延展业务的深度和广度,扩大经营规模,以实现企业成长的战略。一体化战略是企业非常重要的成长战略,它有利于深化专业分工协作,提高资源的深度利用和综合利用效率,又包括纵向一体化战略和横向一体化战略。而纵向一体化战略又分为前向一体化和后向一体化,也就是将经营领域向深度发展的战略。

前向一体化战略是企业对本公司产品做进一步深加工,或者资源进行综合利用,或者公司建立自己的销售组织来销售本公司的产品或服务。后向一体化则是企业自己供应生产现有产品或服务所需要的全部或部分原材料或半成品。纵向一体化战略的动因是为加强核心企业对原材料供应、产品制造、分销和销售全过程的控制,使企业能在市场竞争中掌握主动,增强企业经营的稳定性,增加协调性,从而使企业获得更高的经济效益。

横向一体化战略也叫水平一体化战略,是指企业收购或兼并同类产品生产企业以扩大经营规模的成长战略,实质是资本在同一产业和部门内的集中,目的是减少竞争压力、实现规模经济,增强自身实力以获取竞争优势。与密集型增长战略相比,横向一体化战略属于典型的外延式增长而非内生型增长。

(3) 多元化增长战略,又称多角化战略或多样化战略,是指企业为了更多地占领市场和开拓新市场,或规避经营单一事业的风险而选择性地进入新的事业领域的战略。与密集型战略中的产品开发战略不同,多元化经营是为新的市场供应新的产品。按照新业务与企业现有业务活动上的相关性,又分为相关多元化与非相关多元化两种类型。

2) 稳定型战略

稳定型战略是指在内外环境的约束下,企业准备在战略计划期使企业的资源分配和经营状况基本保持在目前状态和水平上的战略。按照稳定型战略,企业目前所遵循的经营方向及其正在从事经营的产品和面向的市场领域,企业在其经营领域内所达到的产销规模和市场地位都大致不变或以较小的幅度增长或减少。稳定型战略是对产品、市场等方面采取以守为攻,以安全经营为宗旨,不冒较大风险的一种战略,可能是无增长或微增长战略。从企业经营风险的角度来说,稳定型战略的风险是相对较小的,对于那些曾经成功的在一个处于上升趋势的行业和一个不大变化的环境中活动的企业会很有效。

3) 紧缩型战略

所谓紧缩型战略,是指企业从目前的战略经营领域和基础水平收缩和撤退,且偏离起点较大的一种经营战略。与稳定型战略和增长型战略相比,紧缩型战略是一种消极的发展战略。一般地,企业实施紧缩型战略只是短期的,其根本目的是使企业挨过风暴后转向其它的战略选择。有时,只有采取收缩和撤退的措施,才能抵御竞争对手的进攻,避开环境的威胁和迅速地实行自身资源的最优配置。可以说,紧缩型战略是一种以退为进的战略。

### 2. SWOT 分析

SWOT 是一种分析方法,用来确定企业本身的竞争优势、劣势、机会和威胁,从而将公司的战略与内部资源、外部环境有机结合。因此,清楚地确定公司的资源优势和缺陷,了解公司所面临的机会和挑战,对制定公司未来的发展战略有着至关重要的意义。

1) SWOT 分析法的基本含义

所谓 SWOT 分析法又称为态势分析方法,1982 年由美国旧金山大学的管理学教授韦里克正式提出来,SWOT 四个英文字母分别代表:优势(Strengths)、劣势(Weaknesses)、机会(Opportunity)、威胁(Threat)。SWOT 分析法将与研究对象密切相关的各种主要内部优势、劣势以及外部的机会和威胁等,通过调查列举出来,并依照矩阵形式排列,然后用系统分析的思想,把各种因素相互匹配起来加以分析,从中得出一系列相应的结论。

2) SWOT 分析应用的主要步骤

SWOT 分析常常被用于制定大型企业及集团发展战略和分析竞争对手情况,在战略分析中,它是最常用的方法之一。在应用 SWOT 模型分析时,主要有以下基本步骤。

第一,分析环境因素。运用各种调查研究方法,分析出公司所处的各种环境因素,即外部环境因素和内部能力因素。外部环境因素包括机会因素和威胁因素,它们是外部环境对公司发展有直接影响的利弊因素,属于客观因素;而内部环境因素则包括优势和劣势因素,是公司在其发展过程中自身存在的积极和消极因素,属于主动因素。在调查分析这些因素时,不仅要考虑历史与现状,而且更要考虑未来发展问题。

第二,构造 SWOT 矩阵。将调查得出的各种因素根据轻重缓急或影响程度等排序方式,构造 SWOT 矩阵。在此过程中,将那些对公司发展影响比较直接、重要、迫切、久远的影响因素优先排列出来,而将那些间接、次要、少许、不急、短暂的影响因素排列在后面。

第三,制订行动计划。在完成环境因素分析和 SWOT 矩阵的构造后,便可以制订出相应的行动计划。制订计划时应发挥企业优势因素、克服劣势因素、利用机会因素、化解威胁因素;并应考虑过去,立足当前,着眼未来。运用系统分析的综合分析方法,将排列与考虑的各种环境因素相互匹配起来加以组合,得出一系列公司未来发展的可选择性策略。如图 4-7 所示。

### 3. 业务组合分析

如果一个组织拥有一种以上的事业,那么它将需要一种业务组合战略(business portfolio strategy)。这种战略寻求回答这样的问题:我们应当拥有什么样的业务组合?每一种业务在组织中的定位是怎样的?通常,我们会用波士顿矩阵或麦肯锡矩阵对公司现有业务组合进行分析。

|  | 优势<br>1.<br>2.<br>3.<br>4. | 劣势<br>1.<br>2.<br>3.<br>4. |
|---|---|---|
| 机会<br>1.<br>2.<br>3.<br>4. | 机会—优势战略(SO)<br>利用优势,把握机会<br>1.<br>2. | 机会—劣势战略(WO)<br>抓住机会,克服劣势<br>1.<br>2. |
| 威胁<br>1.<br>2.<br>3.<br>4. | 威胁—优势战略(ST)<br>发挥优势,避免威胁<br>1.<br>2. | 威胁—劣势战略(WT)<br>最小化劣势和威胁<br>1.<br>2. |

图 4-7　SWOT 分析与战略制定

波士顿矩阵,是由美国波士顿咨询公司在 20 世纪 70 年代提出的一种业务组合分析方法。它把公司经营的全部产品或业务组合作为一个整体,通过市场增长和市场份额两个维度的分析,解决公司相关经营业务之间现金流量的平衡问题,是多元化公司进行战略制定的有效工具。

波士顿矩阵有两个维度:销售增长率和相对市场份额。销售增长率的高低表明该项业务的发展潜力大小,数据可以从企业的经营分析系统中提取;相对市场份额表明该项业务的市场地位,计算公式是把某一业务的营收除以其最大竞争对手的营收。据此,公司业务被分类在四个象限:①问题型(question marks,指高增长、低市场份额)业务一般是新业务,之所以被称为"问题",是因为发展方向并不确定,要分析其增长的原因和市场的前景,必然慎重考虑。②明星型(stars,指高增长、高市场份额)业务关系着公司的长期发展和盈利能力。③现金牛(cash cows,指低增长、高市场份额)业务一般是公司现在的主营业务,具有投入少、产出高的特点。④瘦狗型(dogs,指低增长、低市场份额)业务是公司的边缘业务,要避免追加过多投入。四个象限的划分隐含了对公司业务分类进行 SWOT 分析,以分别做出有针对性战略选择的含义。

波士顿矩阵可以帮助公司诊断自己的业务组合是否健康。一个失衡的业务组合就是有太多的瘦狗类或问题类业务,或太少的明星类和现金牛类业务。例如,有三项的问题业务,不可能全部投资发展,只能选择其中的一项或两项,集中投资发展;只有一个现金牛业务,说明财务状况是很脆弱的,有两项瘦狗型业务,这是沉重的负担。

此外,波士顿矩阵还可以帮助公司厘清符合自身发展要求的组合逻辑,据此在不同的业务组合中合理分配资源。如果公司确定的目标是取得收入的增长,那么相应的资源配置可能需要向明星型业务和问题型业务倾斜,如果公司以追求稳定的现金流为目标,就应该维持和发展现金牛业务。

需要注意的是,在进行业务组合时,需要避免简单地认定业务的好坏,而应注意业务间的关系,如瘦狗型业务一般被认为是最坏的业务,但其可能在充实产品序列或为公司在某市场中保持一个可靠的形象方面仍然有其存在价值。

波士顿矩阵把战略规划和资本预算紧密结合了起来,把一个复杂的企业行为用两个重要的衡量指标区分为四种类型,从而使得复杂的战略问题直观化。该矩阵帮助多种经营的公司确定哪些产品宜于投资,哪些产品宜获取利润,宜于从业务组合中剔除哪些产品,从而使业务组合达到最佳经营成效。如图 4-8 所示。

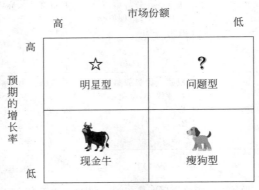

图 4-8 波士顿矩阵

### 4.3.3 业务战略计划

业务战略,又称经营单位战略,是企业为在特定业务领域内展开竞争而制订的战略计划。该战略将关注的重点直接放在特定业务或产品上,其目的在于谋求在该领域或产品经营上的良好竞争地位。对于只有一条业务线的小型组织和没有实行多元化的大型组织,竞争性战略仅仅描述了公司如何在它的主要市场进行竞争。但对于有多项业务的组织,每一个业务都应该有各自的战略,这些战略定义了该业务的竞争优势、其服务的顾客以及应该提供的产品和服务。

#### 1. 产业分析

开发一种有效的竞争战略要求管理者深刻理解竞争优势。迈克尔·波特(Michael Porter)认为,成功取决于选择正确的战略,即所选择的战略与企业的竞争优势和产业的特性相匹配,这种竞争优势可以使公司获得超过平均水平的盈利。建立竞争优势的一个重要的步骤是进行产业分析。

波特认为某些产业比其他产业具有内在的高盈利性(因此会吸引更多的新加入者,使原有的竞争对手留在产业内)。例如,软件行业从历史上看一直是高利润产业,航空公司是众所周知的低利润产业。但是即使是在不活跃的产业中,公司仍然可以创造大量的利润,而在"富有魅力"的产业中,公司也可能亏损,这其中的关键是如何开发竞争优势。

在任何产业中,都存在着五种竞争力量左右着竞争规则,这五种竞争力量(图 4-9)共同决定了产业的吸引力和盈利性,管理者可以应用下列的五个因素来评估产业的吸引力。

(1) 新加入者的威胁。新竞争者进入行业的可能性有多大?

(2) 替代威胁。其他行业的产品代替本行业产品的可能性有多大?

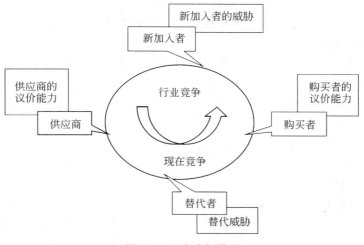

图 4-9 五力分析模型

(3) 购买者的议价能力。购买者(顾客)讨价还价的能力有多大？
(4) 供应商的议价能力。供应商讨价还价的能力有多大？
(5) 现有的竞争者。目前行业竞争者的竞争强度有多大？

### 2. 一般竞争战略

波特还提出了管理者可以采用的三种基本竞争战略。一旦管理者评估了五种力量并确定了存在的威胁和机会，接下来就是选择适当的竞争战略，即与组织竞争优势(资源和能力)和所在行业相符的战略。根据波特的观点，没有企业能够在所有的事情上都获得成功，他提出，管理者应该选择能够给企业带来竞争优势的战略。波特进一步指出，竞争优势来自要么是比竞争对手的成本更低，要么是与竞争对手形成显著的差异。有鉴于此，管理者应该选择下面三种战略之一：成本领先战略、差异化战略和聚焦战略。管理者究竟选择哪一种战略，取决于组织的优势和核心能力以及它的竞争对手的劣势。如图 4-10 所示。

图 4-10 三种一般竞争战略

1) 成本领先战略

当组织选择了成为产业的低成本生产者的战略，它就是在遵循成本领先战略。必须指出,所谓低价格并非人为压低的价格,而是成本优势带来的价格优势,否则便是"倾销"。低成本领导者积极寻求在生产、营销和其他运营领域中的高效率,制造费用保持在尽可能低的水平上,企业想方设法削减成本,如食品饮料业的巨头娃哈哈,之所以能够在激烈的竞争中胜出,很大程度上源于其为节省成本实施的一套组合策略。这包括自己投资塑料瓶和瓶盖、目标成本倒逼管理、"将成本控制量化到每个员工"的制度文化、"销地产"的生产布局策略、拒绝任何理由的火车、汽车零担运输要求,以节省配送成本等。另外,尽管低成本领导者并不过于强调产品或服务的装饰,但它所销售的产品或服务在质量上必须不低于竞争对手,至少能够为消费者所接受。以采用成本领先战略闻名的公司有许多,如美国的沃尔玛、中国的格兰仕集团等。

2) 差异化战略

寻求提供与众不同的产品并得到顾客广泛认同的公司,就是在遵循差异化战略。差异化的来源可以是与众不同的质量、独树一帜的服务、创新的设计、技术的潜在能力或者杰出的品牌形象。对于这种竞争战略来说,关键在于产品和服务的属性必须使公司有别于它的竞争对手,并且足以创造价格的溢价,这种溢价超过了差异化所增加的成本。

实际上,任何成功的消费产品或服务都可以看成差异化战略的成功案例。例如,苹果(设计和品牌形象)、海尔(顾客服务)等。

3) 聚焦战略

波特提出的前两种竞争战略寻求在广阔市场上的竞争优势,但是聚焦战略的目的是在狭窄的利基(niche)市场上寻求成本优势(成本聚焦),或者差异化优势(差异化聚焦)。换言之,管理者选择产业中特定的细分市场或顾客群,而不是试图服务于广阔的市场。聚焦战略的目标是开发狭窄的细分市场,这些细分市场的划分可以基于产品品种、最终消费者类型、分销渠道或者消费者的地理分布。尽管研究显示,对于更小规模的企业而言,聚焦战略可能是最有效的选择,因为通常它们没有规模经济的优势或一定的资源来成功地运用另外两种战略,但是,也有大型企业成功地运用了聚焦战略。聚焦战略是否可行取决于部门的规模以及组织能否从满足细分市场的需求中获利。"隐形冠军"现象正是对成功聚焦战略的生动写照。

国际视野

**赫尔曼·西蒙与"隐形冠军"**

1986年,时任欧洲市场营销研究院院长的赫尔曼·西蒙在杜塞尔多夫巧遇哈佛商学院教授西多尔·利维特,后者问他:"有没有考虑过为什么联邦德国的经济总量不过美国的1/4,但是出口额雄踞世界第一?哪些企业对此所做的贡献最大?"西蒙开始认真思考这一课题。他很快就排除了像西门子、戴姆勒-奔驰之类的巨头,因为它们和它们的国际级竞争对手相比并没有什么特别的优势。那么,答案只可能到德国的中小企业当中去找。

从那一年开始,通过对德国400多家卓越中小企业的研究,西蒙创造性地提出"隐形冠军"(hidden champion)的概念。他通过大量数据和事实证明德国经济与国际贸易的真正基石不是那些声名显赫的大企业,而是这些在各自所在的细分市场默默耕耘并且成为全球行业领袖的中小企业。它们在利基市场中的地位无可撼动,有的甚至占据了全球95%的市场份额(如德国卷烟机械生产商 Hauni);它们的技术创新遥遥领先于同行,其人均拥有专利数甚至远远超过西门子这样的世界500强公司;但是因为所从事的行业相对生僻,加上专注的战略和低调的风格,它们又都隐身于大众的视野之外。

资料来源:张远.国外隐形冠军的显性基因[J].企业观察家.2013(5):15-16.

如果组织不能够开发成本或差异化优势,将会是一种什么状况?波特用"徘徊其间"的术语来描述这类组织,这类组织发现它们要获得长期的成功是很困难的。波特继续指出,成功的组织经常会陷入困境,原因是它们脱离了原来的竞争优势,徘徊在两种典型的战略之间。

但是研究也表明,兼有低成本和差异化优势也不是不可能的,它也能带来高绩效。但是,做到这一点不容易。为了成功地追求两种竞争优势,组织必须努力保持低成本,并牢牢地把握住其与众不同的资源。例如,联邦快递、英特尔、可口可乐,以及中国的小米公司、京东商城,就使它们的产品或服务与众不同,又保持了低成本。

本章小结

1. 计划工作是管理的首要职能,是指管理者根据对组织外部环境与内部条件的分析,设定组织在未来一段时间的目标以及实现目标行动方案的策划过程。

2. 组织中所存在的计划通常包括宗旨、目标、战略、政策、规则、程序、规划和预算八种形式。

3. 制订何种类型的计划主要应考虑以下权变因素:环境的不确定性程度、组织所处的生命周期阶段和组织文化的导向。

4. 一项完整的计划工作需要六个步骤:估量机会;制订目标;确定计划工作的前提条件;拟订可供选择的方案;评价各种备选方案;选择方案;制订辅助计划;通过预算使计划数字化。

5. 组织目标指的是组织争取达到的一种未来状态,它是开展各项组织活动的依据和动力,是有效管理的必要条件。

6. 目标管理哲学在逻辑上是严密的,使得管理者受绩效目标的指引和控制,而不是由上司指引和控制,从而大大调动了各级管理者的积极性。

7. 战略管理是指对一个企业或组织在一定时期的全局的、长远的发展方向、目标、任务和政策,以及资源调配做出的决策和管理艺术。

8. SWOT是一种分析方法,用来确定企业本身的竞争优势、劣势、机会和威胁,从而将公司的战略与内部资源、外部环境有机结合。

9. 存在三种给企业带来竞争优势的业务战略:成本领先战略、差异化战略和聚焦战略。

 关键词汇

计划(planning)　　　　　　　　　　宗旨(purpose)
目标(objectives)　　　　　　　　　 战略(strategy)
规划(programme)　　　　　　　　　 预算(budget)
目标管理(management by objective)　战略计划(strategic plans)
管理计划(management plans)　　　　作业计划(operational plans)
具体计划(specific plans)　　　　　 指导性计划(directional plans)
常备计划(standing plans)　　　　　 战略管理(strategic management)
环境扫描(environmental scanning)　竞争者情报(competitor intelligence)
零基预算(zero-base budgeting)　　　定量预测(quantitative forecasting)
定性预测(qualitative forecasting)　对标管理(benchmarking)
情景规划(scenario planning)　　　　进度计划(scheduling)
甘特图(gantt chart)　　　　　　　　负荷图(load chart)
公司层战略(corporate strategy)　　 业务组合战略(business portfolio strategy)
竞争战略(competitive strategy)　　 成本领先战略(cost leadership strategy)
差异化战略(differentiated strategy)　聚焦战略(focus strategy)
"五力"分析(Porter's five forces analysis)

 思考题

1. 简述计划的概念及其重要性。
2. 理解计划的类型及其形式。
3. 解释影响计划有效性的权变因素。
4. 如何理解有效组织目标的特征。
5. 何谓目标管理？如何利用目标管理组织计划的实施？
6. 制订战略计划的技术方法有哪几种？请分别解释几种方法的基本内容。
7. 制订管理计划的常用技术方法有哪几种？请分别解释几种方法的基本内容。
8. 制订作业计划的常用技术方法有哪几种？
9. 企业战略的组成要素有哪些？
10. 战略管理包括哪几个阶段？简述各个阶段的主要内容。
11. 企业总体战略态势包括几种类型？
12. 什么是SWOT分析？如何利用SWOT分析制定企业战略？
13. 如何利用"五力"分析模型来评估产业的吸引力？
14. 波特的基本竞争战略包括哪几种战略？并分别解释这几种战略的基本原理。

# 第 4 章 计划
# CHAPTER 4

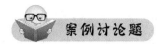 案例讨论题

## 新版产品上线计划与实施

### 1. 引言

2018年9月底,郑东龙即将结束在郑州的项目任务。今年"十一"假期他想放松一下,计划带着家人到云南自驾游,正翻看旅游攻略的他,被一通电话打断了,"喂,你好,郑经理,公司已经把赤峰市医院项目接下来了,准备马上启动,时间紧迫,这个任务由你来负责,你准备一下,我先把项目任务书微信发给你,具体事情等见面再商讨……"

郑东龙是心医国际公司 HIS(医院信息系统)、PACS(影像归档和通信系统)经验丰富的项目经理。心医国际公司成立于2010年6月,总部位于大连软件园,运营总部设在北京,是专注于创新医疗及互联网远程医疗解决方案的专业提供商、运营商和服务商。2012年,在沈阳和上海分别设立了研发中心,郑东龙已在心医国际公司沈阳研发中心任职多年。

郑东龙从事医疗信息化行业医疗以来,虽然参与实施的 HIS、PACS 项目不计其数,许多棘手的问题,最终都凭借他的工作能力一一攻克。但是他知道,赤峰市医院这个项目是公司最新版本的 PACS 产品第一次上线,难免会遇到许多意料之外的问题,这些意外恰恰是作为项目经理最不愿意见到的。

### 2. 坐言起行

接下任务书的郑东龙,在郑州出差回来的路上便与客户进行了第一次电话沟通,商定项目初步拟定在10月中旬进行上线。"十一"国庆假期期间,他放弃了带家人自驾游的假期计划,翻出了公司的《实施管理规范》,就项目上线时所可能遇到的风险进行逐一检查,并做好记录,以便到现场后能够和客户进行充分的沟通与准备。

10月8日,他向公司申请组建了项目团队。通常实施工程师是协调者,项目经理、研发负责人是监控评估者,研发工程师(也不排除实施工程师)是创新者、技术完成者。项目上线必备的2个岗位是实施人员、研发人员。其中实施人员中,必须有一名了解业务,并善于沟通协调。研发人员,则要求精通各自所负责的产品模块的业务,并且在研发负责人的指导下对客户需求及产品缺陷进行受管控的开发。

作为资深项目经理,郑东龙知道,赤峰医院项目顺利与否,不仅要有团队做保障,明晰目标也是成功的关键。郑东龙带领团队讨论项目实施过程,并制订了赤峰项目的三大目标:项目的质量目标是要求业务数据具有完整性、产品运行稳定性、操作流程合理性。进度目标是按既定的合同期限有质量地上线运行。成本目标是全过程中实际发生的成本不超过项目预算,使项目在批准的预算内按时、按质、经济、高效地完成既定目标。

赤峰项目为确保进度管理中三大目标的平衡实现,按照产品上线的阶段任务制定了阶段性的策略:上线前准备阶段,以进度为优先考虑,质量其次,确保项目按照拟定的时间运行,避免项目延期;上线及试运行阶段,以质量为优先考虑,以达到完整、稳定、合理运行过程中满足医生工作需要和患者安全保障的要求;上线后维护阶段,以成本为优先考虑,当然也是在前两个阶段的进度、质量达到要求的前提下。

### 3. 相机而动

项目进度管理目标设定之后，为了达到预定目标，怎样将任务合理地分配在各个时间段？新产品如何顺利上线测试？经过2天的调研与多次沟通，郑东龙以书面形式，整理出了一份详细的《项目上线计划表》，以及软件上线前需要院方准备的"服务器数量、服务器配置、台式机数量和配置、软件部署方案"。

此外，他还配合信息科白工列出了科室的"设备数量、厂商型号"，以便上线时院方通知设备厂家工程师入场联调。

在制订计划后，他在现场与实施团队成员又召开了一次讨论会。会上就上线的日期大家展开了分析与讨论。通过医院以往患者看诊频率数据，及院方提供的门诊一般规律性业务量情况，研发团队再结合技术层面的时间安排，列出了总体情况：周一、周二是医院业务的高峰期，患者较多、业务量较大，不利于进行新系统上线，因此，可以进行调阅、培训、系统准备等工作；周三、周四，医院的患者较少，业务量比较平稳，适合新系统上线，出现问题时可以有比较充足的时间进行排查与解决；周五，患者就诊人数上升，医院业务会在周末出现一次小高峰，比较适合对新系统的功能、性能指标进行评测，而且，周五下午的检查报告，会要求患者在周六、周日及下周一领取，也会有充分的时间进行问题的排查与解决；周六、周日，患者多为急诊，医院业务量很少，非常利于对新上线的系统的问题及需求进行集中的开发、调整、发布。

会议尾声时，依据实施经验，选择了避开医院业务量的高峰期，安排在业务平稳期（周三）进行切换上线，具体日期确定在了10月17日晚。

### 4. 接踵而至

17日晚，根据事先的分工，大家分别驻守在科室业务流程的各个环节，以便应对医生的提问以及软件的问题。

尽管心医国际公司赤峰项目团队凭借以往经验和医院的实际情况做好了准备工作，但实施过程中，意外最终还是发生了……

分别驻守在各个办公室的同事们忙得不可开交：有的医生未参加过培训，软件不知道怎么使用；有的由于软件不够完善，出现系统死机；有的医生习惯了老系统，对新系统操作不熟悉。还有，数据量大时，系统响应慢等等。如果是软件问题，大家就回到办公室立即动手修改、发布，再到科室进行观察；如果是医生操作不熟悉，大家就细心为医生讲解介绍；如果医生习惯了老报告软件，大家就耐心地介绍新版软件操作的设计优点；等等。

午休时间，郑东龙安排大家轮流去吃饭。饭后立即回到医院，针对上午发现的问题进行讨论总结，汇总共性问题，有的修改程序、有的纠正数据、有的统一培训方法。转眼到了傍晚时分，患者陆续离开CT（电子计算机断层扫描）检查室，白班医生也完成各自的工作后陆续按时下班，夜班值班医生已开始工作。此时，大家才松了一口气。回到办公室后，继续修改和完善程序、测试、发布。

第二天一大早，大家便来到了医院，分别驻守在各个办公室。

本以为经过18日一天的磨合与紧急调整，新系统已经稳定，医生使用也熟练掌握，大家可以相对轻松些。可谁知8点刚过，就陆续开始有患者来到CT报告室找医生要18日检查的报告和胶片，原因是楼下自助机无法自助领取。

刚开始时,医生耐心地为患者打印并装到袋子里。可谁知患者越来越多,不大的报告室很快就被挤满了。当时的场面就像是自由市场一样热闹,严重地影响了医生的正常办公。郑东龙、彭亮得知后,马上安排3组人员,第一组人员协调CT室谢主任,将隔壁的会议室开放为临时的办公室,并耐心地安顿患者情绪;第二组人员搬来2台计算机,替医生来为患者打印报告和胶片;第三组人员与自助机厂商工程师沟通,调整系统接口代码、纠正数据错误,保障后续的患者能够正常地打印出报告和胶片。

就这样上线第二天又在忙碌中度过了,看到患者们都满意地领取到检查结果,大家的疲惫感顿时也就烟消云散了。

下班前,所有人员进行一次简短的总结与分析,其主要问题是技术冲突及风险,包括:①电脑硬件问题:老式显卡的接口不统一、驱动程序缺失;②院内网络问题:上线后,由于网络发现病毒,导致多个厂家的服务器受到感染;③各厂家系统之间的接口问题:由于各厂家对业务的理解与实现方式不一致,导致新系统上线后有些患者无法通过自助机取报告和胶片,致使患者到报告室排成长龙队伍领取报告和胶片。此外,做计划以及准备时,没有对PACS业务中的另外批用户(患者)的使用情况进行重点关注,使得上线前的自助打印功能没有进行充分的测试。为此,大家都深刻地上了一堂项目实施教训课。

资料来源:郭晓丹,王淑娟,"叮!心医新品上线,福音萦绕耳畔",中国管理案例共享中心案例库,PJMT-0398,2019年6月。

**启发思考题**

1. 为了把控项目进度,制订项目计划时考虑了哪些要素?是怎样做的计划?具体的项目计划是什么?

2. 项目实施阶段难免会遇到未能预料的问题,本案例中哪些问题给产品上线带来了阻碍?是如何解决的?

## 本章推荐阅读资料:

1. [美]彼得·F.德鲁克.管理(上册)[M].辛弘,译.北京,机械工业出版社,2009,452-476.

2. [美]哈罗德·孔茨等.管理学[M].10版.北京,经济科学出版社,2008.

3. 孙昌琦.论企业战略计划与长期计划的异同[J].载华章.2008年10月:26-27.

4. [英]凯斯·万·德·黑伊登.情景规划[M].邱昭良,译.北京,中国人民大学出版社,2007.

5. [美]迈克尔 A.希特,罗伯特 E.霍斯基森.战略管理:概念与案例[M].8版.北京,中国人民大学出版社,2009.

# 第 5 章

# 组织与组织设计

（1）掌握组织的含义、常见组织结构类型的特点和适用范围、授权的原则、集权与分权的关系、部门划分的方法、组织设计的任务和原则与影响因素、组织变革的过程。

（2）理解直线职权与参谋职权的差异与联系、集权型结构和分权型结构的各自特点、影响管理幅度的因素、组织制度的特点、组织变革的动因、影响组织变革成效的因素。

（3）了解组织职能的工作内容和组织结构设计的一般原则、组织制度的内容、组织文化的作用、未来组织的发展趋势、组织变革的内容与过程。

哈罗德·孔茨说过：为了使人们能为实现目标而有效地工作，就必须设计和维持一种职务结构，这就是组织管理职能的目的。组织的高效率运行首先要求设计合理的组织结构，合理配置权力，制定科学合理的制度，重视非正式组织的影响和组织文化建设，并在组织运转过程中适时调整变革，这些就是本章要学习的主要内容。

## 5.1 组织基础

从管理学的角度分析，组织有两种含义：一方面，组织是人类社会最常见、最普遍的现象，工厂、机关、学校、医院、各级政府部门、各个党派和政治团体等都是组织，它代表某一实体本身，又称为实体组织；另一方面，组织又是管理的一项工作或管理的一项职能，是人与人之间或人与物之间资源配置的活动过程。

### 5.1.1 组织的概念

组织是为实现某一共同目标，经由分工与合作及不同层次的权力和责任制度而构成的人的集合。这个定义具有以下三层含义。

(1) 组织必须具有共同目标。任何组织都是为实现某些特定目标而存在的,不论这种目标是明确的还是隐含的,目标是组织存在的前提和基础,如医院的目标是治病救人,大学的目标是传授知识,培养高级人才。

(2) 组织要有分工与协作。分工与协作关系是由组织目标限定的。企业为了达到经营目标要有采购、生产、销售、财务和人事等许多部门,这是一种分工,每个部门都专门从事一种特定的工作。与此同时,各个部门又要相互配合,采购要根据生产的需要进行,生产要"以销定产",这就是一种合作。只有把分工和协作结合起来,才能提高效率。

(3) 组织要有不同层次的权力与责任制度。这是由于分工之后,就要赋予各部门及每个人相应的权力,以便于实现目标。但同时必须明确各部门或各人的责任,只有权力而不负责任,可能导致滥用职权,同样会影响组织目标的实现。所以,职权和责任是达成组织目标的必要保证。

## 5.1.2　正式组织与非正式组织

### 1. 正式组织中存在着非正式组织

正式组织是具有一定结构、统一目标和特定功能的行为系统,它有明确的目标、任务、结构和相应的机构、职能和成员的权责关系以及成员活动的规范。正式组织不可能包括成员在组织里活动的一切关系、联系,也不可能满足成员一切需求。因而在正式组织活动中,各成员之间除了按照正式确定的组织关系交往外,总会发生正式组织关系之外的交往和接触。这就给个人的心理状态和行为方式赋予一定的组织化、体系化的特征,形成组织设计之外的非正式组织。也就是说,非正式组织是伴随着正式组织的运转而形成的。

当然,非正式组织形成的具体原因有多种。有因性格、兴趣、爱好相近,感情相投;有因工作性质相近、社会地位相当、对一些具体问题的认识基本一致、观点大致相同;有因类似的社会经历和现实境遇而产生的相同的生活体验;有因价值观和志向较为一致,追求共同的事业或理想;也有因共同的利害关系;还有因特定的社会关系,如同宗关系、同乡关系、同学关系、师生关系、师徒关系、姻缘关系;等等。但总的来说,感情上的认同和为实现单独个人难于实现的目标,是他们"走到一起"形成群体、产生非正式组织的基础。

非正式组织是一种在正式组织内部存在的、自发形成的人际关系群体。其特征主要有以下几方面。

(1) 结构难辨。非正式组织不像正式组织那样具有明显的组织界限。它通常没有名称、没有正式的组织机构、无明确结构、形态,也无固定的编制,似有似无、不易判断。

(2) 自发形成。非正式组织以感情为维系的纽带。它一般没有自觉的共同目标、没有制度和责任分工,是其成员为了满足某些需要而自发组成的。成员之间的相互关系、权利义务和职责范围取决于成员自发、自愿形成的一种约定俗成的共同行为规范。这种规范是软约束,不具强制性,主要是以感情和融洽的关系作为成员共处时的思想与行为的标准。

(3) 进出自由。非正式组织不需要得到管理当局的认可、批准,不办任何形式上的手续,成员自由进出,既不固定也不那么稳定。

(4) 内聚力强。非正式组织的形成往往是基于某些共同的思想和社会基础。它能满足成员在正式组织中难以满足的个人的不同需要,成员之间以口头形式沟通信息、有较多的共同语言,容易产生认同感,心理上的距离也小,因而往往有很强的从众行为倾向,表现出较强的内聚力。

(5) 自然领袖。在非正式组织中,往往存在着因自身的一些特殊因素,如最有活动能量、最有社会影响、有令人信服的专长、人品好等,自然而然地成为领袖的人物。这种自然形成的领袖人物威信高、影响力大,其举止行为、思想看法对成员有号召、引导作用。

## 2. 非正式组织的积极作用与消极作用

在一个组织内,员工既是正式组织的成员,也可能又是某一非正式组织的成员。由于这种双重身份,正式组织与非正式组织的成员往往交叉混合在一起。因此,非正式组织的存在及其活动,对正式组织既可发挥积极作用,也可能产生消极影响。

1) 非正式组织可能发挥的积极作用

健康而有活力的非正式组织,能支持、配合正式组织工作的,一般可发挥下述积极促进作用。

(1) 满足员工需要,增强内聚力,有助于提高正式组织的工作效率。非正式组织的健康活动,可满足成员在正式组织之外的需要,如心理归属与社交的需求、自我表现的需要、抒发或发泄情绪的要求,为其带来归属感、地位感、自尊感和社交满足感。这类情感和心理上的满足,可弥补正式组织在这方面的不足,给正式组织带来内聚力,从而提高组织的工作效率。

(2) 促进信息沟通,增进人际关系,有助于实现正式组织的目标。非正式组织的各种信息通道,可补充正式组织信息触角不足的问题。组织成员自由的信息沟通,不仅丰富了正式组织的信息源,而且可创造一种更为和谐、融洽的人际关系,提高协作精神,增强正式组织活力,有助于协调利益,取得共识,实现组织目标。

(3) 制造舆论影响,起制衡作用,有助于改善正式组织的工作情况。非正式组织能以其活动能量,对正式组织存在的问题表明看法、传达意见和民意,形成一定舆论压力,促使管理者不断改善工作,可为正式组织正常运转创造条件,发挥制衡与推动作用。

2) 非正式组织可能产生的消极影响

当非正式组织的目标与正式组织的目标发生冲突、又不接受正式组织的引导时,则可能产生对正式组织工作极为不利的消极影响。

(1) 聚众抵制变革,阻碍组织目标实现。当正式组织的变革措施触动非正式组织成员的利益时,某些不识大体的人就会利用非正式组织的力量,制造抵制舆论,找出种种理由加以阻挠,甚至滋生谣言,混淆真伪,形成压力,阻碍变革。这不仅助长组织的惰性,而且成为正式组织实现目标的巨大障碍。

(2) 无原则的从众要求,束缚其成员的个人发展。非正式组织虽无强制性的行为规范,但认同感、随大流、附和的倾向,深深影响其成员。当非正式组织的"集中"想法与正式组织背离,发生矛盾时,要求从众的压力,极有可能使成员放弃自己正确意见和想法而做出有损于正式组织利益的行为,同时也可能束缚其成员的个人发展。

### 3. 正确引导、控制与利用非正式组织

非正式组织的存在及其活动是一种正常的组织现象。组织工作的一项重要任务，就是要善于发现非正式组织，睿智地利用其积极作用、克服其消极影响。只要不是非法组织，滋扰团伙，就不用取缔或粗暴限制。

引导、控制、利用非正式组织，使其成为正式组织的必要补充以实现正式组织目标，要努力做到以下几方面。

（1）及时发现非正式组织，掌握其形成的原因、活动目标和需求倾向。加强与其成员，尤其是领袖人物的沟通，缩小与他们的心理距离，取得合作与支持，使之与正式组织目标相吻合。

（2）建立并宣传正确的组织文化，来影响与改变非正式组织的风气和行为规范，扶持和鼓励对正式组织发展有利的非正式组织，发挥其积极作用；引导和改造对正式组织发展不利的非正式组织，防止其走向对立面，并把它的消极影响克服到最低限度。

（3）正确利用非正式组织信息网络，了解正在其中传播的信息内容，改进组织管理并利用它为传输一定的组织信息服务。还可根据组织目标的要求和群众的需要，有意识地引导组建各种非正式组织，如技术革新小组、业余文化活动小组等，把非正式组织的活动引上健康发展的轨道，充分发挥其成员的聪明才智，为组织目标的实现做出积极的贡献。

## 5.2 组织设计理论概述

### 5.2.1 组织设计的任务

组织设计是履行组织工作的基础工作，是根据组织目标和战略的要求以及组织的外部环境与内部人员素质、技术、规模、所处的发展阶段等条件，设计出组织结构和保证组织正常运转所需的组织机构及其制度。

组织设计的根本任务是提供组织结构图和编制职务说明书。

组织结构图是指反映组织内各部门、岗位上下左右相互关系的图表，是以图形方式表示的组织内的职权关系和重要职能的组织图。图中可用方框表示各种管理职务或相应的部门，其垂直排列位置表示在组织层次中的地位；直线表示权力的流向；直线与方框的连接，则标明了各种管理职务或部门在组织结构中的地位及其相互关系。

所谓组织结构，就是指组织中各个部门和机构之间根据权责关系而确定的从属与并列关系的组织形态。组织结构怎样设计、如何设置，对组织目标的实现有着重要的影响。它可以起推动、促进作用，也可能起延缓、阻碍作用。因此，组织目标一旦确定，是否有科学合理的组织结构做保证，就成为至关重要的组织问题。

按组织设计的蓝图，组织结构一旦建立，就形成了一种相对稳定的权责框架。它如果是科学的、合理的，就能提高人、财、物、信息、科技、时间诸要素的使用效益，能够使组织的整体效能大于个体效能的简单相加，从而能够产生新的生产力。因此，设计科学合理的组织结构图并正确的编制职务说明书，是组织设计的首要任务，是做好管理不可或缺的

前提。

所谓职务说明书,就是指以文字简单明了地规定各项管理职务的工作内容、职责和权力、与组织中其他部门和其他职务的关系以及担任该项职务者所必须具备的条件等的说明文书。

组织设计的另一个重要任务,就是提供一套符合客观规律要求的、保证组织正常运行的科学的组织制度。

### 5.2.2 组织设计相关概念

#### 1. 授权

设计组织结构的过程中需要进行权力的配置,要正确处理以下关系:集权与分权、直线职权、参谋职权与职能职权等。

1) 授权

权力是组织成员为了达到组织目标而拥有的开展活动或指挥他人行动的权利。任何一个组织的成员都拥有开展活动的权利,但作为管理者,他们还拥有着指挥他人行动的特殊权利。

(1) 授权的概念。由于管理者能有效监督的下属人数是有限的,因此较高层次的管理者就有必要把一部分权力授予其下一级管理者。可见对于一个组织而言,授权十分重要。所谓授权就是指上级授予下属一定的权力,使下属在一定的监督之下,拥有相当的自主权和行动权。授权者与被授权者的关系是:授权者对被授权者有指挥、监督权,被授权者对授权者负有报告、完成任务的责任。

授权是一个过程。它包括委派任务、授予职权、明确责任和确立监控权等环节。授权并不意味着授责。授权后上级仍负有相同的责任,即授权仅将执行职责下授,而不是最终责任,授权者对组织仍负有最终的责任。

正因为授权者对组织负有最终的责任,因此,授权不同于放弃权力。授权者对被授权者拥有监控权,即有权对被授权者的工作情况和权力使用情况进行监督检查,并根据检查结果,调整所授权力或收回权力。

(2) 授权应遵循的原则。正确的授权具体应遵循以下几条原则。

① 明确授权的目的。没有明确目的的授权,会使被授权者在工作中摸不着头脑,无所适从,因此,授权者在授权时必须使被授权者明确所授事项的任务目的及权责范围。

② 职、权、责、利相当。授权必须是有职有权,有权有责且有责有利。与此同时,授权还要做到职、权、责、利相当,即做什么事给什么权;有多大的权力就应该承担多大的责任;有多大的责任就应承诺给予多大的利益。显然,权力过多会造成被授权者对他人事务的干涉,权力太小会使被授权者无法尽责,缺乏利益驱动往往会使被授权者不愿过多承担责任,责、权、利像一个等边三角形一样维持着稳定。

③ 不越级授权、不交叉授权,以保证命令的统一。授权者不要越过下级去干涉下级职权范围的事务,因为这样会造成直接下级失去对其职权范围内事务的有效控制。另外,授权者不可将不属于自己权力范围的权力授予下级,以避免交叉指挥,造成管理混乱和效

率低下。

④ 因事设人，视能授权，即正确选择被授权者。授权者应根据被授权者的实际能力，授予相应的权力和对等的责任。对于既肯干又能干的，要充分授权；对于能力强但有可能滥用权力的或虽肯干但能力有所欠缺的，授权时要适当保留决策权。

⑤ 加强监督控制。既然授权者要对被授权者的行为负责，那么授权者就必须加强对被授权者的监督控制。因为担心失去控制，授权者常常不愿意授权或已授权也不信任下级，为此，应通过健全的控制制度、工作标准和适当的报告制度来加强监督，切忌事事指手画脚。

⑥ 相互信赖。授权者如果把权力授予下级，就应该充分相信下级，也就是说要用人不疑。

**2. 集权与分权**

当权力的分配是在上下级组织之间进行时，授权就变成了分权。分权是一个组织向其下属各级组织进行系统授权的过程，是形成组织内部各组织单元之间权力关系的基本手段。集权是指决策权都由高层管理者或某一上级部门掌握与控制，下级部门只能依据上级的决定和指示执行，一切行动听上级指挥。

在一个组织中，集权意味着职权集中在较高的管理层次；分权则意味着职权分散在整个组织各个层级中。集权和分权对组织来讲都是不可缺少的，但集权与分权是个相对的概念。绝对的集权，即没有分权，意味着没有下级组织结构，所有事务均由高层管理者来决定。绝对的分权意味着没有高层管理者。实际上，这两种组织都是不存在的。

1) 集权与分权的衡量标志

衡量集权与分权的程度，关键在于决策权是保留在高层管理者手中还是下放，具体标志有以下几方面。

（1）决策的数目。基层决策范围越广、数目越多，则分权程度越高；相反，高层决策数目越多，集权的程度越高。

（2）决策的重要性及其影响面。较低管理层次做出的决策事关重大，涉及面较广，则分权程度较高；相反，较低管理层次做出的决策无关紧要，则集权程度较高。

（3）决策审批手续的繁简。决策审批手续越简单，分权程度越高；反之，集权程度越高。

2) 影响集权与分权的主要因素

在设计组织时，要确定组织的集权和分权的程度与范围，就必须搞清楚影响集权与分权的因素。这些因素包括以下几方面。

（1）组织规模。组织规模大，需要决策的问题多，协调、沟通及控制不易，因此宜分权；相反，组织规模小，需要决策的问题少，则宜集权。

（2）决策的重要性。所涉及的工作或决策越重要越宜集权；反之，宜分权。

（3）管理人员的能力与数量。下级管理人员数量充足，经验丰富，管理能力强，倾向于分权；反之，则倾向于集权。

（4）控制技术与手段。控制技术与手段的完善将会加强组织原有的权力分配倾向，即集权的更集权，分权的更分权。

(5) 环境影响。影响分权程度的因素中,大部分属组织内部因素,此外还有外部因素,如政治、经济等因素,这些因素常促使集权。

### 3. 管理层次与管理幅度

1) 管理幅度

所谓管理幅度,就是指管理系统或某一机构主管能够直接有效地指挥和监督的下属人员数,它也称管理跨度或管理宽度。

管理幅度大小,直接决定着管理层次多少,决定着组织结构形态是扁平型还是高耸型,也影响着管理的效率和效果。因此,人们总在研究寻求普遍适用的最佳管理幅度,以构成合理的组织结构来提高管理效率。

一般认为,试图寻求一个普遍适用的最佳管理幅度值,是无法办到的。虽然主管所能有效直接指挥监督下属数量在客观上是有限度的,但具体数量则取决于特定条件下的各种因素的综合作用结果。因此,各个组织根据自身的特点,找出特定情景下的各种影响因素,来确定适当的管理幅度,则是现实的、可能的,也是有意义的。

2) 管理层次

管理是有层次的,不同层次的管理所包括的内容、范围、任务、目标、甚至方法,也不尽相同。各个管理层次担负各自不同的管理职能。

所谓管理层次,就是指管理组织从最高一级到最低一级的组织等级,也称组织层次。每一个组织等级就是一个管理层次。一个组织设置多少管理层次,表明这个组织内部纵向分工的状态和组织结构的形态,也直接影响着管理的成效。

3) 管理幅度的影响因素

每个管理者能有效管理的下属数量并不是固定的,受到一些因素的影响,主要影响因素有以下几个方面。

(1) 人员素质和能力。主管人员的素质高、能力强、精力充沛、经验丰富,管理幅度可以增大;下级人员的素质高,处理问题的能力强,能准确地理解上级意图,能自觉、主动、独立地完成所赋予的任务,管理幅度也可以增大。

(2) 工作内容和性质。下级工作内容相近、相似性越强,工作任务越简单、新问题越少、重复性稳定性的工作越多,所采用的技术越单一,则管理幅度就越大;计划越完善、越明确,管理层次越低,非管理性事务越少,管理幅度也越大。

(3) 工作条件和环境。主管人员的助手越多、越得力,信息手段的配备越先进,下级工作地点越近、越集中,管理幅度可以越大;而上下级沟通包括业务信息沟通和思想沟通要求越高、越勤,管理幅度当然也就越小;环境变化越快、变化程度越大、越不稳定,管理幅度就越受限制,应该越小。

此外,还有管理体制、授权情况等因素也会影响管理幅度的大小。要寻求适当的管理幅度,必须从实际出发,对诸多影响因素做综合分析才能达到。而且,这个"适当"不是静态的,而是动态变化着的。

4) 组织结构的基本形态

一个组织的管理层次多少,受到组织规模和管理幅度的影响。当组织规模一定时,管理层次多少,直接决定于管理幅度,两者成反比关系。管理幅度越大,管理层次就越少;相反,管理幅度越小,管理层次就越多。这两种相反情况,形成了组织结构的两种基本形态,前者可称扁平型结构,后者则称为高耸型结构,这两种组织形态各有其特点。

扁平型组织上下层次少,信息和思想沟通方便,且因管理幅度宽,更多采取分权的管理方式,容易适应环境、较为灵活、成员参与度相对较高,但也容易出现"管不过来",造成局部失控和组织松散。高耸型组织,偏重于控制和效率,有利于统一指挥和控制,但因层次多,信息传递层次多、易失真,上下沟通难,容易造成组织僵化。这两种组织形态很难说绝对的优劣,要根据组织的需要和条件来确定。不过,近年来有由高耸型向扁平型演化的趋势。

管理层次的多少,还受组织规模大小及其变化的影响。在管理幅度给定的条件下,管理层次与组织的规模大小成正比,组织规模越大,其所需的管理层次也越多。但这种情况不一定就表现为高耸型形态。组织形态是扁平还是高耸,关键是管理幅度,只有当管理幅度相对比较窄,并由此而增加管理层次的情况下,组织结构才变得纵深。

### 4. 部门化

1) 部门化含义

部门是指组织中管理人员为完成规定的任务有权管辖的一个特定领域。部门化是将若干职位组合在一起的依据和方式,它是将组织中的活动按照一定的逻辑安排,划分为若干个管理单位。部门划分的目的是要确定组织中各项任务的分配以及责任的归属,以求分工合理、职责分明,有效达到组织的目标。

2) 部门划分的方法

部门划分的标准主要有职能、产品、顾客、地区、人数、时间、过程、设备以及销售渠道、工艺、字母或数字等。下面介绍最主要的几种部门化形式。

(1) 职能部门化。这是最普遍采用的一种划分方法,即按专业化的原则,以工作或任务的性质为基础来划分部门。职能部门一般有生产、人力、质量、销售、财务部门等。职能部门化的优点是:有利于专业人员的归口管理;易于监督和指导;有利于提高工作效率。缺点是:容易出现部门的本位主义,决策缓慢、管理较弱,较难检查责任与组织绩效。

(2) 产品部门化。按组织向社会提供的产品来划分部门。如家电企业集团可能会依据其产品类别划分出彩电部、空调部、冰箱部、洗衣机部等部门。产品部门化的优点是:可提高决策的效率;便于本部门内更好的协作;易于保证产品的质量和进行利润核算。缺点是:容易出现部门化倾向;行政管理人员过多,管理费用增加。

(3) 地区部门化。按地理位置来划分部门。如跨国公司依照其经营地区划分的各个分公司。地区部门化的优点是:对本地区环境的变化反应迅速灵敏;便于区域性协调;有利于管理人员的培养。缺点是与总部之间的管理职责划分较困难。

(4) 过程部门化。按完成任务的过程所经过的阶段来划分部门。如机械制造企业划分出铸工车间、锻工车间、机加工车间、装配车间等部门。过程部门化的优点是:能取得经济优势;充分利用专业技术和技能;简化了培训。缺点是部门间的协作较困难。

(5) 顾客部门化。按组织服务的对象类型来划分部门。如银行为了向不同的顾客提供服务，设立了商业信贷部、农业信贷部和普通消费者信贷部等。顾客部门化的优点是可更加有针对性地按需生产、按需促销。缺点是只有当顾客达到一定规模时，才比较经济。

（6）人数部门化。单纯按人数的多少来划分部门。类似于军队的师、团、营、连的划分，是最原始、最简单的划分方法。

（7）时间部门化。它是在正常工作日不能满足工作需要时，所采用的一种部门划分方法。如三班制、轮班制工作的情形，即可按此来划分。

（8）设备部门化。按设备的类型来划分部门。如医院的放射科、心电图室、脑电图室、超声波室等。

3）部门划分的原则

部门划分应遵循的总的原则是分工与协作原则。具体原则有：力求维持最少部门；组织结构应具有弹性；确保目标的实现；各部门任务的分配应平衡，避免忙闲不均；检查职务和业务部门分设，即检查人员不应属于受检查的业务部门。

### 5. 职权划分

1）直线职权、参谋职权和职能职权

职权是指由组织制度正式确定的，与一定管理职位相连的决策、指挥、分配资源和进行奖惩的权力。与职权对应的是职责，由组织制度正式确定的某职位应承担和完成特定工作任务的责任与义务。在组织内部，最基本的信息沟通，是通过职权关系来实现的。一般存在着三种不同性质的职权：直线职权、参谋职权和职能职权。

（1）直线职权是授予直线管理人员决策和将决策付诸行动的权力。这是一种上级对下级行使的职权，因此，组织中的直线关系是一种指挥和命令的关系。这种自上而下的命令关系越明确，决策的职责也越明晰，组织的沟通也越有效。直线关系是组织中管理人员的主要关系，组织设计的一个重要内容便是规定和规范这种关系。直线职权与等级链有关系，在组织等级链上的管理者一般都拥有直线职权，即他们既接受上级指挥，又指挥下级；如校长对系主任拥有直线职权，系主任对教研室主任拥有直线职权。

（2）参谋职权是授予参谋人员调查研究、筹划和建议的权力，这是一种顾问性质的职权。因此，组织中的参谋关系是一种服务和协助的关系。这种作为直线主管的助手的参谋职权越明确、参谋关系越清晰，越有助于直线主管的统一领导，也越有助于直线主管适应复杂的管理活动需要多种专业知识的要求。

直线与参谋之间的界线是模糊的。作为一个管理人员，他既可以是直线人员，也可以是参谋人员，这取决于他行使的职权。如某部门主管对其下属发号施令时，他行使的是直线职权，是直线人员；而他就某方面事务向上级提出建议时，他行使的是参谋职权，此时他是参谋人员。可见，直线与参谋的概念不应该按部门或其所从事的工作来划分，而应按权力关系来理解。

（3）职能职权是直线主管向参谋机构和人员授予的职权，允许其按照规定的制度，在一定的职能工作范围内向下一级直线部门和人员发布指示、提出要求的权力。其实质是直线主管将本属于自己的一部分直线权力分离出来，授予参谋机构和人员，从而扩大其权力，使之在某种职能范围内具有一定的决策、监督和控制权。职能职权介于直线职权和参谋职权之间,是一种有限的权力,只有在被授权的职能范围内有效;如大学人事处要求各学院院长执行教师聘用制,就是行使职能职权的例子。

三种职权的比较如表 5-1 所示。直线职权、参谋职权和职能职权分别由直线人员、参谋人员和职能人员行使。

表 5-1 三种职权的比较

| 职权种类 | 特 点 | 行 使 者 |
| --- | --- | --- |
| 直线职权 | 指挥权、决策权 | 直线人员 |
| 参谋职权 | 指导权、建议权 | 参谋人员 |
| 职能职权 | 部分指挥权、决策权/指导权 | 职能人员 |

直线人员、参谋人员和职能人员的相互关系,本质上是一种职权关系。在管理工作中,应处理好三者的关系:参谋职权无限扩大,容易削弱直线人员的职权和威信;职能职权无限扩大,则容易导致多头领导,导致管理混乱、效率低下。为此,要注意发挥参谋职权的作用,同时适当限制职能职权的使用。

从直线与参谋的关系来看,直线人员掌握的是命令和指挥的职权,而参谋人员拥有的则是协助和顾问的职权。参谋人员的职责是建议而不是指挥,他只为直线主管提供信息,出谋划策,配合直线人员工作的。由此可知,二者之间的关系是"参谋建议、直线命令"的关系。因此,发挥参谋作用时,参谋人员应独立地提出建议,而直线人员不为参谋人员所左右。适当限制职能职权的使用,这就要求限制使用范围,职能职权的使用将限于解决如何做、何时做等方面的问题,再扩大就会取消直线人员的工作;再者限制使用级别,下一级职能职权不应越过上一级直线职权。

2) 正确发挥参谋的作用

组织中设置参谋机构、聘用掌握专业技术的人员和专家担任参谋,本意在于协助直线主管适应复杂的管理活动、提高工作效率、增强直线统一指挥的效能。但是在管理实践中,由于对参谋职权性质理解不同、参谋职权不明确、对直线与参谋的职权关系以及各自在组织中存在的价值不明晰,往往出现不和谐的问题。常见的倾向性问题是:为保持直线主管的指挥、命令统一,参谋作用被轻视、不能充分发挥,缺乏积极性和责任心,参谋机构形同虚设;或者参谋作用发挥失当、越权指挥,削弱直线职权,破坏了统一指挥的原则、出现多头领导的混乱局面。无论哪种倾向发生,都影响整个组织活动的效率。

正确发挥参谋的作用要注意以下三点。

(1) 明确直线与参谋双方职权关系,重视并尊重各自存在的价值,密切配合、创造和谐的氛围。

(2) 授予参谋机构必要的、适当的职能权力,以提高参谋人员的积极性、增强其责任心。授权之后,在组织工作运行中仍然要注意,既要放手让参谋人员开展工作,不能频繁地变更已授出的权力;又要明确职能权力的地位,限制职能权力使用范围只在其必要的领域,以防止出现多头领导。

(3) 为参谋机构和人员提供必要的工作条件,特别是有关参谋工作的信息,以便其有效地开展工作,同时也便于从参谋机构和人员有效的工作中获得有价值的支持。

### 5.2.3 组织设计的原则

组织的形式各种各样,但无论是何种组织,设计时都要遵循一定的原则。

#### 1. 任务目标原则

任何一个组织,都有其特定的任务和目标,设计的组织结构必须有利于组织任务的完成和组织目标的实现。设计中遵循这个原则,首先要明确组织确定的任务和目标,然后分析为完成任务、实现目标,应做什么事、设什么机构和职务,由什么样的人任职,最后为事架构,因事设职,因职用人,使任务、目标的每项内容都能落实到具体的部门和岗位,做到"事事有人做"。这是组织结构设计的首要原则。

#### 2. 分工与协作原则

分工与协作二者不可分离,遵循这个原则设计组织结构,要同时考虑这两方面,既要按照提高专业化程度和工作效率的要求进行合理的分工,又要本着系统、整体的思想搞好各部门之间及部门内部的协调与配合。分工要注意粗细适当,协作要注意协调规范化、程序化。

#### 3. 统一指挥原则

统一指挥就是组织内任何一个下级只接受一个上级指挥,只对一个上级负责。为保证组织目标的顺利实现、实行有效的领导,必须消除令出多门、多头领导的混乱现象,贯彻统一领导、统一指挥的原则。按照这个原则在设计组织结构时,要明确各管理层次上下级的职责、权力,建立严格的责任制,明晰直线职权与参谋职权及其关系。

#### 4. 权责一致原则

权与责之间有不可分的内在联系和必然统一,有责无权,责任将无法履行,任务无法完成;有权不负责,会导致危及组织的滥用职权,还会出现无休止的扯皮和混乱状态。因此,按照这个原则设计组织结构,要明确在委以责任的同时,必须授以自主完成任务所必需的权力,明确规定各种部门、各个管理层次和职务的任务、责任、权力和利益。

#### 5. 执行和监督分离原则

监督机构与执行机构及其人员,如果在组织内一体化,就会发展为利益一体化,监督职能就会名存实亡,势必产生腐败,危及整个组织正常运行。因此,为了保证组织的健康与活力,就要保证监督的有效性,在设计组织结构时必须按这个原则,把监督机构与执行机构及其人员分开设置。

#### 6. 精简与效率原则

精简有利于建立良好的沟通,减少内耗,降低管理成本,从而提高组织效率。按照这个原则设计组织结构,首先要确定适当的管理幅度,明确在能够有效管理的情况下扩大管理幅度,以减少管理层次、精简部门、精减人员;同时,在分解任务、职能时安排的负荷要饱满,做到人人有事干,事事有人管,达到精干高效。

由于现代组织是处于复杂多变的内外环境中,在设计组织结构时要注意保持有一定的弹性,在保持稳定性的基础上提高适应性,使组织富有活力,以防止组织僵化。

### 5.2.4 组织设计的影响因素

组织结构的设计就是要在管理劳动分工的基础上,设计出组织所需要的管理职务和各个职务之间的关系,其目的是合理组织管理人员的劳动、实现组织目标。而管理劳动的开展是受组织内外各种因素的影响。因此,合理设计组织结构必须以组织内外各种影响因素作为考虑设计的依据。

#### 1. 战略

在影响组织结构的多种因素中,组织的战略是一个重要的因素。适应战略要求的组织结构能为战略的实施和组织目标的实现,提供必要的前提。不同的战略要求开展不同的业务活动,就要求设置不同的管理职务、设计不同的组织结构与之适应;战略重点的改变,组织工作重点也会随之改变,则组织内各部门与职务的重要程度也会改变,组织结构就要做相应的调整。因此,设计组织结构时,必须以适应战略需要作为重要依据。

#### 2. 环境

组织是开放系统,是整个社会大系统的一个组成部分,它与外部的其他社会子系统之间存在着各种各样的联系。外部环境的发展变化,必然会对一个组织内部的组织结构产生重要的影响。这种影响不仅反映在组织结构的总体特征上,还反映在组织内各个职务与部门的设置以及各部门的关系上。因此,要依据组织所处的环境及其变化来设计组织结构,才有望做到科学、合理,组织才有效率。此外,组织的内部环境也是不可忽视的因素,也应是考虑组织结构设计的依据之一,特别是内部的组织文化。

#### 3. 技术

组织的活动需要利用一定的技术和反映一定技术水平的设备手段。技术及技术设备的水平,不仅影响组织活动的效率和效果,而且会作用于组织活动的内容划分、职务设置,会对管理人员的素质提出相应的要求。因此,在组织结构设计中需要考虑技术对组织结构的影响,并作为设计的一个根据。

#### 4. 规模

组织规模的大小及其变化,直接影响着组织结构的形态和复杂程度。规模扩大、组织活动内容势必增多,人员也会随之增加,组织内的水平、地区差异变得更大。因此,设计组织结构时组织规模状况及其变化趋势是基本的依据。

### 5. 人员

组织内人员的数量和素质及其变化,对职务的安排、集权与分权的程度、管理幅度的大小与管理层次的多少以及部门设置的形式等都有直接影响。这个影响因素也是组织结构设计的重要依据。

### 6. 组织的发展阶段

组织在不同的发展阶段,不仅规模不同,而且组织要解决的重点问题也不同,因而设计的组织结构也不会相同。以企业为例,在企业由小到大迅速发展过程中,主要的问题一般是健全组织部门、实现管理规范化;而当企业从创业期发展到成熟期,发展到较大规模时,主要的问题常常是如何有效分权、增强组织应变能力。因而组织的发展阶段也是组织结构设计的依据之一。

## 5.3 组织结构类型

### 5.3.1 常见的组织结构类型

组织结构中人和机构之间的关系有两种类型:一是纵向关系,即上下级隶属与领导关系,又可分为直线关系与职能关系;二是横向关系,即同级各要素之间的分工协作关系。随着社会发展和管理理论与实践的发展,组织结构的具体形式也在发展,出现多种多样的组织形式。这里重点介绍几种常用的并占主导地位的组织结构形式。

#### 1. 直线制结构

直线制组织形式(图 5-1)的特点是:组织中各职务都按垂直系统直线排列,各级主管都按垂直系统对下级进行管理,不设专门的职能管理部门或参谋机构。

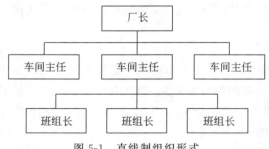

图 5-1 直线制组织形式

这种组织形式的优点是:结构简单、机构单纯、管理费用低、职权集中、责任明确、指挥统一、灵活、沟通简捷、易于维护纪律和组织秩序、管理效率比较高。其缺点是:缺乏专业化管理分工,权力完全集中于一人,容易产生失误;管理工作比较粗放,组织内机构间、成员间横向联系少、协调差,对直接上级尤其是最高领导者个人的依赖性太大。

这种组织形式是最古老、最简单的组织结构,一般只适用于产品单一、工艺技术和业务活动比较简单、规模较小的企业。

### 2. 职能制结构

职能制组织形式(图 5-2)的特点是:在组织内部除直线主管外,各职能部门在自己的业务范围内有权向下级下达命令和指示,直接指挥下级;下级直线主管除了服从上级直线主管的指挥领导外,还要接受上级职能部门的指挥。

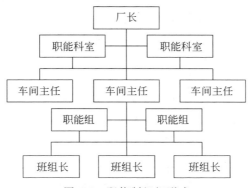

图 5-2　职能制组织形式

这种组织形式的优点是:能发挥职能机构和专业人员的专业管理作用,对下级工作的指导具体、细致,有利于对整个企业实行专业化管理,并且可减轻直线主管的工作负担,甚至可弥补直线主管专业管理能力的不足。其缺点在于:由于下级要根据专业分工向不同职能部门汇报工作、接受指示,容易形成多头领导,削弱了组织必要的集中领导和统一指挥,容易出现命令的重复或矛盾,使下级无所适从,造成管理的混乱;同时,也不利于明晰直线职权与职能职权界限,容易出现争权、推卸责任。

这种组织形式目前在企业组织中使用得较少,多见于高等院校、医院、设计院等单位。

### 3. 直线职能制结构

直线职能制组织形式(图 5-3)是在各级直线主管之下设置若干职能部门作为直线主管的参谋和助手的一种组织结构。其特点是:以直线制为基础、改进职能制,即在保持直线制组织统一指挥原则下,增设职能部门作为参谋机构。这种组织形式的职能机构不同于职能制组织形式的地方在于:它对下级直线主管无权发号施令,只起指导作用,除非直线主管授予某种权力,才能有一定程度的指挥职权。

直线职能制的组织形式的优点:可以说是综合了直线制和职能制的各自优点,既保证了整个组织的集中统一指挥,又能发挥职能部门及其专业人员的专业管理作用,有利于优化决策、提高组织的管理效率。其主要缺点是:各职能部门自成体系,易从本位出发,部门间缺乏沟通,意见不一,甚至冲突,增加直线主管协调负担;职能职权大小难以界定,往往与直线部门产生矛盾,或轻视职能专家意见或职能部门越权。尽管如此,这种组织形式,目前仍被我国绝大多数企业广泛采用。

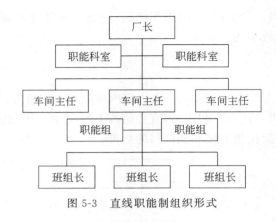

图 5-3 直线职能制组织形式

### 4．矩阵制结构

矩阵制组织形式（图 5-4）是在直线职能制垂直形态组织系统的基础上，再增加一种横向的领导系统组建而成的组织结构。

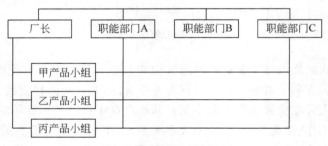

图 5-4 矩阵制组织形式

矩阵制组织有两个部分：一个是纵向上相对固定的机构，包括组织常设的职能机构和经常性的业务经营机构。这是维持和发展组织正常业务需要与组织运行所必需的机构。另一个是横向上项目或任务小组的临时性机构，是解决组织一定时期所面临的重要问题而建立的机构，任务完成后就解散。参加项目小组的成员，一般都接受双重领导，即在行政和专业上隶属原职能部门领导，而在执行小组任务上则归项目负责人领导。这种组织形式，既保持组织的相对固定性，又增强组织的灵活应变能力；一般适合于常规性业务较多同时临时性重大问题发生较多的企业，或大型协作项目、开发项目较多的单位。

这种组织形式的优点是：能将组织的横向联系和纵向联系较好地结合起来，有利于加强各职能部门、经营机构之间的协作和配合，及时沟通情况，解决问题；能在不增加机构和人员编制的前提下，将不同部门的专业人员组合起来，充分发挥已有的职能和业务专家的作用，有利于减少人员和财力资源的浪费、减缩成本开支；灵活应变的能力较强，能较好地解决组织结构相对稳定和管理任务多变之间矛盾，使一些临时而重要的、跨部门的工作的执行变得容易，可避免各部门的重复劳动、加速工作进度，增强整个组织的效益性。

但是,矩阵制组织形式也有它的缺点和不足:这种组织形式的组织关系复杂,项目小组与已有的职能部门、业务经营机构在人员使用和有关业务问题上不容易协调;双重领导,出了问题责任有时难以分清,小组成员易出现临时观念,有时责任心不强。

### 5. 事业部制结构

事业部制组织形式(图5-5)是在一个企业内对具有独立的产品和市场、独立的责任和利益的部门实行分权管理的一种组织结构。这些部门成为事业部,需具备三个基本条件:第一,是独立的经营中心。按企业总的政策要求,在自己经营的产品和市场范围内拥有独立经营自主权,具有足够的权力,能自主经营。第二,是独立的责任中心。能对自己的经营活动过程和经营成果以及产品与市场负责。第三,是利润和利益中心。其具有独立的利益,实行独立核算、自负盈亏,有权分享相应的经济利益,独立进行内部利益分配。这种组织形式的最主要特点是集中政策、分散管理,集中决策、分散经营。最高管理层只保留预算、资金分配、重要人事任免和战略方针政策等重大问题的决策权,其他权力都尽可能下放给事业部(有称分公司)。

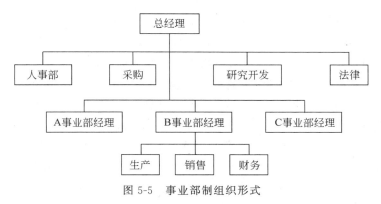

图 5-5 事业部制组织形式

事业部制组织形式的优点在于:它实现政策管制集权化、业务运作分权化,正确地处理最高管理层与下级经营机构之间的集权和分权的关系,使企业最高决策层能集中力量制定公司的总目标、总方针、总计划及各项重大政策,可以摆脱大量的日常行政事务。同时,可使各事业部充分发挥经营管理的主动性、积极性。从而保证了企业在复杂多变的环境中,既有较高的组织稳定性,又有较强的经营管理适应性,有助于克服组织的僵化、官僚化,提高组织的活力。这种组织形式还能把统一管理、多种经营和专业分工更好地结合起来,既有利于公司不断培养出适应公司发展需要的人才,也有利于公司获得稳定的利润。

事业部制组织形式的缺点是:各事业部的独立性较大,容易产生本位主义,相互间协作困难,甚至发生内耗,公司难协调,加大控制难度,严重的还会出现架空公司领导现象。此外,这种组织形式会增加管理机构,出现公司内部机构重叠、管理人员比重增大、管理成本增高、符合公司要求的管理人才难寻觅等缺点。

## 公司的力量

1916年，阿尔弗雷德·斯隆出任通用公司副总裁。斯隆上任后发现通用管理上存在的问题，他先后写了3份分析通用内部管理弱点的报告。但是，总裁杜兰特只是赞赏，不予采纳。到了1920—1921年的经济危机期间，通用公司在经营管理上的问题彻底暴露了。公司危机四伏，摇摇欲坠，面临破产的通用公司被杜邦收购了，皮埃尔·S.杜邦兼任总经理。斯隆在他的支持下，开始了改革的进程，这场改革从1921年开始一直持续了10年。

斯隆分析了通用公司的弊病，指出公司是个脆弱的庞然大物，内部相互竞争，管理者们甚至不知道谁挣了钱谁亏了钱，过去将领导权完全集中在少数高级领导人身上，他们事无巨细，大包大揽，反而事与愿违，造成了公司各部门失去控制的局面。他认为，大公司较为完善的组织管理体制，应以集中管理与分散经营二者之间的协调为基础。只有在这两种显然相互冲突的原则之间取得平衡，把两者的优点结合起来才能获得最好的效果。由此他认为，通用公司应采取"分散经营、协调控制"的组织体制。根据这一思想，斯隆提出了改组通用公司组织机构的计划，并第一次提出了事业部制的概念。

1920年12月30日，斯隆的计划得到公司董事会的一致同意。次年1月3日这个计划开始在通用公司推行。斯隆的目标是"为每一个钱包生产一辆汽车"，为此他在通用汽车公司创造了一种多部门的结构，为不同的消费群体提供不同的服务，由不同级别的经理人员共同管理公司。这种设计现在人们已经熟悉，但在当时却是全新的理念。

斯隆认为，通用汽车公司出产的车应从凯迪拉克牌往下安排到别克牌、奥克兰牌、奥尔兹莫比尔牌最后到雪佛兰牌。每个不同牌子的汽车都有自己专门的管理人员，每个单位的总经理相互之间不得不进行合作和竞争。这意味着生产别克牌的部门与生产奥尔兹莫比尔牌的部门都要生产零件，但价格和式样有重叠之处。这样，许多购买别克牌的顾客可能对奥尔兹莫比尔牌也感兴趣，反之亦然。这样，斯隆希望在保证竞争有利之处的同时，也享有规模经济的成果。零件、卡车、金融和通用汽车公司的其他单位差不多有较大程度的自主权，其主管成功获得奖赏，失败则让位。通用汽车公司后来成为一架巨大的机器，但斯隆力图使它确实保持较小公司所具有的激情和活力。1921年的《财富》杂志写道：通用公司之所以能够避免破产灭绝的风险，就是因为斯隆先生创造了一种与规模相适应的复合大脑。

斯隆的战略及其实施产生了效果，凭借这种独创的制度，通用公司在短短五年内，从崩溃边缘发展成世界第一大汽车公司。1921年，通用汽车公司生产了21.5万辆汽车占国内销售的7%；到1926年底，斯隆将小汽车和卡车的产量增加到120万辆，通用汽车公司已拥有40%以上的汽车市场。1940年该公司产车180万辆，已达该年全国总销量的一半。

资料来源：根据CCTV-2纪录片《公司的力量》整理。

6. 多维立体制结构

这种组织结构是直线职能制、矩阵制、事业部制和地区、时间结合为一体的复杂机构形态。它是从系统的观点出发,建立多维立体组织结构。多维立体组织结构主要包括三类管理机构:按产品划分的事业部,是产品利润中心;按职能划分的专业参谋机构,是专业成本中心;按地区划分的管理机构,是地区利润中心。如图5-6所示。

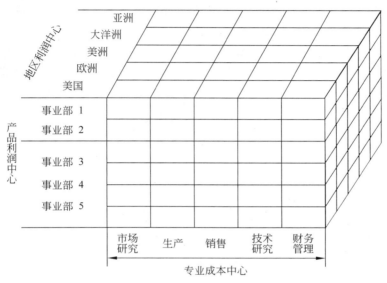

图 5-6　多维立体组织形式

通过多维的立体组织结构,可使这三方面的机构协调一致,紧密配合,为实现组织的总目标服务。多维立体组织结构适用于多种产品开发、跨地区经营的跨国公司或跨地区公司,可以为这些企业在不同产品、不同地区增强市场竞争力提供组织保证。

## 5.3.2　较新的组织结构类型

1. 基于团队制结构

在基于团队的组织结构中,整个组织是由执行组织各项任务的工作小组或团队组成。在这种组织中,不存在从最高层到最底层的等级链,而是将决策权下放到工作团队层次,通过对员工进行授权,使员工团队可以自由地以他们认为最好的方式来安排工作,而且团队对其所负责领域的所有工作及结果负责。目前许多组织都在运用团队结构,有的公司还将团队结构与职能型结构或事业部结构结合起来,这种组合结构使这些公司在获得行政性机构的效率性的同时,还拥有团队结构的灵活性。

2. 网络型结构

当前我们正处在一个快速变化的时代,新技术的应用推广、新材料的采用、流行时尚的改变、国际竞争的加剧、新的市场机会,都要求企业迅速做出反应。网络型结构便是在这样的背景下在业务外包的基础上发展起来的新型结构形式。网络型结构是组织自身只拥有人数很少的经理小组,但通过正式合同契约建立起一个企业间的关系网络,依靠其他组织的力量开展研究开发、生产制造、营销代理等各项业务进行运营的结构形式。组织自身的核心小组主要致力于经营策划、制定政策并协调与各公司的关系,要求每个人都有较高的独立工作能力和协调沟通能力。

图 5-7 是一个典型的网络型结构,经理小组是网络的核心,虚线表示其与各专业公司的合同关系,方框中的外部机构按照合同履行其承担的职能。精干、灵活的网络型结构具有很大的应变能力和适应性,不需要大规模的设备投资,也没有庞大的员工队伍及相应的管理问题,不论是大型组织还是小型组织,都可以将精力集中于自己最有优势的专业领域,发展自身的核心能力,而将附加职能外包给其他公司。网络型结构在灵活对外的同时也有助于减少内部运营成本。

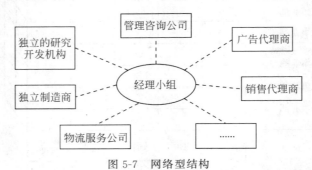

图 5-7 网络型结构

一般来说,网络型结构的组织是通过对外部资源的整合来取得自身优势的,人数少、弹性大、应变快、内部管理简单是网络型结构的突出特点。但是,网络成员单位都是独立法人,没有正式的资本所有关系和行政隶属关系,通过契约纽带和相互信任、互惠互利、密切协作。因而,这类组织在核心能力和关键职能上具有控制力,是整合外部资源的基础。例如,卡西欧公司专注于设计、营销和装配,在生产设施和销售渠道方面很少投资。

网络型结构的局限之处在于其管理当局难以保证对生产经营全过程的严密控制,存在着一定的经营风险,尤其是在契约意识、信守合同没有深入人心并成为基本行为准则的社会环境中,每一个经营环节都存在失控的风险,而任何一个环节的失误,都对整个组织运作造成极大的危害。网络型结构比较适合于服装、鞋帽、玩具、工艺品加工等受流行时尚影响大、市场变化快、竞争激烈的行业,或抓住市场机会刚起步的小企业,并不适用于所有企业。

## 5.4 组织运行

### 5.4.1 组织制度

组织结构设计完成后,组织的正常运行还需要制度的约束和调节。建立健全组织制度,是组织运行的一项重要内容,也是履行组织工作不可或缺的一个工作环节。

## 1. 组织制度的内容与特点

组织制度是组织成员共同遵守的处理问题规程或行为准则。组织设计必须注重组织制度的制定和完善。

1) 组织制度的内容

任何一个组织的组织制度,都是组织管理过程中借以约束全体组织成员行为,确定办事方式,规定工作程序的规范。它包括各种章程、条例、守则、规程、程序、标准、办法、细则等。但是,归纳起来,主要有两个层次的内容。

第一个层次是组织的基本制度。这是组织其他制度的依据和基础,它决定着组织性质。组织基本制度的主要内容包括:规定组织法律地位和财产所有形式的契约、组织章程等方面的制度,以及组织的领导制度、民主管理制度等等。因而它也就规定了组织其他制度的框架内容和相互衔接的关系。

第二个层次是专业管理制度。这是任何组织正常运转都必需的制度规范。它既是组织基本制度得以贯彻执行的具体保证,又是组织进行专业管理的具体手段。专业管理制度是对组织管理各基本方面规定活动准则,调节集体协作行为。它主要是针对集体而非个人,如各部门、各层次的职权、责任和相互间的配合、协调关系,各项专业管理规定,信息沟通,命令服从关系,等等。专业管理制度的具体内容和数量,按组织的业务专业性质不同而有所不同。一般包括以下几个方面。

(1) 责任制度。责任制度是专业管理制度的核心。它是规定组织内部各级部门、各类人员应承担的工作任务、应负的责任以及相应职权的制度。责任制度的规定,要明确岗位与责任、责任与权力、权责与利益三方面关系的具体内容。责任制度可按不同管理层次和工作岗位分别制定,如领导人员责任制、职能部门和专业人员的责任制、工人岗位责任制等。

(2) 技术规范。技术规范是针对组织的业务活动而制订的技术标准、技术规程等。由于各组织的业务活动有较大差别,技术规范在不同组织之间差别相当大。制订技术规范的关键是要反映组织业务活动的特定技术要求,一般包括技术标准、操作规程、生产工艺流程、保管运输要求、使用保养维修规定等。

(3) 业务规范。业务规范是组织在实践经验基础上总结出来的、通过行政命令的方式予以认可的工作程序和作业处理规定。就企业来说,主要有操作规程、服务规范和安全规范。但其内容不可避免地要与其他的制度规范有所交叉。

(4) 个人行为规范。这是对组织成员在执行组织任务时应有的个人行为的规定,如个人行为品德规范、劳动纪律、仪态仪表规范、语言规范等。

所有这些制度,不论繁简,结合起来实质上构成了一套完整的组织制度规范体系,即组织行为约束系统。

2) 组织制度的特点

组织制度是保证共同劳动、协调工作得以有效进行的重要的组织管理手段。因此,组织体系中的任何制度都必须具有并反映出以下特点。

(1) 合法性。组织的规章制度是组织内部实施的行为准则和规范,它有充分的内部行政权力做保证。但它首先必须符合国家和所在地的法律、法规。

(2) 科学性。制定的组织制度要能达到规范的预想效果,在合法的前提下,制度本身要科学合理。制度的科学性主要表现在,既符合业务活动的技术规律要求,充分体现所规范的经营管理活动的客观规律,又是合情合理的。

(3) 权威性。组织制度一旦制定、确定并付诸实施,组织中所有成员都必须执行。权威性一是来自制度本身的合法性、科学性,二是因为有组织中行政领导系统的权威做保证。违反制度就会受到相应的处罚。

(4) 强制性。强制性是制度得以遵守的约束力量,是制度发挥规范作用的强制力的表现。强制性体现在制度对组织内任何部门、任何人员都是同样的约束而无例外;制度得到组织内大多数成员的遵守;若有违反,组织会运用行政手段采取强制性措施予以纠正或惩罚。

(5) 系统性。组织中各部门、各层次、各环节的工作紧密相关、互相衔接、互为补充配合,具有整体性、系统性。因此制定的制度要严密完整,形成一套规范体系。这实际上也是科学性特点的补充。

(6) 相对稳定性。制度的稳定性来自制度的合法性、科学性,又是维持制度权威性的必要条件。当然,在条件发生较大变化的情况下,做必要的相应的调整也是应该的。这并不否定稳定性,只说明稳定是相对稳定,不是长期固定不变。

## 2. 组织制度的制定与调整

一整套科学严密的组织制度,可使组织高效率地运转。这是注重制度建设的一方面。而另一方面,则是上述的制度也会存在滞后性,可能成为保护落后、束缚进步的枷锁。因此,在制度建设中,要十分重视制度的优化与创新。

1) 组织制度的制定

制定制度是一项严肃认真的组织工作。要根据不同类型的组织制度特点,确定合适的制定主体。一般而言,企业的基本制度要由企业所有者和主要经营管理人员根据法律规定,在与有关政府机关磋商基础上制定;专业管理制度以及责任制度,由制度涉及的部门、管理者和有关组织成员制定;技术规范,有些直接来自国家标准和规定,有些以技术专家为主会同约束对象和管理者协商制定;业务规范的制定人员主要是直线操作人员和管理人员;个人行为规范通常是在充分征求组织成员意见基础上由高层管理人员确定。但不论是哪种类型制度的制定,都应充分考虑该项制度的约束对象的意见和要求;都要从实际出发,以实现组织目标的需要为根据。

2) 组织制度的调整

当制度所赖以存在的前提条件发生变化时,或在实施过程中发现制度本身不合理有重大缺陷时,不能因制度的稳定性而不做相应的调整,更应注意制度创新的时代要求。

(1) 制度调整的内容。其包括现行制度的修改、废除和制定新制度。

(2) 制度调整的背景条件。一是外部环境条件变化,如国家的法令、政策变化;二是组织内部基本目标、决策有重大变化,或组织机构本身有重大变动,或制度规定有重大缺陷,或制度规定的时效期届满;等等。

(3) 制度调整的程序。调整的程序与制定的步骤大体相同,但一般不必经过试行阶段,修改审批后即可直接付诸实行。

### 5.4.2 组织文化

组织文化是推动组织不断发展的动力,也是组织成功的关键因素之一。组织通过培养、塑造这种文化,来影响员工的工作态度和行为,从而引导其实现组织目标。

#### 1. 组织文化的概念与特点

1) 组织文化的概念

组织文化这一概念最早是美国学者于 20 世纪 70 年代末至 80 年代初提出的。组织文化是组织在长期的实践活动中所形成的,并且为组织成员普遍认可和遵循的,具有本组织特色的价值观念、团体意识、工作作风、行为规范和思维方式的总和。由于每个组织都有自己特殊的环境条件和历史传统,也就形成自己独特的哲学信仰、意识形态、价值取向和行为方式,于是每一种组织也都形成了自己特定的组织文化。

2) 组织文化的主要特征

组织文化具有以下几个主要特征。

(1) 社会性。企业作为进行生产技术经济活动的社会细胞,它需要直接或间接地依赖其他企业和单位的协作配合,企业文化也正是通过社会生产技术经济协作,得以继承和发展。

(2) 继承性。每个组织都需要注意本组织优良文化的积累,通过文化的继承性,把自己的过去、现在和将来联结起来,把组织精神灌输给一代又一代,并且在继承过程中,要加以选择。

(3) 创新性。随着科学技术的发展,组织都会产生一种追求更高的、更好的物质文化和精神文化的冲动,这就需要创新。

(4) 融合性。每一个组织都是在特定的文化背景之下形成的,必然会接受和继承这个国家和民族的文化传统与价值体系。组织文化的融合性除了表现为每个组织过去优良文化与现代新文化的融合,还表现为本国与国外新文化的发展融合。

#### 2. 组织文化的结构与内容

1) 组织文化的结构

组织文化应包括从物质文化层到行为文化层、制度文化层,最后再到精神文化层的完整体系。

(1) 物质文化层

物质文化层是组织文化的表层文化,是指组织如企业的物质基础、物质条件和物质手段等方面的总和。物质文化的特点就是看得见、摸得着、很直观。仪器设备、技术装备、工艺流程、操作手段等这些与企业生产直接相关的物质现象都能体现企业的文化素质,厂区布局、建筑形态、工作环境等也都体现了企业的文化素质。

(2) 行为文化层

行为文化层是企业文化的浅层部分,这是相对于表层的物质文化层而言的。行为文化既包括企业的生产、分配、交换和消费行为所反映的文化内涵与意义,同时也包括企业形象、企业风尚和企业礼仪等行为文化因素。对企业来说,生产行为文化的建设是企业文化建设的最重要、最基础的文化建设,生产行为的合理化、有效性直接影响分配、交换和消费行为的有效性。例如,可口可乐公司的"永远的可口可乐"、丰田公司的"以生产大众喜爱的汽车"、日产汽车公司的"创造人与汽车的明天"、惠普公司的"以世界第一流的高精度而自豪"、中国一汽的"永葆第一"等,都是体现行为文化的重要内容与形式。

(3) 制度文化层

制度文化层是企业文化的中层结构部分。制度文化层主要内容有组织与领导制度、工艺与工作管理制度、职工管理制度、分配管理制度等方面。应该说,不同的文化意识,就会有不同的制度建设思想。

(4) 精神文化层

精神文化层是组织文化的核心层次,从表层到核心四个层次构成了组织文化建设的一个完整系统,比较好地把物质文明建设和精神文明建设有机地统一起来,形成了一个由内向外发散、再从外向内深入的开放网络,从而促进组织的不断创新与发展。精神文化是指组织文化中的核心和主体,是广大员工共同而潜在的意识形态,包括管理哲学、敬业精神、人本主义的价值观念、道德观念等。

2) 组织文化的内容

组织文化包括组织价值观、组织精神、伦理规范以及组织素养。

(1) 组织价值观

组织价值观就是组织内部管理层和全体员工对生产、经营、服务等活动以及指导这些活动的一般看法或基本观点,它包括组织存在的意义和目的、组织中各项规章制度的必要性与作用、组织中各层级和各部门员工的行为与组织利益之间的关系等。

(2) 组织精神

组织精神反映了一个组织的基本素养和精神风貌,成为凝聚组织成员共同奋斗的精神源泉。组织精神是指组织经过共同努力奋斗和长期培养所逐步形成的,认识和看待事物的共同心理趋势、价值取向和主导意识,组织精神是一个组织的精神支柱,是组织文化的核心,它反映了组织成员对组织的特征、形象、地位等的理解和认同,也包含了对组织未来发展和命运所抱有的理想与希望。

(3) 伦理规范

伦理规范是指从道德意义上考虑的、由社会向人们提出并应当遵守的行为准则;它通过社会公众舆论规范人们的行为。以道德规范为内容与基础的员工伦理行为准则是传统的组织管理规章制度的补充、完善和发展。正是这种补充、完善和发展,使组织的价值观融入了新的文化力量。

(4) 组织素养

组织素养包括组织中各层级成员的基本思想素养、科技和文化教育水平、工作能力、精力以及身体状况等。

### 3. 组织文化的作用

组织要实行有效的管理,关键在于它的内聚力、向心力和持久力,而组织文化对此正有着不容忽视的重要影响,具体说来,组织文化在组织管理中的作用主要有以下几方面。

(1) 激励作用。以"组织精神"为中心的组织文化体现了管理要以人为中心的思想,培育组织文化对调动广大职工的积极性有着重要的激励作用。组织文化的激励功能是综合发挥目标激励、领导行为激励、竞争激励、奖惩激励等多种激励手段的作用,从而激发出组织内各部门和所有劳动者的积极性,这种积极性,同时也成为组织发展的无穷力量。组织文化犹如一种内在于组织的"精神动力学效应",这种无形的动力可以激励职工的自豪感、主人翁责任感,转化为推动组织群体创业行为的动力。

(2) 导向作用。组织文化在很大程度上决定了成员的价值取向,引导成员的共同目标。为了增强组织活力,要冲破那些陈腐过时的文化和传统观念的束缚,在改革开放的实践中形成现代的心理、价值观、思想和行为方式。

(3) 规范作用。组织文化的一个重要特征就是根据组织整体利益的需要,提供一整套行为准则,通过一系列的形式来规范组织全体成员的行为。每个组织,为了保证其经济目标的实现和生产、经营活动的一致性,需要一定的行为准则以统一成员的信念、价值和行为,并以此作为价值取舍的标准,它起着调节职工活动关系的作用。组织的生存,离不开这种行为规范的约束。

(4) 凝聚作用。组织文化能够培育员工的组织共同体意识,这种对组织共同体的同一性的认识,是组织凝聚力的来源,它能在组织共同体内部营造一种和谐公平、友好的气氛,促进全体员工的团结、信任、理解和相互支持,使之形成群体的凝聚力。

(5) 稳定作用。组织文化的形成是一个复杂的过程,一旦形成后,就具有很强的稳定作用。这是因为组织长期形成的渗透到组织各个领域的文化,可以成为深层心理结构中的基本部分,在较长时间内对成员的思想感情和行为发生作用,这种稳定性,正是组织的控制方式,往往能部分地替代或强化经济、行政手段的控制功能,综合发挥各种控制手段的作用。

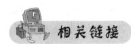

**阿里巴巴的企业文化和价值观**

阿里巴巴集团的文化关乎维护小企业的利益。数字经济体的所有参与者,包括消费者、商家、第三方服务供应商和其他人士,都享有成长或获益的机会。阿里巴巴的业务成功和快速增长有赖于我们尊崇企业家精神和创新精神,并且始终如一地关注和满足客户的需求。

新员工加入阿里巴巴集团的时候,需于杭州总部参加全面的入职培训和团队建设课程,培训课程着重于公司的使命、愿景和价值观,而公司也会在定期的培训、团队建设训练和公司活动中再度强调这些内容。无论公司成长到哪个阶段,强大的共同价值观让阿里巴巴可以维持一贯的企业文化以及公司的凝聚力。

**阿里巴巴的使命和愿景**

阿里巴巴集团使命：让天下没有难做的生意。

阿里巴巴的愿景：分享数据的第一平台；幸福指数最高的企业："活102年"。

**阿里巴巴的价值观**

阿里巴巴集团有六个核心价值观，是阿里企业文化的基石和公司DNA（基因）的重要部分，对于公司如何经营业务、招揽人才、考核员工以及决定员工报酬也扮演着重要的角色。这六个核心价值观为以下几点。

1. 客户第一，员工第二，股东第三

这就是我们的选择，是我们的优先级。只有持续为客户创造价值，员工才能成长，股东才能获得长远利益。

2. 唯一不变的是变化

无论你变不变化，世界在变，客户在变，竞争环境在变。我们要心怀敬畏和谦卑，避免"看不见、看不起、看不懂、追不上"。改变自己，创造变化，都是最好的变化。拥抱变化是我们最独特的DNA。

3. 因为信任，所以简单

世界上最宝贵的是信任，最脆弱的也是信任。阿里巴巴成长的历史是建立信任、珍惜信任的历史。你复杂，世界便复杂；你简单，世界也简单。阿里人真实不装，互相信任，没那么多顾虑猜忌，问题就简单了，事情也因此高效。

4. 今天最好的表现是明天最低的要求

在阿里巴巴最困难的时候，正是这样的精神，帮助我们渡过难关，活了下来。逆境时，我们懂得自我激励；顺境时，我们敢于设定具有超越性的目标。面向未来，不进则退，我们仍要敢想敢拼，自我挑战，自我超越。

5. 此时此刻，非我莫属

这是阿里巴巴第一个招聘广告，也是阿里巴巴第一句土话，是阿里人对使命的相信和"舍我其谁"的担当。

6. 认真生活，快乐工作

工作只是一阵子，生活才是一辈子。工作属于你，而你属于生活，属于家人。像享受生活一样快乐地工作，像对待工作一样认真地生活。只有认真对待生活，生活才会公平地对待你。我们每个人都有自己的工作和生活态度，我们尊重每个阿里人的选择。这条价值观的考核，留给生活本身。

资料来源：根据阿里巴巴官网主页和搜狐网整理。https://www.alibabagroup.com/cn/about/culture，http://www.sohu.com/a/132344649_508198。

## 5.5 组织变革

组织是一个不断与外界交换能量的动态的开放系统。由于组织内外部能量的不断变化，组织变革是必然的趋势。组织变革是一项巨大的系统工程，要运用行为科学的理论和方法，以创新为灵魂，推动人的行为、态度变革为重点，对组织结构、组织技术和组织成员进行的有计划、有步骤的变革,以提高整个组织的效率,发挥组织整体的协作力,使组织富有活力和生机,适应内外环境的变化,推动组织的发展。

### 5.5.1 组织变革的含义与动力

现代社会中任何一个组织都不是完全静态的、封闭的。组织内外所有相关因素总是处在变化之中。组织要生存、发展,就要适应不断变化着的环境,就必然要变革。

#### 1. 组织变革的含义

所谓组织变革,就是指因组织内外环境因素的变化,为了组织的生存、发展而对组织结构、职权、制度以及人员进行相应的调整和改革。任何组织都必须随着环境的变化而不断地调整适应。组织变革的目的是提高组织的效能,在剧烈变化的环境中,使组织顺利地成长和发展。

#### 2. 组织变革的动力

组织变革的根本动力,是在复杂多变的社会环境中,组织求生存、图发展的客观需要。具体来说,组织变革的动力则来自组织外部和内部两个方面。

1) 组织变革的外部动力

外部环境的变化,对一个组织的生存与发展,既是机遇,也是挑战,要把压力作为变革的动力。组织变革外部动力主要有以下几个方面。

(1) 科学技术的进步。现代社会科学技术发展迅速、应用日益加快,新工艺、新材料、新设备、新产品的出现日新月异,势必推动劳动生产方式改变、人与人之间的社会关系发生变化,进而促进组织结构、制度、甚至观念、意识、文化层面的变化。这是组织变革的强大动力。

(2) 竞争越来越激烈。市场竞争、原材料及投资的竞争、人才等各种资源的争夺,都会对组织产生极大的影响。竞争总是优胜劣汰,为赢得竞争优势,势必要充分地运用各种资源并开发其潜力,整合组织系统、调整组织结构、完善各种规章制度、协调新态势下人与人之间关系等。因而,组织的变革也就势在必行。

(3) 社会环境变化日益频繁。政治环境、法律环境、经济环境和政策环境在不断变化,甚至公众利益团体的不断涌现、社会教育水平的提高导致员工队伍组成来源变化,等等,都可能使原有组织结构及其管理制度办法不相适应。在变化的环境中,组织不变革就难以立足、生存和发展。

此外,促使组织变革的外部的动力还有很多。例如,组织、管理新理论的提出和应用、国际交往的变化等等。所有这些都可能对现有组织形成挑战、提供发展新机会,因而都能构成组织变革的外在动力。

2) 组织变革的内部动力

变革的内部动力与外部动力是紧密结合着的。外部环境变化,推动着组织变革,这是一方面;另一方面,外部环境的变化还影响到组织内人员价值观的变化,即组织成员的工作态度、发展期望、组织结构、权力系统及目标等也会发生变化,构成推动组织变革的动力。导致组织变革的内部动力主要有两个。

(1) 现有组织运行中存在的矛盾和问题。例如,组织在正常运作一段时间后,出现求稳不思创新的惰性、缺乏发展的生气,机构膨胀、部门间相互扯皮,不能很好协作、完成任务,沟通不良、信息传递渠道阻塞,决策体制存在缺陷、对外界变化反应迟钝、出现重大决策失误,等等,导致组织运行效率低、管理水平低下、内部矛盾丛生。若不变革,不仅不能发展,甚至难以继续生存。内部求生存图发展的压力,是发动和进行组织变革的内在动力。

(2) 原有组织人员发生较大变化。其包括主要领导者变更或领导人虽没变革,但根据新形势接受了新的管理思想和管理方法,也会有新的思路而要变革组织。还包括组织内部人员心理的变化、需求的变化、素质的变化、技术水平和技能的变化。因其变化,若维持现状,必定产生不满。这也会使他们产生变革的要求,从而有力地推动组织进行变革。

### 5.5.2 组织变革的内容与过程

组织变革是对现行的组织结构、制度和组织运行的行为方式进行重新设计,使之向新的组织结构、组织制度和组织运行的行为方式转变的过程。

#### 1. 组织变革的内容

1) 组织结构变革

这项变革内容包括重新做组织设计、完善组织沟通渠道,以及组织力量的科学整合等方面内容。例如:

(1) 砍掉因人设事的机构或已不适应新环境要求的机构,合并重叠机构,调整责权关系不明的机构,以建设精干高效率的组织机构;

(2) 重新认定管理幅度和分工原则,对管理层次做新的划分,调整各主管分工管辖范围,改变不合时宜的隶属关系,以完善科学合理的组织结构;

(3) 重新安排信息沟通渠道,组建、协调信息沟通网络,密切组织内外联系,以提高决策和执行的信息质量,增强对新动向反应的灵敏度;

(4) 废除或修订不合理的或过时的规章制度,增订适应环境新变化、新要求的规章制度,等等。

2) 组织技术变革

这是现场劳动和工作的合理组织与协调方面的内容。例如:

(1) 改变组织的工作方式,设计新的工作流程,消除不必要的和重叠多余的环节,以提高组织的运作效率和水平;

(2) 调整劳动组织形式,优化生产现场的组织方式,更新或完善工艺流程,以提高工作效率和劳动生产率;

(3) 革新包括组织为生产经营产品和服务所必需的工具、设备、工艺、物料及有关知识技术的要素以及要素组成,以适应产品更新换代和产品结构调整需要,提高对新技术迅速反应能力,等等。

3) 组织成员变革

这是组织成员行为方式方面变化的内容。例如：

(1) 改变旧的行为规范,树立新的行为模式,重构组织文化,倡导组织价值观,改善相互关系,将组织成员的个人发展要求与组织变革目标结合起来,以发挥组织成员的潜能、发现组织中的潜人才,激发新的创造力。

(2) 更新用人观念,以人为本,重在"开发"而非"管理",强化人本投资,变消极压缩人才投资成本为积极开发才能,重视人的知识结构整体优化,完善人才群体结构,以推进组织成员整体性素质和能力的提高。

(3) 重视智力价值,强化人才库建设,改善内部环境,增强凝聚力,稳定人才同时推动人才合理流动,使组织成员的行为包括个体行为、群体行为和领导行为都有改变、都能按组织发展目标运作,以提高双满意度(组织对成员和成员对组织,双方都满意)。

上述三方面变革是密切关联的,虽各有侧重,但都不可忽视其他而单独进行变革。以上三方面是变革的主要内容,还有其他细小的内容不再赘述。

**2. 组织变革的过程**

组织变革是在重塑未来的组织。重塑就是既要弘扬现有组织的优点与绩效,又要摒弃或改变其落伍于变化了的内外环境的组织重构过程。因此,为顺利进行变革,必须有计划、分步骤地进行,这个过程主要有四大步骤。

1) 认真进行组织分析,发现变革征兆

组织变革是为了组织发展。只有发现有碍组织发展问题的征兆,并获得内、外部要求变革的信息,才可形成变革的动因。

(1) 逐项分析需要变革的外部动因和内部因素,明晰变与不变的各种因素,认识变革的必要性。

(2) 正确诊断征兆所显示的问题。通过诊断征兆问题的根源,回答什么是有别于征兆的真正问题,变革什么可以解决这些问题,变革的结果应是什么,以弄清问题的性质。

(3) 全面分析变革的利弊以及可能遇到的困难和阻力,并将变革的目标具体化,明确衡量这些目标的方法。

2) 确定备选的变革方案

方案是目标的具体化,组织变革方案是为组织的未来进行的规划。

(1) 设立组织工作小组,分派职责,收集资料,设计出两个以上、能达到变革目标的备选方案。若干变革方案的提出,要有差异,但都要"瞄准"目标,运用系统、发展的观点精心设计,都要有充分的根据而不能凭空杜撰。

(2) 根据诊断出的问题的性质,有针对性地设计组织变革方案的内容。以组织结构变革为中心内容的,这是通过改变组织结构、机构、沟通渠道、规章制度、管理政策、工作环境等进行组织变革。以组织成员变革为中心内容的,这是通过改变组织成员的价值观念、态度、需求种类和层次,树立新的行为模式来进行组织变革。以组织技术变革为中心内容的,这是通过改变组织工作方式、工作内容、工作程序和工艺流程等进行组织变革。当然,现实中的组织变革内容往往是三方面的综合,只是侧重点有所不同,但都力求配套。

（3）评价与抉择变革方案。评价方案首先要明确最优方案的标准，认真地逐个进行分析、论证、比较，做优化程度和可行性的综合评价，研究其保证条件、价值、效益以及各种可能出现的后果。其次将方案及评价意见提供抉择。一般地说，抉择是择优汰劣。但现实中的组织变革表明，最优方案往往只是理想方案，实际很难做到，故择定的往往是最合适方案，即利最大、弊最小的切实可行的合理满意方案。两利取其大，两弊择其小，并注意把淘汰方案中可取部分补充到优选方案中。

3）正确组织实施变革

组织变革的方案确定后，就要按方案规定，提出实施的计划，明确具体任务和贯彻实施的途径、方法以及应变的措施。同时要组织力量、强化宣传、调配所需的人力、物力、财力并做最佳组合。要努力创造实施组织变革的条件，如领导的承诺、作风和垂范；员工的变革意识和参与精神。组织变革对一个组织来说，事关能否生存与发展的大问题，而且涉及每个人的权益。为顺利实施，除了动员组织成员人人关心、人人参与外，特别要求各级管理人员都要毫无例外地参与实施，不仅是加强领导的需要，也是一种自身行为变革的典范需要。实施变革的过程，问题、矛盾丛生，甚至出现意外情况也都是难免的。因此，要特别注意加强信息沟通、加强指导和有效控制，一旦出现意外能及时处置。这也是保证变革顺利实施不可忽略的。

4）客观评价变革效果，巩固与发展变革成果

对变革有不同的反应是正常的现象，但影响着对变革效果的评价。要客观地评价，关键是看通过变革是否达到目标，即是否解决了变革前原组织所难以或无法解决的内部问题以及内部因素是否与环境状态达到了较为协调的程度，变革是否有利于实现组织目标，使组织发展。

组织变革后，人和组织本身都可能有一种退回到原有习惯和行为模式之中的趋势。因此，变革取得效果，不是变革过程的结束，而要继续采取有力措施，保证新的行为模式和组织结构不断得到加强与巩固，并进一步得到发展的开始。

### 5.5.3 组织变革成效的影响因素

组织变革是一项巨大的系统工程，影响的因素多种多样。既有外部的，也有内部的；既有组织的，也有个人的；既有体制制度的，也有思想意识的；既有客观的，也有主观的。通常来讲，外部影响因素是一个组织所难以甚至无法改变的，只能适应或者创造条件、调整部署去适应，内部影响组织变革的因素也是多而复杂的，往往是组织变革成败的关键。当然，内、外部因素通常是紧密结合着起影响作用的。概括来看，除了前面所述的组织变革的动力因素，影响组织变革成效的内部因素还包括以下几方面。

#### 1. 组织成员的态度、行为方面的因素

组织变革是一场牵动每个组织成员的革新活动，是指向未来的组织发展的探索性活动。显然，受到组织变革影响最大的就是组织成员。因而，反过来考察，组织成员的利益、观念、心理、态度和行为等变化又直接影响着组织变革的深度、广度和速度。

(1) 利益因素。组织变革一般都会引起利益尤其是经济利益的调整。一旦变革直接或间接地降低了组织成员的经济收入,就会或多或少的遭到抵制。组织中的管理人员也不例外,甚至更强烈些,因为害怕失去比一般员工更多的既得利益。

(2) 心理因素。通常人们总深藏着求稳怕乱的心理、追求完美的心理、苟安现状的保守心理。组织变革却要以新的要求、新的流程规范、新的组织结构来改变旧貌,更新旧秩序而与上述人们的心理状态格格不入。抵制变革的心理因素对组织变革的影响,往往还表现为潜在的、易为变革者所忽视,而且又是最难改变的。实践证明,不利于变革的心理,一旦受到损害,就会寻找种种借口对变革横加指责,冷漠抵制,甚至公开反抗。这对变革的影响是灾难性的。

(3) 观念、态度和行为因素。组织变革就其实质来说,就是观念的更新与行为方式的改变。陈旧的观念是落后的伴侣、变革的羁绊。组织变革过程中,常常会遇到"视现状为必然"、满足甚至迷恋现状的人们。他们总用旧眼光、旧标准来看待更新、抵制创新。有的受安全感驱使,担心变革到自己头上丢失工作、保不住原职位;有的"习惯成自然",不愿改变原来熟悉的那种活动、办法和人群;有的怀疑变革的成效,对未知存在恐惧感。这些都深深影响着组织成员对组织变革的态度,使人们的行为方式不能按组织变革的目标和要求运作,而成为变革的阻力。

### 2. 组织结构惯性、群体规范方面的因素

组织变革当然要对原组织及其规范进行革新与变动。原组织在变革过程中,既是变革的倡导者、领导者,也是变革的对象。因此,原组织的状况也可能成为创新变革的重要影响因素。其主要有以下两点。

(1) 组织结构惯性因素。组织一般都有其固有的机制保持其稳定性。例如,通过职务说明书、规章制度等实现组织的规范化。组织变革则要打破这个稳定,常常涉及机构精简变动、职权关系重新认定、权力重新分配、原有的规定和制度变更或废除。这不仅威胁到组织已有的权力关系的稳定,而且威胁到一些管理人员手上的权力和职位的稳定。因此,维持稳定的结构惯性,就会在一定程度上、一定范围内成为阻碍变革的反作用力。

(2) 群体规范及其利益的因素。组织中的个人往往是组合成群体的。通常各群体都有一套特殊的规范,都已形成相互熟悉的人际关系,甚至都能控制一定数量的资源。而组织变革往往会对群体原有的规范产生冲突、会冲破群体原有的人际关系,会威胁能从现有资源分配中获得好处的群体的权益。对此,原有的群体往往产生抵触情绪,甚至有可能联合群体成员采取不合作的态度,成为变革的阻力,影响组织变革的推行。

### 3. 组织变革工作本身的因素

组织变革是打破原组织平衡、产生不平衡、并在新的基础上探索新的平衡的创新活动。它涉及面广、影响深远、工作量大。组织变革过程本身的工作成效如何,也直接影响着变革目标的实现。工作状况影响变革的主要因素有以下几点。

(1) 能否有效地使各层管理人员和全体组织成员对变革的必要性和目的,有真正的

理解，得到认可，取得共识；能否提高全员的支持度和参与度。

（2）能否按期制订出科学合理又切实可行的变革方案和实施计划。

（3）高层管理者决心如何，是否能足够重视、全力支持和参加，能否切实兑现变革的承诺，能否起示范、带头作用。

（4）组织上下能否进行有效的沟通，对变革中出现的新情况、新问题、新矛盾能否做到及时有效正确的处置，是否有克服阻力，特别是受变革影响最大的组织成员的阻力的有效措施和对策。

（5）能否做到初战告捷，给组织及其成员以看得见的实际利益。在变革的初期能否以得力的措施尽快见实效，既可增强组织成员的信心，也可为后续深入变革、改善组织总体业绩奠定良好的基础。

总之，组织变革工作本身做得出色，就能极大地推动变革，而工作失误又不能及时修正、调整、完善，也会构成组织变革的阻力。

## 小米自成立以来最大组织架构变革　雷军推"80后"上前线

2018年9月13日，小米集团（01810.HK）董事长兼CEO雷军通过内部邮件，宣布了小米成立以来最大的组织架构变革。其中引人关注的是，负责小米生态链业务的刘德、负责小米电视业务的王川不再掌管小米具体产品业务的部门。原有电视部、生态链部、MIUI部和互娱部四个业务部重组成十个新的业务部，部门经理直接向雷军汇报。

雷军在内部信中多次强调了年轻人对于小米未来发展的重要。他表示，没有老兵，没有传承；没有新军，没有未来。雷军同时介绍，本次任命的10多位总经理中，80后占据大多数。

**部门拆分由"大"到"小"**

在港股上市两个月之后，小米迎来首次人事变动，而且从调整幅度上来说也是较为巨大，涉及小米大部分业务。虽然来得突然，但此前也有联合创始人刘德将负责行政方面的消息传出。

此次小米组织架构调整，新设了集团组织部和集团参谋部。小米集团组织部由联合创始人、高级副总裁刘德任部长，集团参谋部由联合创始人、高级副总裁王川任参谋长。此前刘德负责小米生态链业务，王川负责小米电视业务。两人将继续留在总部，直接向雷军汇报。其中，集团组织部将负责中高层管理干部的聘用、升迁、培训和考核激励等，以及各个部门的组织建设和编制审批。集团参谋部将协助CEO制定集团的发展战略，并督导各个业务部门的战略执行。

谈到具体的业务线调整方面，小米电视部、生态链部、MIUI部和互娱部四个业务部重组成十个新的业务部，包括四个互联网业务部、四个硬件产品部、一个技术平台部和一个消费升级的电商部，各业务部的总经理直接汇报给雷军。

小米对生态链部门进行了很大的拆分，新成立的笔记本电脑部、智能硬件部、IoT（物联网）平台部、有品电商部，均从原生态链部门中拆分出来。新组建的生态链部，由原生态链部门的部分部门组成。记者注意到，小米生态链部门的调整，拆分出来的多为小米自我研发产品的部门。新成立的生态部缩小了规模,更专注于对生态链企业的投资协同等。

此外,为了突出小米的互联网公司属性,小米此次成立了四个互联网部门,对MIUI部门调整较大。小米集团联合创始人、高级副总裁洪锋为原MIUI业务负责人,此次转任小米金融董事长兼CEO。

**80后走向台前**

雷军表示,小米未来要成为营收万亿元的公司,而达成这一目标预计需要10万名员工。首先要做的就是增强大脑能力,将经验丰富、年富力强的核心高管集中在总部工作。因此,新设集团参谋部和集团组织部,也是此次小米架构改革的重中之重,担负组织管理和战略规划的重要职能。此次小米同时任命了多达14位正副总经理,小米此次新晋的一批部门总经理以"80后"为主,平均年龄在38.5岁,最年长者也不过42岁,一大批"80后"年轻干部走上前台。

根据小米官网介绍,拥有小米联合创始人身份的有林斌、黎万强、洪锋、刘德、王川。雷军此次也表示,让合伙人回到集团,把一线业务阵地交给年轻人,同时从战略和公司管理层面为年轻的管理者引路护航。

资料来源:搜狐焦点网 https://house.focus.cn/zixun/495cc18731c9725a.html
小米自成立以来最大组织架构变革　雷军推"80后"上前线

1. 组织是为实现某一共同目标,经由分工与合作及不同层次的权力和责任制度而构成的人的集合,要正确引导、控制与利用正式组织中存在的非正式组织。

2. 组织设计的根本任务是提供组织结构图和编制职务说明书,组织设计时都要遵循一定的原则,还必须考虑组织内外各种影响设计的因素,确定合理的管理幅度、管理层次和部门化依据,合理分权和适当授权。

3. 常见的组织结构包括直线制、职能制、直线职能制、矩阵制、事业部制、立体多维制度;新的组织结构包括基于团队的结构和网络型组织结构。

4. 建立、健全组织制度,是组织运行的一项重要内容,是履行组织工作不可或缺的一个工作环节;组织文化是推动组织不断发展的动力,组织文化包含着丰富的内容,其核心是组织共同的精神和价值观,通过组织文化来影响员工的工作态度和行为,从而引导其实现组织目标。

5. 组织运行时内外环境及各因素的变化带来变革的内外动因,组织内存在影响变革的因素,正确处理这些问题才能顺利进行组织变革,推动组织的发展。

组织(organization)
组织工作(organizing)

管理幅度(span of control)
管理层次(organizational level)
组织结构(organizational structure)
非正式组织(informal organization)
制度(institution)
授权(delegation of authority)
集权与分权(centralization and decentralization)
直线职权、职能职权、参谋职权(line authority、function authority、staff authority)
职权与职责(authority and responsibility)
部门化(departmentalization)
组织变革(organizational change)
组织文化(organizational culture)

思考题

1. 怎样理解正式组织的含义？
2. 什么是非正式组织？非正式组织的特征有哪些？
3. 试述正式组织与非正式组织的关系？正式组织的领导者应如何对待非正式组织？
4. 什么是组织工作？组织工作面临的主要问题是什么？
5. 简述部门化的方式及各自的优缺点？
6. 比较几种基本的组织结构形式，指出各自的利弊及其适用范围？
7. 影响管理幅度的主要因素有哪些？
8. 组织结构设计的依据是什么？应遵循哪些基本原则？
9. 简述矩阵组织结构的优缺点。
10. 简述事业部制的优缺点。
11. 过分集权的弊端主要有哪些？组织中促进分权的因素主要有哪些？
12. 直线关系与参谋关系的角色是什么？如何恰当处理直线与参谋间的矛盾，从而有效地发挥参谋人员的作用？
13. 如何处理好管理中制度化与人性化的关系？
14. 联系实际谈谈塑造组织文化的途径？
15. 组织变革的动因有哪些？
16. 影响组织变革的因素有哪些？

案例讨论题

**互联网公司的组织结构调整**

2018年之于腾讯，是极为特殊的一年。特殊在，迎来自己的20周岁生日。特殊在，遭到梦想和股价的双重质疑。更特殊在，进行了第三次大规模的组织架构调整。

2018年9月30日,腾讯通过官方微信公众号推送了"战略升级"的消息,组织结构调整简单地讲,就是"减少一个"和"新增两个"。"减少一个"指的是,腾讯将从原有的七大事业群,调整为六大事业群。新成立云与智慧产业事业群(CSIG)、平台与内容事业群(PCG)。业界把腾讯这次战略升级称为"腾讯930变革"。腾讯、阿里、百度同时求变,2018成"架构调整年"。

组织架构就像是人的骨架,轻易不能动,没有什么比组织架构更能代表一个公司的战略意图了。但整个2018年,以BAT(百度、阿里、腾讯)为代表的互联网企业们几乎都调整了各自的组织架构。在腾讯率先启动组织架构调整后,重点强调要"持续投资未来前沿基础科学,加大对AI(人工智能)、机器人、量子实验室等投入"。

阿里、百度紧随其后宣布架构调整。2018年11月,阿里巴巴集团宣布阿里云事业群升级为阿里云智能事业群,成立新零售技术事业群,并进一步加大了云计算和人工智能等技术在企业内部的比重;12月,百度进行技术体系架构整合,智能云事业部(ACU)升级为智能云事业群组(ACG),承载人工智能To B(企业客户)业务。

三家巨头同时求变的背后,折射出互联网的快速进步和时代的高速变革。这几年来,中国经济发展迅速,2018年,中国GDP(国民生产总值)总量全球第二。作为全球第二大经济体,中国仍有许多领域的潜力未被发掘。例如,互联网、汽车、医疗、教育、旅游五大产业近年来呈现持续增长趋势。经济的快速发展和社会的巨大变迁,使得互联网企业需要有更大的动能去推动行业发展,帮助挖掘更多领域的经济潜力。

过去20多年,BAT三大巨头基本实现了对C端消费市场的改造。但在广大的产业领域中,必然蕴藏着广大的商机与可能,B端市场本身还远未饱和。阿里已在B端耕耘多年,但经过本轮组织架构的调整,腾讯业务上双轮驱动的架构似乎也更加清晰了,瞄准B端的万亿元蓝海。

在外部大环境和内部居安思危的意识推动下,三巨头同时求变,就成了"顺势而为"。最先尝到"变革"甜头的是腾讯。"变"是共识,但什么时候变,怎么变,就各显神通了。毫无疑问,三位互联网大佬先后进行"组织升级"的背后,是为了应对瞬息万变的"互联网世界"。信息科技变化太快,我们可以通过巨头的升级,看清未来的趋势。"云和AI"在产业互联网中,已上升到无比重要的位置。

在组织升级的相关报道里,阿里说,自己将"加强技术、智能互联网的投入和建设"。而腾讯则强调,"技术是互联网科技公司最底层的基础设施",同时,自己"正以技术为驱动引擎,探索社交和内容的融合。"BAT一向是中国互联网行业喜闻乐见的话题。在三家先后完成架构调整后,接下来的"云上交战"是在所难免了。

但腾讯云在"930"一周年之际交出的成绩单,不可谓不亮眼,也让变革的腾讯,尝到了一丝甜头。腾讯公司财报显示,2018年,腾讯云服务的收入达到91亿元,增速超过100%。腾讯云已经连续4年保持三位数以上增长,据Synergy Research,2018年,腾讯云的业绩增速在亚太地区位列第一。

根据IDC(互联网数据中心)报告,腾讯云在电商类公有云服务、视频云流量、游戏类公有云服务、社交资讯类公有云服务、交通出行类公有云服务等领域的市场占有率均为第一。在泛互联网行业,美团点评、滴滴出行、58同城、携程、顺丰、拼多多、小红书、知乎、每日优鲜等互联网企业都与腾讯云有深度合作。

在互联网领域,选择哪条赛道,往往决定了你能走多远。三巨头都"不约而同"选择了组织架构调整,将云和AI提上高度,那么,就像打王者荣耀排位赛一样,谁走得更前,赢面就更大。这也是为什么马化腾此前提出腾讯云三张网的建设,"以往腾讯主做的是连接人与人,现在要连接企业,腾讯云将实现从C端扩展到B端和G端的布局重构"。

资料来源:央广网 www.cnr.cn

**启发思考题**

1. 三大互联网企业进行组织架构调整的原因是什么?
2. 腾讯公司的组织架构调整与战略之间的关系是什么?

## 本章推荐阅读资料:

1. [美]理查德 L.达夫特.组织理论与设计[M].北京:清华大学出版社,2008.
2. [美]艾尔弗雷德·D.钱德勒.战略与结构[M].昆明:云南人民出版社,2002.
3. [美]史蒂文·L.戈德曼.灵捷竞争者与虚拟组织[M].沈阳:辽宁教育出版社,1998.
4. 郑石桥、马新智.管理制度设计理论与方法[M].北京:经济科学出版社,2004.
5. [加]塞·查耐.世界500强工作规范[M].北京:国际文化出版公司,2009.
6. 世界500强企业研究中心.世界500强经典管理制度[M].北京:东方出版社,2005.

# 第 6 章

# 人力资源管理

（1）掌握人力资源管理的基本概念和工作分析的基本方法；
（2）理解针对不同工作岗位的甄选方法、员工培训的意义以及企业员工职业生涯规划的理论与方法；
（3）熟悉企业的招聘流程、绩效评估的流程和晋升管理的基本概念。

人力资源管理存在于所有的组织中，其聚焦点是人。人是管理的主体和动力，又是管理的客体和核心。没有了他们，生产系统、物流系统、财务系统、营销系统都没有存在的意义。

人力资源管理是组织内的一项管理职能，其核心在于最有效地利用人（组织成员）来实现组织和个体的目标。人力资源管理的基本理念是把人作为战略资源对待，本质上是对人力资源的取得、开发、保持和利用等方面所进行的管理活动。它是研究组织中人与人之间关系的改善、人与事的匹配，以充分开发和利用人力资源来实现组织目标的理论、方法、工具和技术。

## 6.1 人力资源管理概述

### 6.1.1 人力资源管理发展历程

作为一个重要的组成部分，人力资源管理也经历了与管理学相似的发展历程。

#### 1. 人事管理的产生和泰勒的科学管理理论

18 世纪 60 年代开始于英国的资产阶级工业革命，使以机器为主的现代意义上的工厂成为现实；而工厂制度的建立与发展，使得与"人"相关的管理工作变得日益复杂。而劳动专业化水平和生产力水平的提高，对生产过程的管理，尤其是对生产中员工的管理提出了更高的要求。因此，出现了专门的管理人员，主要负责对员工的生产进行监督和对与员工有关的事务进行管理。从这一时期开始，人事管理被组织尤其是企业所接受。19世纪末到20世纪初，人事管理作为一种管理活动正式进入企业的管理活动范畴。许多人力资源管理学者都把这一时期作为现代人事管理的开端。

20世纪20年代，泰勒的科学管理理论在美国被广泛地采用，它对人事管理产生了重大的影响，导致了现代人事管理理论和实践上的一次革命。泰勒提出了科学管理的四项原则，每一项原则都与人事管理具有密切的关系，对企业人事管理实践产生了深远的影响。特别是人事管理原则。泰勒认为，管理部门任务中包括"人事任务"，即为工人找到最合适的工作，帮助他们成为一流工人，并设法激励他们发挥其最大的能力。

然而，科学管理理论由于较少考虑员工的感受，更多的是把员工作为和机器设备一样的生产资料来对待，使得员工对枯燥和单调的工作开始产生不满，消极怠工甚至破坏机器和生产。诚然，科学管理及其相关理论中存在一些不合理的成分，但它第一次将科学管理的观念引入人事管理中，揭示了人事管理与劳动生产率之间的关系，说明通过有效的人事管理是可以提高员工劳动生产率，而达到增加企业收益的目的。

### 2. 霍桑实验和人际关系学说

20世纪30年代的霍桑实验研究结果使人事管理从科学管理转向了对人际关系的研究。以哈佛商学院的梅奥等人为代表的学者通过包括霍桑实验在内的一系列研究发现，员工是"社会人"，他们的感情、情绪和态度受到包括群体氛围、领导风格等工作环境的强烈影响，而这些"社会性"情感是否得到满足会对员工的劳动生产率产生重要的影响。这些研究成果在人事管理中得到广泛应用。例如，强调对员工的关心和支持、增进员工和管理人员之间的沟通、培训管理者的领导能力等新人事管理方法被很多企业所采用。人事管理的职能被大大地丰富了。

### 3. 组织行为科学的早期发展及其对人事管理的影响

人际关系学说带动了后续组织行为科学的蓬勃发展，对人事管理产生了广泛的、积极的影响。例如，组织行为科学对形成个体、群体行为的动机和原因的研究促进了员工激励理论的完善与应用。20世纪50年代，激励理论发展卓有成效，这一时期形成的马斯洛的需要层次理论、麦克里格的X理论和Y理论以及赫兹伯格的激励—保健双因素理论都在不同程度上影响了人事管理理论与实践。到20世纪六七十年代，组织行为科学对人事管理理论以及后来的人力资源管理理论与实践的影响达到了顶峰。

### 4. 人力资源的提出和人力资源管理的形成

20世纪50年代以前，人事管理理论的研究对象和人事管理活动的实施对象都是建立在"经济人"假设，而不是"社会人"假设的基础上。当人类进入知识社会以后，组织中员工的素质和需求发生了变化，具有相当基础知识和技能的员工大量出现，经济需求不再成为人们的唯一需求,员工在组织中的地位显著提高,曾经作为组织生产资料的劳动力即组织的员工开始成为组织的一种资源。

在彼得·德鲁克提出人力资源的概念以后,怀特·巴克,一位研究培训和跨学科工业关系的社会学家在1958年出版了《人力资源功能》一书,详细阐述了有关管理人力资源的问题。巴克把管理人力资源作为管理的一项普通职能,人力资源管理的职能对于组织的成功与生产、营销等职能一样至关重要。根据巴克的观点,人力资源管理的职能包括人事行政管理、劳工关系、人际关系以及行政人员的开发等各个方面。虽然,早期的人力资源管理理论仅仅从人事管理职能和管理活动的变化来阐述人力资源管理,但它毕竟将人事管理理论推到了一个全新的发展阶段——人力资源管理。

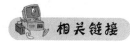
相关链接

### "互联网+"时代的电子化人力资源管理

电子化人力资源管理指在组织中有意识地并且直接性地应用以网络技术为基础的信息通道,实施人力资源战略、策略以及具体措施。自20世纪90年代出现电子化人力资源管理概念以来,相关研究借鉴信息技术理论成果大大推动了人力资源管理的发展。虽然在以往的人力资源管理信息系统中,日常的管理活动已经借助信息技术开展,但是单纯的信息系统无法适应"互联网+"背景下无边界组织、跨界整合以及大数据的发展趋势。与此不同,电子化人力资源管理本质上是借助网络信息技术所形成的开放式的互动管理方式,打破了原有的官僚组织框架,消除了层级制的等级观,更多地体现为员工分享和主动参与的开放式创新模式。

人力资源管理"互联网+"思维的形成伴随着商业时代的电子化、信息化进程,人力资源管理与信息技术的融合成为不可逆转的时代趋势。20世纪80年代,信息通信技术已被广泛应用于人力资源信息系统的开发中,信息技术引入人力资源管理之初,就在两方面发挥了卓越的功效:第一,信息技术可以为空间分散的个体间的密切联系提供条件,使得合作的开展突破了地域限制;第二,信息技术可以支持甚至取代人力资源的部分活动。信息技术的引入,改善了人力资源部门的自动化处理能力,早期的人力资源信息系统注重从人力资源部门向员工单向传递信息的效率,其服务对象局限于人力资源部门自身的员工,没有实现信息互动的功能,不足以在组织内部创造虚拟价值链;而"互联网+"思维强调以网络技术、移动通信技术、社交网络等为基础,打破封闭状态,拓宽主体的资源范畴与活动领域。在"互联网+"思维引导下形成的新的电子化人力资源管理模式,其服务对象不仅仅局限于人力资源部门的员工,还包括直线管理者及其他所有员工。员工不再是管理的被动接受者,而是作为主动参与者共同履行人力资源活动的相关职能。

资料来源:李晋,等."互联网+"时代的电子化人力资源管理:理论演化与建构方向[J].江海学刊,2015(6).

## 6.1.2 人事管理与人力资源管理

从传统的"人事管理"与当前的"人力资源管理",不仅仅是用词的不同,更反映出两者在理念、思想和技术等方面存在巨大差异。其包括以下几点。

### 1. 两者的出发点不同

传统人事管理的特点是以"事"为中心,注重对事的静态的控制和管理,其管理的形式和目的是"控制、监督、使用"人,是把人设为一种成本,将人当作一种"工具",注重的是投入、使用和控制;而现代人力资源管理以"人"为核心,强调一种动态的调节和开发,管理的根本出发点是"着眼于人",把人作为一种"资源",注重产出和开发,管理的形式和目的是"培养、开发、利用"人,其管理归结于人与事的系统优化,使组织取得最佳的社会和经济效益。

### 2. 两者的工作内容不同

传统人事管理以工作为中心,强调人事行政事务方面的工作,包括工资福利管理、档案管理、职称管理、人员调配等日常事务性工作。而现代人力资源管理则是以人为中心,在对人的管理上更有战略性、系统性、主动性,在其早期阶段强调人对工作的适应,注重工作分析、人才评价、绩效管理、职业生涯规划、管理技能开发等。更进一步,现代人力资源管理强调人与工作的相互适应,强调人是最大的资本和资源,更重视人力资源战略、组织变革、企业文化、员工的权利、灵活有效的薪酬制度和管理制度等。

### 3. 两者的管理模式不同

传统人事管理是人事部门单独承担的职能,但现代人力资源管理却涉及组织中的每一个管理者,而事实上,无论是在企业,还是在政府机关、事业单位,每一级管理者都要执行某种人力资源管理职能。通俗地说,企业中各部门的经理既是部门的负责人,也是这个部门的人力资源管理者。

而企业的人力资源管理部门作为职能部门负责向各级管理者提供服务和专业的帮助。其主要职责在于制订人力资源规划、开发政策、了解最新的人事管理信息、协助实施企业战略规划以及基本的人事行政管理等,侧重于人的潜能开发和培训,同时培训其他职能部门管理者,提高他们人力资源管理的水平和能力。

## 6.1.3 人力资源管理过程和主要内容

管理是一个由计划、组织、领导和控制等基本职能构成的活动过程。作为管理的一个职能分支,人力资源管理也是一个由各类职能活动构成的过程,其中包括人力资源计划活动、人员招聘和甄选、人员安置与上岗培训、薪酬与员工福利、绩效管理、培训与员工发展等。

### 1. 人力资源计划活动

人力资源计划也称人力资源规划,是指对现在或者未来各时点组织的各种人力资源与工作量之间的关系进行统计、分析、评估和预测,以期能够提供和调节所需的人力资源,并且进而配合组织的发展,编制人力资源的中长期工作计划,以提高员工素质、发挥组织功能的一项工作。

#### 2. 人员招聘和甄选

人员招聘和甄选是以人力资源规划为指导,以各种方式,主要是从组织外部,为组织的管理者提供足够多的备选人才,并根据科学合理的方式方法对候选人的相关素质、技能、心态等因素进行综合评估,为相应的人事决策提供参考意见。

#### 3. 人员安置与上岗培训

人员安置与上岗培训是指根据工作岗位的需要,把相应的人员安排在适合的工作岗位上。与此同时,为了帮助被录用者顺利地融入组织,并适应其工作岗位,通过面谈、会议及培训的方式,向其明确组织历史文化、规章制度、部门设置、岗位职责等相关内容。

#### 4. 薪酬与员工福利

薪酬与员工福利是指组织因员工被雇用而向他们提供的各种形式的报偿。一般包括两个部分:以工资、奖金、红利等形式提供的直接或间接货币报酬;以各种形式支付的福利,如保险、假期等。

#### 5. 绩效管理

绩效管理是组织的管理者用来确保组织成员的工作行为和工作结果与组织目标保持一致的过程。它是通过一系列的管理活动,如目标分解、目标确认、绩效评估、绩效反馈等,来实现的。员工的绩效评估结果将对其薪酬调整、岗位变迁、职业发展等一系列人事决策提供重要的参考依据。

#### 6. 培训与员工发展

培训是指以灵活多样的方式提高员工的能力和技能,培养员工对组织的认同与忠诚,帮助员工自我发展与完善,最终使得他们能够为组织的高效运转作出更大贡献。员工发展管理包括晋升、转岗,反映了一个员工对所在组织的贡献和价值。业绩优秀的员工可能被提升,或有目的地转换到其他岗位以便培养或进一步发挥他们的潜能。

## 6.2 工作分析和人力资源计划

### 6.2.1 工作分析

#### 1. 工作分析的概念

工作是联系员工个体与组织及其产出的纽带,几乎所有人力资源管理活动的开展都借助一定的工作分析来提供所需的某些方面信息。工作分析是人力资源管理各种活动的基础。

工作分析，指的是全面了解、获得与工作有关的详细信息这么一个工作过程。具体说来，工作分析是对员工所担任的每一工作内容加以分析，明确各工作的性质和任务，确定完成各工作所需人员的责任、知识和技能，指明与其他工作的关系以及完成各工作所需要的条件。工作分析既可是对组织的整体性工作而言，也可看作对某一具体工作所进行的分析。

工作分析的结果提供了与工作本身要求有关的信息，而这些信息又是准备、编写工作说明书和工作规范这两类文件的基础。工作说明书是一份提供有关工作任务、职责信息的文件。工作规范，也称岗位任职资格，则是明确胜任某一工作岗位的员工所需具备的基本素质和条件。

### 2．工作分析的重要性

作为人力资源管理的基础性工作，工作分析的应用领域十分广泛，其重要性如下。

(1) 为人力资源计划提供前提保证

组织或其部门对于自身将来一定时期的工作安排和人员安排，都应有计划。有多少个工作岗位，这些岗位目前的人员配备能否满足工作开展的需要，今后若干年内工作上将出现哪些新的变化与要求，相应的人员结构应做什么样的调整，人员增减的趋势如何，后备人员的素质应达到什么水平等问题，均可根据工作分析对有关信息得出一定的认识并通过制订人力资源计划给予适当的前控制。

(2) 有助于正确甄选人员

招聘所要做的工作就是试图识别和雇用最恰当的求职者。为了识别哪一个求职者是合格的，首先就应明确该工作岗位的"格"是什么，即该工作岗位的任职资格。例如，该岗位的承担者必须具备什么样的知识、能力和工作经历等。而这些信息可以通过工作分析才能获得。有了扎实的工作分析，甄选人员的标准就明确了。

(3) 提供考核、晋升、转岗、确定报酬的依据

工作的考核、职务的提升和职位变动，如果缺乏科学的依据，将影响到员工的积极性，进而影响工作的有效开展。工作分析的结果，可供制定有关工作标准和考核依据用，提供一个比较员工才干的基准，还能够对员工行为及其结果的绩效水平加以确认。从工作分析中获得的信息有利于更为客观的人事管理决策。通过了解各项工作的性质与内容、工作所需的知识与技能、学历背景、工作本身的繁简难易程度和责任的大小等，尤其是有关工作对组织目标的价值，工作分析的结果可作为决定合理报酬的依据。

(4) 为员工培训和职业生涯发展提供指导

如果工作规范指出的某项工作岗位需要某类知识、技能和某些心理条件，而在该职位上的员工又不具备这些要求，不考虑采用人员变动措施，那么，培训工作就要相应地跟上去。为保证培训的针对性，就必须要立足该岗位的工作说明书来制订培训方案。这样才能够依照实际工作需要和在岗人员的不同情况，有针对性地安排培训内容与方法，帮助员工履行现有工作说明书中所规定的职责。把个人的技能和愿望与组织内已经存在的或者

将来可能会出现的机会匹配起来,这是职业生涯发展的工作内容。在了解每一种工作的技能要求基础上所做的匹配工作,才能有效指导员工去从事能够取得成功并感到满意的工作。

(5) 促进工作效率和质量的提高

借助全面而深入的工作分析,一方面,由于有了明确的工作任务要求,建立了规范化的工作结构和程序,每位员工职责分明,可避免或减少不必要的工作重叠、劳动重复或工作脱节、有事没人干等现象的出现;另一方面,可帮助明确关键的工作环节和作业要领,有利于员工合理地安排和利用工作时间;再一方面,管理者可以更全面地了解员工工作的各种信息,便于有效激励他们;等等。这些都有助于促进工作效率和质量的提高。

总而言之,了解目前工作流程状况,明确需要完成哪些任务以及为完成一定的任务需要具备什么样的知识、技能和能力,对工作进行某些方面的再设计,做出合适的进人用人决策,力使下属满意地或更好地工作,提高工作效率或效果,诸如这些管理者工作上的进取,都需要通过工作分析获得与自己所管理的群体成员工作的有关信息。

### 3. 工作分析形成的信息

工作分析的结果主要包括:工作说明书和工作规范。工作说明书是以书面的形式对一项工作叫什么、要做什么、在哪里做和怎么做进行描述。工作说明书没有固定的格式。它所包括的内容大体上有以下几方面。

(1) 工作识别。其可能包括工作岗位名称、工作编号、工作分类、工作等级、工作部门、工作地点、薪酬范围、撰写工作说明的时间、撰写人、批准时间等。

(2) 工作任务的描述。工作目的,包括为什么这项工作必须存在、一般性质,以及这项工作的主要职责与工作任务、工作目标、衡量标准。

(3) 工作关系。即这项工作与其他工作(或其他人)以及组织目标的关系,接受管理以及进行管理的性质与内容,与组织外部接触的工作对象有哪些,在总体工作流程中所处的位置,职责与职权的界定以及这两者相互之间的关系。

(4) 工作条件与物理环境。如使用的机器、工具、设备和辅助设施的清单,人身工作环境、组织的各种有关情况,社会背景。

(5) 聘用条件和激励。其包括工作时数、薪酬结构、支付工资的方法、福利待遇,有时也包括对晋升、进修机会的说明、工作季节性的描述等。

如果说工作说明书主要描述的是某项工作岗位的主要内容,那么,工作规范则要回答的是,具备哪些个人特质才能胜任这项工作。年龄、性别、学历、工作经历、业务熟练程度与技术水平要求,健康指标、力量与体力、运动的灵活性、感觉器官的功能、观察能力、集中能力、记忆能力、理解能力、学习能力、解决问题的能力、创造性、数学计算能力、语言表达能力、性格、气质、兴趣爱好、事业心、责任心、合作性、决策能力、领导能力、特殊能力等,都可构成要撰写的工作规范的内容。如表 6-1 所示。

表 6-1 工作说明书(含工作规范)示例

| 岗位名称 | 培训主管 | 所属部门 | 人力资源部 |
|---|---|---|---|
| 直接主管 | 人力资源经理 | 直接下属 | 培训专员 |
| 编写日期 | 2020/4/30 | 编写部门 | 人力资源部 |

工作目的
建立公司培训发展体系,制订培训计划,完善培训课程,提高员工素质和企业竞争力;协调员工关系,通过各级员工间的沟通及其他活动,增强企业凝聚力。垂直指导、监督研发基地、分公司、办事处的培训工作

| 工作职责 | 绩效指标 |
|---|---|
| 1. 建立并不断完善符合公司业务发展方向的培训体系。起草包括所属企业在内的公司中长期培训规划,指导研发基地、分公司、办事处培训工作 | 培训计划满足工作需要 |
| 承担责任:全部　　　　工作时间百分比:10% | |
| 2. …… | …… |
| 承担责任:……　　　　工作时间百分比:…… | |

工作权限
1. 对公司员工状况的知晓权
2. 在人力资源预算范围内的费用支配权

重要工作联系

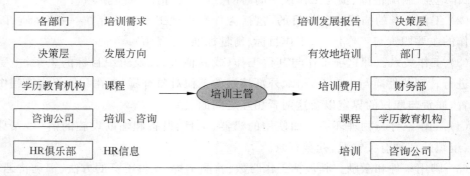

任职者素质要求
1. 所需知识技能
熟悉现代人力资源管理、公司相关产业的国内外培训市场行情
2. 教育背景
所需最低学历:大学本科
专业:人力资源管理、心理学、企业管理或相关专业
3. 工作经验及相关培训
a. 经验:从事人力资源管理实务工作三年以上
b. 培训:现代人力资源管理技术,讲师培训(TTT)
4. 能力要求:组织能力、创新能力、学习能力、演讲能力

#### 4. 工作分析的主要方法

工作分析可采用的方法很多,常见的包括观察法、访谈法、问卷法、工作日志法、关键事件法、工作参与法等。开展具体工作分析时,需要根据工作特性选择合适的方法。例如,劳动密集型工作适合采用观察法、关键事件法、工作日志法等。而知识密集型工作则不适合观察法,更多采用访谈法、问卷法或工作参与法等。

### 6.2.2 人力资源规划

有计划并按计划行事,是获得管理工作成效的基本保证。因此,各类组织的管理者都要做计划,人力资源规划是其中的一种类别。几乎所有管理者都正式或非正式做着人力资源方面计划。其具体是指基于本企业近期的工作重点和中长远发展战略,通过对企业现有人力资源状况进行扫描和评估,对企业未来人力资源开发与管理工作提出具体计划,以确保企业内的人力资源可以满足企业业务发展的需要。换而言之,它是管理者为在未来的一定时期,为使应设置的岗位配备有适当的数量和合格人员所做的计划方面的努力。

早期的人力资源规划,更多地把注意力集中在因业务发展导致的工作岗位的增加,以及为满足这种需求而组织的招聘工作。但是随着对人力资源管理理解的深入,人们发现企业员工的离职率、上岗员工的技能和素质、企业的薪酬福利体系等因素对企业招聘的效率和效果产生着很大的影响。而招聘计划执行的优劣也会影响到企业人力资源计划的完成。从20世纪90年代开始,人们对企业人力资源计划赋予了全新的内涵,认为人力资源规划是在对企业内部状况和外部环境进行认真分析的前提下,对企业人力资源管理工作所进行的计划,它包括人力资源政策的确认、规章制度和工作流程的完善、部门及岗位的优化、员工招聘、员工培训等核心内容,涉及企业的薪酬管理、绩效管理、员工发展等多个重要的环节。人力资源规划对企业的人力资源管理工作起到了重要的主导作用。

人力资源规划工作由下述五个相互关联的基本工作内容构成。

#### 1. 确定目标

在组织总体目标确定的前提下,人力资源规划是否有效,取决于它是否可以更好地服务于组织的总体发展。组织的高层管理者和人力资源部门所做的人力资源规划应与组织总体发展计划联结,组织中其他层次和部门的人力资源规划的成功主要取决于管理者能否把这类计划与自己负责的部门工作总体要求匹配起来进行认识。组织和部门的总体预期发展目标是人力资源规划制订的出发点。

#### 2. 现状扫描

对组织内部人力资源状况进行系统性扫描,诊断和评价现有的人力资源状况与人力资源管理状况,是做好人力资源规划的基础性工作。组织应该对其员工档案及时更新,统计分析,同时分析本组织目前的人力资源管理模式以及它对组织管理可能造成的影响。

### 3. 确定人员需求

现状扫描之后，接下来要考虑的就是确定实现预期目标所需的员工类别、数量等，而这又要建立在对未来一定时期人力资源工作分析的基础上。组织对未来一定时期的人力资源需求可以用各种方法来预测，所选择的预测方法有的是定性的，有的是定量的，有的相对简单，有的则较为复杂。不管采用什么预测方法，结果都是近似的，不应该被视为是刚性的或绝对准确的。

对人员需求预测的确定多用可能设置的工作岗位所需的员工数量来表示。随着工作结构变化的加速、工作执行单位的团队化以及组织越来越强调员工的能力而不是职衔，越来越多的组织在人员需求预测分析上朝着重视员工经验、知识、能力、协作精神、快速适应新工作的能力等方面下功夫。人员需求预测就不单是估算未来一定时期所需员工种类与数量，还包括对将来一定时期所需的各类工作人员的整体特征的预测。

### 4. 确定净人力资源供给

上面工作步骤完成之后，就要着手于对人力资源的可能供给做预测。在进行供给分析时，首先要对组织现有的人力资源存量在未来一段时期的动态性变化做出估算。内部人力资源供给的一些变化的预测是容易做的，如员工的退休。其他的变化，如转岗和晋升，也可通过考虑组织的需要、员工年龄与晋升潜力等因素来加以估计。但是，辞职和解雇的变化预测做起来就较难。建立人力资源的信息化管理体系会为人力资源供给预测提供很大方便。一般来说，人力资源管理上过去的经验或一些最基本的文档信息或多或少能为人力资源内部供给预测提供有用信息。在估计人力资源供给预期变化时，还应考虑组织即将实施的培训和职业生涯发展等活动或设想。通过把对第二步骤确定的预期人员需求与组织现有人力资源存量方面的信息及内外部供给变化信息结合起来认识，管理者就可对预期的人力资源净需求做出预测。

### 5. 确定人力资源开发行动计划

人力资源部在完成上述工作的基础上编制年度人力资源规划，通常包括以下几方面。
(1) 月度、季度及年度的招聘计划；
(2) 标准化的招聘工作流程；
(3) 对企业薪酬管理是否需要调整提出建议；
(4) 对企业岗位设置、部门设置、绩效管理、培训管理等工作提出完善建议；
(5) 对关键岗位提出梯队培养方案；
(6) 对关键员工提出实施职业生涯规划的方案；
(7) 对企业外部相关特殊人才建立人才库，并进行必要的追踪。

## 6.3  人员招聘

人员招聘是组织人力资源管理中的一个非常重要的环节，与人力资源管理的其他环节存在着密切的联系。组织人力资源管理的水平和效果，在很大程度上，取决于招聘环节的控制和把握。招聘是人员招募与甄选的总称;招募是指寻找和吸引那些有能力、有潜力、有兴趣到组织一定岗位任职的人;甄选是指从候选人中选出适宜的人员,加以聘用的过程。

要说工作分析和人力资源计划是组织为人力资源获取做的准备工作,那么,招聘就是组织人力资源获取的实施。

### 6.3.1 人员招募

人员招募存在两种途径:内部招募和外部招募。

#### 1. 内部招募

获得合适的人选资料有内部与外部之分。企业或组织向外界进行人员招聘是向外寻求人员需求的满足。虽然招聘通常意味着到社会上选择聘用人员,但实际上组织的现有员工往往是最大的招聘来源。

内部招募主要包括晋升和转岗这两种方式。晋升是指内部员工从一个比较低的岗位调整到一个级别比较高的岗位,而转岗是指内部员工在两个内部级别大致相当的岗位之间进行调整。一些调查甚至指出,90%以上的管理者职位都是由从企业内部提拔起来的人占据着。组织内部招聘的职位也可以是基层岗位。组织内部某部门的人调配到另一部门的岗位上去任职,这种选用人员的方法与外部招聘所采用的方法有着很大的不同。

内部招募所发布的内部招募信息应该包括拟招聘的职位和职位数、相应职位工作说明书和工作规范、内部员工应聘时的注意事项。可借鉴采用的内部招募方法有布告公示与分析员工档案信息等。布告公示法有利于工作竞争的提倡,调动员工的工作积极性,有利于人尽其才,可节约招募时间,降低招募成本,也是一个有利于员工职业生涯发展的好方法。首先,通过查阅、了解员工档案信息,可帮助发现合适的人选;然后,招聘人员与他们沟通以了解他们是否想提出应聘申请。

#### 2. 外部招募

外部招募是指从组织外部招募所需的员工,外部招募可资利用的主要渠道或方法有人才交流市场、职业介绍机构、大中院校、利用自己的官方网站、互联网络求职信息系统、高级管理人员代理机构即所谓的猎头公司,还有下面要重点介绍的广告招募、主动求职者和员工推荐,组织可根据自己的实际情况做出灵活的选择。

(1) 广告招募。广告招募是指借用广告进行人员招募,这种方法应考虑到两件事情:一是选择何种媒体;二是如何构思广告用语。

网络、报纸、杂志和招募现场(如就业交流会、公开招募会或求职者上门访问)的宣传材料是较好的可供选登招募广告的媒体。当想将招募限定于某一地区或可能求职者大量集中于某一地区时,可选择报纸做广告。所要招募的人员工作具专业性质,并且时间和地区限制不重要的,或与正在进行的其他招聘计划有关联,这种情况下,选择杂志作为广告媒体就较合适。网络招募信息的发布是近20年以来发展迅猛的一种方式。它基于互联网的高速发展,目前已经成为企业用人信息发布的主流。

（2）主动求职者。知名度高、形象好的组织，常常会有许多求职者因为倾慕其名声而上门自荐。主动求职的原因很多，所以自荐者良莠掺杂的情况比比皆是，以至于有些管理者认为自荐的求职者一般不具备其他来源的求职者那么高的素质。这种看法有一定的片面性。实际上，不少主动求职者，通过他们被聘用后的工作表现被证明是很有价值的员工。这些自荐者之所以主动求职，一是认为自己具有该组织所需要的某一方面的专长，二是该组织的良好声誉使他们认为能在其中工作，会有良好的工作环境，并能获得事业上的成功。

（3）员工推荐。有调查表明40％的雇主说他们曾使用过某种类型的员工推荐制度，而且企业中有15％的雇员是通过其员工的介绍而被录用的。这种招募方式的优点是由于熟人，求职者和招聘方对对方事先都有一定的了解，可简化招聘过程，一旦录用，离职率较低，费用也较省。

### 6.3.2 甄选

甄选是招聘工作的另一个重要环节。人员甄选是在招募工作的基础上，对求职者进行的选拔和聘用的过程。管理者可以采用不同的评估手段来减少招聘时所做出的错误的人事决策。常用的技术手段包括求职者的申请书和履历表分析、标准化的心理测量、面试、工作样本测试、评价中心技术、身体检查等。

#### 1. 申请书和履历表分析

对于几乎所有组织来说，申请书和履历表分析是甄选过程的第一步。设计良好的履历表是一种能够迅速地从应聘者那里获得关于他们的历史资料的技术手段，其中通常包括求职目的、受教育程度、工作经历、职业生涯有关的活动以及个人爱好等相关的信息。仔细阅读和分析应聘者的申请书和履历表，可以使得管理者了解到以下四个方面的信息。

（1）可以对一些客观的问题加以判断。例如，该应聘者是否具备目标工作岗位的教育及工作经验要求。

（2）可以对应聘者过去的成长与进步情况加以评价。

（3）可以从应聘者过去的工作记录中了解到此人的工作稳定性如何。

（4）可以根据应聘者的职业发展动机和个人爱好来推测他与目标职位的适合程度。

#### 2. 标准化的心理测量

标准化的心理测量是借助心理学家按照严格的流程开发的标准化的心理量表对被测试者的心理素质，如认知能力、技能、气质、性格、兴趣、动机等，进行评估的方法。目前我国采用的公务员考试的笔试部分就包括了标准化心理测量的内容。标准化的心理测量严格按照标准化的程序来组织测验的实施，其结果也将采用标准化的方法进行统计分析，并得出尽量客观的测量结果。传统的标准化心理测量以纸笔测验为主，也包括一些操作性测验。目前得益于计算机技术的发展，许多标准化的心理测量都可以借助人机对话的形式来完成测试过程，其结果也将由计算机软件来完成统计分析。目前国内常用的量表包括标准瑞文推理测验、基本能力倾向测验、职业兴趣测验、行为风格测验等。标准化的心理测量可在同一时间对较多的求职者进行评估,节约成本、时间和人力投入;测试问卷的题量大,记分客观,因此,它的信度和效度都较高,目前被大中型企业普遍采用。

### 3. 面试

面试是一种最常用的人员甄选工具。许多管理者认为员工录用之前必须与求职者进行至少一次的面谈测试,否则难以制定最终的录用决策。高层职位的人员选拔一般都安排次数较多的面试,并让求职者与有关人员见面,从而有机会直接判断求职者,可观察到其仪容仪表、语言行为和非语言行为,并即时问答问题,减少求职者通过不真实的手段通过考察的可能性。求职者的反应能力、综合分析能力、沟通能力、自我控制能力、领导能力和接受别人领导能力、人际交往倾向及与人相处的技巧、兴趣爱好、事业进取心和工作态度、知识面、工作上和心理上的成熟度等,都可以通过面试予以了解、判断。

面试的实质性内容是招聘者与求职者之间的问答。常用的面试形式包括以下几方面。

（1）结构化面试。针对同一目标职位,在面试过程中主试所要提的问题事先已准备好,并按照一定的顺序逐一提问,称作结构化面试。在结构化面试中每一位求职者所面对的问题都是一样的。结构化面试的优点是评价的一致性比较高,它的不足在于过程比较机械、呆板,不利于探测应聘者内心深处的感受和动机。

（2）非结构化面试。针对同一目标职位,在面试过程中主试可以按照谈话的脉络,自由地提出问题,并鼓励被评价者自由发挥,称作非结构化面试。它的优点是具有一定测试深度,可使被评价者感到无拘束,利于在双方之间营造自在沟通的气氛。它的不足在于因问题不同,对问题的回答的评价客观性不强,可能会造成一定的误差。

（3）压力面试。其主要用于考察被评价者在压力下的情绪、认知能力,以及行为的变化。压力面试一般不会单独使用,在时间上往往是作为面试的最后一个小环节。通常由主试提出一个设计好的两难问题,或者主试发现被评价者在回答前面问题暴露的矛盾信息或破绽,或者履历表中的一些问题来引发。

（4）工作样本测试。工作样本测试是给被评价者提供一项其申请职位的核心的或基本的工作任务,观察其在完成该任务时的表现,对其专业技能、素质做出评价的过程。管理者借助工作分析得来的资料对工作样本进行仔细设计后,可以确定该项职位必需的知识、技能,以此来作为评价的维度。例如,基层的管理工作者可能需要熟练掌握常用的办公软件,管理者可以就此设计一些需要用办公软件处理的工作任务,要求被评价者在一定的时间内完成。管理者可以观察其完成的过程,检查其最后的结果,进而判断他使用办公软件的技能是否符合要求。

（5）评价中心技术。评价中心技术是综合了心理测量、面试和工作情境模拟等多种测评手段,结合主观评价与客观评价,并组织多个评价者来参与实施的一种评价技术。相对于单一的测评手段而言,评价中心技术具有很高的预测性。评价中心的过程一般是3～6天,被评价者常常会是一组5～6人的应聘者。它的不足在于花费的成本比较高,时间比较长,因此一般只用于比较重要的岗位的应聘者,如中高级管理岗位、销售岗位等。

## 6.4 员工培训

仔细甄选员工并不能确保他们都能有效地完成工作。即使是那些高潜质的员工,如果不知道该做什么以及如何做,也很难完成自己的工作。这正是企业对新员工进行入职引导(orientation)和培训的目的所在。

### 6.4.1 入职引导

组织一旦通过上述的甄选过程确定了某一特定岗位的候选人,就需要把候选人介绍并安置到工作岗位和组织环境中,并使之适应工作环境。这个过程称作入职引导,也称定向。

入职引导的主要目的是减少新员工刚开始工作时会感到的焦虑,让新员工熟悉工作岗位、工作部门和整个组织,并促进他们从外来者向组织成员的角色转换。入职引导一般会包括以下几个环节。

1. 新员工培训

新员工报到后一般会安排脱产的新员工培训,时间由1~2天到3~4周不等。新员工培训一般会由企业的人力资源部来统一组织安排。内容通常会包括介绍企业的历史、发展现状、主要业务、人事和财务的相关的规章制度等。有些企业还会安排新员工与公司主要领导见面,参观办公楼、生产区等。

2. 部门内的介绍会

通常在新员工培训之后,管理者会正式地把新员工介绍到他所工作的部门中来。包括同事之间的相互认识、工作关系的明确以及向其交代部门内其他需要向新同事介绍的内容。

3. 导师制

为了帮助新员工适应新的工作环境,管理者通常将新员工委托给本部门内一名资历较深、工作岗位与新员工一样或相关联的同事来帮助新员工了解组织和工作要求,尽快进入工作角色。这就是导师制。有些企业新员工导师制是明确到企业人力资源管理规范中的,另一些企业可能会采取非正式的导师制的做法。

4. 定期沟通

新员工的直接汇报上级应该定期与之沟通。上岗之初,沟通的重要内容可能会涉及岗位职责、工作流程等,1~2周以后可能会将重点转移到澄清工作关系的误解、探究新员工的不满等内容。

总之,不论采用何种形式或方法,管理者都有责任使新员工尽快适应新的工作环境,并顺利地融入工作团队中来。这对降低新员工离职率和提高工作团队的工作绩效都存在着非常大的意义。

### 6.4.2 员工培训

员工培训是指有计划地组织员工学习,使之获得开展工作需要的态度、知识、能力与技能。

#### 1. 培训的意义

培训的目的在于使员工的工作积极性、能力、行为方式等发生有利于组织绩效提高的改进,帮助员工更好地完成其承担的工作。组织为了求生存、谋发展,都得重视员工培训工作。

从组织总体的角度看,培训的出发点和归宿是组织的生存与发展。在组织所属部门管理者的眼里,培训的意义可能更具体些,如适应市场竞争的需要和具体工作环境的变化,改变员工的态度、动机和行为,促进员工更好地从事本职工作、取得好的工作绩效,从而降低成本和扩大目前的与长远的收益。有一个培训的意义可能受忽视,即培训可满足员工自身发展的需要。员工希望学习到新的知识与技能,接受并胜任具有挑战性、创新性的工作,期冀晋升和得到同事的赏识、顾客的尊重,这些体现员工高层次需要的满足,可通过培训来达成。越是优秀的员工,这方面的需要越是强烈。员工的这些期望在一定条件下可转化为自己在工作上的积极行为。同理,培训者对受训者的期望越高,后者的表现也越好;相反,前者对后者的期望越低,后者的表现也越低。培训者对受训者的期望所产生的积极效果被称为培训的皮格马力翁效应。

#### 2. 培训的五个工作步骤

(1) 培训需求评估。这一工作步骤关键是要确定组织各部门工作绩效上的问题和将来的工作需要,以及是否可以通过员工培训来加以解决或满足。

(2) 明确培训目标。培训目标应能详细说明圆满完成培训计划后受训者总体上能够确立有什么样的思想认识、工作态度、能够达成何种工作要求和水准。培训目标是受训者和培训者双方共同努力的方向,也为制订培训计划和评价培训计划是否合理提供了基准。确定培训目标不能只重视员工知识、技能的提高而忽视工作态度的激励、改良。

(3) 培训工作计划的制订。培训计划包括的主要内容有:培训的项目名称、目的;培训的有关部门或人员,如培训工作的管理部门及负责人、受训人、训练人;培训工作实施的具体安排。

(4) 培训工作实施。这一阶段工作做得怎样,直接关系到培训目标和培训计划能否得到有效落实。组织措施到位、必要的资源配备、领导工作跟上、及时的控制,是培训工作实施中要抓落实的几个方面的管理内容。

(5) 培训效果评价。这一工作阶段重点是比较接受培训前后的员工工作绩效、能力和工作的积极性、态度。

### 3. 员工培训方法

常用的在职培训方法包括有计划的提升、定期轮换工作、设立"助理"职位、临时性晋升、"传帮带"等。脱产培训是由组织选择员工脱产到国内外对口公司、高校、科研单位、组织内部培训中心进修。让有关人员脱产培训的用意很多，如培养工作需要的紧缺人员和未来的管理人员、高层次的技术人员。有许多用于脱产培训的方法，如有关岗位工作知识和公司产品的音像、光盘教学、演讲、一对一教学、角色扮演、案例研究、敏感性训练、行为模拟教学、管理对策、会议方法等。各种培训方法的特点有很大差别，应根据培训的内容、对象、条件等权变地加以选择。

## 6.5 绩效评估与员工发展

### 6.5.1 绩效评估

#### 1. 绩效评估的概念

（1）绩效评估的目的

绩效评估是对员工的工作业绩进行评估，以便形成客观公正的人事决策的过程，也称绩效考核。组织进行绩效评估的目的很多，薪酬分配、绩效反馈、培训计划的制订、职务晋升、其他人事调整、人力资源规划、工作具体指导、对员工个人与整个员工队伍素质的了解、员工的自我评价、明确今后的努力方向、确定下一阶段的工作目标、提供员工之间的相互沟通机会等，都要利用与工作绩效评估有关的结果信息。促进员工工作上的进取及其成效的提高，是绩效评估的根本所在。

（2）管理人员在绩效评估过程中的角色

绩效评估的主要承担者是组织中的各级主管，即是被评估者的汇报上级。因为他们对被评估的员工的工作结果，以及在工作过程中的行为表现最具有发言权。在一项调查中，80%的企业回答说人力资源管理部门所起到的作用主要是建议和协助。人力资源经理只是提供设计好评估表格，建议使用何种工作绩效评估的方法，至于具体岗位或部门的绩效评估结果则是由经营部门的业务主管人员自己去决定。所以业务主管人员必须了解组织既定的绩效管理制度和流程，掌握相关的技术，并且能够理解（并设法避免）在绩效评估中可能出现的问题，公正地进行绩效评估工作。

而企业的人力资源管理部门需要与各级管理者共同努力，才可以确保组织的绩效评估得以顺利进行。

首先，人力资源管理部门在工作绩效评估过程中要扮演政策的起草者的角色。因为人力资源管理的专业性，人力资源经理应该起草相应的组织绩效管理制度及管理流程，提交组织的最高决策层确认。在企业中一般是由公司的总经理办公会来确定相关制度和流程的。

其次，人力资源管理部门还负有对各级业务主管进行相关培训，以提高他们的绩效评估的技能。

最后,人力资源部门还要监督、保证本企业的工作绩效评估的顺利运行,尤其是当出现问题时,他们必须协助各级业务主管处理矛盾。在实际工作中,人力资源经理应该扮演好绩效评估的参谋角色。

### 2. 绩效评估的方法

常见的绩效评估方法包括:①书面法。要求评估者以文章的形式,描述员工的优点、缺点、过去的绩效状况、潜能、改善建议。②关键事件法。对某一时期员工行为产生的不同寻常的成功或失败加以关注并记录,作为绩效评估和向员工提供反馈的基础。③图表量表法。由评估者根据工作量、工作准确性、职务知识、出勤率、合作精神、主动性、诚实度、忠诚感等要素对员工做出评价。④检核表法。要求评估者对反映员工工作或行为的一系列问题做出肯定或否定的核对回答。⑤工作标准法。先为群体或员工确定工作目标、具体的工作标准或期望的产出水平,然后把每个群体或员工绩效与目标、标准或期望的产出水平进行比较。

### 3. 绩效评估过程中易犯的评估错误

在对组织、部门或者员工的工作表现进行评估的过程中,管理者或者说评估者,常常会出现各种各样的差错。对这些差错一般没有简单的杜绝办法,但评估者如果意识到这些问题,将会使情况有所改善。以下讨论可能出现的各种各样的差错。

(1) 晕轮效应。在评估过程中,评估者往往会因为被评估者在某一方面上具有某种表现和水平,而连带认为被评估者在其他方面也具类似的表现或同样的水平。例如,一个员工很少缺勤,那么由于他的这种可靠性,经理就可能给他包括工作产出的质量和数量在内的所有其他方面的工作均高分。而实际上,这位经理并未真正考虑他在其他工作方面的特点。晕轮效应是一种以点概面的效应,如果不加以避免,这种效应就容易引起评估上的主观性。特别是对那些没有量化标准的因素进行考评时,晕轮效应会表现得较为明显。

(2) 优先效应。人们在感知不熟悉的事物时,优先效应就可能起作用。优先效应是指评估者有时会把对评估对象的第一印象看得更为重要,以至于影响他今后对该评估对象的客观评价。我们在衡量某一工作成效时,要尽量避免第一印象的影响而产生欠客观的看法。要知道员工的素质、能力、行为并不是一成不变的,工作水平也不会总是一如既往,而是动态发展的。以往不行,不等于现在不行;昨日好,不等于今日也好。

(3) 对照效应。这一效应是指有些评估者把两位前后接受评估者的素质、工作行为、工作业绩进行对照,从而根据自己对他们的倾向认识、印象或偏爱而做出的与其中的某一被评估者实际情况有偏差的评估结论。例如,某位经理要确定一位本单位的明星售后服务员,如果他看到一份很满意的人选报告材料,那么,在对比之下,就可能会给后一位候选者带来不利的影响。

(4) 中心化倾向。中心化倾向是说所有被评估者的表现被评估者简单地评定为一般,认为他们各自水平差不多。有时候,有些评估者的这种做法是与实际情况相符的,但通常这样的做法是不妥的或是有偏差的。产生中心化倾向评估偏差,跟评估标准笼统、不具体有关,也与评估者宽大、仁慈,不愿得罪被评估者或怕可能对他们有所不利等有关。

评估过程中这种心理上的局限性，有时候关系不大，有时候起着很不好的作用，扭曲了评估价值，其结果对晋升、薪酬的确定或其他管理目的的实现都失去了意义。

（5）评估者的偏见。评估者偏见问题指评估人的价值观或偏见扭曲了绩效评估的结果。评估者的偏见既可能是有意的也可能是无意的。如果一个经理对某一地区、背景的群体具有强烈的反感情绪，这种偏见就使他在评分时很难坚持客观性和公正性，其结果就必然是使某些人的工作绩效信息处于被扭曲的状态。如果评估过程设计不当，那么年龄、信仰、资历、性别、相貌或其他任意的划分标准都可能对绩效评估结果产生不应有的影响。

### 4. 绩效评估结果的反馈

绩效评估的目的是提高下属的工作绩效，而不是仅限于给他们打一个好坏的分数。因此，绩效评估工作结束以后，一件重要的事就是将评估的结果反馈给被评估的员工，以使他们清楚地了解他们的直接上司以及企业怎样看待他们。

规范化管理的企业通常还要求管理者与员工一起讨论对他们的绩效评估的结果。关于绩效评估结果的反馈谈话处理得好，可能是一种强化上下级之间沟通的机会；如果处理不好，也可能会存在着一定的风险。通常管理者必须传递肯定和否定两方面的信息，而否定的信息则可能会导致双方的不快，产生双方的误会，甚至可能会引起被评估员工的情绪的强烈反应。因而，那些负责执行员工工作绩效评估任务的经理和负责人常常对绩效反馈具有抵触情绪。在这种谈话中，管理者主要关注的是如何既强调员工表现中的积极方面，同时仍就员工应如何改进与员工进行讨论。这时一定要采用建设性的批评，而不是单纯的指责。如果这种谈话处理得很糟，员工就可能产生愤慨甚至引发冲突，这就可能影响今后的工作。

## 6.5.2 员工晋升

晋升是员工的职业生涯发展中一个重要的组成部分。对于组织来说，晋升是一类激励因素，从对激励的双因素理论的学习中不难得出这种认识。这类激励因素运用得当，有利于调动员工的工作积极性，充分发挥他们的才干。如若运用不当，也会招致不少麻烦，带来诸多不利影响。

### 1. 晋升的定义

晋升是一个人在组织中向高一级或更高职位的移动。晋升普遍被视为管理者对被晋升者自身价值或已取得成就的一种肯定，体现出组织对他的某种信任。获得晋升者通常也会获得更多的报酬及与成就相关的自我提高的机会，安全需要和归属需要都得到了积极的强化，同时也意味着他要肩负更大的责任和接受更多的挑战。作为一种管理上可资利用的手段，晋升的激励作用不仅仅体现在获得晋升的员工那里，也体现在对其他大多数员工那里。由于许许多多员工希望得以晋升，管理当局就可以利用晋升激励他们，促使他们努力增长自己的业务知识和工作技能，富有成效地投身于有关的组织活动中。晋升是一种认可、开发雇员能力的重要方法。

## 2. 晋升制度的类别

### (1) 年资晋升

年资晋升制度是把工作年限的长短和资格的深浅作为晋升的主要依据，是按照晋升路线的逐级提升。年资晋升承认员工经验的价值，给予大家等同晋升的机会，考核工作量较少，简单易行，也使员工具有某种安全感和归属感，辞职率较低。

年资晋升的不足在于它可能会导致一种论资排辈的现象，进而抑制年轻有为者脱颖而出，不利于人才的合理调配和开发利用。不少企业在实行年资晋升制度的同时，还追加上限期离职的办法，一定程度上克服了实施该晋升制度可能带来的负面效应。例如，某企业总经理、副总经理、中层管理者的离职时间分别定为55岁、50岁和40~45岁。限期离职的管理做法，体现了"无功便是过"晋升要求，通过按常例调整在职管理者，为年轻有为的人才提供晋升的机会。对于离职者，安排其他工作岗位，仍然照原职务领取工资，直至退休。

### (2) 功绩晋升

功绩晋升制度是把员工工作实绩作为晋升与否的主要依据，晋升选拔时不以学历、资历作为主要标准，强调机会均等，竞争择优，若有突出功绩，给予破格提升。其优点是鼓励员工奋发向上，能有效防止埋没人才现象。功绩晋升制要得以有效运用，公平、正确的考核是关键。功绩是过去行为的结果，一定程度上可表明该员工胜任未被晋升前的工作，但并不一定表明被提升者有能力胜任新职位的工作。如此晋升还要考虑其他一些条件，如是否有一定的管理才能，是否愿意从事管理工作或新高层次的管理工作（有强烈成就需要的人，不见得就有较强烈的权力需要），晋升后发挥的作用能否比原来更大，是否有利于调动大多数下属的积极性。按功绩晋升，那些业绩平平的员工，工作上虽兢兢业业，也难有晋升的机会。由于重视晋升与工作业绩的联系，"能抓老鼠的猫就是好猫"，鼓励员工多创佳绩，所以，这种晋升制度为广大员工所认可。

### (3) 能力晋升

能力晋升是依据员工的显在和潜在的各种能力，把他安置在适当的工作岗位上。这种晋升原则不会出现被提升者不能胜任工作的情况，即彼得原理，但也会带来另一个问题，业绩出众者未必能得到晋升，会挫伤一部分员工的积极性。

彼得原理是劳伦斯·彼得提出的，被提升者可能不胜任新岗位工作，是其主要思想之一。劳伦斯·彼得认为管理人员往往被提升到他们不能胜任的层次。往往有这样的情况，管理者在过去的职位上取得了成就，从而使他自己被晋升到高一层次的职位，但较高职位所需要的知识和才干却可能是他所不具备的。

这种能力晋升制度要得以有效实行，要求能力测评者能够深入地评价员工的综合素质、能力。

### (4) 综合晋升

综合晋升制度是把年资、业绩和能力等方面的因素结合起来考虑，把它们同时作为晋升的依据。由于集中上述三种晋升制度的优点，综合晋升是一种比较合理的晋升制度。

### 6.5.3 职业生涯发展

绩效评估的结果对组织和个人的意义往往不同。组织关注的是员工的绩效与企业的目标和需要是否一致,而员工看重的则是绩效评估将会对他们的职业生涯产生什么影响。从长远的观点看待人力资源、确保拥有必要的人才、提升吸收高素质人才的能力、使员工获得足够多的成长和发展的机会,这些都向组织及其管理者提出关注、重视员工的职业生涯发展,了解职业生涯规划方面知识的要求。

**1. 职业生涯阶段**

职业管理学家萨伯(Donald E. Super)从人生不同年龄阶段对职业的需求与态度对职业生涯发展做了研究,把人的职业生涯发展划分为三个阶段,即职业探索阶段、职业建立阶段和职业维持阶段。

(1) 职业探索阶段(15～24岁)

职业探索阶段大体出现在15～24岁这一年龄段上。这个阶段,个人对自己的知识、能力、特长进行现实性评价,探索各种可能的职业选择,并进行相应的学习和接受教育,最后完成初就业。总体说来,这一阶段是属于学习打基础、接受最初职业培训的阶段。

具体分为三个时期:试验期(15～17岁),综合思考自己的职业兴趣、能力,了解职业社会价值、就业机会,并开始在幻想、讨论中进行择业尝试;过渡期(18～21岁),参加专业培训或进入正式就业市场,在宽泛的选择中明确某种职业倾向;尝试期(22～24岁),初步确定职业生涯方向,开始从事某种具体的职业,并对职业发展目标的可行性进行实验。

(2) 职业建立阶段(25～44岁)

经过本阶段早期的试验和探索之后,个体对立足于某种职业发展的倾向逐渐明朗,基本上找到适合自己的职业,并寻求在职业岗位上有所建树。

具体又分为两个时期:尝试期(25～30岁),个体寻求职业安定,对业已选定的职业和工作进行检讨,如果否定的话,会重新选择、变换职业或工作;稳定期(31～44岁),确定了稳定的职业发展目标,并致力于实现这些目标。

(3) 职业维持阶段(45～64岁)

在这一阶段,个体专注于开发新技能,维护已获得的成就和社会地位,维持家庭和工作两者间的和谐关系,并为自己的职位寻找接替人选。

**2. 霍兰德的职业兴趣理论**

有助于理解职业生涯发展的另一个理论是美国著名心理学家霍兰德(Holland)提出的职业兴趣六边型理论。该理论认为职业兴趣可以分成六个方面,即现实型(realistic,R)、研究型(investigative,I)、艺术型(artistic,A)、社会型(social,S)、经营型(enterprising,E)和常规型(conventional,C),又称 RIASEC 模型(通常采用图6-1所示的六边形来表示六种类型的关系)。

(1) 现实型。现实型比较适合的典型职业是各类工程技术人员。现实型的人喜欢技术材料和室外活动,不重视社交,重视物质和实际的利益,遵守规则,喜欢安定,感情丰富,

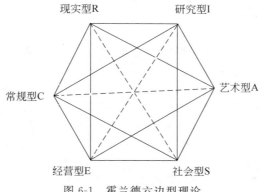

图 6-1 霍兰德六边型理论

但是可能缺乏洞察力,在职业选择上,他们希望从事有明确要求的、能按一定程序进行操作的职业。

（2）研究型。研究型比较适合的典型职业是科学和技术研究工作,包括大学、研究所的科研人员和企业里的研发工程师。研究型的人对科学和研究过程感兴趣,有强烈的好奇心,重分析,好内省,慎重。喜欢从事有观察、有科学分析的创造性活动。

（3）艺术型。艺术型比较适合与艺术、音乐、文学有关的行业。艺术型的人喜欢自我表现和表演,想象力丰富,有理想,易冲动,好独创,喜欢从事非系统、自由的活动,如表演、画画等。

（4）社会型。社会型比较适合的典型职业是各类教师、社会工作者、心理咨询顾问等。社会型的人对帮助他人和与他人有关的活动感兴趣,乐于助人,善于与人交往,易合作,重友谊,责任感强。

（5）经营型。经营型也称企业型,比较适合的典型职业是管理和营销类职业。经营型的人对职权和政治权利感兴趣,喜欢支配别人,有冒险精神,自信,精力旺盛,好发表自己的见解,愿意从事组织和领导的工作。

（6）常规型。常规型比较典型的职业是财务类或信息管理类职位。常规型的人愿意接受领导,对按照设计良好的程序开展工作感兴趣,服从意识强,创新能力可能不足,喜欢稳定、有秩序的环境,愿意从事重复性、习惯性的工作。

霍兰德的职业兴趣六边型理论提供了一种分析自我职业兴趣的独特视角,为大家广泛接受,并于 20 世纪 80 年代被介绍到中国。目前流行的许多职业定向方面的测评系统都是以该理论为基础开发出来的。

## 3. 组织在职业生涯方面做出的努力

职业生涯发展是每位员工的共同追求。员工逐步实现其职业生涯目标,并不断制订新的目标,追求新的目标的达成,是员工自己在职业生涯发展上的努力。员工职业成长的主要责任最终要落在自己那里,但组织及其管理者在推动个人职业发展上能够成为一个积极的力量。组织及其管理者对于员工的职业生涯发展负有义不容辞的责任,在一定时期和情境中,还具有决定性的意义。很多组织都将职业生涯发展方面的内容作为其人力资源管理活动的一个重要方面,其人力资源管理活动的诸多环节都体现出与传统做法的不同(表 6-2)。

表 6-2 传统型人力资源管理和以职业发展为导向的人力资源管理的关注点比较

| 人力资源管理活动 | 传统型人力资源管理的关注点 | 以职业发展为导向的人力资源管理的关注点 |
| --- | --- | --- |
| 人力资源计划 | 分析当前及未来的职位、技能和任务,预测需求,运用统计数据 | 在人员替代计划中增加关于个人的兴趣、偏好等信息 |
| 招募与配置 | 将组织的需求和合格的员工相匹配 | 基于员工的职业兴趣以及才能等一系列变量来进行员工和职位之间的匹配 |
| 培训与开发 | 提供与职位有关的技能学习、信息获取以及工作态度改善等的机会 | 提供职业发展通道方面的信息。增加个人开发计划 |
| 绩效评估 | 绩效评估和(或)报酬 | 增加员工能力开发计划以及个人目标设定 |
| 薪酬与福利 | 根据工作时间、生产率、能力等支付报酬 | 增加学费报销计划等 |

## 6.6 员工薪酬管理

薪酬是运用经济方法进行管理的重要手段,是管理中最常用的一类激励因素。组织成员的需要是多种多样的,或者说是多层次的,但经济需要是他们的基本需要。薪酬的功能是吸引和留住合格的员工,并激励他们努力工作,以保证组织的顺畅运作,最终有效地达成组织的预定目标。薪酬是指员工因其工作而得到所有外在奖酬回报,包括基本工资或薪金、绩效工资或奖金、福利等。

### 6.6.1 薪酬管理的基本原则

薪酬管理作为一个敏感的话题,它涉及组织中每个成员的个人经济收益,表达着对组织成员贡献、能力等评价和认可。因此,对组织的最高管理层和人力资源管理者来说,它的重要性毋庸置疑。薪酬管理的基本原则反映着该组织的文化、经营观念和战略规划,与此同时,它也需要与组织的发展状态相适应。通常,新兴企业的薪酬管理策略和手段往往不同于成熟的官僚化企业的薪酬管理模式。企业的管理者应特别注重使其分配方式与企业自身的文化协调一致。下面所讨论的是比较成熟或者比较稳定的企业通常会采用的薪酬管理原则。

1. 内部公平性原则

薪酬的内部公平性原则,也称岗位价值原则,即企业的薪酬体系建立在岗位价值的基础上。企业管理者通过科学的岗位评估确定的岗位价值,并以此作为确定企业内各个工作岗位的薪酬水平的基石。

要使薪酬发挥应有的功能,管理者在薪酬管理过程中要十分注意公平问题。公平是指员工是否被公正对待的感受。当员工认为所获得的薪酬并没有体现出或体现不够自己的"价值",对他们的薪酬感到不满意时,就可能表现出对组织不利的消极反应。薪酬公平问题管理者要关注,员工更是重视。员工总是要考虑付给或回报给他们的薪酬是否公平。

员工通过对组织内部不同工作之间的薪酬对比,形成内部公平的认识。通常情况下,员工所做的内部对比是横向的,即员工会把自己的薪酬与组织内部从事级别相同工作(可能属于不同的技能类别或不同的部门)的员工薪酬加以对比。不仅如此,内部对比还可能是纵向的,也就是员工还会把自己的薪酬与比自己级别低的、级别高的员工获得的薪酬相比较。内部比较的结果会影响到员工对组织的忠诚性、献身精神及其具体体现在工作上的投入,影响到员工内部流动的意愿和行为,以及员工之间合作的倾向和积极性等。

### 2. 外部竞争性原则

薪酬管理的外部竞争性原则是指企业应保证所提供薪酬水平的社会竞争力。这直接体现在个人所在岗位的收入水平与当地社会平均收入水平是否大致相当。当今社会,人才在组织之间流动已经成为普遍现象,同时,相关企业的薪酬信息也会通过正式或非正式的渠道广为流传。因此,组织内薪酬水平与外界的比较,会直接影响到员工的内心感受,对内可能影响到他的工作态度与对工作的投入,可能影响他是否做出继续留在现在的组织中还是到其他组织另谋高就之决定,等等。对外,还会影响到求职者是否接受本组织所提供工作的决定。

### 3. 效益原则

薪酬管理的效益原则,也称激励原则,是指个人收入与所在部门及其公司的效率相联系,并以此通过薪酬体系的运作,鼓励有益于公司效率和效益提升的行为表现,其往往以奖金、佣金或者绩效工资的方式来体现。如果企业的薪酬管理违背了效益原则,则很有可能会导致"干好、干坏一个样"的大锅饭心态。例如,两位工程师在同一家企业完成类似的工作,其中一位的工作业绩被大家公认远比另一位好,而他们获得的薪酬水平却是一样的,那么这两位工程师之间的个人公平就谈不上了。长此以往,优秀的工程师可能会懈怠,而业绩不良的工程师也缺少动力去努力提高自己的业绩。其结果很可能是组织的效率和效益将会受到不良的影响。

除以上讨论的基本原则之外,薪酬管理的原则还包括规范化原则、经济性原则和合法性原则等。

## 6.6.2 薪酬体系的构成

薪酬主要有三个组成部分:基本薪酬、绩效薪酬和员工福利。

### 1. 基本薪酬

基本薪酬即工资,作用是保证所有员工都有一份较固定的收入。从理论上讲,短期内,员工的工资与其工作业绩是不相关的,但长期来看,业绩水平总是较低的人员的工资收入水平就较难得以正常的提高。工资表现为小时工资、日工资、月工资等形式。以月工资形式最为常见。

在薪酬管理的内部公平性、外部竞争性等原则的指导下，建立基本薪酬体系一般包括以下几个步骤：进行薪酬调查、工作评价、设计工资等级、为每个工资等级定价、对薪酬水平进行微调。

在确定员工基本薪酬的过程中，管理者要综合考虑薪酬管理模式、工作岗位价值、员工对组织的贡献、组织的支付能力等内部因素，国家及地区法律规定、本地区整体工资水平、本地区生活费用等外部因素的影响作用。

### 2. 绩效薪酬

绩效薪酬是企业薪酬管理效益原则的具体体现，它将员工的薪酬与他们的绩效挂钩，具有为做出更多努力、更大贡献的员工提供更多报酬的优点。通常会依据预定的绩效管理政策，根据员工和/或部门的业绩表现，如成本的节约、产品质量的提高、产量的增加等来决定奖金金额。绩效薪酬颁发的对象不单是个人，还可能是集体。一般员工绩效薪酬通常主要基于个人工作绩效，有时会参考其部门抑或整个组织的绩效情况。而管理人员不少情况下是按其所负责的部门的绩效计算个人绩效薪酬的。销售人员绩效薪酬的确定则具有与其他类型员工不同的独特性。

1) 一般员工个人的绩效工资

（1）计件工资。计件工资是一种最古老，同时仍是目前最广泛运用的绩效工资形式。企业根据员工生产出的每一单位产品来支持一定数量的薪酬。其中包括直接计件工资制和标准工时计划。在直接计件工资制下，员工的薪酬与工作产量之间存在严格的比例关系。在标准工时计划下，企业会根据员工的实际绩效超出标准的一定百分比，向员工支付绩效工资。

（2）奖金。奖金是企业对员工在创造超过标准绩效时所给予的经济报酬。奖金不是固定的，伴随员工实际绩效的变动而变动，可以按月、季度或年发放。

（3）绩效加薪。企业根据员工个人的绩效水平高低为其提供的基本薪酬上涨。绩效加薪与奖金不同之处在于，绩效加薪在提供之后通常会变成基本薪酬的一个组成部分。

（4）非经济性奖励。绝大多数企业会综合使用经济性和非经济性的奖励计划。非经济性奖励计划通常包括员工认可（如年度明星员工）、礼物券、特别活动、电子通信或书面通信表扬、各种培训课程等。

2) 中高层管理人员的奖励计划

鉴于管理人员在部门和公司的盈利性方面发挥的重要作用，大多数企业管理人员除了固定薪酬外，还会得到短期奖金和长期的激励性报酬。几乎所有的企业（96%）都会采用现金的支付方式发放短期奖金，大约48%的企业会采用股票期权的支付方式提供长期激励性报酬。

3) 销售人员的绩效工资

佣金制度是针对销售类岗位计算奖金的常用办法。尽管佣金制度的形式有多种，但它们都或多或少是根据销售量的多少给员工付酬，直接佣金制是其中最为典型的一种。佣金制度还有其他的形式，如佣金加工资混合薪酬制、预提佣金制等。佣金加工资混合薪酬制是向销售人员支付一部分保底工资加一部分销售佣金；预提佣金制是间隔一定时间，如月、季,向销售人员预支一笔佣金,后从其所得的佣金中扣回。预提佣金的目的在于向销售人员提供一定的开支资源,以保证他们能正常开展工作。这种以业绩定报酬的制度,能够激励销售人员充分地利用自己的时间尽可能地努力工作,工作越努力、能力越高的员工所得报酬也越多。这种制度还可减少企业销售费用。

### 3. 员工福利

员工福利和员工的基本工资、奖金不同,它是基于员工的组织成员身份而决定的,一般不与个人绩效挂钩。员工福利构成了用于改善员工工作与个人生活的间接报偿,是对按劳分配的一种必要补充。与工资类似,员工福利计划也是以一定的章程为依据的。员工福利可以分为政府政策法规要求的和可由组织自由确定的两个部分。由于福利类型多种多样,考虑到员工的偏好和需求不同,有些组织采用自助餐式福利方案或弹性福利方案。

相关案例

**谁拥有华为?**

近期美国两位教授以此为题发布了一篇报告,激起了外界对华为控制权问题的关注。

2019年4月25日,华为董事会首席秘书江西生在深圳接受多家外媒采访,回应了外界关于华为股权制度和治理机制的关切问题。

江西生表示,华为有9万多员工通过工会来持有公司股份,是100%由员工持有的公司,没有任何外部政府或者机构,没有国有资本持股华为,华为债券发行主要在中国香港和国外的资本市场进行。目前还没有在国内发债,银行贷款从现在来看大部分也是在境外为主,占70%左右。

江西生否认了外界认为的"华为员工持股仅是一个合约的利润分配计划"。他表示,华为员工要交钱进来,去参与利润分配,并承担有可能减值的风险。还要选举持股员工代表来行使权力,所以华为股权分配计划不是一个利润分享计划,而应该是一个股权计划。

正因为华为这样的机制,都是由内部员工持股控制,所以这30年来华为能够保持独立性,这个独立性也包括对公司战略的坚持和坚守。

其实,近一二十年中国房地产最赚钱,很多企业做房地产,但是华为没有受到影响。前几年互联网、ICT(信息与通信技术)行业都在强调风口。华为也没跟这个风,包括自动驾驶汽车等。

行业管理上,华为在ICT方面,2000年时小灵通在中国发展很好,前几年3G发展时也有中国的3G标准,华为也没有在这方面受到过多影响,保持了自己的发展战略。

第一,华为每一分钱的资本都是员工掏钱进来的,所以华为员工不会允许外部的一些影响去损害华为员工的利益,包括损害公司长远发展的利益。

第二,华为没有外部依靠和资源,所以华为只有一点,就是员工必须努力去工作,这一点促使了每个员工都很努力。不但员工自己很努力,也会要求、监督同事甚至他的领导去努力工作。这点来讲，华为员工不能容忍惰怠和内部的腐败。另外，持股员工也是公司合规运营的天然监督者。

资料来源：李娜.揭开股权神秘面纱！华为100％由员工拥有,任正非有否决权而不是决定权,第一财经,2019-4-29

1. 人力资源管理是组织内的一项管理职能，其核心在于最有效地利用人（员工），或曰组织成员，来实现组织和个体的目标，它是从理念上把人作为战略资源的对待，是对人力资源的取得、开发、保持和利用等方面所进行的管理活动。

2. 工作分析指的是全面了解、获得与工作有关的详细信息这样一个工作过程。

3. 招聘是人员招募与甄选的总称，是寻找和吸引那些有能力、有潜力、有兴趣到组织一定岗位任职的人，并从中选出适宜的人员加以聘用的整个过程。

4. 培训意为有计划组织员工学习，获得开展工作需要的态度、知识、能力与技能。培训的目的在于使员工的工作积极性、能力、行为方式等发生有利于组织绩效提高的改进，帮助员工更好地完成其承担的工作。

5. 绩效管理是管理者用来确保员工的工作行为和工作结果与组织预定目标保持一致的管理活动，通常是通过企业的绩效管理制度和流程来体现的。

6. 从长远的观点看待人力资源，确保拥有必要的人才，提升吸收和确保有高素质人才的能力，使员工获得足够多的成长和发展的机会，这些都向组织及其管理者提出关注、重视员工的职业生涯发展要求。

7. 薪酬是指员工因其工作而得到所有外在奖酬回报，包括基本薪酬（工资）、绩效工资或奖金、福利等。管理者应该在内部公平性、外部竞争性和效益原则指导下，合理设计基本薪酬、绩效薪酬和福利，才能吸引、留住优秀的人才，激励员工的工作积极性，更努力地为实现组织目标而工作。

人事管理(personnel management) 　　人力资源管理(human resource management)
人力资源计划(human resource planning) 　工作分析(job analysis)
工作说明书(job description) 　　　　　　人员招聘(personnel recruiting)
人员甄选(personnel selection) 　　　　　　入职引导(orientation)
员工培训(employee training) 　　　　　　职业生涯发展(career development)
绩效评估(performance evaluation) 　　　　绩效管理(performance management)
薪酬管理(reward management) 　　　　　 晋升管理(promotion management)

 思考题

1. 现代人力资源管理与传统人事管理有什么区别？
2. 现代人力资源管理主要包括哪些内容？
3. 什么是工作分析？
4. 简述人力资源规划的制订程序。
5. 简述人员招聘的工作流程。
6. 简述人员甄选过程中的常用方法。
7. 简述企业培训的意义。
8. 简述职业生涯阶段理论。
9. 简述晋升制度的几种类别。
10. 简述绩效评估于绩效管理的不同。
11. 什么是晕轮效应？
12. 简述组织薪酬管理的基本原则。

 案例讨论题

海底捞品牌创建于1994年，历经20多年的发展，海底捞国际控股有限公司已经成长为国际知名的餐饮企业。

截至2019年6月30日，海底捞已在中国（含香港、台湾地区）118个城市，以及新加坡、韩国、日本、美国、加拿大等国家经营593家直营门店，拥有4 380万会员和88 378名员工。

海底捞的成功有目共睹，在它还没有一家海外门店的时候，已经成为哈佛商学院的经典案例。

其中，最闪光的一点是海底捞的用人之道。

员工视海底捞为第二个家，为之真心付出，甚至为这个家拼命。海底捞出色的服务就是这么来的。

海底捞员工与富士康员工来自同一群体，主体是80后或90后，在农村长大、家境不好、读书不多、见识不广、背井离乡、受人歧视、心理自卑。而且相比富士康的环境，在海底捞工作的待遇更低、地位更低、劳动强度更大。但员工没有跳楼，还能主动、愉悦地为客人提供看似有些"变态"的服务。

秘诀就隐藏在张勇（海底捞创始人）与众不同的管理思维和策略中。

海底捞员工绝大部分来自四川简阳。为了让背井离乡的员工工作时无后顾之忧，公司出资千万元在简阳建了一所寄宿学校，让留守的员工孩子免费上学。公司还设立了专项基金，每年拨100万元用于治疗员工和直系亲属的重大疾病。海底捞不仅照顾员工子女，还想到了员工父母。公司每个月会将给员工的一部分奖金，直接寄给其远在家乡的父母，让父母一起分享孩子的进步和荣耀。

人不仅需要爱，还需要尊敬。对员工的尊敬就是信任。海底捞在管理上充分授权，并给予员工足够信任。在海底捞，从管理层到普通员工，都拥有超过一般餐饮企业员工所能得到的权力：200万元以下开支，副总可以签字；100万元以下开支，大区经理可以审批；而30万元以下开支，各分店店长就可以做主。一线服务员都有免单权。

海底捞对人的培养建立在师徒制传帮带基础上，并执行严格的内部晋升制度（传帮带），除了工程总监和财务总监之外，所有干部都必须从一线服务员做起。

杨小丽，家在四川农村，20世纪90年代初，两个哥哥做蜂窝煤生意赚了不少钱，后来生意失败，欠了一屁股高利贷，杨小丽只好到海底捞干起了服务员。她是海底捞唯一的副总经理，刚满30岁。

年仅28岁的袁华强，是海底捞北京和上海区的总经理。小时候，因为家穷没能上大学，19岁离乡谋生，偶然的机会进入海底捞，从门童做起。区域经理林忆只有21岁，掌管海底捞西单、牡丹园等三个店的店长王燕只有22岁。

他们都没有受过正规大学教育，而且都出身卑微，不怕吃苦，极其顽强、进取和自信；不仅如此，都有很强的学习能力和领悟能力，是典型的能力不等于学历的例子。他们是同类，同类自然容易理解和欣赏。因此，他们一个带一个，相继成为海底捞管理骨干。

凭借与众不同的人力资源管理模式，依靠"80后"、"90后"新生代农民工，海底捞缔造了新的商业传奇。

**启发思考题**
1. 海底捞人力资源管理的与众不同，主要体现在哪些方面？
2. 海底捞的神话还能继续吗？未来在"人"的方面，将会面临怎样的问题或困境？

资料来源：黄铁鹰.海底捞你学不会[M].北京：中信出版社,2011.

## 本章推荐阅读资料：

1. [美]保罗·蒂戈尔,芭芭拉·蒂戈尔.做适合你的工作[M].北京：东方出版社,1999.

2. [美]加里·德斯勒著.人力资源管理[M].12版.刘昕,译.北京：中国人民大学出版社,2012.

3. [美]乔治·T.米尔科维奇,杰里·M.纽曼.薪酬管理[M].9版.成得礼,译.北京：中国人民大学出版社,2008.

4. 孙健敏.组织与人力资源管理[M].北京：华夏出版社,2002.

5. 吴冬梅,白玉苓,马建民.人力资源管理案例分析[M].2版.北京：机械工业出版社,2011.

# 第 7 章

# 个体行为与激励

（1）掌握马斯洛的需要层次理论、奥尔德弗的 ERG 理论、麦克利兰的成就需要理论、赫茨伯格的双因素理论、弗鲁姆的期望理论、亚当斯的公平理论和斯金纳的强化理论。

（2）理解需要的概念、动机的概念、动机与行为之间的关系、激励的作用、人性假设理论、波特和劳勒的综合激励模型和洛克的目标设置理论。

（3）了解个体行为的基本模式、激励理论的类型。

任何一个组织都是由若干员工个体所构成的。对员工进行管理的核心是调动起人们的工作积极性，即组织中个体行为管理的核心问题是激励。本章首先介绍了激励的相关概念与作用、激励理论的分类和人性假设理论，在此基础上阐述了主要的激励理论的内容、主要观点以及在管理中的应用等问题。

## 7.1 激励概述

在任何一个组织中，管理者所需要的是有利于组织目标实现的员工行为及其结果。而每个人的行为的产生不是无缘无故的，必定经历一个复杂的过程。人的行为是由动机支配的，动机是由需要引起的，行为的目的是满足某种需要（图 7-1）。这是激励得以发挥作用的心理机制。如果管理者能够满足员工的需要，并使他们看到需要得到满足的可能

图 7-1 个体行为的基本模式

性,就可激励员工的行为。

### 7.1.1 需要与动机

#### 1. 需要的概念

需要是指个体由于某种生理上或心理上的缺少或不足而引起的一种力求获得满足的心理倾向,是个体自身或外部的客观要求在大脑中的反映,常以"缺乏感"被体验到。它是人的行为的内部驱动力,是个体活动积极性的源泉,是人类生存和发展的必要条件。个体的行为,总是直接或间接、自觉或不自觉地为了获得某种需要的满足。因此,需要是推动人类行为活动的原动力。

形成需要有两个条件:一是不足之感,即个体感到缺乏什么东西;二是求足之感,即个体期望得到什么东西。需要就是这两种状态组成的一种心理现象。人的一生也是一个不断产生需要、不断满足需要、再产生新的需要的生命运动过程。

#### 2. 动机的概念

需要是一切行为产生的源泉,而需要只有转化为动机才能成为推动和维持个体行为的内部动力。动机是行为的直接原因,它引起、维持行为并指引行为去满足某种需要。

当人们产生某种需要之后,并且在这种需要未满足时,就会处于一种心理紧张状态,产生心理反应,形成内在的驱动力即动机。心理学上把能激发人的行为并引起行动来满足某种需要的欲望、愿望、理想、信念等主观心理因素统称为动机。动机引起行为、维持该行为并导向某一目标来满足需要。当人有了动机后,就有可能寻找和选择满足需要的目标。当这样的目标找到后,就可能进行满足需要的相应活动即行为,最后需要满足,紧张解除,然后又有新的需要产生,再引起新一轮的行为过程,周而复始,直到人的生命终止。

人的行为可分为非动机行为和动机行为。非动机行为是指不受理智支配、没有明确动机和目标的本能反应和情绪冲动行为等。而动机行为是指为动机所驱动并指向明确目标的、有意识的行为。动机行为具有目的性、能动性和可塑性等特点。人的行为大多是由一定的动机引起的。

动机的产生是有条件的,并非任何需要都会转化成为动机。当需要的强度较弱、处在萌芽中时,它以不明显的、模糊的形式反映在人们的意识当中,这种需要叫作意向。由于意向不能为人们清晰地意识到,难以推动人们去采取行动,不能产生行为的动机。当需要的强度达到一定程度时,就能为人们清晰地意识到,这种需要叫作愿望。只有当人们具有一定的愿望并在一定的外界条件下,才能形成动机并产生相应的行为。因此,动机是在需要达到迫切的程度时,由内在因素和外部条件相互作用而引起的。内在因素是指个体感到缺乏某种东西时而引起的需要(愿望),由身心失去平衡而产生的紧张状态或感到不舒服;外部条件是指来自个体身外的刺激——诱因。

需要是行为产生的最终原因,而动机是行为产生的直接原因。需要是产生动机的根源,需要引发了动机,动机导致行为的产生。但是,并非人们的所有需要都会转化为动机,有了动机也并不一定会导致行为的产生。

## 7.1.2 激励

### 1. 激励的概念

激励是指激发人的行为动机,使人有一股内在的动力,朝所期望的目标前进的活动过程,也就是通常所说的调动积极性的过程。一个人的积极性是否被调动,主要是看其动机是否被激发了。因此,激励又称为动机的激发。

激励的对象是人本身及其行为。人的行为的目的是满足其需要。如果能够满足人的需要,并使他们看到满足的可能性,那么就可以激励人的行为。

在组织管理中,激励的实质是管理者通过采取各种能满足员工合理、正当需要的诱因,激发其工作动机,引起个体动机产生持续不断的兴奋,从而引发积极高效的行为反应,以实现既定目标的过程。

1974年,德鲁克在他的著作中表达了这样的思想:一个机构"必须满足其成员的愿望和需要,并且把成员看成单独的个体去满足他们的愿望和需要"。因此,组织的管理者在激励的过程中,应当洞察员工的需要,把组织的目标与员工的个人目标有机地结合起来,使员工的个人需要与组织的利益相联系,强化组织目标的刺激作用,增强达成组织目标的意愿,使符合组织利益的行为动机成为员工的优势动机,使员工对达到组织目标的行为,由"要我做"变成"我要做"。

### 2. 激励的作用

一般来讲,在目标一致、客观条件基本相同的情况下,一个人的工作绩效与其能力和受到激励水平之间的关系,可用公式表示为工作绩效$=f$(能力×激励)。

这个公式表明,虽然能力是取得工作绩效的必要条件,但不管一个人的能力有多强,如果他受到的激励水平很低,也难以取得很高的工作绩效。而且,在一定的时间内,一个人的能力是相当稳定的,变化不大。这样,员工工作绩效的大小,主要取决于激励水平的高低。要提高员工的工作绩效,管理者就应在激励方面下功夫。

有关试验和实践活动表明,受到激励的行为与未经激励的行为,其效果大不相同。

美国心理学家奥格登于1963年曾进行过"警觉性试验"。该试验用一个光源调节发光强度,记录被试辨别光强度变化的感觉,以测定其警觉性。试验的结果是:A(控制组)、B(个人竞赛组)、C(集体竞赛组)、D(奖惩组)四个组的误差总次数分别为24、8、14和11次。该试验表明,经过激励的行为与未经过激励的行为存在着明显的区别;用精神激励法和物质激励法,结果也不一样,这表明激励方式对行为表现也有非常大的影响。

美国哈佛大学教授、心理学家詹姆士通过对员工激励的实验研究发现,在计时工资制下,员工若没有受到激励,仅发挥其能力的$20\%\sim30\%$,就可以应付工作、保住职位而不至于被解雇;如果受到正确而充分的激励,其能力可发挥到$80\%\sim90\%$,甚至更高。

激励的作用主要体现为:①能提高组织的竞争力;②可调动不同层次人的积极性;③可将组织所需的人吸引过来并长期为本组织工作;④可使在职员工充分发挥其才能,提高工作效率;⑤可进一步激发员工的创造性和革新精神,提高工作绩效。

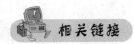 相关链接

### 组织管理中的员工激励问题

在员工激励的过程中,组织的管理者常常将目光和资源聚焦于组织的整体问题,而忽略了组织中的个体。

组织的管理者既要理解员工自身的需求特征,也要有能力留住员工,提升组织的凝聚力,获得员工对组织的认同,这是对组织管理者的一个重要挑战。

随着员工个体对自身需求认知的加深,简单的激励措施已经无法实现良好的效果。在20世纪80年代中期,美国社会心理学家埃森伯格根据"社会交换理论"与"互惠原则"提出了组织支持和组织支持感理论,认为组织的支持能够满足员工的社会情感需求,如果员工感受到组织愿意并且能够对他们的工作付出进行回报,员工就会为组织的利益付出努力。员工如果得到重要的资源,他们也会随之产生义务感,并且会更加积极地提升绩效以帮助组织达成目标。借用"组织支持感"理论,组织的管理者需要给员工提供一系列的奖励,使员工感受到组织对他们的支持,而这种支持不仅是来自物质方面的激励,而且更多地是来自精神和自我成就方面的奖励,这些将会促进员工更好地实现工作目标,增加员工的组织认同感。

资料来源:陈春花.激活个体[J].企业管理,2018(8).

#### 3. 激励理论的类型

有关激励的理论成果十分丰富,形成了各种类型体系,按其所研究侧重点的不同及其与行为的关系不同,主要可分为三大类。

(1) 内容型激励理论,也称需要理论。这类理论所关注的是激励的起点和基础——需要,认为个体行为的目的是满足自己的需要,着重研究需要的内容、结构特征及其激励作用。由于这类理论所详细讨论的是能够对人产生激励作用的因素的具体内容,故被称为激励的内容理论。这类理论主要有马斯洛的需要层次理论、奥尔德弗的ERG理论、麦克利兰的成就需要理论和赫茨伯格的双因素理论。

(2) 过程型激励理论。这类理论主要研究如何由需要引发动机、由动机推动行为、并由行为指向目标,从激励的全过程来分析哪些因素影响人的行为及其目的达成。这类理论主要有弗鲁姆的期望理论、亚当斯的公平理论、波特和劳勒的综合激励模型与洛克的目标设置理论等。

(3) 行为塑造型激励理论,又称行为修正理论。这类理论主要研究的是在一定的环境中个体行为的结果对其今后行为的影响问题。激励的目的正是维持、塑造或修正员工的行为,使员工产生管理者所期望的行为。这类理论主要有强化理论、挫折理论和归因理论等。限于篇幅,本章只介绍其中的强化理论。

这些理论从不同的侧面研究了人的行为动因,但每一种理论都有其局限性,不可能用一种理论去解释所有激励问题。各种理论可以相互补充,使激励理论得以完善。组织的

管理者要想有效地激励员工,必须较全面地了解各种激励理论。

## 7.1.3 人性假设理论

了解人性假设理论,有助于管理者知人性、识人心,能有效地提高管理者的管理水平。西方有关人性假设理论中最具影响力的是麦格雷戈的 X 理论与 Y 理论和沙因的人性假设理论。

### 1. 麦格雷戈的 X 理论与 Y 理论

道格拉斯·麦格雷戈认为管理者关于人性的观点是建立在一些假设基础之上的,而管理者是根据这些假设来实施管理活动的。他总结出两种截然不同的假设,分别被称作 X 理论和 Y 理论。

(1) X 理论认为:

① 一般人具有天生不喜欢工作的本性,只要有可能,他就会逃避工作。

② 对于绝大多数的人必须采取指挥控制、强制措施或惩罚等方式,促使其为实现组织目标而付出努力。

③ 一般人宁愿受指挥,不愿承担责任,缺乏雄心壮志。

④ 大多数人缺乏理智,难以克制自己,且易受别人的影响。

(2) 与 X 理论这些消极的人性观点相对照,麦格雷戈提出了人性假设的 Y 理论。Y 理论认为:

① 人们运用脑力和体力进行工作时轻松自然,如同游戏一般。

② 外在的控制和惩罚的威胁并不是促使人们为实现组织目标而努力的唯一方法,人们在为实现其所参与制订的目标活动中,能够进行自我指导和自我控制。

③ 对目标的参与程度与获得成就的报酬直接相关。这些报酬中最重要的是自我意识和自我实现需要的满足。

④ 在适当条件下,人们不但能够接受而且能主动承担责任。

⑤ 大多数人在解决实现组织目标过程所遇到的困难与问题时,能够发挥其较高的想象力、独创性和创造力。在现代工业生产条件下,一般人的智慧潜能只是部分地得到了发挥。

Y 理论假设与 X 理论假设是根本不同的。X 理论代表了"传统的指挥和控制观点",完全依赖于对人的行为的外部控制,而 Y 理论则很重视依靠人的自我控制和自我指挥。基于 Y 理论的管理的极为重要的任务是"对组织条件和作业方法进行安排,使得人们能够通过把他们自己的努力用于组织目标而最好地实现他们自己的目标"。Y 理论的核心是将个人目标与组织目标结合起来。

从总体来看,在管理发展过程中 Y 理论是对 X 理论的发展,是一种相对先进的管理理论。但 X 理论也并非一无是处,把 X 理论作为管理的一种哲学指导思想虽是错误的,但在某些特定的管理情境中,仍有 X 理论的用武之地。

## 2. 沙因的人性假设理论

沙因在继承前人有关研究成果的基础上,归纳提出了经济人、社会人、自我实现人和复杂人四种人性假设。最能体现其独立性见解的则是其复杂人假设。

(1) 经济人假设。这种人性假设来源于古典经济学家亚当·斯密和古典管理理论学家泰罗等人的有关学说。该假设认为:

① 人是由经济诱因而引发工作动机的,人们从事工作的目的在于追求获得尽可能多的经济利益。

② 经济诱因是由组织控制的,因此人们只能在组织的支配控制下进行工作并获得一定的经济利益。

③ 人以一种合乎理性、精打细算的方式来行事。

④ 人在情感方面是非理性的,这会干预其对经济利益的合理追求,因而组织应设法控制个人的情感。

(2) 社会人假设。此假设主要来源于人际关系学说的创立者梅奥等人。该假设认为:

① 职工并不是把金钱当作刺激积极性的唯一动力的"经济人",而是在物质之外还有对社会和心理方面需求的"社会人",人有追求友情、安全感和归属感等社会心理方面的欲望。

② 工业革命和工作合理化的结果使得工作变得单调而无意义,因此职工要从其工作的社会关系中去寻找工作的意义。

③ 企业中除了正式组织之外,还存在非正式组织,并且这两类组织都对职工产生影响。

④ 新型的领导能力在于提高职工的满足度,尤其是职工对友情、安全感和归属感等方面的满足度。要善于处理人际关系,让职工参与决策,加强上下之间的沟通、重视发挥非正式组织在组织运作中的作用等。通过这些方面的努力去激励职工的士气,从而达到提高劳动生产率的目的。

(3) 自我实现人假设。此假设主要来源于马斯洛(Maslow)的需要层次理论、阿吉里斯(Chris Argyris)的不成熟——成熟理论、麦格雷戈的 Y 理论等。该假设认为:

① 人的需要是由低级到高级不断发展变化的,其不断满足的目的是达到自我实现的需要,并寻求人的全面发展的意义。

② 人力求在工作上有所成就,实现自治与独立,发展自己的能力与技术水平,能适应环境,可富有"弹性"地生存与发展。

③ 人能够进行自我激励和自我控制,外来的激励和控制则会对人产生一种威胁,造成不良的后果。

④ 个人的自我实现与组织目标的实现两者之间并不冲突,而是可以保持一致的。在适当条件下,个人会主动调整自己的目标,使之与组织目标相结合。组织中的人都有不同程度的自我实现需要的追求,因此,对员工的管理就必须通过设计新的组织体系和运行机制、提供良好的工作环境、改革各方面的工作,为员工获得高质量的其自我实现需要的满

足来提供管理上的相应服务。

（4）复杂人假设。沙因在前人相关研究成果的基础上开创性地提出"复杂人"假设。他认为"经济人"、"社会人"和"自我实现人"这三种人性假设都反映了相应的时代背景，并与具体的管理实践活动有一定的对应性；但世界是复杂的，人也是复杂的，即使是同一个人在不同的环境中和不同的人生时期也都会有不同的需要，而仅把人归结为属于某种人性假设下的某一类人则有失偏颇，因而其提出了"复杂人"假设。该假设认为：

① 每个人都有多种不同的需要和不同的能力。

② 一个人在其生涯过程中可学到和产生新的需要与动机。

③ 一个人在不同的组织和不同的部门中可能会有不同的动机模式。

④ 一个人是否感到称心、是否愿意为组织尽其力，主要取决于本身的动机构造和其与组织之间的相互关系等（如工作的性质、其工作能力和技术水平、动机的强弱、与同事的关系等）。

⑤ 人会根据其动机、能力和工作的性质等来对不同的管理方式做出不同的反应。

"复杂人"假设要求管理者根据每位员工的个体差异，灵活（变通）运用不同的管理方式，权宜应变、灵活处置管理活动中所涉及的各种问题。

## 7.2 基于需要的激励理论

### 7.2.1 马斯洛的需要层次理论

心理学家马斯洛 1943 年在《人类动机理论》一书中提出了需要层次理论，在其《调动人的积极性的理论》和《激励与个性》（1954 年）书中，对该理论做了进一步阐述，将人类的需要归纳为五个层次（图 7-2）。

图 7-2 马斯洛的需要层次

1. 需要的层次

（1）生理需要。其包括衣着、食物、住所、水、睡眠和性等为维持个体自身生存的基本需要（属于物质性需要），达到饥有所食、渴有所饮、寒有所衣、住有所居。生理需要是人的一切需要之中最占优势的需要，如不能满足，个体的生存就会受到威胁。

（2）安全需要。其指保护自己免受生理和心理伤害的需要，包括健康、财产安全、劳动保护、职业安全、生活稳定、社会保险、社会秩序与治安、退休金与生活保障等，以免于危险、恐惧与灾难等。安全感虽然在人的一生中都具有,但对其需要的程度以儿童时期最为强烈。

(3) 归属需要。希望得到爱和爱他人;希望保持友谊、相互忠诚、信任;有和谐的人际关系;依附于一定的组织与群体,成为群体的成员,有归属感。人是社会人,需要有所归属。为了满足这一需要,他可能加入不同的群体。当归属需要成为人们最重要的需要时,便会促使人们形成与保持和谐的社会关系。

(4) 尊重需要。其指自尊、自重和受别人尊重方面的需要,包括:自我尊重方面,如独立、自主、自由、自信、自豪感、成就感等;社会尊重方面,如名誉、地位、社会认可、被他人尊敬等。这是有关个人荣辱的需要,必须等前几种需要获得满足之后才能出现并产生激励作用。这些需要被满足可以增强人的自信心和自我观念,反之会出现自卑、怯弱、无能等心理。

(5) 自我实现需要。这是最高层次的需要,是一种希望个人的潜在能力得到最大限度的发挥并有所成就的需要,是关于人生理想的自我实现。希望能充分发挥自己的聪明才干,做一些自己觉得有意义、有价值、有贡献的事,实现自己的理想与抱负,如胜任感和成就感。马斯洛认为,当一个人达到自我实现的发展水平时,音乐家必然会去作曲,画家必定会去绘画,诗人必定会去写诗,这样才能使他感到最大的快乐;否则,他会感到很不自在。自我实现不同于自私自利,其本质特征是最大限度地发挥自己的潜能。

1954年,马斯洛又在尊重需要和自我实现需要之间增加了求知与求美两个需要层次。求知需要包括好奇心、求知欲、探索心理及对事物的认知和理解。求美需要即指人有追求匀称、整齐和谐、鲜艳、美丽等事物而引起心理上的满足的需要。

### 2. 主要观点

(1) 人的需要是有层次的。由低到高分为生理需要、安全需要、归属需要、尊重需要和自我实现需要,如图7-2所示。需要层次有较低级与较高级之分,生理需要与安全需要属于前者,另三个需要属于后者。较低级的需要主要是从外部使人得到满足,而较高级的需要是从内部使人得到满足。

(2) 需要的实现和满足具有顺序性,即由低到高逐级实现,这类似于我国古代齐国的管仲所提出的"仓廪实而知礼节,衣食足则知荣辱"。

(3) 层次越低的需要,越容易得到满足;而层次越高的需要,其得到相对满足的程度越低。马斯洛估计,一般来讲,个体可能在生理需要方面满足了80%,在安全需要方面满足了70%,在归属需要方面满足了50%,在尊重需要方面满足了40%,而在自我实现需要方面仅满足了10%。

(4) 已经出现但尚未满足的需要是主导需要,在个体的各种需要中占统治地位,起支配作用,是激励因素。某类需要一旦已得到相对满足,就不再产生高激励力。

(5) 对于不同的人,其需要层次可能会出现意外,其对各层次需要的强烈程度不一样。

(6) 人的心理是不断发展的。随着心理的发展,人的需要所表现出来的强烈程度也发生变化,两者的关系如图7-3所示。

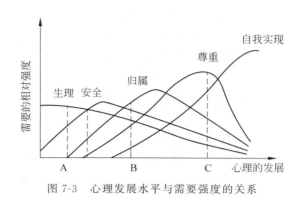

图 7-3 心理发展水平与需要强度的关系

（7）一个国家的人民对各需要层次的分布，与该国的经济发展水平直接相关。

马斯洛的需要层次论存在着局限性。主要体现为：它是以唯心的人本主义理论为基础的，认为人的需要是本能的，是与生俱来的，忽视了后天环境对人的需要的重要影响；认为需要层次机械地由低向高上升，忽视了人的主观能动性的发挥，难以解释需要层次越级上升或由高向低下降的现象。尽管如此，需要层次论仍不失为激励理论的基石。

### 3．在管理中的应用

应用此理论来激励员工，管理者应当注意做到以下几方面。

（1）要掌握员工的需要层次，满足不同层次的需要。管理者要了解、掌握员工的需要及其变化、发展规律，根据不同层次的需要，采取相应的组织措施（表 7-1），以引导和控制员工的行为。管理者尤其要注意强化或改造员工的最高层次需要，使之与组织或社会的要求相一致。

表 7-1 马斯洛的需要层次与相应的满足措施

| 需 要 种 类 | 描 述 | 相 应 措 施 |
| --- | --- | --- |
| 自我实现需要 | 实现人的所有潜能的需要 | 使人有最大可能发挥其能力和技巧的机会 |
| 尊重需要 | 对自身和自己的能力感觉良好，被其他人尊重和获得认同与欣赏的需要 | 提升和对其成就的认可 |
| 归属需要 | 对社会交往、友谊和爱的需要 | 促进良好的人际关系，组织相应的社交活动 |
| 安全需要 | 对安全、稳定和安全环境的需要 | 提供稳定的工作、足够的福利和安全的工作环境 |
| 生理需要 | 维持人的生存所必需的衣、食、水、住所等的需要 | 提供能保证个体购买其生存必需品的相应报酬 |

（2）要满足不同员工的主导需要，采取针对性的措施。既要因人而异，也要因时而异，同时要注意方式方法。

（3）随着经济的全球化、管理的国际化，管理者必须认识到，不同国家或地区的人对通过工作来满足的需要存在差异。有研究表明，日本人和希腊人特别易受安全需要的激励,但瑞士、挪威和丹麦人特别易受归属需要的激励。而处在低生活水平的贫穷国家的人,生理需要和安全需要似乎是首要的激励因素。当国家变得比较富裕和有较高的生活标准时,与个人的成长和成就有关的需要,如尊重需要和自我实现需要就会变成重要的激励因素。

### 7.2.2 奥尔德弗的 ERG 理论

1969年,美国心理学家、耶鲁大学教授奥尔德弗在大量的实验研究基础上,提出新的需要理论,把人的需要划分为三种:生存需要、相互关系需要和成长需要,故称为 ERG 理论。

#### 1. 需要的层次

(1) 生存需要。其指人们维持自身生存的物质方面的需要,包括多种形式的生理和物质欲望,如饮食、住房、衣着等方面的基本需要以及对工资、福利、工作条件以及社会保障方面的需要。相当于马斯洛需要层次论的全部生理需要和部分安全需要。

(2) 相互关系需要。其指与他人和睦相处、建立友谊和有所归属的需要。这类需要通过工作中和工作以外与他人的接触和交往来获得满足。相当于马斯洛需要层次论的部分安全需要、全部归属需要和部分尊重需要(其外在部分)。

(3) 成长需要。其指个体在事业、前途方面得到提高和发展、有所成就,取得自尊、自信、自主以及充分发挥自己才能的需要。相当于马斯洛需要层次论的部分尊重需要(其内在部分)和全部自我实现需要。

#### 2. 主要观点

(1) 对某种需要的强度与该需要满足的程度密切相关。
① 各层次上的需要满足得越少,则对该层次的需要就越强烈。
② 较低层次的需要满足得越充分,则对较高层次的需要就越强烈。
③ 较高层次的需要满足得越少,则对较低层次的需要就越强烈。
(2) 人的需要不一定是生来就有的,有的需要(如成就感)是通过后天学习、培养而产生的。
(3) 人的三种需要并不严格按由低到高的顺序发展,而是可以越级的,并且遇到挫折有可能倒退:人们在满足较高层次需要的努力受挫后,对满足低一层次需要的愿望会更强烈。
(4) 在同一时期内,人们可能同时追求一种以上的需要,多种需要可以同时并存。

#### 3. 与马斯洛需要层次论的比较

(1) 共同点:都研究了人的需要,并把需要划分为类似的不同层次;认为人的各种需要一般是由低到高逐步发展上升的,而且是相互联系的。

(2) 不同点:
① 马氏理论是以"满足—前进"为逻辑基础;而 ERG 理论在此基础上加入了"受挫—

后退"模式。

② 马氏理论认为同一时期，只存在一种主导需要；而 ERG 理论认为人们可同时追求一种以上的需要。

③ 马氏理论认为人的高层次需要只有在低层次需要获得相对满足之后才能出现；而 ERG 理论认为人的需要可以越级出现，如当低层次需要得不到满足或较少满足时，人们有可能转而寻求高层次需要的满足。

④ 马氏理论认为人的需要是生来就有的，是内在的、下意识的；而 ERG 理论认为人的需要并不完全是生来就有的，有的需要（如成长需要）是通过后天学习而产生的。

ERG 理论是在对企业的大量研究基础上而形成的。有很多人认为，ERG 理论更全面地反映了社会现实、更符合实际，修正了马氏理论的某些不足之处，对组织管理更有启发意义、更有效。

4. 在管理中的应用

管理者应该认识到每个员工需要的重点各不相同，要了解每个员工的真实需要，然后采取适当措施来满足员工的不同需要，以此来激励员工（表 7-2）。

表 7-2 ERG 理论的需要层次与相应的满足措施

| 需要种类 | 描述 | 相应措施 |
| --- | --- | --- |
| 成长需要 | 对自我发展、创造性和有成果地工作的需要 | 允许人们不断提高其能力和技巧，从事有意义的工作 |
| 相互关系需要 | 对良好的人际关系、想法和感情的共享以及双向交流的需要 | 促进良好的人际关系，提供准确的反馈 |
| 生存需要 | 对衣、食、水、住所及稳定和安全的生存环境的基本需要 | 提供足够的报酬，使人们具有生活和安全工作环境的必需品 |

ERG 理论仍然与马斯洛的需要层次理论属于同一个理论体系，同样具有其局限性。

### 7.2.3 麦克利兰的成就需要理论

美国心理学家、哈佛大学教授麦克利兰于 20 世纪 50 年代在大量调查研究的基础上，认为在人的生理需要基本得到满足的前提条件下，人的高层次需要可划分为权力需要、归属需要和成就需要。

1. 需要的类型

（1）权力需要。这是影响和控制他人且不受他人控制的欲望。权力需要强烈的人特别重视对他人施加影响力和控制力，一般都追求领导者的地位，喜欢竞争性和地位取向的工作环境，喜欢承担责任，性格坚定，常常表现出喜欢争辩、健谈、直率和头脑冷静的特点，也爱教训别人并乐于在公开场合发表意见或演讲。权力是管理成功的基本要素之一。权力可分为个人权力和社会权力，个人权力适用于个人生活，而社会权力适用于公众的生活，如各种管理的权力。权力有积极和消极的两面性，积极的一面表现为帮助下属，而消极的一面在于追求统治。

(2) 归属需要。这是一种渴望建立融洽、和谐人际关系的愿望。这种需要较强烈的人,努力寻求相互理解与友爱,希望彼此之间进行沟通以便相互理解,喜欢合作性而非竞争性的环境。归属需要和权力需要同管理者的成功有密切关系。那些负有全局责任的人,往往把归属需要看得比权力需要更重要。

(3) 成就需要。这是追求卓越、争取成功的愿望。高成就需要者渴望事情做得更完善,寻求能发挥自我潜能的工作环境,把具有挑战性的成就看作人生最大的乐趣,干什么都不甘落后,希望超过别人。

麦克利兰认为,有一半成功的机会往往最能激励人们去取得成就,成功的概率太低或太高都不太吸引人,不会激励人们去取得成就。

许多高成就需要者关注的是他们个人如何获得更大的成功,而不是如何影响别人去取得成功,因而具有高成就需要的管理者不一定是优秀的、称职的管理者。

### 2. 主要观点

(1) 对不同的人,这三种需要的排列顺序和所占比重是不一样的。一般情况下,成功的高层管理者的权力需要比较强烈,而归属需要较低。

(2) 决定一个人成就需要的因素有两个:直接环境(如人际关系、工作本身、领导等)和个性,即成就需要$=f$(直接环境$\times$个性)。

(3) 一个组织的成败,取决于其所拥有的高成就需要的人数,两者之间存在正相关关系。据麦克利兰的调查,英国在 1925 年时所拥有的高度成就需要的人数,在被调查的 25 个国家中名列第 5 位;而到了 1950 年,在被调查的 39 个国家中退居到第 27 位,同期英国的国民经济正在走下坡路。

(4) 成就需要可以通过后天的教育、培养、训练而获得。一般情况下,只有约 10% 的人具有高成就需要。他认为,应对成年人进行成就激励教育。

(5) 成就需要受到组织管理状况的影响。如果把有高成就需要的人放在有难度的工作岗位上,工作的挑战性就会引起成就的动机,接着这种动机又激发致力于成就的行为。但如果把高成就需要的人放在例行的、没有挑战性的岗位上,则成就的动机就难以激发。在这种情况下,就没有理由期望他们很好地完成工作。

### 3. 在管理中的应用

管理者应采取有效的措施来提高下属的成就需要,以提高组织的绩效。

(1) 对于成就需要较高的员工,应安排其承担具有挑战性和一定风险的工作任务,给予一定的自主权;给其设定的目标应当是难度适中的,既不能太高也不能过低;应及时反馈其工作业绩,用表扬、奖赏、加薪、提职等方式来肯定其成就,以满足其成就需要,激发其工作热情。

(2) 对于成就需要较低者,可安排一些常规的任务。

(3) 成就需要不是与生俱来的,管理者应采取措施、提供机会,以不断培养和提高员工的成就需要。

麦克利兰的调查对象是物质生活条件较好和社会地位较高的人,因此,将其理论应用于所有的人,会有一定的局限性。

## 7.2.4 赫茨伯格的"双因素"理论

1959年,美国心理学家赫茨伯格和他的同事采用"关键事件法",在对匹兹堡地区的11家工商企业机构中的200名会计师和工程师进行大量调查研究的基础上,在《工作激励》一书中提出了激励—保健因素理论(以下简称"双因素理论")。他们对调查所获的大量资料进行了分类分析,发现使员工感到满意与不满意的因素有很大的不同(图7-4),由此,提出了相应的理论。

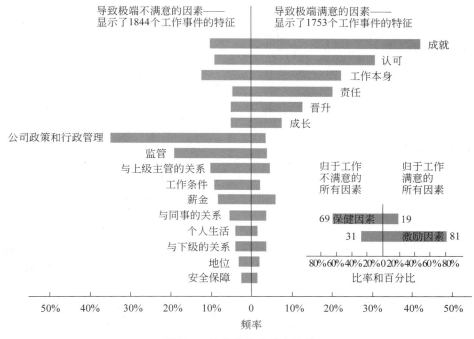

图 7-4 赫茨伯格的调查结果

### 1. 主要观点

(1) 存在两类性质不同的因素。该理论认为,造成员工不满意的原因主要是工资报酬、工作条件、人际关系等方面的因素(图左)。这些因素即使改善了,也不能使员工变得非常满意,不能充分激发其工作积极性,只能够消除员工的不满。这类因素称为保健因素。保健因素的作用就像牙膏只能防止牙病,而不能医治牙病一样。另一类因素能激发员工的工作热情,调动员工的积极性,使员工感到满意,如工作具有挑战性和发展前途,富有成就感或重大责任感等(图右)。这类因素称为激励因素。

因此,在实际工作中,存在两类不同的因素——保健因素和激励因素,对激发员工的工作热情,提高工作效率起着不同的作用。保健因素只能消除工作中不满情绪,而不能激发员工的工作热情、不能从根本上激励员工;只有激励因素才能调动员工的工作积极性、激发其工作热情、能从根本上激励员工。

保健因素多来自工作环境,作用是预防出现不满。常见的保健因素有组织的政策、管理监督方式、工作环境或条件、人际关系(与上级、同事或下级的关系)、工资报酬、地位、职业稳定性、个人生活需要等。

激励因素多来自工作任务本身。常见的激励因素有工作上的成就感、工作得到认可和赏识、工作本身的挑战性和兴趣、工作职务上的责任感、工作的发展前途与晋升机会、个人的成长等。

(2)满意与不满意的关系(图7-5)。传统的观点认为,"满意"的对立面是"不满意"。赫茨伯格认为这是不对的,"满意"的对立面并不是"不满意",而是"没有满意";"不满意"的对立面不是"满意",而是"没有不满意"。没有满意和没有不满意是"零状态"。能消除不满意的因素并不一定带来满意,或者说不满意因素的消除并不一定意味着满意的增加。

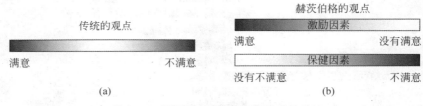

图 7-5　对满意与不满意之间关系的看法

(3)内激励与外激励。对员工的激励可分为内激励和外激励。内激励是指一个人在进行工作时从工作本身得到的某种满足,如对工作的爱好、兴趣、责任感、成就感等。这种满足能促使员工努力工作,积极进取。外激励是指外部的奖酬或在工作以外获得的间接满足,如工资待遇、劳保福利等。这种满足具有一定的局限性,只能产生少量的激励作用。外激励或保健因素只能满足人们的生理需要与物质需要,不能满足人们的精神需要,并不能持久有效地激励员工。

赫兹伯格所说的保健因素和激励因素在实际的工作中有所交叉,也因管理对象的不同而存在差异。

### 2. 在管理中的应用

赫兹伯格的双因素理论强调内激励,在管理学中具有划时代意义,为管理者更好地激发员工的工作动机提供了新思路。

(1)管理者应正确识别保健因素和激励因素。对具体的个体来讲,保健因素与激励因素并不是固定不变的。

(2)管理者在管理工作中不应忽视保健因素,以消除员工的不满,保持员工的工作积极性。一方面如果保健性的管理措施做得很差,就会导致员工产生不满情绪,影响工作效率的提高;另一方面也没有必要过分地改善保健因素,因为这样做只能消除员工对工作的不满情绪,并不能直接提高员工的工作积极性和工作效率。

(3)注重内激励。管理者要想持久而高效地激励员工,必须改进员工的工作内容,进行工作再设计,实行工作扩大化(横向)、工作丰富化(纵向),扩大员工的工作自主权,给予员工富有挑战性的工作任务,注重工作本身对员工的激励作用,让员工"乐在其中"。管理者还要重视对员工进行精神激励,给予表扬和认可,给员工以成长、发展、晋升的机会。用这些内在因素来调动人的积极性,才能起更大的激励作用并维持更长的时间。

## 7.3 基于过程的激励理论

### 7.3.1 弗鲁姆的期望理论

1964年美国心理学家弗鲁姆在《工作与激励》一书中提出了期望理论。这是一种通过考察人们的努力行为与其所获得的最终奖酬之间的因素关系,来说明激励过程并选择激励对策的理论。

1. 主要观点

该理论认为,并非有何种需要,就会出现相应的行为。人们只有在预期的行为将会有助于实现某个具有吸引力目标的情况下,才会被激励起来去做某些事情以实现其个人目标。个体的行为,受到激励水平高低的影响。激励水平取决于期望值和效价的二者乘积,用公式可表示为 $M = V \times E$。

上式中的 M 为激励力,指一个人受到激励的程度和激励水平的高低,表明动机的强烈程度,被激发的工作动机的大小,即为达到高绩效而做的努力程度。V 为效价(取值范围为 $-1 \sim 1$),是指对预期结果或报偿的偏好程度,或者说达到目标对于满足个人需要的价值,即对目标的估价(全部预期价值)。E 为期望值(取值范围为 $0 \sim 1$),是指通过付出特定的努力导致预期结果或报偿的概率。这是根据个人的经验判断一定的行为能导致某种结果和满足需要的预期概率,是对实现目标和满足个人需要可能性的估计,带有主观性。

V 和 E 的不同组合,决定着不同的激励水平。其共有五种可能的组合。当 V 或 E 两者有一个是低的,则激励力就一定是低的。当一个人对实现某个目标认为是无足轻重时,则 V 为零;而当他认为目标的实现反而对自己不利时,则 V 为负。这两种结果(V 为零或负)都不会对个人产生激励力。同样,如果 E 很小、接近零时,也不会激励一个人去实现组织目标。只有当 V 和 E 都很高时,才会产生巨大的激励力。

因此,当人们相信高水平的努力可以带来高水平的工作绩效,有高水平的绩效就可以获得期望的回报时,其受到激励的程度就会很高。

期望理论的简化模式(投入—绩效—回报)如图7-6所示。

图7-6 期望理论的简化模式

根据期望模式,管理者需要兼顾三个方面的关系才能有效地激发员工的工作动机。

(1) 个人努力与工作绩效的关系。人们总是希望通过自己的努力达到预期的目标。努力就一定能成功吗?只有当人们认为通过努力可以达到好的绩效时,才会受到激励,愿意付出努力。若目标过高、可望而不可即,或目标过低、不屑一顾,无须经过努力就能实现,都不可能有激励作用。因此,管理者应设置难度适宜的组织目标("跳起来够得着"的目标),并通过支持和帮助,增强员工达成目标的信心和能力。

(2) 工作绩效与组织奖酬的关系。人们总是希望在达到预期的工作目标后,能够得到适当的、合理的报酬与奖励。若已做出了贡献,却没有行之有效的物质和精神奖励来强化,那么时间一长,人们被调动起来的积极性就会消失。组织奖酬要与工作绩效成正比,"多劳多得",并能可靠地兑现,奖赏得当而且须公平合理。

(3) 组织奖酬与个人需要的关系,也就是效价。人们之所以重视报酬与奖励,是为了满足他们在某个方面的需要,也就是为了实现自己的个人目标。因此,只有那些与个人目标相一致的奖酬才有激励作用。但由于人们的需要存在着明显的个体差异,同一种奖酬,对于不同的人的吸引力也不同。管理者应当根据人们的不同需要,采取多种形式的奖酬,如国外一些企业推出的"自助餐"式奖酬措施,才能收到较好的激励效果。

**相关案例**

### 期望理论视角下的辽西地区大学生村干部的激励问题

选聘大学生到基层农村工作,是党中央做出的一项重大战略决策,对于改善农村基层干部队伍结构,培养新农村建设骨干力量和党政干部后备人才,推进新形势下农村的改革与发展,夯实党在农村的执政基础具有重大意义。

根据有关的调查研究,辽西地区大学生村干部激励机制所存在的主要问题有以下几方面。

**1. 绩效与报酬的冲突**

调查结果显示,绩效考核评价中只有4%的大学生村干部选择感受到与收入挂钩的绩效考核机制。绩效考核为大学生村干部的工作表现、存在的问题以及今后发展方向提供信息反馈,但对大学生村干部的工资福利、职业发展不能提供依据。由于缺乏联动机制,没有与考核结果挂钩的激励机制,从领导、村民到大学生村干部本身都对考核结果缺少期望,考核者做老好人,被考核者敷衍了事,导致考核结果不能真正体现大学生村干部的真实能力水平。

**2. 报酬与个人目标的冲突**

大学生村干部工作在农村,收入水平按照基层公务员转正定级后的工资水平确定,而我国目前的公务员工资制度主要由基本工资和绩效工资两部分组成,基本工资由上级财政支持,绩效工资主要由地方财政解决。大学生村干部只能保证财政支持的部分,其收入水平可想而知,对大学生村干部收入水平的调查结果也对此做了很好的印证。由于受地方经济发展水平和财政收入的影响,辽西地区大学生村干部回报率与其他地区相比差距较大,调查显示仅有43.2%的大学生村干部对目前的工资收入比较满意。大学生村干部收入大大低于同期在职人员工资收入平均水平,必然导致大学生村干部的不满意感。

**3. 保证体系不完善**

大学生村干部政策出台的初衷是希望具有先进知识的大学生到农村投身于社会主义

新农村建设。然而政策在落实时产生了偏差,部分大学生村干部被留在乡镇政府工作,做一些琐碎的具体事,处于新农村建设事业的边缘;另外,虽是村干部,却得不到村民的认可。使大学生村干部在角色定位和身份认同感上出现困惑,从而影响到对自身工作的态度。村干部政策出现部分偏差。根据现行大学生村干部政策,服务期满后的出路有重新择业、自主创业等。大学生村干部经过几年的农村基层工作,自身知识能力更新跟不上社会发展,又有愈加激烈的就业形势。这样势必会造成大学生村干部对自身前途的担忧,从而影响到其目前工作的心态和表现。

资料来源:田海亮.期望理论视角下辽西地区大学生村官激励机制现状及对策分析[J].农业经济,2019(4).

### 2. 对管理者的启示

(1) 管理者不要泛泛地抓各种激励措施,而应当抓被组织多数成员认为效价最大的激励措施。

(2) 组织目标的设置要科学合理,难度要适中,能实现个人的目标、满足个人的需要,并且目标应是分阶段的。

(3) 设置目标时应尽可能加大其效价的综合值。例如,如果每月的奖金多少不仅意味着当月的收入状况,而且与年终分配、工资调级和获得先进工作者称号等挂钩,则将大大增大效价的综合值。

(4) 适当加大不同人实际所得效价的差值,加大组织期望行为和非期望行为之间的效价差值,如只奖不罚与奖罚分明,其激励效果大不一样。

(5) 增强组织奖酬与工作绩效之间的关联性。员工的工作绩效越高,则得到的组织奖酬越多;相反,工作绩效越低,得到的组织奖酬也越少。

(6) 组织奖酬应能满意员工的主导需要,形式多样化,因人而异。

(7) 适当控制期望概率和实际概率。期望概率既不是越大越好,也不是越小越好,关键要适当。当一个期望概率远高于实际概率时可能产生挫折感,而期望概率太小时又会减少某一目标的激发力量。实际概率最好大于平均的个人期望概率,使大多数人受益。但实际概率应与效价相适应,效价大,实际概率可以小些;效价小,实际概率可以大些。

## 7.3.2 亚当斯的公平理论

公平理论也叫社会比较理论,是美国心理学家亚当斯于 1965 年提出来的,着重探讨工资报酬分配的合理性与公平性对员工生产积极性的影响问题。

### 1. 主要观点

员工被激励的程度,不仅受到自身经过努力所得报酬绝对量的影响,而且受到报酬的相对比较的影响。相对比较是当事人将自己的所得、投入比率与参照者的所得、投入比率进行比较:$O_A/I_A = O_B/I_B$。

I(投入即付出,对组织所做的贡献)是指个人的努力程度、付出工作量的大小以及知识经验的多少等,包括年龄、出勤率、工作努力(长时期)、教育水平、过去的经历、表现、资历、社会地位、技术、培训、负责精神、人际技术等。

O（产出即从组织那里所得的报酬）既包括物质方面（如薪金、津贴、福利等），也包括精神方面（如职位的提升、挑战性工作的分配、责任、工作安全、工作特权享受、资历利益、地位的提高、工作条件等）。

每个人都会自觉或不自觉地拿自己的所得、投入比率，既同组织中或组织外的其他成员的比率进行横向社会比较，也同自己过去的比率进行纵向历史比较。如果比较的结果是相等的，就会产生公平感，从而心理平衡、心情舒畅，受到维持现有行为的激励，继续努力工作。当比较的结果是不相等的，就会产生不公平感，就会产生降低这种不公平状态的动机，使之恢复公平。

有两种不公平：低报酬不公平（≤）与高报酬不公平（＞），如表7-3所示。

表 7-3 不公平的类型与恢复公平感的措施

| 比值 | 不公平的类型 | 恢复公平感的措施 |
| --- | --- | --- |
| ＜ | 低报酬不公平 | 减少自己的投入；要求增加自己的所得；改变自我认知；另选参照者；要求调换工作岗位；离职；等等 |
| ＞ | 高报酬不公平 | 增加自己的投入；改变自我认知；另选参照者；等等 |

当人们遇到低报酬不公平时，会产生下列心理：挫折感，预期的结果未能实现；义愤感，受到不公正待遇时的愤怒；破坏心理，对遭受不公平待遇的报复；仇恨心理；对参照者或对劳动成果分配的负责人的敌视等。当事人会采取一些行动，用以调整比值，使双方趋于相等，来恢复公平感。一般会通过减少工作时间、消极怠工、旷工等来减少自己的投入；或者要求增加工资或提升来提高自己的所得；也可以是改变自我认知，改变对其他人的看法，选择另一个参照者进行比较；或是要求调换工作岗位、发牢骚、讲怪话、制造矛盾直至弃职另谋他就（当其他恢复公平感的手段无效时）。

当人们遇到高报酬不公平时，会产生下列心理：不安感，有无功受禄、寝食不安的感觉；感激心理，认为是对自己的鼓励和重视，要以加倍的努力来报偿；沾沾自喜，少劳多得。人们会努力调整其对自己或参照者的投入或所得的看法来恢复公平。当人们认识到其实自己的实际投入比原来所想的要多时，或者参照者的实际所得比原先所想的要高时，公平就会被恢复。这时人们改变的只是如何来看待自己的或参照者的投入和所得。当然，也可以是选择新的参照者来重新进行比较，从而恢复公平感。

公平理论提出了与不公平报酬有关的四个观点（表7-4）。

表 7-4 公平理论在两种工资制条件下对产量和质量的影响

| | 计 时 制 | | 计 件 制 | |
| --- | --- | --- | --- | --- |
| | 产　量 | 质　量 | 产　量 | 质　量 |
| 报酬过高 | ↑ | ↑ | ↓ | ↑ |
| 报酬过低 | ↓ | ↓ | ↑ | ↓ |

（1）在计时制下，与报酬公平的员工相比，报酬过高的员工为了保持公平，会增加自

己的投入,他会提高自己的产量和质量。

(2) 在计时制下,与报酬公平的员工相比,报酬过低的员工为了保持公平,会减少自己的投入,他就会降低自己的产量和质量,从而比报酬公平的员工的产量更低、质量更差。

(3) 在计件制下,与报酬公平的员工相比,报酬过高的员工为了保持公平,他会提高自己的质量而降低自己的产量,这样既增加自己的投入又降低自己的所得。若提高自己的产量,会带来更多的报酬,反而会加剧不公平感。

(4) 在计件制下,与报酬公平的员工相比,报酬过低的员工为了保持公平,他会提高自己的产量而降低自己的质量。这样在自己的投入不增加或增加不大的情况下,能增加自己的报酬。若提高自己的质量,只会增加自己的投入,并不会带来更多的报酬;若降低产量,则会减少自己的报酬。

当组织中大多数人认识到,他们被平等地对待,他们的所得、投入比率是平衡的时候,就会受到高水平的激励。对组织贡献高的人因为得到了他们理应得到的报酬,会被激励继续高水平的投入;对组织贡献低的人会认识到,如果他们要提高他们的所得,就必须增加其投入。

当然,产生不公平感的原因很多,既有社会的客观因素,也有当事人的主观因素。其主要有:个人比较上的认知错误(如"看人挑担轻")、制度上的缺陷、管理者的工作作风等。

### 2. 公平理论在管理上的应用

公平理论所研究的公平并不是真实的、客观的公平,而是由人的主观感觉对客观世界做出的反映。公平感属于一种主观现象,是人们通过自身和他人或者现状与历史的"收支比率"对照,产生的有关公平与否的知觉和相关的情绪情感体验,是一种心理状况。

公平理论对管理者应如何去激励员工并没有提出具体的建议,但提出了总的方向,主要是:员工不是在真空中接受激励的,不论这种激励是有形的,还是无形的;每个人都要把自己对组织的贡献与从组织那里所得的报酬结合起来进行考虑;员工所得的绝对报酬值与其积极性高低并无直接的必然的联系,真正影响人们工作积极性的是其所获得报酬的相对值;一旦有了不公平感,报酬再高,也不会起任何激励作用。

公平理论提出的基本观点是客观存在的,作为管理者应从这里得到一些有益的启示。

(1) 公平地对待员工,尽可能让大多数员工感到公平合理。要求公平是任何社会都普遍存在的一种社会现象。公平理论第一次把激励和报酬分配的公平感联系在一起,说明人是要追求公平的,从而揭示了现实生活中的许多现象。当员工产生不公平感尤其是低报酬不公平感时,其工作的积极性会受到打击,会降低工作的质量,采取不利于组织目标的行为。

(2) 加强管理工作,完善绩效考评体系,建立平等竞争机制。人的工作动机不仅受绝对报酬的影响,而且更重要的是受相对报酬的影响。人们在主观上感到公平合理时,心情就会舒畅,人的潜力就会充分发挥出来,从而使组织充满生机和活力。这就启示管理者必须坚持"各尽所能,按劳分配"的原则,把员工所做的贡献与他应得的报酬紧密挂钩。

(3) 进行必要的思想教育工作,引导员工正确选择比较对象和认识不公平现象。公平理论表明公平与否源于个人感觉,员工判断报酬与付出的标准往往都会偏向于自己有利的一方,从而使员工产生不公平感,这对组织是不利的。因此,管理者应能以敏锐的目光察觉员工认知上可能存在的偏差,适时做好引导工作,确保员工工作积极性的发挥。

### 7.3.3 波特和劳勒的综合激励模型

1968年,波特和劳勒在弗鲁姆的期望理论、劳勒的期望模式的基础上,提出了综合激励模型(图7-7)。该模型以"努力→绩效→奖酬→满意感"链和相应的影响因素与反馈,更充分地描述了员工受激励的整个过程,融合了需要理论(赫茨伯格的双因素理论)、公平理论和强化理论的内容,从而一步完善了期望理论。

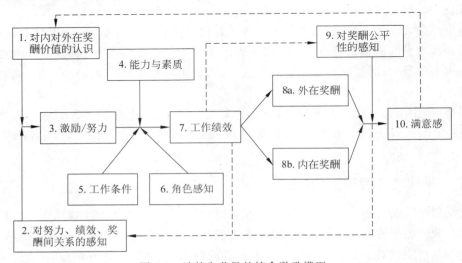

图 7-7　波特和劳勒的综合激励模型

**1. 主要观点**

(1) 员工的努力程度取决于其对由工作绩效所获得的组织奖酬的效价的估计和其对付出努力后可能获得该组织奖酬的期望概率的估计这两个因素。

(2) 员工所能达到的实际工作绩效,不仅取决于其自身的努力程度,还依赖于其从事该项工作的能力,并与其对自己所"扮演"角色(在某项工作中所应起的作用、应承担的职责与任务等)的理解以及所处的环境可能产生的某些限制等因素有关。例如,一个人即使他主观上很努力,但因其工作能力较弱,也很难取得预期的、理想的工作绩效。

(3) 组织的奖酬应以工作绩效为前提。当员工看到他们所获得的奖酬与自己的工作绩效的关联性很小时,奖酬就很难成为员工今后努力工作、提高工作绩效的激励载体。同时员工所取得的实际工作绩效的高低,既会影响到他自认为应得的报酬的估价,还会影响到他对以后完成工作任务的期望值的估计。

(4) 组织的奖酬可分为内在奖酬(从工作本身所获得的,如成就感、责任感、成长与发展等)和外在奖酬(从工作之外所获得的,如工资、奖金、福利、地位等)。外在奖酬同工作绩效之间并非直接、必然的因果关系。这是因为:一方面,准确地衡量一个人的工作绩效

(特别是难以量化的部分)难度较大;另一方面,工资、福利、地位等奖酬的确定不完全取决于员工的工作绩效,还要考虑其他多种因素。相反地,内在奖酬与工作绩效之间的关联度相对较大,受其他因素的影响较小,而与工作绩效有直接的关系。

(5)员工是否对组织的奖酬感到满意,取决于员工对组织奖酬的公平感。这种公平感是员工将其实际获得的组织奖酬(包括内在奖酬与外在奖酬)同其个人自认为应得的报酬进行比较的结果。如果员工觉得他所得到的奖酬是公平的,即使实际所获奖酬量偏少,他也会感到满意;相反,若员工觉得他所得到的奖酬是不公平的,即使实际所获的奖酬量并不少,也会感到不满意,甚至有种失落感。

(6)员工最后体验到的满意感又将影响他今后对工作绩效的组织奖酬效价的估计,并产生积极性或消极性的行为,影响到其今后的工作积极性和努力的程度。

2. 对管理者的启示

要使员工形成"激励→努力→绩效→奖酬→满意感"并由"满意感"反馈"努力"这样的良性循环状态,管理者必须正确处理好目标导向行为的设置、组织分工、员工培训、绩效考核的公平公正性、奖惩制度、奖励的内容与手段、管理水平、领导作风以及员工个人心理期望等多种综合性影响因素。

### 7.3.4 洛克的目标设置理论

目标设置理论最初是由美国心理学家洛克于1967年提出的。洛克认为,明确的目标本身就具有激励作用。一项工作具有明确而有一定难度的目标时,它能导致较高的绩效,具有较大的激励作用。人们希望了解自己行为的结果和目的,以减少行为的盲目性,提高行为的自我控制程度。

1. 主要观点

从激励的效果来看,有目标比没有目标好,但目标对增强努力的程度受到目标的四个属性(难度、具体性、接受度、承诺)的影响(图7-8);具体、可操作的目标比空泛的、号召性的目标好;有一定难度的目标比随手可得的目标好;能被员工接受的目标比不能被接受的目标好;对于难度很高或庞大复杂的长远目标,可分解成若干易实现的阶段性目标,采取"大目标、小步子"的目标管理方法来实现。

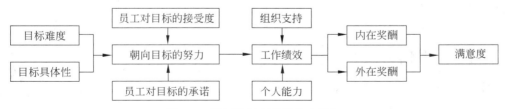

图 7-8 目标设置理论的基本框架

一些研究者还提出,有反馈比无反馈能带来更高的工作绩效,因为反馈能使人们认清已做的和要做的之间的差距,反馈能引导行为。在许多情况下,参与式的目标设置,会带来更高的工作绩效。员工的参与，提高了目标本身作为工作努力方向的合理性、可接受性，增强了员工对目标的认同感，从而会产生更大的激励作用。参与可使难度较大的工作任务和困难的目标更容易被员工接受，有利于工作的顺利推进。

在员工付出努力、实现目标的过程中，实际取得的工作绩效的水平还受到组织支持、员工个人能力与个性特征等的影响。

在完成目标、取得相应的工作绩效后，应该通过内外奖酬来让员工获得满意感。只有在员工付出努力取得工作绩效后，能够得到高度的满意感，才会继续为新的目标而努力工作。

#### 2. 在管理中的应用

实行目标管理。管理者和员工为组织与个人的发展共同设置目标，并对个体、群体和组织的目标进行整合。设置目标的过程是一个反复的、上下级共同协商、各类目标协调的过程。管理者要定期对员工在实现目标过程中的表现进行评价，并及时反馈给员工本人。

## 7.4 强化理论

强化理论是行为主义学派提出的，它强调行为的结果对行为动机具有强化作用，是行为的主要驱动因素。

心理学中，强化是指增强某种刺激与有机体某种反应之间的联系，也就是通过不断改变环境的刺激因素来达到增强、减弱或消失某种行为的过程。凡能起强化作用的刺激物，就称作强化物。

强化理论也称操作条件反射论，是以学习的强化原则为基础的、关于理解和修正人的行为的一种学说。它所关注的不是人的"内在"因素（如需要、动机、愿望等），而是看得到的现象——刺激和反应，认为行为的结果对行为动机有强化作用，是行为的主要驱动因素。行为的结果可以使动机增强，从而提高行为出现的频率；也可以削弱动机，从而使行为出现的频率减少，甚至消失。该理论并不考虑人的内在心态，而只注重行为及其结果。

该理论的代表人物、哈佛大学心理学教授斯金纳认为，当人们由于采取某种行为而受到奖励时，他们很有可能重复这种行为；而当人们采取某种行为而没有受到奖励，或者受到了惩罚时，他们重复该行为的可能性极小。人们会采取那些能导致其所希望的结果的行为，而尽可能避免那些导致其所不希望的结果的行为。通过将特定行为的绩效和特定结果的获得联系起来，管理者就能激励组织成员按照那些有助于组织目标实现的方式来行动。

### 7.4.1 强化方式

强化方式主要有以下几方面。

#### 1. 正强化

正强化是指借助某些令人愉快的、有吸引力的、得到报偿的手段或方式（如表扬、加薪、赏识、认可、提升等），来肯定某种行为，鼓励该种行为重复出现，或鼓励某种所期待的行为能够出现。正强化的手段包括物质和精神两方面,如物质奖励、附加津贴、地位象征、人际关系方面的奖励、来自任务本身的奖励等。

### 2. 负强化

负强化是指对于符合组织目标的行为,撤销或减弱原来存在的消极刺激或者条件以使这些行为发生的频率提高。最典型的例子就是监狱会给表现良好的犯人减刑。在此,"负"的意思是指强化物消失。与之相对,正强化中"正"的意思是指强化物呈现。对于负强化来讲,厌恶刺激总是先于强化而存在的。因此,负强化通常与惩罚结合使用。当员工做出改变,增加积极行为时,撤销或减轻原来的惩罚,比如撤销通报批评、解除处分、恢复行政级别,恢复减少的奖金等。

### 3. 消退

消退是指撤销对原来可以接受的行为的正强化,或者对某种行为不加以理睬。由于一定时期内连续不给予强化,该行为将逐步降低发生的频率,直到最终消失。

### 4. 惩罚

惩罚是指在管理者所不期望的行为发生之后,给予当事人某些令其不喜欢的对待,或者取消某些为当事人所喜爱的东西,从而减少相应行为的发生频率,直到这种行为得到消除。惩罚可用来降低类似行为重新出现的可能性。有时管理者不能依靠消退来消除其所不期望的行为的发生,因为管理者不能控制强化行为的任何事情,或者没有时间。当员工正在进行一些对组织有害的、危险的行为或者那些非法的或者不道德的行为时,这些行为需要立即被消除。在这种情况下,管理者通常依靠惩罚来让那些有不良行为的员工承担他们不希望的或者是负面的组织奖酬。

组织中的惩罚措施主要有扣发工资或奖金、停职、降级,甚至解雇。

惩罚和负强化的最大区别是:负强化是用于增加管理者所期望的行为的发生频率,而惩罚是用来减少管理者所不期望的行为的发生频率。当然,当管理者对采取不良行为的员工进行惩罚时,也对其他未产生该种不良行为的员工进行了负强化。

管理者运用这四种强化方式的目的都是塑造员工的行为,以利于组织目标的实现。强化既可以增加管理者所期望的行为的发生频率,也可以减少管理者所不期望的行为的频度。具体运用何种方式,要根据组织的需要和员工目前的行为而定。

## 7.4.2 管理中的应用

(1) 要有明确的目标体系,分步实现目标,不断强化行为。管理者对希望取得的工作绩效要给予明确的规定和正确表述,并将组织、群体、员工个人的目标结合起来,把不同时期(长期、中期、短期)的目标结合起来,从阶段性目标、近期目标、小目标、个人目标着手,采用"海豚训练法",逐步提高,最终实现总目标、大目标。

(2) 要及时反馈,及时强化。管理者应当考虑到强化的时效性问题。每次强化本身也具有一定的时效性,超过一定的时间就会失效,因而强化必须不断进行。

（3）因人而异，采取不同的强化物。管理者要注意强化物的针对性、有效性，要因人、因时、因地而异，不搞一刀切。

（4）奖惩结合，以奖为主。管理者在进行强化时，要尽可能使用正强化而非惩罚；在可行的情况下，运用消退而不是惩罚来减少非管理者期望的行为；如果必须采用惩罚措施，不要掺杂感情因素，要就事论事，不是针对当事人本身，而是对某种不良行为进行惩罚，同时辅之以负强化鼓励员工悔改。

（5）使奖酬成为真正的强化物。物质奖励与精神奖励相结合，奖酬应逐步有所增长、逐步提高。奖励不宜过于频繁，以防止强化作用的减弱。奖励方式要新颖多样，因人而异。

（6）定期与不定期奖励相结合，多用不定期奖励，少用定期奖励。不定期奖励会使人们产生意料之外的惊喜，能扩大强化的效果。

（7）要实事求是，做到公正、公平。管理者既不能在奖励时添枝加叶，凭空"拔高"而造成言过其实，也不能在惩罚时捕风捉影、任意歪曲，以至全盘否定。管理者应当赏罚分明，"赏必当功，罚必当罪。当赏者，虽仇怨必录；当罚者，虽父子不舍"。通过"赏不忘士卒，罚不避将帅"，以达到"忠直者及职，奸佞者胆慑"的目的，起到良好的强化效果。

## 硅谷高科技员工的激励

一些人认为，典型的加利福尼亚人与世界上其他地方的人有所不同。尽管这是人们的某些成见，但是至少有一部分加州人确实与众不同。这部分人在硅谷工作，就职于那些推动科技与信息发展前沿的高科技公司。

以他们当中的一员凯西小姐为例。凯西是娱乐产品部的项目经理，主管电脑游戏光盘的制作。她典型的一天是这样度过的：白天工作12小时后，晚上9点锻炼身体，然后接着工作。这就是她一贯的作息安排，每周6天，并能一直坚持好几个月。和她在硅谷的那些同事们一样，她并不需要遵守严格的时间规定，而只是在自己想工作的时候才工作，只不过她大多数时候都想工作而已。

什么可以激励人们过这样一种生活呢？在硅谷，很多特殊的机会层出不穷，这就为某些人提供了强大的激励机制。在这里，一种普遍的激励因素是金钱。在今天，硅谷有1/3以上的高科技公司给员工以股权，而对于非高科技公司，这一比例却不到1/12。因此，在这一行业中，短时间内暴富是完全可能的。而且即使有人赚不到钱，他能得到的基本薪金也非常诱人。从年收入来看，硅谷普通员工的平均薪资约为美国普通工人的2.6倍。

对于这个行业的人来说，对所从事工作的热爱是另一个重要的激励因素。虽然说钱的确很重要，但很多人承认，如果只是为钱，他们是不会像现在这么努力的。事实上，很多人都认为自己的工作可以与音乐家的工作相媲美，因为工作给了他们发自内心的快乐，工作本身就是最吸引他们的地方。

第三个激励因素是，在硅谷的工作有很高的显示度，容易被人所认可。相对于其他行业的人来说，他们有更多的机会在顾客中闻名。比如说，娱乐产品部发行了凯西监制的游戏光盘。成千上万的顾客会买这种光盘，并在他们的电脑上使用。她的名字就会出现在制作人员的名单中,就像电影制片人的名字出现在影院中一样。

最后一个激励因素是这些工作所提供的自主性。事实上,现在流行的很多管理方式,比如授权就诞生于硅谷。诸如惠普和苹果电脑一类的公司已经摒弃了传统组织机构中指令控制式的管理。公司从不对员工的工作时间安排、工作进度以及服装规范等方面加以规定。相反,员工可以来去自由,可以带宠物上班,也可以在家工作。简而言之,他们可以自主选择在何时何地以及以什么方式开展工作。对于今天的很多员工来说,这种弹性是非常有吸引力的。

资料来源:陈国权.组织行为学[M].北京:清华大学出版社.2011.

1. 组织管理工作中的关键是对组织中员工个体行为的管理,而对员工个体行为管理的核心问题则是激励。管理中激励的实质是管理者通过采取各种能满足员工的合理、正当需要的诱因,激发其工作动机,引起个体动机产生持续不断的兴奋,从而引发积极高效的行为反应,以实现既定目标的过程。激励的基本组成因素是需要、动机和目标导向的行为。

2. 要对员工进行激励,就得了解员工是什么样的人,对此人们有多种不同的看法即人性假设。西方学者有关人性假设理论中具有代表性的是麦格雷戈的X理论与Y理论和沙因的人性假设理论。

3. 激励是一个复杂的过程,管理者可以从员工的需要入手,也可以从激励的过程环节着手,还要注意不同强化方式的正确运用。

4. 主要的激励理论可分为三类:(1)内容型激励理论,主要研究人的需要的种类、构成及其复杂性,包括需要层次理论、ERG理论、成就需要理论和双因素理论。(2)过程型激励理论,侧重于研究激励实现的基本过程等,包括期望理论、公平理论、综合激励模型以及目标设置理论。(3)行为塑造型激励理论,主要研究对一个人行为结果的评价等对其今后行为的影响,代表性的理论是强化理论。

需要(need)

动机(motive)

激励(motivation)

X理论与Y理论(theory X and theory Y)

需要层次理论(needs hierarchy theory)

生理需要(physiological needs)

安全需要(safety needs)

归属需要(belongingness needs)

尊重需要(esteem needs)

自我实现需要(self-actualization needs)

成就需要(need for achievement)
双因素理论(two factor theory)
保健因素(hygiene factors)
激励因素(motivators)
期望理论(expectancy theory)
公平理论(equity theory)
综合激励模型(Porter Lawler's model of motivation)
目标设置理论(goal-setting theory)
强化理论(reinforcement theory)
正强化(positive reinforcement)
负强化(negative reinforcement)
消退(extinction)
惩罚(punishment)

 思考题

1. 何为需要？何为动机？动机是如何产生的？
2. 需要、动机与行为三者之间存在何种关系？并举例说明。
3. 什么是激励？激励有何作用？激励理论可分为哪些类型？
4. X 理论与 Y 理论的主要内容是什么？对管理者各有何启示？
5. 沙因的人性假设理论的主要内容是什么？对管理者各有何启示？
6. 马斯洛需要层次论的主要内容是什么？在管理中如何应用？
7. 奥尔德弗的 ERG 理论的主要内容是什么？在管理中如何应用？
8. 奥尔德弗的 ERG 理论与马斯洛的需要层次论有何异同？
9. 麦克利兰的成就激励理论的主要内容是什么？该理论有何现实意义？
10. 赫茨伯格双因素理论的主要内容有哪些？在管理中如何应用？
11. 什么是保健因素？常见的保健因素有哪些？什么是激励因素？常见的激励因素有哪些？
12. 弗鲁姆的期望理论主要观点是什么？在管理中如何运用？
13. 对管理者来讲，亚当斯的公平理论有何现实意义？
14. 在管理工作中如何应用综合激励模型？
15. 目标设置理论的基本内容是什么？对管理者有何意义？
16. 强化理论的主要内容是什么？在管理中如何运用？请举例说明。

 案例讨论题

### 永辉超市的创新型"合伙人"制度

零售企业的"一线员工"是指执行管理层指令、直接服务于顾客的执行层员工，其工作质量和规范性很大程度上影响着零售企业的形象与产品。一线员工对于提高顾客满意度非常重要。

与知识型员工相比,一线员工融入企业更难,企业在提高他们的工作满意度时也面临着更大的挑战。如何对一线员工进行有效的激励成为摆在理论界和实践界的一道难题。

永辉超市近几年实施创新型"合伙人"制度,创新员工激励模式,积极探索解决超市一线员工的高流动性难题。

永辉超市作为一家零售服务企业,形成了具有特色的生鲜经营模式。其生鲜特色经营很大程度上依靠的是一线员工,他们的工作直接影响到企业利润的实现。这就要求永辉超市要稳定与一线员工的雇佣关系、进一步激发一线员工的积极性和满意度、提高员工的行为绩效。但董事长张轩松明白,直接提高员工工资是不现实的:永辉在全国大约有6万多名员工,若每人每月仅增加100元收入的话,一年就要多增加7 000多万元的人工成本,更何况增加100元对一线员工的激励是微小且短暂的。要想激励一线员工、形成员工激励契合,就必须将企业业绩跟个人建立起一种"直接关系",因而永辉超市顺势引入了新式"合伙人"制度(图7-9)。

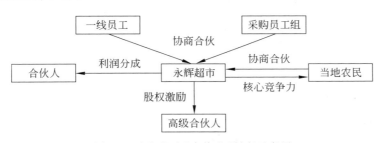

图 7-9　永辉超市"合伙人"制度示意图

### (一)永辉超市的创新型"合伙人"制度

**1. 一线员工利润分享**

永辉超市的"合伙人"制度是指:总部和门店合伙人代表根据历史数据和销售预测来制定一个业绩标准,一旦实际经营业绩超过了所设立的标准,增量部分的利润就按照既定比例在总部和合伙人之间进行分配。经过试行,在调动员工工作积极主动性、提高员工工作满意度、增加员工收入、促进门店业绩提升等方面取得了显著成效。

首先,这是一种分红制度。永辉超市一线员工合伙人制度有别于其他公司的合伙人制度,这些合伙人并不享有公司股权、股票,而只有分红权,相当于总部和小团体增量利润的再分配,最终使得分红机制照顾到每一位一线员工。

其次,这又是一种激励机制。永辉超市"合伙人"制度名为分红、重在激励。对一线员工实行"合伙人"制度,将部分经营业绩直接和员工联系在一起,增加了员工的薪酬,改变了员工的工作态度,带来的是果蔬损耗成本的降低和消费者更多的购买。

**2. 专业买手股权激励**

基层员工中的一些专才——买手,对于永辉超市的特色生鲜经营来说尤为重要,永辉超市又对这些专才买手进行了更大的利益分享——股权激励。买手是永辉超市在供应链底端的代理人,他们熟悉村镇的情况,又十分了解各种生鲜特征,这使他们能够很好胜任采购这项工作。但同时,买手们易被其他企业所觊觎,以更高的薪水被挖走。因此,永辉超市必须保证买手团队的稳定性。永辉超市实行买手股权激励制度,使"合伙人"制度跨上了一个新台阶,也可以看作一种更高级的"合伙制"。向买手们发放股权进行激励,这样即使他们留在组织内,又让他们干劲十足。

3. 注重制度落实的公平公正

公平感会对员工的心理状态和行为产生极其重要的影响。永辉超市实行的"合伙人"制度,一直践行"公平公正"的基本原则。总部对门店奖金和合伙人奖金的分配方式与比例进行了明确具体的规定,员工可以根据自己的业绩非常清晰地预见将来的分红,也有效杜绝了门店负责人截流分红的隐患。永辉超市会对业绩良好的员工公开授牌,召开员工大会进行表扬,通过内刊进行报道宣传,一切都公开透明。

(二) 永辉超市"合伙人"制度实施效果

永辉超市的"合伙人"制度从 2013 年发起,2014 年试推行,近两年持续优化,大部分一线员工都在"合伙人"制度中受益。这项制度实施的第一年人均工资增长幅度达到了 14% 左右(约 314 元),远高于前几年的增长幅度。对于这种改变,很多员工在访谈过程中都表现出极高的满意度。永辉超市的相关数据表明,日均人效得到显著提高,员工的离职率大幅度下降。

资料来源:陈维,张越,吴小勇.零售企业如何有效激励一线员工?——基于永辉超市的案例研究[J].中国人力资源开发,2017(7).

**启发思考题**

1. 零售企业一线员工的诉求(需要)有何特点?
2. 你对永辉超市所实行的"合伙人"制度有何看法(评价)?
3. 你对零售企业一线员工进行有效的激励问题你有何建议(具体的对策与措施)?

## 本章推荐阅读资料:

1. 黄钰昌.高管薪酬激励:从理论到实际[M].上海:东方出版中心,2019.
2. 周庆,易鸣,向升瑜.群狼战术:华为销售团队建设与激励法则[M].北京:中国人民大学出版社,2018.
3. [美]詹姆斯·M.库泽斯,巴里·Z.波斯纳.激励人心:提升领导力的必要途径[M].王莉,译.北京:电子工业出版社,2019.
4. 江竹兵.组合激励:激活团队的七大策略[M].北京:电子工业出版社,2019.

# 第 8 章

# 领　　导

（1）掌握领导者影响力的来源、构成、权力基础和在管理中的正确运用；领导行为理论和权变理论的基本内容、要点及其在管理中的应用。

（2）理解领导的含义、领导者的作用、领导与管理的区别。

（3）熟悉领导特质理论、交易型领导与变革型领导、魅力型领导与愿景型领导、团队领导、基于价值观的领导。

作为管理的基本职能之一，领导职能是组织管理工作中一项非常重要的职能。任何一个组织都离不开领导和领导者，而领导的有效与否直接影响到管理工作的成效，甚至直接决定了一个组织的兴衰成败。同时，领导职能也贯穿于管理工作的各个层次、各个领域和其他各项职能之中。领导的对象是人，而人是管理的对象中最积极、最活跃并且是唯一具有能动性的因素，有效的领导能够充分调动起人们的工作积极性、最大限度地发挥人们的能动性。因此，领导是管理活动成功与否的关键职能。领导者的影响力、自身素质、行为方式、领导风格、激励的艺术与沟通的技能等，以及其所产生的领导效率与效能，对组织目标的实现和效率的提高起着重要的作用。本章主要讨论领导者的影响力、领导有效性的相关理论等问题。

## 8.1　领导概述

作为管理的基本职能之一，领导是一个对下级施加影响，从而努力实现某个目标的过程。在组织的管理实践中，领导和管理之间具有一定的差异，领导者往往扮演着组织引领者的角色，是组织文化的主要塑造者，并通过特有的影响力对组织成员施加影响，实现其领导功能。

### 8.1.1 领导的概念

领导是一个复杂的过程,领导的内涵和领导的有效性有多种不同的定义。不同的研究者从不同的角度对领导给出了不同的定义。这些定义实际上考虑了领导的不同方面。一些人将领导定义为群体的整合过程,一些人将领导定义为一个实施影响的过程,一些人将领导看成实现某种目标的手段,还有观点认为领导者是为被领导者提供服务的人。尽管这些定义之间存在一些差别,但是它们也有三个共同点。

第一,领导是一种群体和社会现象,没有被领导者就谈不上领导。第二,领导总是包含人和人之间影响与说服的过程。领导者推动他人采取行动,达成目标。第三,领导者以目标为导向,并且在群体和组织中发挥着主导作用。领导者运用影响力并通过一系列行动指南指导其他人达成目标。

综合以上三个因素,领导是指引和影响个体、群体和组织在特定条件下实现所期望目标的行为过程。领导者是指能够运用管理职权影响他人、帮助他人设定目标、引导他人达成目标的人。

领导是管理的四大职能之一,因此,在理想的情况下,所有的管理者都应该是领导者。遗憾的是,现实中许多管理者被认为并非领导者。他们拥有组织授予的管理职位,却很难让下属心甘情愿地追随。

### 8.1.2 领导与管理

领导和管理之间有何相似或不同? 表 8-1 列出了领导与管理之间的主要区别。

表 8-1 领导与管理的主要区别

| 领 导 | 管 理 |
| --- | --- |
| 关注未来 | 关注现在 |
| 对象为组织中的人 | 对象为组织中的人、财、物及时间、信息、知识等 |
| 引导变革 | 保持现状与稳定 |
| 制定战略,创造基于共享价值观的文化 | 实施政策与程序,保持现有的结构 |
| 建立与下属的情感纽带 | 对下属冷漠,客观公正 |

第一,领导有一种长期的注重未来的倾向,帮助下属克服短视行为。领导者具有愿景,能够激励和鼓励被领导者为之奋斗。而管理则注重短期目标,注重自己部门和集体日常问题的解决。

第二,领导的对象是人,而管理的对象可以是组织中的人、财、物及时间、信息、知识等有形或无形的资源,也可以是各种活动。科特采用历史视角来观察领导与管理的争论,并指出在过去的 100 多年中,作为工业革命后组织高度复杂化的结果,管理得到了高速发展,而领导却是长期以来就存在的概念,并且最近领导这一概念也发生了变化。

第三,管理的职能是制订计划,保持计划、预算和控制的一致性,强调组织的稳定以高效率有序运作,而领导的目标则是引导组织的运动和变革。

第四，认为领导者有别于管理者的学者认为，领导者能使他的下属充满激情和活力，管理者却简单地做出指令，严格实施组织的政策与程序，关注工作细节。

第五，从效果上说，领导和管理之间存在明显的差异。有效的管理者通常承担许多领导者承担的工作，从某种程度上或多或少地运用了自己个人魅力的影响。一个有效的管理者为自己的下属提供愿景，提出目标和行动方案，塑造共享价值观，让下属目标具有凝聚性，并以此来激励下属。这些行为都是属于领导者的行为，因此有效的管理者可以被认为是领导者，领导和管理之间的区别可能更在于效果的差异。

### 8.1.3 领导者的角色和作用

#### 1. 领导者的角色

领导者要扮演许多不同的角色，这些角色主要由其岗位性质所决定。除了执行管理者的一些基本职能——计划、组织、人事管理、控制，领导者同时还要承担大量战略性和外部性的角色。此外，领导者的主要作用是为团队和组织提出大家认可的愿景与目标。例如，一位部门经理一方面要通过计划和组织，安排各类人员来完成部门任务；监督下属的绩效，并纠正其行为；和上级以及其他部门进行协调沟通，以便实现资源共享和行动的协调一致。另一方面，在很多组织中，部门经理必须参与制定组织的使命和战略规划；能够为自己的下属提供愿景，并鼓励下属为之奋斗；塑造共享价值观，让下属目标具有凝聚性，从而实现组织的变革。

#### 2. 领导者的作用

（1）领导者最主要的作用在于为团队和组织创造和发展一种组织文化和氛围。领导者特别是那些组织的创始人，会给组织留下不可磨灭的印记。领导者的激情经常会转化成组织的使命或者主要目标。领导者制定愿景、指明方向、并做出组织的多数决策，这些决策大部分会成为决定组织文化的主要因素。此外，高层领导者负责挑选组织中的其他领导者和管理人员，这些被挑中的管理者最有可能符合目前领导者的理想模式，从而符合组织的文化。因而，领导者不仅对当前组织文化形成了控制，而且对组织的未来文化产生了深刻的影响。

（2）领导者的另一个主要作用在于统筹全局，规划组织愿景和战略。领导者通过决定管理层级、管理跨度以及组织正规化和专业化程度等，设定组织结构，规划组织愿景和战略，并实施已制定的战略。一方面，如果组织正在寻求重大战略变革和战略方向转变，领导者将基于他们对组织内外环境的理解，对组织方向的形成发挥重要作用。另一方面，如果组织已经拥有公认的、成功的战略，领导者则是执行战略的关键因素。领导者将根据组织的战略设计有效的组织结构，从而为战略的实施提供支撑。

（3）领导者的作用还在于激发员工的工作热情，引导员工努力的方向。领导者通过激发、鼓励和调动员工的工作热情与动机，使员工潜在的能力尽可能充分发挥，从而更好地实现组织目标。领导者对员工的激励不仅可以提高员工对自身工作的认识，而且能够激发员工的工作热情，解决工作态度问题，投入自己的全部精力为达到预期目标而努力。

有研究指出领导者的作用之一是管理团队成员的情绪。领导者的这一功能对于让下属在不确定情境下保持一种积极的心态至关重要。此外,领导者还可以通过制定适合的奖励制度等手段激励员工。

**组织扁平化与领导**

在数字化经济背景下,伴随着持续不断的创新需求、激烈的全球化竞争,企业为了整合资源,降低成本,提升管理效率,开始向组织扁平化转变。所谓组织扁平化,就是通过破除公司自上而下的垂直结构、减少管理层次、增加管理幅度、裁减冗员来建立一种紧凑的横向组织,达到使组织变得灵活、敏捷、富有柔性、创造性的目的。

组织扁平化意味着领导者不能再按照传统的方式进行管理,组织扁平化要求领导方式和领导行为要发生转变。传统组织里的员工只对生产负责,而管理者要对计划、领导、控制和结果负责。然而,伴随着组织扁平化的发展,越来越多的组织让员工承担起原本由管理者承担的责任。例如,海尔公司将企业内部分为4 000多个小微公司,大多数的小微公司只有15名员工。在业务开展的过程中,员工需要了解相关的战略和财务问题、自己规划活动、设置生产目标,并对结果负责。而管理者需要提供愿景、为员工提供必要的资源、指导员工而不妨碍员工工作、帮助员工实现自我领导。

在组织扁平化情境下,领导者通过员工授权来分担责任和义务。在这种情况下,领导者对员工的权力影响力下降,双方之间的互动性增强,领导者要更加善于倾听,积极主动地关注员工的利益诉求,形成相互协调的员工关系。此外,在组织扁平化趋势下,知识共享和团队合作成为组织发展的重要基础。在这种情形下,传统的"单打独斗"工作模式不仅不利于提升工作效率,而且有可能产生边缘化的危险。因此,领导者要培养员工的合作意识,使员工个体融入团队整体中,增强团队凝聚力和向心力,提升团队整体绩效。领导者同样需要注重部门之间的横向交流与沟通,促进不同团队之间的员工合作,进一步加强知识与资源共享,提升组织发展活力。

资料来源:改写自加里·哈梅尔等.终结科层制[J].哈佛商业评论.2018(12):61-65.

## 8.1.4 领导者的影响力

### 1. 影响力的含义

领导者要实现其领导功能,一个很重要的因素就是必须具有影响力。影响力是领导的基础。所谓影响力,是指一个人在与他人交往中所表现出来的影响和改变他人心理状态和行为的能力。尽管这种能力人皆有之,但强度不同,并且同一个人的影响力也会随着交往对象、环境等因素的变化而发生变化。在组织中,由于领导者身居要职、作用特殊,其影响力也就具有重要的意义。

一个领导者是否具有强大而有效的影响力,取决于多种因素,如职务、地位、资历、权力、品质、能力、威信等。根据这些因素及其形成的影响力的性质,可将领导者的影响力分为两类：权力性影响力和非权力性影响力。

### 2. 权力性影响力

权力性影响力也称为强制性或职位影响力，是由社会的正式组织所赋予个人的职务、地位、权力与资历等所形成的，带有法定性、强制性和不可抗拒性。一般地，这种影响力并非人人都有，组织中"掌权者"拥有一定的强制性影响力。在特殊情况下，非领导者（非"掌权者"）也有这种影响力。

权力性影响力来自职位权力。这种权力是由领导者在组织中所处的职位而由组织所赋予的，存在于领导者的行为之前，与职位相联系而与领导者个人因素无关，在其位就有其权。

权力性影响力的权力基础有以下几方面。

（1）合法权。正式组织中领导者的职权是由于担任某个职位而具有的法定权力，是组织中等级制度所规定的正式权力，是被组织、法律、传统习惯甚至常识所认可的。人们认为领导者对其进行奖惩、指挥是合法的、不可违抗的，必须服从，是基于习惯、社会意识或某种责任感而引起的服从。这种权力不一定要领导者本人来实施，还可以通过制定、实施政策和规章制度等来实施。其包括任命、罢免等权力，其形式具有非人格性、制度性等特征。其通常具有明确的垂直隶属关系，从而形成组织内的权力等级体系。

（2）奖赏权。这是一种给予或取消报酬的权力。领导者有权奖励被领导者，以满足其物质或精神方面的需要。人们为了获得某种需要的满足，从领导者那儿得到奖励而不得不按其要求行动。领导者所控制的报酬手段越多，这些报酬对下级越重要，那么他所拥有的奖励权力就越大。其实施方式主要有表扬、增发奖金、加薪、晋升、安排更合心意的工作等。

（3）惩罚权，也称为强制权。这是一种在物质或精神上进行威慑的权力。领导者有权惩罚下级，使其某种需要得不到满足、感到不愉快、痛苦。趋利避害是人的本能。人们为了避免惩罚而被迫服从领导者，是基于恐惧感而服从。其实施手段主要有批评、分配不称心的工作、扣发奖金、减薪、降级、解雇等。

### 3. 非权力性影响力

非权力性影响力也称自然性或个人影响力。这种权力不是由于领导者在组织中所处的职位，而是由于其自身的素质和现实行为而具有的，与领导者所担任的职务、职位无关，其对人们的影响是内心深处的、自然的和长期的。除领导者外，非领导者也有这种影响力。

非权力性影响力的权力基础有以下几方面。

（1）专长权。它来源于领导者的知识、技能和才干。当领导者能够利用其专长帮助下级指明方向、排除困难，顺利达成个人目标和组织目标时，这种专长被人们所了解和信任，从而产生尊敬感，愿意服从其领导，乐于接受其影响。一般地，由专长权所引起的影响力最大，也最持久；有时会超越组织中法定的权力等级关系，将自上而下的影响方向变成平行方向甚至是自下而上的方向。

（2）参照权。也称感召权、模范权，其来源于领导者的个人魅力。领导者具有某些符合社会道德规范的良好的品质，并被人们所了解和信任，使得人们尊敬他、敬佩他、崇拜他，从而愿意模仿他，主动听从其指挥，由衷地接受其影响。

一般来讲，领导者会同时使用几种不同类型的权力类型来影响下属的行为。领导者的职权影响力的发挥程度，与其个人影响力的大小也有着密切的联系。

#### 4. 如何提高领导者的影响力

由于领导者的影响力是由权力性影响力和非权力性影响力所组成的。因此，提高领导者的影响力应从这两方面入手。

1）提高权力性影响力

提高权力性影响力的关键是正确、合理地运用组织所赋予的职位权力。若领导者不是为组织的利益使用权力，而是以权谋私或滥用权力，其权力性影响力就会下降，并且其非权力性影响力也建立不起来。合法权是最基本的权力，是包括奖、惩权在内的其他各种权力的基础。领导者必须首先依靠并使用好合法权。

（1）要慎重使用，执法要公正严明。使用合法权具有及时、有效的特点，但使用不当，也会起反作用甚至会增加冲突，因此使用时必须慎重，不能滥用。另外，根据强化理论，合法权发挥作用的时机往往在其被使用之前或使用之后，而不是使用之时，因此要采用惩罚与教育相结合的办法，进行事先警告、诱导，以使下级知道哪些可以干、哪些不可以做。

（2）注意指导的方式、方法。合法权带有强制性，表面上是以领导者指挥下级、下级听从指挥为条件的，但实质上是以下级从内心接纳并执行领导者的命令为条件的。因此，领导者在使用合法权后，要注意耐心细致地做好对下级的解释、劝导、说服工作，使下级能心悦诚服地接受命令，按其要求行事。

（3）奖惩分明，公平对待下级，切勿以权谋私或滥用职权。合法权来自职位权力，它是根据领导者在组织中所处的职位而由组织所赋予的，领导者是代替组织行使权力，因此，领导者必须根据组织的规章制度公平地对待下级，不能以权谋私或滥用职权。

2）提高非权力性影响力

提高领导者影响力的关键在于努力提高其非权力性影响力。因为，如果其非权力性影响力较大，则其权力性影响力也随之提高；相反，如果非权力性影响力较小，则权力性影响力也会随之而降低。

要提高领导者的非权力性影响力，领导者应当做到以下几方面。

（1）要认清构成非权力性影响力的四个因素（品德、才能、知识和感情）之间的主次关系。四个因素中，以品德、才能因素为主，而以知识、感情因素为次。

（2）要注重自我修养，公正廉洁，以身作则。四个因素中占据首位的是品德因素。若一个领导者在品德因素方面出了问题，其他因素的影响力也会下降，甚至总和可能是"负值"。

（3）要将才能体现在工作的结果上，并在实践中不断提高自己的能力水平。

（4）要努力学习，不断吸收新知识，注意知识的更新，扩大自己的知识面。

（5）要发扬民主作风，密切联系群体，平易近人，关心下级，信任下级，爱护下级，帮助下级，同员工建立起亲切、深厚、真挚的感情。

**相关案例**

### 权力与领导者的道德责任

领导者必须平衡各方利益,如极端的财务压力和善待员工之间达到平衡,同时领导者也要防止权力的滥用。权力的滥用是指领导者在担任领导岗位期间采取不道德和非法的行为,以权谋私,对下属和其他利益相关者产生负面的影响。商界中曾发生过严重的不道德行为,如 2018 年 12 月,日产汽车公司(以下简称"日产")前董事长卡洛斯·戈恩因贪污被捕。东京检方透露,戈恩被捕的原因是涉嫌违反信托条例,将个人投资损失转为由日产承担,金额高达 18.5 亿日元(约 1.1 亿元人民币)。戈恩在执掌日产后曾将日产连续 7 年的亏损转为盈利,几乎成为神话般的存在,但戈恩在 2015—2017 年,涉嫌将共计 71.7 亿日元(约 4.4 亿元)的董事会报酬申报为 29 亿日元(约 1.8 亿元),私吞了将近 43 亿日元。除此之外,在 2008 年金融危机期间,戈恩利用日产为自己填补了高达 17 亿日元的坏账。

商界中发生的不道德行为的背后,有着相同的心理机制在发挥作用——合理化的忽略。如果犯个小错误能带来某种奖励,而且被抓到的风险很低,人的大脑就会为这个小错误进行有力的辩解。许多领导者曾面临过获得奖励和正确行事之间的抉择。但是,当领导者开始以"这是特殊情况""想做事就得变通一下规则"为由,在自己和别人面前把某些行为合理化的时候,情况就会变得越来越糟。渐渐地,这些最初的小错误会累积成更严重的错误,最终形成习惯,并会认为在那样的情况下,这些习惯是情有可原的。最后,这些习惯就会形成领导者的道德品质。

权力会使人腐败,但更多时候,权力是渐渐地腐蚀人心,而这一切的发生,往往就是领导者用花言巧语为不道德的行为辩解所导致的。

资料来源:改写自[美]梅雷特·韦德尔斯堡.不道德行为背后的心理学[J].哈佛商业评论.2019(7):26-30.

## 8.2 领导特质与领导行为理论

国外的许多专家学者曾对领导问题进行了深入的研究,提出了不少领导理论,以解决如何进行有效领导的问题。这些领导理论的发展有其历史延续性,基本上可划分为四类理论:领导特质理论、领导行为理论、领导权变理论以及当代领导理论。

### 8.2.1 领导特质理论

领导特质理论也称为领导素质理论,主要研究成功的领导者应具备的个人特质,以便预测具备什么样特质的人才能成为成功的领导者。该理论的基本出发点是:领导效率的高低,主要取决于领导者的特质,那些成功的领导者一定有某些共同点。研究者们认为成功的与失败的领导者、领导者与非领导者的区别,在于他们的个人特质方面存在很大的差异,通过对成功的领导者的个人特质进行分析、归纳,找出成功的领导者应具备的特质,以此来解释他们成为领导者的原因,并以此作为选拔领导者和预测其领导有效性的依据。许多研究者力图在冗长的个人特质一览表中过滤出某些关键的属性,如智力、气质、社会成熟性、成就感以及真正尊重人的品格等。很多从事测评、招聘和选拔管理者的职业人员深信这类理论的有效性与实用价值。

### 1. 传统的领导特质理论

传统的领导特质理论认为,领导者的特质是天生的而不是后天造成的,是由遗传决定的。研究者通过对社会上成功和失败的领导者进行调查、分析、比较,试图从领导者的体魄、才智、性格、品德等方面归纳整理出成功的领导者应具有的个人特质,如美国心理学家吉普在研究报告中提出,天才的领导者应具备七项个人特质:善言辞;外貌英俊潇洒;智力过人;具有自信心;心理健康;有支配他人的倾向;外向而敏感。

美国心理学家斯托格狄尔认为,天才的领导者应具备十六种个人特质:有良心、可靠、勇敢、责任心强、有胆略、力求革新与进步、直率、自律、有理想、有良好的人际关系、风度优雅、胜任愉快、身体健壮、智力过人、有组织能力、有判断力。后来,他又把领导特质归为六大类:①身体方面的特性,如精力、身高、外貌等。这方面的发现还是很矛盾的,不足以服人。②社会背景方面的特性,如社会经济地位、学历等。这方面的发现也缺乏一致性和说服力。③智力方面的特性,如判断力、果断性、知识的深度和广度、口才等。研究发现,成功的领导者在这些方面较突出,但相关性还较弱,其确认还需考虑一些附加因素。④个性方面的特性,如适应性、进取性、自信、机灵、见解独到、正直、情绪稳定、不随波逐流、作风民主等。⑤与工作有关的特性,如高成就需要、愿承担责任、有毅力、有首创性、工作主动、重视任务的完成等。有些特性已被证明具有积极的效果。⑥社交方面的特性。研究表明,成功的领导者具有善交际、广交友、积极参加各种活动、愿意与人合作等特点。

传统的领导特质理论,虽然正确地指出了领导者应具备的某些个人特质,但是,传统的领导特质理论立足于"遗传决定论"的唯心主义观点,显然是错误的。人们的许多特质是通过后天的教育、培养、训练等而形成的。

### 2. 现代的领导特质理论

现代的领导特质理论认为,领导是一个动态过程,领导者的特质是后天造就的,是在实践中形成的,也是可以训练和培养的。

现代的领导特质理论对领导者特质的研究主要表现在两个方面:①识人方面。用现代心理学的方法,主要是心理测验的方法,对领导者的个性进行测试,并通过心理咨询进行领导行为的矫正。②育人方面。提出不同组织领导者应具备的能力、品质标准,并通过专门化职业培训和开发加以培养。

但不同国家的学者对领导特质的看法仍然不一,如美国普林斯顿大学教授鲍莫尔认为,企业家应具备合作精神、决策才能、组织能力、精于授权、善于应变、勇于负责、敢于创新、敢冒风险、尊重他人和品德高尚这十项条件。柯克帕特里克和洛克在1991年发表的研究成果中提出了成功领导者所具有的七项个人特质,分别是:内动力(进取心强)、领导欲、诚实和正直、自信、聪慧、工作相关的知识渊博、外向性强。日本企业界要求领导者应具备十项品德和十种能力,十项品德包括使命感、责任心、信赖感、积极性、忠诚老实、进取心、忍耐性、公平、热情和勇气,十种能力包括思维决策能力、规划能力、判断能力、创造能力、洞察能力、劝说能力、理解人的能力、解决问题的能力、培养下级的能力和调动积极性的能力。

特质理论把领导者的个人特质作为一个侧面来研究领导行为的有效性,具有一定的意义。不少研究表明,某些个人特质与领导有效性之间确实存在着一定的联系。特质理论分析了成功的领导者应具有的能力、品德和为人处世方式,这对选拔、培养、考核领导者还是有所帮助的,对预测有效领导具有指导作用。

总的来说,特质理论还是存在很大的局限性,并非所有领导者都具备所列出的一切特质,很多非领导者也具备其中的一些特质。而且,特质理论并没有说明成功的领导者应具备的特质应达到多大程度。另外,研究者们的结论不完全一致,对成功领导者应具备的特质,有的大相径庭甚至相互矛盾,或者对这些特质与实际的领导情况之间的关系看法不一致,不少所谓的特质实际上属于行为方式问题。

事实上,领导者的个人特质虽是影响到领导成功与否的重要因素,但只是部分的因素,而不是唯一的、决定性因素。领导者、被领导者和环境因素相互作用,共同影响到领导的有效性。

### 8.2.2 领导行为理论

20世纪40年代末至60年代中期,有关领导的研究集中在讨论领导者偏好的行为风格上。许多学者在研究领导有效性问题时,从研究领导者的内在特征转移到外在行为上,想知道有效的领导者在行为方面有哪些独到之处,这就是领导行为理论。它研究领导者在领导过程中所采取的行为以及不同领导行为对员工的影响,以便找出最佳的领导行为方式,从而使领导力可以被学习。

#### 1. 勒温的领导作风理论

领导作风理论研究领导者工作作风的行为类型,以及各种工作作风对员工的心理影响,以期寻求最佳的领导作风。

美国心理学家勒温等人早在20世纪30年代就通过对群体的实验研究,以权力定位为基本标准,根据领导者的作风及其使用权力的方式不同,将领导者在领导过程中表现的极端的领导工作作风分为专制式、民主式和放任式三种类型。

(1) 专制式。领导者靠权力和强制命令来让下级服从他,是一种独断专行的"家长式"领导。

专制式领导的特点是:①权力定位于领导者;②以领导者为中心,以任务为导向;③以严格监督为手段;④根据领导者好恶来奖惩;⑤上下级保持一定的心理距离。

专制式领导的影响结果是:①领导者只关心工作任务和工作效率;②对成员关心不够,上下级之间心理距离较大,下级对领导者存在戒备心理或敌意;③成员缺乏工作的积极性与主动性;④容易使下级产生挫折感和机械化的行为倾向;⑤遇到挫折时,成员相互推卸责任或进行人身攻击;⑥成员多以"自我"为中心,群体士气低,凝聚力不强。

（2）民主式。领导者通过以理服人、以身作则，充分调动下级的积极性，发挥其主动性和创造性，使他们各尽所能、各施所长，在分工的基础上通力协作。

民主式领导的特点是：①权力定位于群体；②以群体为中心，以目标为导向；③以一般监督为手段；④根据事实来奖惩；⑤上下级心理距离小。

民主式领导的影响结果是：①领导者注意协助、鼓励成员的工作，能关心并满足成员的需要；②上下级之间是民主与平等的关系，彼此之间的心理距离很小；③成员有较强的工作动机，工作积极性高，主动性强；④成员自己决定工作方式、程序与方法、进度等，责任心强，有较高的成就感与满足感；⑤遇到挫折时，成员相互帮助，团结一致，力图解决问题；⑥成员士气高，凝聚力强。

（3）放任式。权力完全归予成员个人，领导者对工作既不布置也不检查，采取"无为而治"的态度，是一种"俱乐部式"或放任自流式的领导。

放任式领导的特点是：①权力定位于成员个人；②以成员个体为中心，以自由发挥为导向；③领导者不干预活动；④没有奖惩；⑤上下级关系疏远。

放任式领导的影响结果是：①领导者既不关心工作任务和工作效率，也不关心成员的需要；②上下级之间关系疏远，组织松懈，"名存实亡"；③没有规章制度，没有任何要求，也不对工作做任何评估；④成员"各自为政"，缺乏集体精神，出现无政府主义状态；⑤工作效率低下，群体目标难以实现，人际关系淡漠；⑥群体士气低，凝聚力弱。

以上三种极端的领导作风类型中，放任式的效率与效益都最差，没有实现预期的目标；专制式的只适宜治乱，在组织初创时期及非常时期工作效率高，但成员的消极态度和对抗情绪会不断增加；民主式的工作效率最高，每个成员都积极主动而富有创造性地工作着，能较好地达到预期目标，并能使个人的需要得到较好的满足。放任式适用于各种学术团体、协会或咨询机构，而专制式适合用于员工成熟度很低或全是新员工的组织。

在实际的组织与企业管理中，很少有极端型的领导，大多数领导都是界于专制型、民主型和放任型之间的混合型。继勒温之后，许多学者继续进行领导作风研究，有些人的研究结果支持了勒温的观点，但也有些学者提供异议。

勒温的理论也存在一定的局限。这一理论仅仅注重了领导者本身的风格，没有充分考虑到领导者实际所处的情境因素，因为领导者的行为是否有效不仅仅取决于其自身的领导风格，还受到被领导者和周边的环境因素影响。

## 2. 领导行为四分图理论

1945年，美国俄亥俄州立大学工商企业研究所由斯托格狄尔和沙特尔带领的研究小组，通过发放调查表格和面访等方法，对领导行为问题开展了一项范围广泛的调查研究。他们列举了1 790多种刻画领导行为的因素，通过逐步筛选、归纳，最后概括为两大类因素："关怀"和"定规"。"关怀"是指领导者重点强调建立起与下级之间的相互尊重、相互信任的气氛，倾听下级意见和尊重下级的要求与情感，即以人际关系为中心，突出的是员工的需要。"定规"是指领导者重视组织设计，明确职责、权力和相互关系，建立信息沟通通道，确定个人、群体和组织的工作目标，制定工作程序、方法与制度等，即以工作为中心，强调的是组织的需要。

研究者根据这两类因素设计了"领导行为描述问卷"并分发调查,由下级来描述领导者的行为如何。根据调查结果,他们认为,"关怀维度"与"定规维度"并不相互矛盾、相互排斥,一个领导者的领导行为是"关心员工"和"抓组织"这两类行为的具体组合。据此,可做出"领导行为四分图"(图 8-1),用两维空间的"四分图"来表示不同的领导行为。

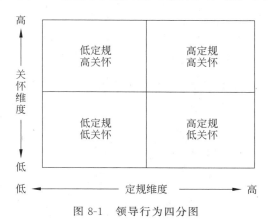

图 8-1　领导行为四分图

从图 8-1 可以看出,领导行为可分为四种情况。

(1)"低定规低关怀"的领导行为。这类领导者对人、对组织的关心程度都很低,领导效果最差,属虚弱型领导,会导致低绩效、高不满、高流动。

(2)"高定规低关怀"的领导行为。这类领导者最关心的是工作任务而较少关心人,属任务型领导,易导致高绩效、高不满、高流动。

(3)"高定规高关怀"的领导行为。这类领导者对工作和人都很关心,一般来讲领导效果最好,属战斗集体型领导,会导致高绩效、低不满、低流动。

(4)"低定规高关怀"的领导行为。这类领导者对人的关心程度较高而对组织的关心程度较低,属人际关系型领导,会导致低绩效、低不满、低流动。

俄亥俄州立大学研究的早期实践表明,在"关怀维度"和"定规维度"两方面得分均高于平均水平的领导者多为成功的领导者,其工作效率和领导效能都较高。但后来有些研究并不支持此结论。有研究报告称,在生产部门中,效率与"定规"成正比关系,与"关怀"成反比关系;而在非生产部门,情况则恰恰相反。同时,重视关心人的领导者多能使下级感到满意,下级的抱怨、旷工和调离现象较少。这表明在领导理论中还需加入情境因素。

### 3. 管理方格理论

在"领导行为四分图"的基础上,布莱克和莫顿于 1964 年在《管理方格》一书中提出了管理方格理论,并在 1978 年出版的《新管理方格》一书中做了进一步的补充和完善。他们将领导行为归纳为"关心人"和"关心生产"两类因素(图 8-2),二者在不同程度上的结合便形成了多种不同类型的领导方式。实践中可以通过运用管理方格对领导方式进行综合评价、分析,并据此有针对性地对领导者进行培训,使其成为行为与作风均理想的领导者。

在管理方格图中,横坐标表示领导者对生产的关心程度,纵坐标表示领导者对人(员

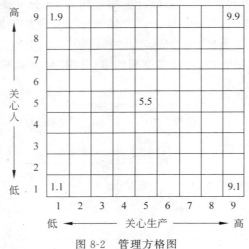

图 8-2 管理方格图

工)的关心程度,各划分为九等分。坐标值越高,表明领导者对这方面的关心程度越高。方格图共组成 81 个小方格,分别表示"关心生产"和"关心人"这两个因素以不同比例结合的领导方式。评价领导者时,就按他们在这两方面的行为表现特点寻找坐标交叉点,该交叉点便是其领导行为的类型。

布莱克和莫顿详细讨论了其中五种典型的领导方式。

(1) 1.1 型被称为"贫乏型管理",领导者对生产和员工的关心程度都很低,用最少的努力来完成任务和维持人际关系。这种领导者,实质上已放弃自己的职守,是一种饱食终日、无所作为的人,充当的只是将上级信息向下级传递的信使,是回避责任、缺乏志向、不称职的领导者,注定要失败。

(2) 9.1 型被称为"专制任务型管理",领导者重点抓生产任务,很少甚至不关心员工;为有效地组织与安排生产,将个人因素对工作效率的影响减少到最低程度,以求得高效率。领导者处于绝对权威的地位,其领导作风是非常专制的。领导者通过用工作条件来提高效率,而没有充分利用人力资源,短期内可能有效,但不能长期保持下去。

(3) 1.9 型被称为"乡村俱乐部型管理",领导者对员工高度关心,充分注意搞好人际关系,促成一种人人得以放松、感受友谊与快乐的环境,使组织充满轻松友好气氛,但很少甚至不关心生产任务,无人关心怎样去协同努力以实现组织的目标。

(4) 5.5 型是"中间型或折中型管理",领导者对员工的关心一般化,生产任务的完成也过得去;既不偏重于关心生产,也不偏重于关心员工,对这两方面的关心处于中等水平,保持两者之间的平衡;能得到较高的士气和适当的产量,但这两方面都不很突出。领导者并不设置较高的目标,对员工很可能采用相当开明的专断态度。

(5) 9.9 型是"团队型或协作型管理",是最理想的领导方式,领导者对生产和员工都显示出尽可能大的关心,能使组织的目标和个人的需要最有效地结合起来。不仅员工关系协调,士气旺盛,而且工作任务完成得也很出色。每个人都在实现组织目标的过程中找到自己的成就感。

布莱克和莫顿认为,领导者应该客观地分析企业内外的各种环境因素,努力把自己的领导方式改造成为9.9型,以达到最高的效能。他们还根据自己从事组织开发的经验,提出了一项五阶段方案,以帮助管理者逐步走向9.9型领导方式。

 国际视野

### 企业创新与领导力的多样性

成熟的公司很难在创新需求和内控需求之间取得平衡。一项研究对美国两家创立时间很长的公司进行了深入研究。两家公司都需要经常对环境的改变做出调整,但同时两家公司又保持了创业精神和非凡的创新能力。它们是施乐公司旗下著名的硅谷研发公司PARC(帕洛阿尔托研究中心),以及非上市材料科技公司戈尔公司。

在这两家公司中,很多员工可以决定和选择他们自己的工作内容。新的产品和服务不是由拥有独立办公室的高层管理者想出来的,而是由员工团队开发出来的,如果一个项目失去活力,员工可以自由离开。公司的初期资金会投入吸引人才的项目,随着项目的成功,更多资源流入。由于公司投资很多这些小项目,员工可以选择加入哪些项目,公司因此成为一个集体预测市场,人才自动集中到优秀的点子周围,而糟糕的点子就会流失人才。两家公司都鼓励各级员工担任领导角色,并且让员工集体决定投资哪些增长型项目。

通过2011年和2019年几轮量化数据的收集以及之后的采访,研究者们从中发现三种不同类型的领导者:创业型领导者、赋能型领导者、架构型领导者。

(1) 创业型领导者

通常集中在公司的较低层,他们通过新产品和服务为顾客创造价值,带领公司进入新的领域。创业型领导者会感知和抓住增长机遇,寻求初期资源,凭借他们的发展愿景来吸引员工。这类领导者通常具有以下三种特质。

第一,自信和行动力。这类领导者绝对相信自己,他们勇于尝试,面对失败非常有韧性。

第二,战略新思维。他们对公司、业务部门和每个团队的目标有非常深入的了解。他们采取行动是为了努力达成这些目标。在此基础上,他们还会定期了解顾客需求,发现新的机会,并改进产品创意。

第三,吸引他人的能力。两家公司很多新产品开发项目并非从高层开始,而首先是源于一个人和一些人对一个机会有兴趣,然后做一些研究,决定是否值得进一步投资。此时,发起者必须能够吸引组成团队。这需要具备说服力和自信,并且需要之前有很好的产品创新经验。

创业型领导者的这三种特质,有利于与公司战略目标一致的新产品开发的想法能够由下而上自由地出现和发展。

(2) 赋能型领导者

通常在公司中层,他们确保创业者拥有他们需要的资源和信息。赋能型领导者可专注于帮助项目负责人的个人发展,帮助公司克服障碍,与他人沟通,密切关注行业趋势。通常他们具备以下三种特质。

第一,教练和发展。教练的一个重要作用是帮助团队了解产品开发流程,并向员工提供如何改进的意见。戈尔公司一个团队需要动员员工对一个项目的热情,于是一个赋能型领导者帮助项目成员思考如何定位机遇,指导他们从哪个角度最有可能激发团队。这类领导者还帮助员工思考个人发展问题,将公司的需求与人工对更复杂岗位的需求相匹配。

第二,联通能力。赋能型领导者通常比团队领导者对公司内部和外部的状况有更广泛的了解,因此可以看到创造价值的机会。在某些情况下,他们可以帮助创业者与最终用户联通起来;他们还可以为公司内部的互补性项目提供联通。"联通"需要他们不断拓展已经很宽的社交网络,联通各个职能和地域的人。

第三,沟通能力。赋能型领导者投入很大精力分享有关外部环境中的新机会和变化的信息。例如,确保公司的一个部门了解其他部门都在做什么。

(3) 架构型领导者

靠近公司高层,他们关注全局,注重公司文化、高层战略和公司结构。架构型领导者把大部分注意力放在需要改变公司文化、战略、结构和资源的宏观问题上。例如,在2002年施乐公司一次重组中,PARC(当时是施乐的一个部门)成为一个独立的子公司,因此需要增加其业务的多样性。为了生存需要,PARC高层决定要开发新的商业客户以及投资初创公司。

除了以上三种不同类型的领导者之外,两家公司均整合了支持创新和韧性的公司文化规范,很多规范在公司创立初期就已确定。这三种领导者,加上公司文化,令两家公司实现惊人程度的自我管理,并且能够很好地平衡自我管理机制和内部控制,使公司可以高效运转,迅速抓住新的机会。

资料来源:改写自[美]德博拉·安科纳等.机敏领导力[J].哈佛商业评论.2019(8):54-60.

## 8.3 领导权变理论

领导权变理论也称为领导情境理论,主要研究被领导者的特征、环境因素及领导者与被领导者关系等对领导行为有效性的影响和在不同情境下应选择何种领导方式。此类理论认为,并不存在一种一成不变的、"普遍适用的""最好的"或"最不好的"领导方式。领导行为是否有效,除与领导者自身的特性、行为方式有关之外,还与被领导者的个性特点、上下级关系、工作性质及其他环境因素有关,有效的领导行为还必须能灵活地适应被领导者的差异和环境的变化。

国外有两大流派:一派认为领导者的个性特征是稳定的,要提高领导的有效性,必须探索领导者个性特征与情境特征之间的关系,安排领导者到适合他个性的环境中。另一派则认为,领导者的领导作风和领导行为是可以改变的,优秀的领导者应善于分析下级个性特点和环境因素,并根据具体情境条件选择运用恰当的领导方式。

### 8.3.1 费德勒模型

美国组织心理学家费德勒经过长达15年的研究,于1963年提出了有效领导的权变理论,通常被称为费德勒模型。费德勒认为,领导效果的好坏,不仅受到领导者个人领导风格的影响,而且与其所处的情境因素有关。

### 1. 影响领导有效性的情境因素

费德勒通过调查研究,提出了三种影响领导有效性的情境因素:①领导者与被领导者的关系。指领导者对下级的信任程度、下级对领导者的喜爱、忠诚和愿意追随程度、领导者对下级是否有吸引力等。②任务结构。即下达的工作任务是否明确,是常规的、例行的、容易理解的还是非常规的、无先例的、复杂的。③职位权力。指领导者所担任的具体职位所能提供的对下级的权力与权威是否明确、充分,上级与组织对其支持的程度。

这三个因素中,最重要的是领导者与被领导者的关系,最不重要的是职位权力。这三个因素的具体变化情况,就构成了具体的领导情境。领导的有效性取决于以上三个方面的因素。

### 2. 领导风格类型

费德勒用"最不喜欢的同事"(LPC)问卷来调查领导者本人的反映,从而测定领导者的个性特征与领导风格。如果领导者对其最不喜欢的同事仍给予较高的评价,则其问卷得分高,说明其能与难处的人共事,对人宽容、体谅,提倡人与人之间的友好相处,是关系导向型的领导者,从良好的人际关系中得到最大满足;相反,那些对其最不喜欢的同事给予低评价的领导者,其问卷得分低,是任务型领导者,从完成任务取得成绩中获得最大满足。

### 3. 领导风格与领导情境的匹配

费德勒将三个情境因素任意组合成八种类型,调查了1200个群体的领导者,收集了将领导风格同对领导有利条件或不利条件的八种情境联系起来的数据,根据结果绘成图(图8-3)。研究结果表明,在编号为1、2、3和8的情况下,有效的工作成就与领导者的指令式任务型风格有关;在编号为4、5情况下的工作成就同关心人的领导风格相关。

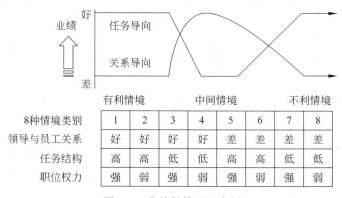

图 8-3 费德勒模型示意图

这些研究结果说明,某种领导风格,不能简单地划分为优或劣、好与坏,因为在不同条件下都可能取得好的领导绩效。因而在不同情境下,应采取不同的领导风格。费德勒指出,领导者的领导风格必须适应变化着的情境。因此,领导者应根据具体情境状况来随机制宜地选择领导风格。在处于对领导者最有利的和最不利的情境条件下,采取以工作任务为中心的任务导向型领导风格的效果好;而对于对领导者中等有利的情境条件下,采用以人为中心的关系导向型领导风格的效果较佳。

根据费德勒模型,要提高领导的有效性,或者改变领导者的领导风格,或者改变领导者所处的环境。但费德勒认为,一个人的领导方式与风格是稳定不变的。因此,提高领导的有效性实际上只有两条途径:一是替换领导者以适应情境;二是改变情境以适应领导者。

### 8.3.2 情境领导理论

情境领导理论是美国俄亥俄州立大学的心理学家卡曼于1966年首先提出,后由赫塞和布兰查德进一步发展,将"领导行为四分图"理论与阿吉里斯的"不成熟—成熟"理论结合起来,创立了三维空间的领导有效性模型——情境领导理论(图 8-4)。

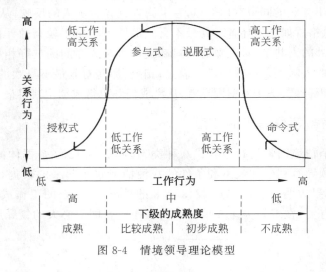

图 8-4 情境领导理论模型

情境领导理论是一个重视下属成熟度的权变理论,认为无论领导者做什么,其效果都将取决于下属的活动,下属可能接纳也可能拒绝领导者。领导者应根据下属的成熟度来选择有效的领导方式。这里的"成熟度"是指一个人完成某项具体任务的能力和承担该任务意愿的程度,包括年龄、受教育程度、工作经验、技术水平与能力、成就感、责任心、自我控制能力等因素。"成熟度"主要是指心理与工作方面的成熟程度,而不是指一个人在年龄或生理方面的成熟程度。

情境领导理论使用的两个领导维度与费德勒的分类相同:工作行为和关系行为。不过,情境领导理论将每一维度分为低和高两个水平,从而组合成四种领导风格:高工作—低关系型、高工作—高关系型、低工作—高关系型、低工作—低关系型。

根据情境领导理论,领导方式不是一成不变的。有效的领导行为应根据下属在不同时期、不同情况下的成熟程度,把下属的成熟度与工作行为、关系行为结合起来,才能收到最佳效果。随着下属在工作中的成长过程,从不成熟(无能力且不愿意做某项工作)到初步成熟(无能力但愿意做某项工作)、比较成熟(有能力但不愿意做某项工作)和成熟(有能力且愿意做某项工作)这四个不同的阶段,领导者应采取的相应领导方式按下面的顺序逐渐变化。

(1) 高工作、低关系型,采取"命令式"领导方式。此时下级还不成熟,对工作不熟练,缺乏经验,能力不足或者责任心不强。下级需要明确而具体的指导。领导者以单向沟通方式向下级下达任务:干什么、怎么干以及在何时、何地去完成,并严格要求、严厉管理。

(2) 高工作、高关系型,采取"说服式"领导方式。此时下级初步成熟,对工作开始熟练,技能有了提高,上级的支持和鼓励变得很重要。领导者以双向沟通方式并通过感情支持来指导下级工作,并不断鼓励下级。

(3) 低工作、高关系型,采取"参与式"领导方式。此时下级已比较成熟,对工作的熟练程度提高,具备了工作所需的经验与技能,与同事关系融洽,有主动性与责任心。领导者与下级通过双向沟通方式,相互交流信息、相互支持,欢迎下级参与决策,通过鼓励来激励下级努力工作,不再进行具体指导。

(4) 低工作、低关系型,采取"授权式"领导方式。此时下级已经相当成熟,工作很熟练,有能力、有信心独自完成工作任务,并愿意承担责任。领导者授予下级以权力,通过充分授权和高度信任来调动下级的积极性,让下级独立自主地开展工作,领导者只起监督作用。当下级的成熟度越来越高并达到一定的水平时,领导者既要不断降低对其下级工作行为的控制,并不断减少关系行为。

### 8.3.3 路径—目标理论

路径—目标理论是由加拿大多伦多大学教授伊万斯于1968年首先提出,后由其同事豪斯于1971年补充、发展而成的,故也叫豪斯模式。它将弗鲁姆的期望理论与"领导行为四分图"理论结合起来。

路径—目标理论认为,领导的有效性是以激励下级达成组织目标并使下级在工作中得到满足的能力来衡量的。领导者的主要职责:一是明确下属的工作目标,帮助下属寻找实现工作目标的最佳途径,并协助下属清除在实现目标过程中所遇到的各种障碍,使下级顺利达成目标。二是在实现工作目标的过程中,增加满足下属各种需要的机会。领导者的这种职责作用发挥越好,对下属的激励作用越大,下属实现目标的可能性越大,领导的有效性就越高。三是下属实现工作目标后,增加报酬的种类和数量,以增加吸引力。

领导行为的激励作用在于:一是使下级的需要得到满足的程度与有效的工作绩效联系在一起;二是提供了下级取得有效的工作绩效所必需的辅导、训练、指导、支持和奖励。

#### 1. 领导方式

路径—目标理论将领导方式分为四种类型。

(1) 指示型。领导者对下级的工作任务规定得很明确,规定工作完成的时间安排,并对如何完成任务给予具体指令；提供下级所希望得到的指导和帮助。下级不参与任何决策。

(2) 支持型。领导者对下级友好，公平待人，更多地考虑下级的要求，表现出对下级各种需要的关怀。

(3) 参与型。领导者决策时，征求并采纳下级的建议，让下级参与决策与管理。

(4) 成就导向型。领导者向下级提出挑战性的目标，寻求改进绩效的方法，鼓励下级发挥最大潜力，并充分相信下级能达成目标。

与费德勒的观点相反，路径—目标理论认为，领导者的个人领导风格、行为是能改变的，而且也应该改变，以适应于具体的情境要求。

### 2. 领导方式的选择依据

路径—目标理论认为领导行为—结果之间，受两大类情境变量影响：下级的特点和工作环境。因而，应根据这两类情境因素来选择有效的领导方式。

(1) 下级的特点。其包括下级的受教育程度、工作能力、态度、经验、责任心、自信心、自我控制力、对成就的需要、对成败的归因等。如果下级有能力完成工作任务，需要荣誉与社会交往，则应选择支持型领导方式。相反，若下级的能力弱或完成任务有困难，则应选择指示型领导方式。对于下级的个性特点，领导者很难在短时期内予以改变，只能适应这种个性差异，但可以通过改变环境因素来充分发挥下级的特长。

(2) 工作环境。其包括任务性质、权力结构、工作群体等。就任务性质来说，若下级从事结构化任务时，下级对目标、达成目标的途径等都心中有数，因而支持型领导会导致高工作绩效和满意度。相反，若任务不明确，是非常规的，下级感到无所适从，需要上级的帮助，指示型领导会带来更高的满意度。就权力结构来说，组织中的正式职权关系越明确，官僚化程度越高，领导者越应展现支持性行为，减少指示性行为。当工作群体内部存在冲突时，指示型领导会带来更高的员工满意度。

路径—目标理论背后的逻辑基础得到了大多数研究的支持。也就是说，当领导者可以弥补员工和工作环境方面的不足时，会对员工的工作绩效和满意度产生积极的影响。但是如果任务本身已经很明确或员工已经具备能力和经验处理它们，若领导还要花时间进行解释和说明，则下属会把这种指示性行为视为累赘。

以上各种权变理论从不同角度、不同侧面分析了影响领导有效性的环境因素，这些因素包括领导者自身的个性特点、被领导者的特点、任务性质、上下级关系、组织结构等。因此，并不存在普遍适用的、唯一最佳的领导方式。领导方式是采用专制式、放任式还是民主式、工作导向式还是关系导向式，这要视具体情况而定，应当随机制宜，采用某种模式或某几种模式相结合。领导权变理论更切合实际、更具有实用性。

## 8.4 当代领导观

除了前文所介绍的一些有关领导问题的主要理论外，20世纪80年代以后出现了一些有关领导问题的新观点、新理论，如①交易型领导与变革型领导；②魅力型领导与愿景型领导；③团队领导；④基于价值观的领导。

### 8.4.1 交易型领导与变革型领导

#### 1. 交易型领导

交易型领导者也称为执行型领导者，是指主要通过使用契约式的社会交换（交易）形式来实施领导行为的领导者。这类领导者明确规定下级的角色分工、任务与要求，尽量考虑并满足下级的合理需要，通常使用奖励措施以换取其下级的工作绩效来促使其下级努力地完成工作任务、实现既定的工作目标。交易型领导者的领导行为建立在组织中与其职位相关的合法性和权威性的基础上，强调工作绩效的非人为因素，要求下级遵守组织的各种规章制度、遵循组织的价值观，关注任务的完成与目标的实现，依赖组织中的奖惩措施来影响下级的工作绩效行为。

#### 2. 变革型领导

变革型领导者是指主要通过激励、鼓舞、启发等措施，改变下级的价值观与信念、提升其需求层次，使下级能更好、更有效地完成工作目标或任务的领导者。这类领导者注重变革、创新和开拓，通常会关心下级个人发展方面的需求和关注点，通过帮助下级从新的角度来看老问题、用新的方法来分析老问题从而改变下级的看法与观点，并能够激励、唤起、鼓舞和启发其下级更加努力地去实现群体或组织的既定工作目标。因而变革型领导者通常具有以下的特质：①提倡变革；②有胆识；③信任他人；④追求价值；⑤终身学习；⑥缜密思考；⑦创造愿景。

交易型领导者用下级所需要的报酬等来换取其所期望的下级的努力与工作绩效，领导行为常被理解成一种契约式的社会交换即交易的过程。而变革型领导者则能激励下级超越个人的利益，为了团队或组织的利益与目标而努力作出更多的贡献与更大的工作绩效，并推动组织的相应变革。

在实际工作中，交易型领导与变革型领导并不是完全相互对立的两种领导方式。实际上，变革型领导也是从交易型领导发展而来的。而且对所有类型的组织来讲，交易型领导也是不可缺少的。只是交易型领导者关注的是在给定的环境下如何提高下级的工作绩效和满意度来实现既定的目标，而变革型领导者则关注如何在变化的环境下改变组织的战略与文化以更好地适应环境的变化，并引导和激励下级积极响应这些变革，使其更具活力、更加主动地实现工作目标。因此，变革型领导与交易型领导是可以共存的，且可以互为补充。

很多研究结论都认为变革型领导方式通常要优于交易型领导。如有研究结果显示，变革型领导者比同一组织中的交易型领导者不仅人际交往意识更强，而且更有成效、工作绩效更高，也更容易得到提拔。还有研究结果表明，变革型领导与更低的离职率、更高的员工的满意度、创造性、目标的实现程度以及企业家精神等方面存在着显著的相关性，这些在处于初创阶段的企业中表现得更为明显。变革型领导者比交易型领导者在领导效能方面会更高，主要体现在变革型领导者比单纯采用交易型领导方式能更好地提高其下级的工作努力程度,激励他们做出超预期的工作成果。

此外,变革型领导者比交易型领导者更具有领袖的魅力,这是由于变革型领导者通常会给其下级灌输这样一些思想:不仅要敢于质疑各种既定的或确定的观点,而且要敢于质疑领导者所持有的种种观点;不要单纯地相信领导者的才能,还要相信自己在创造力等方面的潜力。变革型领导者还不断地提高其下级在此方面的能力。

### 8.4.2 魅力型领导与愿景型领导

#### 1. 魅力型领导

魅力型领导理论出现在20世纪80年代,魅力型领导者是指能够以其自身的人格魅力和行为来影响其下级以某些特定方式行事,从而实施领导行为的领导者。这类领导者对其下级有一种"天然"的吸引力、感染力和影响力,通常表现出热情而自信。魅力型领导者具有以下个性特征:①有一个愿景;②具有能清晰而生动地描述该愿景的能力;③为实现该愿景而敢于承担风险、不惧失败;④对于环境的限制和下级的需要都具有敏锐的觉察能力;⑤常以超出常规的方式做事。

一般认为,魅力型领导者与其下级的工作绩效的高低以及满意度的高低之间存在着显著的正相关关系。尽管有研究结果表明,魅力型首席执行官对其所在组织的整体绩效水平没有产生任何影响作用,但人们仍然认为领导者的个人"魅力"是一项值得拥有的领导品质。

对于领导者的个人魅力是一种"天赋"还是可以通过后天的学习与社会实践而获得的问题仍存在争议。有些专家认为,领导者的个人魅力是不可能被习得的,但大多数研究者都认为,人们是可能通过后天的社会学习与训练从而表现出领导者的魅力。一项针对如何成为魅力型领导者的试验结果表明,与由非魅力型领导者所领导的群体成员相比,在由经过"培训"而成的魅力型领导者所领导的群体中,其成员的任务绩效会更高,能更快地适应任务的调整,并能更好地适应群体的领导者和群体本身。

但是,为了使员工的工作绩效达到一个高水平,魅力型领导方式并不总是必需的。只有当下级的工作任务具有某种意识形态目的时,或者当环境因素给下级带来很大的心理压力和不确定性时,魅力型领导方式才可能是最为合适的。这一点突出表现为:魅力型领导者通常产生于政治、宗教领域或战争时期,或者在一家公司处于初创阶段或处于生死存亡的危机时期。

#### 2. 愿景型领导

1985年,美国学者本尼斯和纳努斯对愿景型领导一词进行了概念界定,并强调在所有领导功能中,领导者对愿景的影响最深远。愿景型领导者能够创造并清晰表达一个现实可行的、能吸引人且能改善目前状况的未来愿景来实施领导行为。该愿景若能被正确地确定和实施,将会产生极大的激励作用,以至于能够唤起组织中所有成员的技能、才干和各种资源共同发挥作用从而使其成为现实,并推动组织成员以实际行动来努力实现愿景所描绘的未来。

组织的愿景应当为组织的成员提供一个明确的且令人信服的形象化的描述,它能引起组织成员产生情感上的共鸣,激发组织成员满怀热情地努力实现组织的目标。组织的愿景还应当是鼓舞人心、独特的,并能提供新的明显有利于组织及其成员的做事方式。清晰、强有力的且具有生动形象的愿景更容易被组织成员所理解、把握和接受。有效的领导者通过对组织愿景来鼓舞士气,为组织成员指明努力的方向。有远见的领导者能以其自身对愿景的热情来感染身边的人,并通过愿景来充实对组织使命的表达,将组织成员的个人价值观、信仰等与组织的使命相联系,使组织的成员为组织的美好未来,积极主动地采取行动。

### 8.4.3 团队领导

在现代组织中,一些工作任务是以工作团队,如自我管理的团队、跨职能的团队的形式来进行的,并且工作团队这种组织形式将会被广泛采用,因而对工作团队的领导问题引起了学者们的关注。

在工作团队中,领导者所扮演的角色、所起的作用有别于"传统"的领导者。研究表明,团队的领导者承担着一些相同的职责,包括指导、推动工作,实施惩罚,评价团队与成员个体的工作绩效,培训、沟通等。有效的团队领导者还必须学习并掌握多种社会技能,如更有效地与团队成员进行沟通、共享信息,信任团队成员并进行有效的授权等。此外,有效的团队领导者要知道在什么时候对团队进行干预,当团队成员需要更多的自主权时应当尽可能地"放手",而当团队成员需要其给予帮助或支持时则应及时地"出手"相助。

还有研究认为,团队的领导者应当重点关注两个主要方面:一是充当对外关系的联络者,对团队外部边界的管理;二是对团队工作进程的推进。这两个方面事情的处理需要团队的领导者扮演四种特定的领导角色:对外联络者、教练、困难问题解决者和冲突管理者。

(1) 对外联络者。团队领导者负责与上级管理层、组织中的其他工作团队、客户、供应商联络。团队领导者代表整个团队,需要维护所在团队的合法权益,为团队争取完成任务、实现目标所需的各种资源。

(2) 教练。团队的领导者从团队内部施加各种影响,为团队制订整体目标和成员的个人目标,帮助成员明确自身角色,提供教育和支持,对成员进行有效的激励。

(3) 困难问题解决者。当团队遇到困难并寻求帮助时,团队领导者会帮助他们解决问题。问题越棘手领导者的作用可能越大,他们针对问题与团队成员进行交流,帮助成员获得解决困难所必需的资源。

(4) 冲突管理者。当出现不一致意见时,团队领导者帮助解决冲突,帮助团队成员明确问题所在。例如,冲突的原因是什么?可能的解决方案有哪些?每种方案的优势和劣势是什么?通过这样的方式使团队成员针对问题本身进行处理,从而使团队内部冲突的破坏性降到最低。

### 8.4.4 基于价值观的领导

领导不只是一系列的行为,在有些人看来,领导是一个精神过程,一个高度情感化、个人化的,并建立在诸如诚实、关心与服务他人等根本价值观基础之上的精神过程。在过去的十年中,领导学的理论和研究已经涵盖了这些概念。目前的领导学研究认为领导的首要因素应该是价值观、情感等,也有其他的领导学研究关注点比较广泛,包括追随者、文化、其他利益相关者。这些要素正日益成为领导理论与实践的重要组成部分。正如有些企业高层管理者认为,在与员工沟通时,正直是绝对必要的领导品格,只有这样的领导者才能培养并维持自己的可信度。

#### 1. 真实型领导

真实型领导也称真诚型领导,它关注领导者的精神层面。真实型领导者非常清楚地了解自己,知道自己的信念和价值观,能够坦率、公开地按照自己的信念和价值观行事。

真实型领导者的主要品质是正直。真实型领导者会与下属分享信息,鼓励开诚布公的沟通,并坚持自己的理想。其结果是人们逐渐对真实型领导者产生信任。领导和员工之间的信任可以带来许多积极结果。例如信任能鼓励员工承担风险;信任有助于员工信息分享,使员工愿意表达对工作的想法;存在信任关系的群体更加有效,成员会更加愿意相互帮助并付出额外的努力,提高组织绩效。已有研究表明,真实型领导可以带来一种积极的激励效应。当高层管理者能表现出真实型领导行为时,员工会对工作中发生的事情产生积极的情绪反应,这些反应将影响他们的工作绩效和满意度。

真实型领导与变革型领导和魅力型领导的不同之处在于,变革型领导者和魅力型领导者是以一种有说服力的方式来传达愿景。但有时候愿景本身是错误的,或者领导者过分关注自己的需求和愉悦。

**360 的领导人周鸿祎**

2016 年 1 月 26 日,360 董事长周鸿祎在公司年会上宣布,将对 360 部分业务进行单独拆分,并在公司内部推行鼓励员工创业计划。这一决定,使 360 公司董事长周鸿祎重新回到了人们的视线。

360 公司的企业文化鼓励"挑战精神",周鸿祎本人就喜欢对公司的每一项决策提出建议,但从没要求员工完全照办。相反,他鼓励员工有自己的主见,只要你做得对、做得好,他还是可以接受不同意见的。他愿意为员工的错误买单,赔个几百上千万元的项目很多,但只要觉得正确就坚持去做,不计成本。

当前 360 员工人数已达 6 000 人,公司管理力度减弱,这些使 360 很难向初创企业一样灵活运转。360 管理层遇到的矛盾是,无法将之前的管理办法简单复制到一个规模更为庞大的团队中。正因如此,360 出台了一系列新措施。可以说,这些新措施是周鸿祎为促进企业转型而采取的一项激励措施。

周鸿祎毫不掩饰他对创业文化的喜爱。不过,他也意识到,在大公司内部光空谈创业文化是没用的,所以他要用业务拆分的方式,鼓励内部员工创业。按照周鸿祎的阐述,内部培养创业者可分为两个层次:一是360本身要有核心业务,扮演"航空母舰的角色";二是将部分中高层管理人员、业务骨干培养成为公司合伙人。

周鸿祎称,360给创业项目创始员工分配20%~30%不等的股票池,鼓励脱颖而出的员工成为360旗下创始业务的合伙人,可拥有旗下公司股份。对于最后不能独立上市的公司,360方面将按"市面公允价值"将公司股份进行回购,再重新装入到已上市公司中,以实现员工个人的财务自由和资本回报。

真实、认真、"产品经理"……这些都是360员工对周鸿祎的评价。这位热衷于产品技术创新的领导很可能掀起一场企业管理方面的变革。

资料来源:改写自"360前员工还原一个真实的老板周鸿祎" http://m.kdnet.net/share-12001283.html

### 2. 道德型领导

最近,研究人员开始关注领导中道德的含义。道德型领导强调公平、社会责任以及遵纪守法。这种理论认为:组织的道德行为水准,主要靠组织中的领导者来提高,如需要领导者为员工设置道德期望。有研究表明,高层领导者的道德不但会影响其直接下属,还会渗透组织的各个层级,因为这些高层领导者会建立起组织的道德文化,底层领导者会被期望和要求按照这些道德准则行事,使组织内部形成良好的道德气氛。因此,高层管理者需要树立高水平的道德标准并以身作则,鼓励和奖励他人的正直行为,避免滥用权力,如在裁掉资深员工以削减成本的同时却给自己大幅加薪。

道德和领导存在许多交叉点。变革型领导具有道德含义,因为这些领导者会改变其追随者的思考方式。超凡魅力本身也包含着道德成分。不道德的领导者更可能利用他们的魅力来增加对其下属的权利,进而达到为个人利益服务的目的。那些公正对待下属的领导者,尤其是经常提供真实、准确的信息的领导者,被认为是更有效的领导者。有研究发现,道德评价高的领导,其追随者会表现出更多的组织公民行为,并且道德型领导可以减少人际冲突。

道德型领导主要关注两方面的内容:一是领导者要实现的目标;二是领导者为了实现目标而使用的手段。正如有研究指出,道德型领导不仅仅需要合乎道德,还要在沟通和奖励系统等整个组织机制中加强道德观念。所以,在判断领导者是否有效之前,应当充分考虑领导者要实现的目标内容及其为实现目标而使用的手段,是否符合道德领导的要求。

 本章小结

1. 领导与领导者的影响力。作为管理基本职能之一的领导是一个对下级施加影响从而努力实现某个目标的过程。领导者要实现其领导职能,一个很重要的因素就是其必须具有影响力;领导者的影响力可分为两类:权力性影响力和非权力性影响力;提高领导者影响力的关键在于努力提高非权力性影响力。

2. 领导特质理论。领导特质理论试图通过对成功的领导者的个人特质进行分析、归纳，找出成功的领导者应具备的特质，以此来解释他们成为领导者的原因，并以此作为选拔领导者和预测其领导有效性的依据。传统的领导特质理论认为领导者的特质是天生的，而现代的领导特质理论则认为领导者的特质是后天造就的，是在实践中形成的，也是可以训练和培养的。

3. 领导行为理论。领导行为理论通过研究领导者在领导过程中所采取的不同领导行为对员工的影响，试图找出最佳的领导行为。其主要有勒温的领导作风理论、俄亥俄州立大学的领导行为四分图理论、布莱克和莫顿的管理方格理论等。

4. 领导权变理论。领导权变理论认为，领导行为是否有效，除与领导者自身的特性、行为方式有关之外，还与被领导者的个性特点、上下级关系、工作性质及其他环境因素有关，有效的领导行为还必须能灵活地适应被领导者的差异和环境的变化。其主要包括费德勒模型、赫塞和布兰查德的情境领导理论、豪斯等人的路径—目标理论等。

5. 当代领导观。当代有关领导有效性问题的一些新观点、新理论包括交易型领导与变革型领导、魅力型领导与愿景型领导、团队领导、基于价值观的领导等。

### 关键词汇

影响力（influence）

领导特质理论（trait theory of leadership）

领导行为理论（behavioral theory of leadership）

专制式（autocratic style）

民主式（democratic style）

放任式（laissez-faire style）

管理方格（managerial grid）

领导权变理论（contingency theories of leadership）

领导情境理论（situational theories of leadership）

费德勒模型（Fiedler model）

最不喜欢的同事（least preferred co-worker，LPC）

情境领导理论（situational leadership theory）

成熟度（readiness）

路径—目标理论（path-goal theory）

交易型领导者（transactional leader）

变革型领导者（transformational leader）

魅力型领导者（charismatic leader）

愿景型领导者（visionary leader）

真实型领导者（authentic leader）

## 思考题

1. 什么是领导？领导与管理有何不同？
2. 组织扁平化情境下，领导的角色有哪些变化？
3. 领导者塑造组织文化的手段有哪些？
4. 什么是权力性影响力？其权力基础是什么？
5. 什么是非权力性影响力？其权力基础是什么？
6. 什么是领导的特质理论？有何不足之处？
7. 什么是领导的行为理论？主要有哪些？进行对比分析并说明它们在实际中的运用。
8. 什么是领导的权变理论？主要有哪些？进行对比分析并说明它们在实际中的运用。
9. 根据情境领导理论，随着组织成员由不成熟到成熟，领导方式应如何变化？
10. 什么是交易型领导（或领导者）？什么是变革型领导（或领导者）？二者领导方式有何不同？
11. 什么是魅力型领导（或领导者）？魅力型领导者有何个性特征？
12. 什么是愿景型领导（或领导者）？对组织的愿景有何要求？
13. 团队领导者与"传统"的领导者有何不同之处？团队领导者扮演的领导角色有哪些？
14. 什么是真实型领导？为什么道德和信任对领导来说很重要？

### 数字化转型背后的海尔领导力模型

在海尔的创业发展历程中，海尔勇于自我颠覆，通过技术变革、管理变革、商业模式变革，不断推陈出新，走出了一条助推中国制造转型升级的独特"海尔之路"。海尔的管理变革体现在"人单合一"模式，其中，"人"就是员工，"单"就是用户价值。"人单合一"模式就是每个创客根据用户需求确立单，创客可以根据用户需求自创业、自组织、自运转。过去，所有用户由企业来负责，企业负责创造用户这一目标。现在，每个用户都要具体到每个员工身上。这在海尔叫作"我的用户我创造，我的增值我分享"。也就是说，员工所负责区域的用户，包括在网上的用户需求，都由员工自己来创造，以此来确立"单"。满足用户需求之后产生的价值，超利的部分由创造价值的员工来分享。

海尔工业互联网平台——COSMOPlat，则是利用互联网和移动互联网技术实现商业模式的颠覆性创新。COSMOPlat是以用户体验为中心的大规模定制模式。简单来说，COSMOPlat通过深度整合企业内外部资源，构建了七大资源平台（交互定制＋数字营销平台、迭代研发平台、模块采购平台、柔性生产平台、智慧物流平台、智慧服务平台），涵盖了从用户交互到研发设计、物流、智能服务等各大流程，对外支撑用户、协作伙伴全流程参与产品生产,充分调动产品的需求资源和研发设计资源的优化配置。

随着数字化时代的到来,海尔更多的关注在最终用户和响应速度上,而这些变化的背后是打造合作、创新的领导模式。"海尔领导力模型"是海尔集团"人的再造"过程中针对领导人才队伍的基础性工具,根本目标是"刻画"卓越领导人,从而有效牵引海尔领导群体的领导力发展。

海尔领导力模型由"两个纬度(战略维度和执行维度),一个核心"共九项领导力构成。战略维度是指布局全球(globe development),包括洞察市场(market insight)、远景部署、突破思维、理性决策。执行维度是指决胜长远(sustained success),包括战略承接、横向整合、构建运营能力、部署培育。一个核心是指对海尔美誉全球的追求(pursuit of Haier's vision),如图8-5所示。

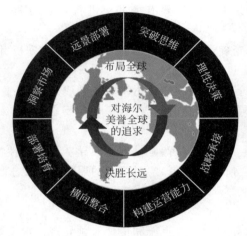

图8-5 海尔领导力模型

九项领导力的内容如下。

**洞察市场**:卓越的领导者能始终保持对商机的敏锐嗅觉。能够敏锐识别本土及全球市场变化,准确预测行业发展趋势,辨别潜在风险,深刻洞察和发掘客户需求;他们密切关注竞争对手举动,总能抢先一步攻占市场。他们在对海尔自身优势、劣势客观认识的基础上,善于扬长避短。

**远景部署**:卓越的领导者能够在复杂的业务环境中,用创造性、前瞻性的思维方式,描绘出具有强大感召力的远景蓝图。他们总是可以准确识别潜在的变化和机遇,制定切实符合海尔长远利益的战略目标和近期的关键任务;能够分步骤,系统部署,合理配置资源。

**突破思维**:卓越的领导者能够在不断变化的、复杂的客观环境,不受既定工作模式和传统思维的束缚,多角度、创新性地思考,能够看到事物间不易发现的内在联系,正确识别突破点,重塑商业模式或运作模式。

**理性决策**:卓越的领导者在面临重大决策时,能够在客观数据、事实的基础上,广泛听取他人意见,充分考虑各种备选方案。但在决策信息不完整和环境复杂的情况下,他们能够凭借对市场的敏锐洞察,结合自身的经验与直觉,当机立断地做出决策,合理分配资源。为了海尔的长期目标,勇于承担风险。

**战略承接**:卓越的领导者基于对海尔愿景、使命、价值观及战略的精准解读,能够针对不同地域、不同市场,结合业务与产品特征和优势,因地制宜、创新性地落实集团策略;他们不遗余力地与员工沟通和传递公司愿景、使命、价值观和战略,营造充满活力的组织氛围,运用多种形式激励和调动团队动能,让员工清楚知道自己的工作对企业的贡献和价值,指导员工将组织目标落实为个人行动计划;在推进集团战略落地过程中,即使困难重重,他们依然持续推进。

**横向整合**:卓越的领导者面对复杂的业务挑战,能够以全球化的视角,从市场需求出发,进行横向跨流程环节的思考,迅速识别和评估组织内外的各类可用资源。对内,他们能够灵活调配和充分利用海尔自身优势;对外,他们能够积极调动,横向整合产业链上各环节资源(如资金、技术、管理等)为海尔所用;他们能够洞察多方利益,通过增值性资源交换,发挥资源的协同效应,凸显资源整合优势,最终实现战略所需优质资源的缔造(如流程创新、产品创新和商业模式创新等)。

**构建运营能力**:卓越的领导者致力于构建服务与海尔长期利益的"卓越运营"能力;他们提倡建立高效畅通的组织网络,合理配置资源;他们借鉴并吸纳组织内外成功经验,洞悉海尔自身优势,借助信息化手段,将内外经验和自身优势以流程的形式固化,实现组织内部优势资源的沉淀和共享,构建组织长期的竞争能力。

**部署培育**:卓越的领导者愿意主动花费时间和精力培育部署;他们能够保持组织要求和个人发展目标的一致性;他们信任员工,正确识别员工差距,运用有针对性的方式进行培养,唤醒他人潜能;他们能够准确预估业务潜在风险及损益,预设关键控制点,适当授权,明晰责、权、利,给予部署充分的发展空间;他们拥抱多元化,发现差异之美并且善用差异;他们也精通业务,在工作中和困难面前,制订明确目标并不断地给予部署正确指导和鼓励,持续提升团队绩效,营造和谐气氛。

**对海尔美誉全球的追求**:卓越的领导者致力于实现海尔"美誉全球"的理想,热衷于把民族品牌推向全球,他们深信海尔卓越的品质和持续发展的能力。他们始终以真诚为本,对用户、合作伙伴、员工、企业、事业的激情和热忱感染其他人共同发掘海尔的独特潜力。作为海尔的一分子,他们为自己对公司做出的贡献备感自豪。

"海尔领导力模型"对每一项领导力都进行了翔实的说明,除了领导力名称、概念含义之外,还包括易于判断的负面表现、帮助理解的行为进步维度,以及该领导力在不同层级上的行为指标等,这些可以帮助海尔领导者能够清晰地看到如何逐步发展该方面的领导力。例如对"洞察市场"的描述,具体包括以下内容,如图8-6所示。

每个**能力层级**及**行为指标**代表不同的领导力水平。领导力水平分为四个级别,由低到高分别为初步展现、展现、展现优秀、展现卓越。并给出各层级行为指标的意义。

其中,展现层级是海尔对领导者领导力水平的标准要求。在当前时期,作为一位卓越海尔领导者,他不需要在所有九项领导力上均出类拔萃,而是分别在"战略维度"和"执行维度"中,某两项能力水平超出标准要求,即可视为楷模。而"对海尔美誉全球的追求"则作为领导力水平的附加项进行评价。

针对特定领导者,能力水平期望值高低取决于业务和团队领导的难易程度差别。一般越是高层的领导者或者某些特定的关键性领导岗位,领导力水平要求更高。同时,针对

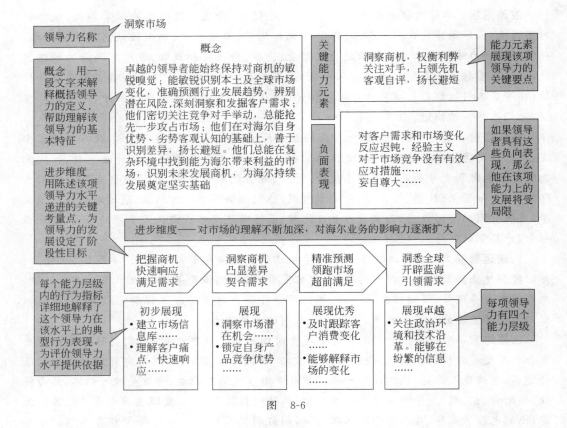

图 8-6

基层某些特定领导岗位,个别的领导力水平要求达到"初步展现"水平即可。例如,职能部门领导"洞察市场"能力要求可以为初步展现。

资料来源:根据 IBM 全球业务服务.海尔集团领导发展手册[OL].整理而来.

**启发思考题**

1. 认真思考海尔公司的九项领导力,讨论如何评估这些特质。
2. 从这个案例中,你得到了哪些关于领导力的启示?

## 本章推荐阅读资料:

1. [美]埃德加·沙因.组织文化与领导力[M].4版.章凯,罗文豪等,译.北京:中国人民大学出版社,2014.

2. [美]斯蒂芬·罗宾斯,蒂莫西·贾奇.组织行为学[M].16版.孙健敏,王震,李原,译.北京:中国人民大学出版社,2019.

3. [美]安弗莎妮·纳哈雯蒂.领导学-领导的艺术与科学[M].7版.刘永强,程得俊,译.北京:中国人民大学出版社,2018.

4. 田俊国.赋能领导力[M].杭州:浙江人民出版社,2017.

# 第 9 章

# 沟　　通

（1）理解沟通过程和沟通的重要性。
（2）掌握沟通的类型，正式沟通渠道，正式沟通网络。
（3）理解非正式沟通渠道的特点，沟通的障碍，改善沟通的途径。

管理与沟通密切相关，良好的沟通会促进有效的管理，成功的管理必定要依赖有序的沟通。计划、组织、领导和控制等管理职能的执行，都离不开沟通。沟通是管理者开展工作的重要手段，良好的沟通是组织内外部协调一致的基础，是组织制订、落实和实现其目标的必要条件。本章介绍了沟通的定义、重要性和沟通的过程，沟通的分类，正式沟通渠道的类型，正式沟通网络和非正式沟通网络的类型，人际沟通和组织沟通的障碍及改善沟通的途径。

## 9.1　沟通概述

任何一个组织的运行都离不开组织成员的分工与合作，离不开经常性判断自己行为的位置以便纠正，从而有效地达到组织既定的目标。组织成员的分工合作以及行为协调有赖于相互之间传递信息，并了解这些信息表达的意思。组织成员间若没有这种相互间的信息沟通，不但不能进行协调与合作，还会对组织运行造成障碍，甚至导致组织的失败。

### 9.1.1　沟通的定义

沟通是不同的行为主体，通过各种载体实现信息的传递和反馈，以达到特定目标的行为过程。沟通包括人际沟通和组织沟通。人际沟通是发生在两个或两个以上的人之间的交流，人际沟通的目的通常是交换信息、交流思想和增进感情，维持一定的社会关系。组织沟通是指一定组织中的人,为达成组织目标而进行的信息交流行为和过程。组织沟通可以分为组织内部沟通和组织外部沟通。组织内部沟通包括员工之间的沟通、员工与工作团队之间的沟通、工作团队之间的沟通。组织外部沟通包括组织与客户之间的沟通、组织之间的沟通等。由于组织目标最终是靠人来实现的,因此,组织中的人际沟通是组织沟通的基础。

### 9.1.2 沟通的重要性

沟通在我们的生活中几乎无所不在:工作、家庭生活、朋友交际,甚至认识自己,都离不开沟通。管理者每天的工作都离不开沟通,人际间的相互交往,与上司、下属和周围的人之间需要有效的沟通协调。计划、组织、领导、控制等管理职能的执行都必须以有效的沟通作为前提。缺乏沟通,管理战略也只能是纸上谈兵;缺乏沟通,工作的协调就无从谈起,合作也就无法进行。为使管理工作卓有成效,管理者必须掌握信息沟通的基本知识和技能。沟通在组织管理中的重要性主要体现在以下三个方面。

(1)沟通将组织与外部环境联系起来,使得组织与环境相适应。管理者通过沟通了解客户、供应商、股东、政府和社会团体等方面的要求及关注事项。任何一个组织只有通过沟通才能成为一个与其外部环境发生相互作用的开放系统。组织作为社会中的一个成员,它的运作、目标的实现均与外界诸多方面有千丝万缕的关系,没有诸多方面的配合与支持,组织的成功是不可能的。因此,组织应努力保持与外部诸多方面的良好沟通。沟通使组织与外部环境保持全方位联系,使组织的发展更好地适应环境的变化。

(2)对组织内部而言,有效沟通是使组织成员团结一致、共同努力以达到组织目标的重要手段。组织做出任何决策,都需要凭借书面的或是口头的,正式的或是非正式的沟通方式准确而有效地传达给相关部门和人员。只有通过有效沟通,才能将抽象的总体组织目标转变为每一个成员的具体行动。

(3)沟通也是管理者激励下属、履行领导职能的基本途径。任何管理者都必须通过有效沟通将自己的意图和要求告诉下属,并借此了解下属的思想,从而进行有效的指挥、协调和激励。良好的沟通,使员工能自由地和其他人,尤其是管理者交流自己的看法、主张,使员工的参与感得到满足,从而激发起工作积极性和创造性。

总之,沟通是管理者开展工作的重要手段,良好沟通是组织内外部协调一致的重要基础,是组织制订、落实和完成管理目标的必要条件。以企业为例,图 9-1 说明沟通不仅促进了企业各项管理职能的实现,而且也把企业同外部环境联系起来。企业通过沟通了解顾客的需求、供应商的供货能力、股东的要求、政府的法规条例以及社会团体的关注事项。

### 9.1.3 人际沟通的过程

在进行沟通前,需要明确沟通的目的,即要传递的信息。信息发送者首先将信息转化为符号形式(编码),然后通过媒介(渠道)传递至信息接收者,由信息接收者把信息发送者传来的符号进行再译(解码)。图 9-2 描述了人际沟通中最简单、最具代表性的一对一的沟通过程,它是对实际情况的一种抽象化。一个完整的沟通过程包括以下要素:信息发

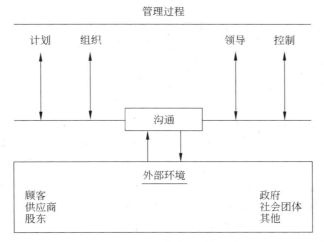

图 9-1 沟通的重要性

送者、编码、信息、渠道、信息接收者、解码、反馈以及一个干扰源(即噪声)。

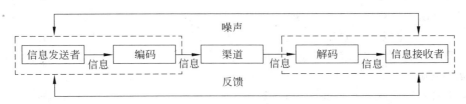

图 9-2 人际沟通过程

(1) 信息发送者。发送者是信息的来源,也是信息沟通过程的起点。信息发送者发出信息是由于某种原因希望信息接收者了解某些事或希望信息接收者采取某种行动。这里所说的信息包括概念、思想、观点或资料等。因此首先要明确信息内容,即信息发送者要把自己的某种观点或思想转换为信息发送者与信息接收者双方都能理解的共同"语言"或"信号",这一过程就叫作编码。

(2) 信息。信息是由发送者编码而产生的真实产品。当我们讲话的时候,我们的演讲就是我们的信息。当我们写作时,我们写的文章就是我们的信息。当我们绘画的时候,我们画的图画就是我们的信息。当我们摆出姿势时,我们的动作和面部表情就是我们的信息。

(3) 编码。将信息以相应的语言、文字、符号、图形或其他形式表达出来的过程就是编码。通常,信息发送者会根据沟通的实际需要选择合适的编码形式向接收者发出信息,以便其接受和理解。被编码的信息受到四个条件的影响:技能、态度、知识和社会文化系统。①沟通需要必要的技能。②个体的态度也影响着行为。我们对许多事情有自己预先定型的想法,这些想法影响我们的沟通。③沟通活动还受到我们在某一具体问题的所掌握的知识范围的限制。④人们在社会文化系统中所持的观点和见解也影响着沟通行为。

(4) 渠道。渠道是指信息传递的媒介。媒介可以是口头的、书面的或者是电子沟通媒介等,如面谈、会议、备忘录、报告、社交媒体、电子邮件等。信息发送者可以用两种或两种以上的媒介传递信息。一般来说,媒介的选择主要考虑三个方面的因素:第一个因素是媒介的承载能力,指的是一个沟通媒介能承载的信息量以及媒介使信息发送者和信息接收者达成共识的程度。第二个因素是沟通所需的时间,指的是一个沟通媒介传递信息所需要的时间。第三个因素是对信息传递方面的特定要求,如许多重要或正式的信息需用书面文档等。

(5) 解码。信息接收者对所获得信息的理解过程称为解码。正如编码者受到他的技能、态度、知识和社会文化系统的影响一样,信息接收者也同样受到这些限制。这意味着信息发送者所表达的意思并不一定能被信息接收者完全理解。完全理解只是一种理想状态,因为每个人都具有自己独特的个性视角,这些个体的差异必然会反映在编码和解码过程中。但是,只要沟通双方以诚相待、精诚合作、沟通就会接近理想状态。

(6) 信息接收者。信息接收者是信息发送的对象,信息接收者不同的接收方式和态度会直接影响其对信息的接收效果。常见的接收方式有听觉、视觉、触觉以及其他感觉活动。如果是面对面的口头交流,信息接收者就应该做一个好的倾听者,积极的倾听有助于有效地接收信息。

(7) 反馈。信息接收者对所获信息所做出的反应就是反馈。当信息接收者确认信息已收到,并对信息发送者做出反馈,表达自己对所获得信息的理解时,沟通过程便形成了一个完整的闭合回路。反馈可以折射出沟通的效果,它可以使信息发送者了解信息是否被接收和正确理解。反馈使人与人之间的沟通成为双向互动的过程。实际上在沟通中,信息发送者和信息接收者的角色是可以在沟通的过程中互换的。反馈的形式是多样的,它可以是口头的或书面的、语言的或非语言的、有意的或无意的、直接的或间接的、即刻的或延缓的、内在的或外在的。在沟通过程中,信息接收者应该积极做出反馈;另外,信息发送者也可以主动获取反馈。

(8) 噪声。在整个沟通过程中,对信息传递过程产生干扰的一切因素都称为噪声,常见的噪声源来自以下方面:价值观、伦理道德观、认知水平的差异;健康状态、情绪波动以及交流环境;身份地位差异;信息传递的物理性障碍;模棱两可的语言;难以辨认的字迹;不同的文化背景;等等。在沟通过程中,噪声会影响编码或解码的正确性,并导致信息在传递和接收过程中变得模糊和失真,从而影响正常交流与沟通。因此,为了确保有效沟通,通常要有意识地避开或弱化噪声源,或者重复传递信息以增加信息强度。

### 9.1.4 沟通的类型

沟通涉及个人的和组织,类型十分复杂。了解沟通的类型,有助于将一般沟通原理运用到不同的沟通情境中。

#### 1. 按沟通层次划分

按照沟通的层次,沟通可以划分为自我沟通、人际沟通、小组沟通和组织沟通。

自我沟通也称内向沟通,即信息发送者和信息接收者为同一行为主体,自行发出信息、自行传递、自我接收和理解。自我沟通实质是深层次地了解自己,认识自己观点、思想的沟通方式。人际沟通是发生在两个或两个以上的人之间的沟通,人际沟通的主要目的通常是交换信息和情感,维持一定的社会关系。小组沟通通常是一群人在一起交流,通常的沟通形式是小组会议方式。组织沟通通常是发生在组织内部和相关外部的沟通,可以分为组织内部沟通和组织外部沟通。组织内部沟通通常发生在连接组织内部员工的网络中,组织外部沟通则通常发生在组织外部的沟通网络中,通常是利益相关者。

### 2. 按是否有反馈发生划分

按照沟通是否有反馈发生,沟通可以划分为单向沟通和双向沟通。

1) 单向沟通

单向沟通是指在整个信息沟通过程中信息发送者和信息接收者的位置不发生变化,一方只负责发送信息,另一方只接收信息。单向沟通的特点是速度快,沟通过程简单。但其缺点是由于缺乏反馈,所以不知道信息是否被正确理解和接收,而且容易造成信息接收者的心理障碍,使信息接收者无法在沟通中得到心理满足。单向沟通一般比较适合下列情况:①沟通的内容简单,并要求迅速传递的信息;②下属易于接受和理解解决问题的方案;③下属没有了解问题的足够信息,反馈不仅无助于澄清事实反而容易出现沟通障碍;④在情况紧急而又必须坚决执行的工作和任务。

2) 双向沟通

双向沟通是指在沟通过程中,信息发送者和信息接收者的位置不断交替变换。双向沟通的优点是沟通信息准确性高,信息接收者有反馈意见的机会,产生平等感和参与感,增加自信心和责任心,对促进人际关系和加强双方紧密合作有重要的作用。双向沟通一般适合下列情况:①沟通时间充裕、沟通的内容复杂;②下属对解决问题的方案的接受程度非常重要;③上级希望下属能对管理中的问题提供有价值的信息和建议。

### 3. 按使用的沟通媒介划分

按照使用的沟通媒介不同,沟通可分为口头沟通、书面沟通、非语言沟通及电子沟通。

1) 口头沟通

口头沟通是采用口头语言进行信息传递的沟通,也是最常见的交流方式,如谈话、会议、演讲、电话等。口头沟通的优点在于它是一种比较快速传递和快速反馈的沟通方式,信息可以在最短的时间里被传送,并在最短时间里得到对方的回复。当沟通双方对信息有所疑问时,迅速反馈可使信息发送者及时检查其中不够明确的地方并进行改正。口头沟通不适用于需要经过多人传送的信息,在信息传递过程中,信息传递经过的人越多,信息失真的潜在可能性就越大。因此,组织中的重要决策如果通过口头方式在组织层级中上下传递,则信息失真的可能性相当大。此外口头沟通对信息传递者的口头表达能力要求比较高。

2) 书面沟通

书面沟通是指采用书面文字的形式进行沟通,如报告、信函、文件、通知等。书面沟通持久、有形、可核查,适合一些正式的或长期的复杂的沟通。书面沟通的优点为严肃、准确、权威、不易歪曲。其缺点是耗费时间、缺乏快速反馈,有时无法保证信息接收者的解释是信息发送者的本意。书面沟通适用以下情形:需要大家先思考、斟酌,短时间不需要或很难有结果时;传达重要信息时;澄清一些谣传信息,而这些谣传信息可能会对团队带来影响时。

3)非语言沟通

非语言沟通是指借助非语言符号,如姿势、动作、表情、接触及非语言的声音和空间距离等实现的沟通方式。非语言的实现有三种方式:第一种方式是通过动态的目光、面部表情(微笑、眨眼、愁眉、咧嘴)、肢体语言(姿势、手势、点头、耸肩)等身体运动实现沟通。第二种方式是静态无声性的身体姿势、空间距离及着装等实现沟通。这两种非语言沟通统称身体语言沟通。第三种方式是通过非语言的声音,如重音、声调的变化、哭、笑、停顿来实现的。心理学称非语言的声音信号为副语言,最新的心理学研究成果揭示,副语言在沟通过程中起着十分重要的作用。一句话的含义常常不是决定于其字面的意义,而是决定于它的弦外之音。非语言沟通较其他的沟通方式的好处在于,它能十分明确地表达信息意义,而且内涵丰富。但也存在传送信息距离有限,界限含糊,以及只能意会不能言传等不足。值得注意的是,任何口头沟通都包含非语言信息,研究表明在面对面的口头沟通中,信息的55%来自面部表情和肢体语言等身体语言,38%来自语调,仅有7%真正来自词汇。因此恰当地使用非语言沟通形式可以提高沟通的效果。

4)电子沟通

电子沟通指将图表、图像、声音、文字等信息通过计算机网络系统和无线通信技术等转化为电子数据进行信息传递的一种沟通方式。它的主要特点和优势是,可以将大量信息以较低成本通过电子媒介快速地进行远距离传送,这些媒介包括微信、博客、推特、电子邮件、语音邮件、移动电话、电话会议和视频会议、内部互联网、闭路电视系统等。

电子沟通不但显著改变了沟通模式、降低了信息传递和共享成本,提高了灵活性,而且正在改变组织的管理程序及模式。组织成员之间的沟通不再受制于时间或地理位置,电子沟通使散布在不同地方的员工个体和团队之间更好地进行工作协作,员工可以掌握更完整的信息来快速制定决策。与此同时,管理者也不能忽视电子沟通给组织和员工带来的心理问题。例如,一名员工无时无刻都能被组织联系上,这会给员工带来什么心理成本?即使下班时间也可能要"上班签到",这是否会给该员工带来更大的压力?电子沟通打破了工作边界,使员工随时需要接收或发送大量的信息,更多地在休闲中不得不进入"实时工作状态",并且通常是"多任务平行工作",大大提高了工作压力和心理负荷。电子沟通使人际交往、神情传递和感情交流显著减弱,从而影响人际关系模式。电子沟通改变了信息分享模式和群体工作方式,对群体管理和群体成员提出了全新的沟通技能要求。

 相关链接

**手机冷落行为对人际沟通质量的消极影响**

在互联网和移动技术飞速发展的今天,手机成为人们生活中不可或缺的必需品。智能手机的使用在很大程度上改变了人们沟通的方式,它可以增强远距离的社会联系,同

时也可能破坏近距离的交流互动。"世界上最遥远的距离莫过于我们坐在一起,而你却在玩手机"。这句话反映了当今社会的一种常见现象。相关研究者将这种现象称为"手机冷落行为"(phubbing),即个体在社交场合不注意身边的环境,只顾低头玩手机而冷落身边的人或事物的行为,从而避开与他人的人际沟通。在社交场合甚至面对面互动中,人们为了获取最新信息,总是会频繁地检查手机以防遗漏重要信息,而这种行为会以消极的方式影响人们的社交互动,并使对方产生被冷落的感觉。随着智能手机和社交网络的不断普及,手机冷落行为已经蔓延至世界各地,正逐渐成为一种社会常态,且广泛存在于家庭、工作和学习等情境中。

手机冷落行为会对人际沟通质量产生消极影响,首先会影响互动双方的人际关系质量;其次手机冷落行为具有对象性,会对人际对象幸福感和人际关系行为表现产生一系列负面影响。

对人际关系质量的影响:研究表明仅仅在谈话中使用手机就会对人际关系质量产生影响。具体而言,手机的存在会阻碍亲密感和信任的发展,并降低个人对交流对象的感知同理心和关系质量,这一现象在进行重要或有意义的交流时尤为明显。在探索手机冷落行为对人际关系质量影响的相关研究中,研究者关注最多的是亲密关系中的手机冷落行为。大量实证研究表明,手机冷落行为会降低伴侣间的关系满意度。对于有子女的家庭而言,手机冷落行为还会影响夫妻的共同育儿质量。此外,在社交场合使用手机会影响印象形成和沟通质量,而印象形成是关系发展的核心过程,最终可能会损坏人际关系的建立。

对人际对象幸福感的影响:以往研究已发现手机冷落行为与关系满意度之间的负相关关系,而关系满意度又能作为进一步消极影响人际对象的幸福感。相关研究发现,伴侣手机冷落行为可以通过降低个体的关系满意度和生活满意度间接正向影响个体的抑郁水平。有研究探讨了中国已婚成年人的伴侣手机冷落行为与抑郁之间的关系,发现伴侣手机冷落行为通过关系满意度间接正向影响个体的抑郁水平。

对人际关系行为表现的影响:有诸多研究指出家庭环境中父母的手机冷落行为会对亲子互动产生负面影响。从父母的角度来看,手机冷落行为分散了他们的注意力,导致他们对孩子的关注需求反应迟钝或直接忽视,即手机冷落行为降低了父母的育儿响应度。从孩子的角度来看,亲子互动中父母的手机冷落行为可能增加孩子的个体心理内部的问题,主要表现为焦虑和抑郁。还有研究发现在进行亲子教学时,母亲的手机冷落行为会降低孩子的学习效率。与此同时,有研究发现家庭中的媒体使用会对家庭功能、父母参与以及青少年的自我表露产生负面影响。工作场所中上司的手机冷落行为还会降低员工的工作积极性,从而影响他们的绩效表现。

资料来源:改写自龚艳萍,陈卓,谢菊兰,谢笑春. 手机冷落行为的前因、后果与作用机制[J]. 心理科学进展,2019,27(7):1258-1267.

表 9-1 比较了各种不同的沟通媒介,沟通时究竟选择哪类沟通媒介,应该结合信息发送者的需要、沟通信息的特性、渠道的特性以及信息接收者的需要。

表 9-1　沟通媒介的比较

| 沟通媒介 | 举例 | 优点 | 缺点 |
| --- | --- | --- | --- |
| 口头沟通 | 交谈、讲座、讨论会、电话 | 快速传递、快速反馈、信息量很大 | 传递中途经过层次越多信息失真越严重，核实越困难 |
| 书面沟通 | 报告、备忘录、信件、文件、内部期刊、布告 | 持久、有形，可以核实 | 效率低、缺乏反馈 |
| 非语言沟通 | 面部表情、肢体语言、语音语调等 | 信息内涵丰富，含义隐含灵活 | 传递距离有限，界限模糊，只能意会，不能言传 |
| 电子沟通 | 微信、电子邮件、移动电话、视频会议等 | 信息传递快速、信息容量大、信息可同时传递给多人 | 有的形式存在单向传递 |

### 4. 按组织系统中的沟通形式划分

按照组织系统中的沟通形式划分，沟通可分为正式沟通与非正式沟通。

#### 1) 正式沟通

正式沟通是指在组织系统内，依据组织明文规定的原则或规章制度通过正式的组织秩序所进行的信息传递与交流，如组织内的文件传达、召开会议，上下级之间的定期信息交流等。按照信息的流向，组织内的正式沟通可分为上行沟通、下行沟通、横向沟通与斜向沟通。另外正式沟通还包括组织与组织之间通过正式安排的信息渠道进行的沟通，例如组织同外界的各方面如政府、企业、新闻媒体、消费者、事业团体等方面发生的沟通。

其优点是沟通效果好，比较严肃，约束力强，易于保密，沟通信息量大，可以使信息沟通保持权威性。重要的信息和文件的传达、组织的决策等，一般都采取这种方式。其缺点是因为组织系统层层传递，所以较刻板，沟通速度慢，存在着信息失真或被扭曲的可能。

#### 2) 非正式沟通

非正式沟通是指不按照正规的组织程序、隶属关系、等级系列来进行的沟通。在一个组织中，除了正式设立的部门外，不同部门的人还存在着朋友关系、兴趣小组等各种社会关系，这种社会关系超越了部门、单位以及层次，在这些群体里进行的沟通就是非正式沟通。所以非正式沟通最明显的特点是传播速度快，而且具有一种可预知性。

非正式沟通的优点是，沟通形式不拘，信息交流速度快，满足员工安全、社交、尊重的需要。非正式沟通是组织正式沟通的补充，尤其是当正式沟通渠道不畅或出现问题时，非正式沟通会起到十分关键的作用。

非正式沟通的缺点是由于非正式沟通的信息源不是来自官方权威部门，信息传递渠也具有很大的随意性，加之其他各种因素的影响，非正式沟通传递的信息容易失真，而且易传播谣言，影响组织的凝聚力和人心稳定。当组织遇有重大突发事件，或进行组织结构重组，高层领导人事变动，人员、工资福利调整等涉及员工切身利益的举措时，员工们就会产生一种好奇心或焦虑感，对某一事件的共同关注会使兴趣相投或利益相同的人形成一个群体，小道消息也随之在群体内部或群体之间隐秘传播。如果这时候官方的权威声音不能及时出现，小道消息就会蔓延甚至失控，造成谣言四起，导致组织人心惶惶甚至涣散，影响工作效率,阻碍组织发展。另外非正式沟通以情感为纽带,大多局限于"某一圈子内"。如果下属认为非正式沟通比正式沟通更重要,员工更倾向于"拉关系"和"进圈子"等工作外的交流与互动,令正式任务下达和分配流于形式。

## 9.2 组织沟通的渠道与网络

组织沟通具有明确的目的,即影响组织中的每个人的行为,使之与实现组织的整体目标相适应,并最终实现组织目标,组织沟通有不同的沟通渠道以及不同形式的沟通网络。

### 9.2.1 组织沟通渠道

组织内部的沟通渠道通常分成两类:正式沟通渠道与非正式沟通渠道。在任何一个组织中,正式沟通渠道和非正式沟通渠道同时并存。

#### 1. 正式沟通渠道

按照信息的流向,正式沟通可分为上行沟通、下行沟通、横向沟通和斜向沟通四种形式,如图 9-3 所示。

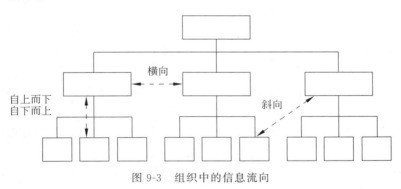

图 9-3　组织中的信息流向

1) 上行沟通渠道

上行沟通是指信息按照上下级隶属关系,从较低的组织层级向较高的组织层级传递的沟通形式,如营销经理向总经理报告营销业绩。上行沟通的目的就是开辟一条让管理者倾听下属意见、想法和建议的渠道。它使上级能了解下属人员对他们的工作、同事及整个组织的看法。管理者也需通过上行沟通来获得改进工作的意见。

上行沟通渠道的优点是,员工可以直接把自己的意见向领导反映,获得一定程度的心理满足;管理者也可以利用这种方式了解企业的经营状况,与下属形成良好的关系,提高管理效果。上行沟通渠道的缺点是,在沟通过程中,下属因级别不同造成心理距离,形成一些心理障碍;害怕"穿小鞋",受打击报复,不愿反映意见。在组织内部,上行沟通的信息往往会因为层层机构对信息的筛选而逐渐减少,这种现象尤其存在于规模较大而又比较复杂的组织中。这种信息过滤作用,虽然能避免过多过杂的信息输送到上级部门而增加高层管理人员的负担,但的确会经常截留许多管理者需要及时获取的信息。为了确保上行沟通的效果,管理者可以采取以下沟通措施。

(1) 意见反馈系统。意见箱是最常见的保障上行沟通的途径之一。设置意见箱的最初动机是提高产品的质量和生产效率,管理者相信一线员工肯定对此有独到的见解。渐渐地,收集生产建议的意见箱演变成了收集员工反馈的渠道。管理者可以通过提出一些有意义的问题来鼓励上行沟通。这一措施向员工表明管理层对员工的看法感兴趣,希望得到更多的信息,重视员工的意见。为了鼓励那些敢于提出创新见解的员工,还可设立相应的激励机制。员工得到的激励不仅是奖金,还有心理上的回馈——参与感、成就感。

(2) 员工座谈会。每个部门选派若干代表与各部门领导、高层领导一起召开员工座谈会是一种效果较好的上行沟通途径。在座谈会上,员工可以就自己部门存在的某些问题畅所欲言,提出意见和建议。这种座谈会要定期举行,如每个月一次或每季度一次。最好是在一种非正式的气氛下举行会议,因此,应选在工作时间之余,并辅以茶点、饮料。由一位会活跃气氛的人员主持会议,以起到调节气氛的作用。尽管会议并不限制员工就何种问题发表意见,但仍有必要引导员工就某些话题展开讨论,以激励士气,并避免会议变成恶意的声讨会。

(3) 开放政策。开放政策是指鼓励员工向他们的上级或更高管理层反映困扰他们的问题。通常,员工们被鼓励首先找自己的主管。如果他们的问题不能被主管所解决,可以诉诸更高管理层。此政策的目的是去除上行沟通的障碍。但这实施起来并不容易,因为在管理者和员工之间常常有真实的和想象的障碍。对管理者来说,更有效的开放政策是走出自己的办公室,与员工打成一片,管理者可以此了解比以往坐在办公室里更多的信息,这种做法被称为走动管理。各层级的管理者都积极行动,深入员工的工作场所,一方面可以在现场解决一些问题,可能正赶上员工遇到难题,不能通过正式渠道解决;另一方面通过深入工作现场这种形式,管理者还可以获得员工临时想起的好建议。走动式管理会建立起比较融洽的氛围,提高员工对管理者的信任度,最终帮助员工更好地完成工作。

(4) 参加社团活动。非正式的临时举办的社团活动,如部门的联欢会或运动会可以为非计划性的上行沟通提供绝好的机会,这些自发的信息交流比绝大多数正式沟通都能更好地反映真实情况。

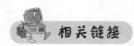

**领导方式对员工建言的影响**

组织的员工为组织发展积极地提出具有创新性和建设性的意见,以改进组织工作现状、完美制定决策、准确实施战略等为目的,这种员工与组织领导者进行人际交流沟通的行为即为员工的建言行为。在组织形式与商业模式生命周期极大缩短的环境下,去中心化(集思广益的容纳能力)、平凡化(尊重多元的系统思考)的领导范式与领导角色认知成为组织塑造自主创新力的关键。激发个体内在价值而不是传统理论强调的组织价值,让组织拥有更加开放的属性为个体营造创新氛围,是今天企业获取稀缺性资源不可缺少的管理与组织能力。然而,在实际的组织经营管理中,员工有时虽然对组织所面临的问题有自我认知,并能就存在的问题提出建设性的想法或观点,却选择不提出自己的改进建议或创新想法。这与组织的领导方式、员工自身的认知以及对公司的使命感、主人翁精神等有密切关系。其中领导者的行为方式是造成员工建言量、质差异极大的重要原因。组织领导者采取不同的领导方式,对员工的建言行为将产生不同的影响。

专制命令式领导方式有两种代表:一是辱虐式领导。在辱虐领导中,下属处于一种长期的情绪和心理上被上级领导非善意对待的状况,这种持续性的受虐会使下属心理压力增大,上下级关系紧张,使员工不敢建言。二是权威领导。权威领导往往是领导者自己单独进行决策,强调下属应绝对服从命令,对不服从的行为进行惩罚。员工在强防备与低安全感的心理状态下,逐渐丧失了建言的主动性。专制命令式的领导方式对员工建言的影响主要表现在以下几方面。第一,员工不去思考组织面临的问题。组织领导者不相信员工有足够的能力去做出对组织发展有效的决策,决策权控制在高层领导者手中。这种领导方式下,员工被动地执行领导者的命令和决策,员工也不会去思考组织面临的问题。第二,员工缺乏传递创新性建议的有效渠道。组织中的信息传递方式主要是上情下达,以单向沟通为主;即便是员工对组织发展能够提出有效的建议,也缺乏有效的沟通渠道使这些具有创新性和创造性的观点传递给组织的领导者。第三,员工的建议不被积极采纳。即便员工以主人翁精神去对待公司的问题,向公司的领导者传递有效的意见,组织的领导者因为不信任员工,就会不接受采纳员工的想法。

在群体参与式的领导方式下,组织的领导者对员工的信任度逐渐提高,领导者与被领导者之间的信任关系建立起来,上下级能够进行顺畅的双向沟通,员工开始以各种形式参与制定组织决策,组织的领导者也愿意积极采纳员工的意见。群体参与式领导方式对员工建言的影响主要表现在以下几方面。第一,员工以主人翁的姿态对组织面临的问题进言献策。组织的领导者对员工具有十足的信心,相信他们的能力,员工的建言行为受到鼓励,员工开始以各种形式参与公司战略制定及决策执行,并为解决公司面临的问题积极建言。第二,员工可以通过有效的渠道发表自己的观点、建议。在群体参与式的领导方式下,组织的整体氛围相对而言更加融洽,员工和领导者之间能够进行很好的交流、沟通,下情上传和上情下达都很顺畅。组织中存在完善有效的信息沟通渠道,能够使员工的建议精准无误地传递给组织的领导者。第三,员工的有效建言被组织积极采纳并运用在实际策略中。组织的领导者信任员工,员工也愿意主动去帮助组织解决现存的问题,进行积极地建言;领导者与员工之间很好地进行沟通,领导能够很好地接收到来自员工的建议,并积极地采纳员工的建议,员工的建言行为被推崇,且被运用于制定决策。

资料来源:改写自周海萌.浅析领导方式与员工建言关系[J].中国管理信息化,2019,22(2):75-78.

2) 下行沟通渠道

下行沟通是指信息按照组织上下级的隶属关系,从较高的组织层级向较低的组织层级传递的形式,如总经理向生产经理下达年度生产计划。传统上,下行沟通一直是组织沟通的主体,组织的种种职能的运作,如计划的实施、控制、授权和激励等,基本依赖下行沟通来完成。根据沟通的载体,下行沟通可以分为以下形式:书面形式,如指南、声明、企业政策、公告、报告、信函、备忘录等;面谈形式,如口头指示、谈话、电话指示、各种会议、小组演示等;电子形式,如视频会议、电话会议、传真、电子邮箱等。

下行沟通渠道的优点是,它可以使下级部门和组织成员及时了解组织的目标和领导意图,增加员工对所在组织的向心力与归属感。它也可以协调组织内部各个层次的活动,加强组织原则和纪律性,使组织机器正常的运转下去。下行沟通渠道的缺点是,如果这种沟通渠道使用过多,会在下属中造成高高在上、独裁专横的印象,使下属产生心理抵触情绪,影响团体的士气。此外,由于来自最高决策层的信息需要经过层层传递,容易出现信息被耽误、搁置、歪曲和失真等情况。为了确保下行沟通的效果,管理者可以采取以下沟通策略。

(1) 制订沟通计划

为了保证每个管理者及时有效地下传信息,必须制定相应的沟通政策,明确沟通目标。这些政策包括以下方面:将相关事宜及时通知有关方,如员工、客户、供应商等;将组织的计划、指令和目标告知员工;鼓励、培育和建立一个稳定的双向沟通渠道;将有关重大事件的信息及时与员工沟通;留出足够的资金和工作时间用于实施组织沟通政策。

除了上述组织总体沟通规划的政策外,还应制定具体的细则来规范具体的沟通活动,如面谈、会议和组织出版物等。

(2) 减少沟通环节

信息由上向下传递,经过的传递层级较多,越可能影响信息传递的速度。提高组织沟通效果的最佳做法是用简单的结构和精练的系统来减少沟通环节进而保证沟通的顺利进行。许多企业通过分权来抑制组织管理队伍的臃肿,减少整个管理的中间层,并通过建立临时的项目小组或产品小组来防止组织结构的复杂化。

(3) 减轻沟通任务

管理者需要有效地控制信息流。对信息流加以有效管理或控制能够极大地提高沟通的效率,具体可以采用以下办法:例外原则,只有在命令、计划和政策的执行过程出现偏差时,才进行沟通;排队原则,管理者应按照轻重缓急来处理信息沟通,不太重要的会议、信件、电话和报告都可以延后或延期;关键时间原则,管理者应该在恰当的时间向员工传递信息。例如,不要在三个月前将会议通知告知员工,这样会让员工觉得会议不重要,或者容易忘记。

(4) 引入授权

下行沟通具有单向性,自上而下,而授权为下行沟通带来了双向交流的可能性。授权所产生的激励作用,缓和了下行沟通的纯粹命令的气氛,极大地改善了信息沟通。

(5) 多介质组合

要减少下行沟通的信息在接收和理解时的丢失或错误,提高下行沟通的效率,最主要、最简单易行的方法是采用多种沟通介质,达到重复和强调的目的,从而提高沟通的效率,增强沟通的效果。例如,书面通知之后采用备忘录跟进,或者报告之后采用电话跟进。

3) 横向沟通渠道与斜向沟通渠道

横向沟通是指发生在工作群体内部同级、同层级成员之间的信息沟通,主要包括部门管理者之间的沟通;部门内员工之间的沟通;一部门员工与另一部门员工间的沟通。横向沟通多用于各部门的协调合作工作,如营销经理、制造经理和财务经理在一起讨论下个季度的工作目标。横向沟通的主要目的是加强组织各部门之间的相互了解和信息共享,并通过工作上的协作配合实现组织的总体目标。斜向沟通是指发生在组织中不属于同一部门和等级层次的人员之间的信息沟通,如生产部门员工直接与财务经理联系。斜向沟通的目的与横向沟通基本相似,它往往具有业务协调的功能。横向沟通和斜向沟通在沟通中应遵守两个基本原则:一是在进行沟通前先得到直接上级领导者的允许;二是在沟通后,把沟通的结果及时向直接上级领导者汇报。

横向沟通和斜向沟通具有以下作用:①它可以使办事程序、手续简化,节省时间,提高工作效率。②它可以增强部门之间的合作,减少部门间的摩擦,促进组织成员信息分享和转移,了解彼此的工作需求和想法,有助于培养整体观念和合作精神,克服本位主义倾向。③它可以增加员工之间的互谅互让,培养员工之间的友谊,满足员工的社会需要,使员工提高工作兴趣,改善工作态度。

横向沟通多表现为跨部门沟通即部门管理者之间的沟通。部门间的沟通主要是由部门经理或主要负责人实施的,从理论上讲,他们之间不存在等级权力关系,这种沟通应该很容易进行,但事实是,不同部门的员工间、管理者间的沟通状况并不理想,正因为没有权力关系的约束,在许多场合沟通不畅的情况时有发生,横向沟通的障碍包括以下三方面。

(1) 部门的本位主义和员工的短视行为。工作业绩评估体系的存在,是造成部门本位主义泛滥、部门员工趋于短视行为的主要原因。对每个部门经理来讲,为获得晋升和嘉奖机会,往往会不自觉地维护本部门利益,强调本部门业绩,而不是公司、本部门、其他部门三个角度立体地来看待本部门在整个公司的地位,以及相应的利益。

(2) 对公司组织结构抱有偏见。有些部门对其他部门先入为主的偏见会影响部门沟通的顺利进行。例如,营销部门认为本部门天生比其他部门重要,这种认为组织部门有贵贱等级之分的成见,显然会降低正常横向沟通的效果。

(3) 性格冲突。造成跨部门经理间的沟通失败或低效的一个主要原因是沟通双方性格以及思维方式、习惯的冲突。每个人因为独特的工作领域、成长经历和生活体验,会形成独特的思维方式和沟通方式。如果缺乏对沟通对象的特定沟通方式的了解,就会导致沟通失败。

对横向沟通中出现的问题和障碍可以采取以下策略加以克服。

(1) 树立"内部顾客"的理念。"内部顾客"的理念认为,工作服务的下一个环节就是本环节的顾客,要用对待外部顾客和最终顾客的态度、思想和热情为内部顾客服务。

(2) 倾听而不是叙述。横向交流中,每个部门的参与者最常见的就是描述本部门的困难和麻烦,同时指责其他部门如何不合拍、不协同,却很少花时间去倾听。当沟通的各方仅仅关注如何去强调本部门、本岗位的阻碍和困难时,就不会去倾听他人的发言。

(3) 设立沟通官员,制造直线权力压力。针对横向沟通中经常出现的互相推诿、讨论毫无进展的现象,应该设立专门的部分或职位,负责召集和协调部门或员工之间的沟通,这尤其适合跨部门沟通。沟通官员负责定期召开促进部门沟通的会议,或要求各部门的人员定期相互提交报告,从而让不同部门中的成员了解各自正在开展的活动,并鼓励提出建设型的意见。

(4) 换位思考。试着站在他人的立场和角度,进入他人的心境,未必是同意他人,但能理解他人看待事实和认识事物的方式,这样才能找到合适的沟通方式,并取得效果。

## 2．非正式沟通渠道

### 1) 非正式沟通渠道

尽管正式沟通渠道在组织中占据重要地位，但它并不是组织沟通形式的全部，组织内非正式沟通渠道也起着不容忽视的作用。非正式沟通渠道是指人们通过私下闲聊传递信息的方式，也叫作小道消息或者传闻。非正式沟通渠道是由于组织成员的感情和动机上的需要而形成的，是通过组织内的各种社会关系，这种社会关系超越了部门、单位以及层级。非正式沟通渠道传递信息时多在无意中进行，信息内容也没有特定，因而具有很强的渗透能力，能够突破组织界限，在任何时间和地点都可能发生。因此它的沟通对象、时间及内容等各方面，都是未经计划和难以辨别的。非正式沟通往往反映了员工的需要和愿望，因此这种沟通在一定程度上是积极和有效的。一般地，非正式沟通渠道有下列共同特点：①不受管理层控制。②被大多数员工视为是可信的。③信息传播迅速。④关系到人们的切身利益。

### 2) 非正式沟通渠道的管理

（1）正视非正式沟通渠道的存在。管理人员必须认识到它是一种重要的沟通方式，否认、消灭、阻止、打击都是不可取的。小道消息的存在可以缓解员工的焦虑情绪，传达员工潜在的愿望和期待。当组织成员无法从正式渠道获得自己渴望的信息，或者由于对于自己切身利益有关的组织重大事件（如组织结构重组，高层领导人事变动，人员、工资福利调整等）不知情而感到茫然时，就会求助于非正式沟通渠道。因此，组织管理当局愈故作神秘，封锁消息，则背后流传的谣言愈加猖獗，因此管理者应尽可能使组织沟通系统较为开放或公开。

（2）畅通正式信息沟通渠道。管理者应该使员工可以通过正式的沟通渠道获取官方的消息，了解组织的发展目标、发展战略以及为实现组织目标所采取的主要措施，知晓组织的中心任务，从而积极投身组织的发展事业。

（3）充分利用非正式沟通渠道为管理者服务。管理人员可以"听"到许多从正式沟通渠道不可能获得的信息，"知道"谁在传播这些信息，谁最喜欢这些信息。小道消息具有过滤和反馈作用，它使管理者认识到哪些事情员工认为很重要。管理人员可以将自己所需要传递但不便从正式渠道传递的信息，利用非正式沟通进行传递。例如，公司将实施重大计划，管理者可以试探性地放出风声，看看员工的反应再做决定是否正式实行还是再做调整。

（4）客观评价组织的决策事项。制定决策时要充分收集信息，客观分析条件，对决策和计划在强调有益一面的同时也要指出面临的困难，充分估计可能出现的最差结局，防止一旦出现与预期相悖的情况人心惶惶、谣言四起。

（5）及时应对各种重大事件或突发事件。对于内部管理体制改革、人事变动、薪酬增减等事关员工切身利益的事情，要充分调研和酝酿，及时公布实施方案和预期目标。突发事件发生后，管理层要第一时间公布事情真相，减少猜测。对已经形成的谣言，要进行正面回应，提出事实论据，使不实谣言自然消失。

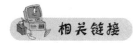
**相关链接**

变革前非正式信息对员工变革抵制意愿的影响

变革已经成为当今时代的主旋律，企业只有通过持续不断的变革，才能拥有竞争优势，在市场上更好地立足与发展。变革信息作为员工认知变革、理解变革的重要资源，在推动组织顺利实施变革的过程中起着关键性作用。但现实中，有关组织变革的非正式信息往往会在变革实施之前就已经开始产生和流传。变革前非正式信息是指组织变革前未经证实确认且通过非正式渠道传播，有关于变革内容和目标的信息。正式信息一般指组织内依据明文规定的原则，进行传递与交流的信息，例如上级发布公告。领导者出于维持秩序的需要，对于正式发布信息十分谨慎，一旦发布就尽可能贯彻执行。这种正式渠道的有限性，也促使员工通过更多非正式渠道提前获取信息。

根据信息内容，将非正式信息划分为积极有益的信息和消极有害的信息两大类，相关研究发现在变革中消极非正式信息出现频率显著高于积极非正式消息，且给员工带来了更高的变革焦虑。非正式信息的完整性是指员工是否能够根据信息内容了解变革的有关细节。如果所接收到的信息不够完整，则员工对于变革的具体影响以及应该采取的应对方式，都可能产生未知感和不确定感。

通过一项基于255位样本数据的研究显示，变革前非正式信息的消极性及完整性会通过变革认知，影响员工的变革前抵制意愿，但员工变革抵制意愿会随着时间的推移显著衰减。这说明变革前非正式信息的传递对于员工起到了提前缓冲的作用，帮助员工进行心理调整。对于员工来说，"预则立，不预则废"。获知关于变革的非正式信息后，比起一直抵抗变革，员工更有利的做法是未雨绸缪，采取各种策略提高自身应对变革的能力。而对于管理者来说，通过交流帮助员工加速变革抵制意愿的下降，从而更快地度过适应期，推动正式变革的顺利实施，如多与员工交流变革的紧迫性及可能潜在的积极变革结果等，则具有更大的实践意义。

资料来源：改写自 杜旌，崔雨萌.未雨绸缪：变革前非正式信息对员工变革抵制意愿的影响[J].心理学报，2019，51(2)：248-258.

### 9.2.2 组织沟通的网络

沟通网络是指通过沟通渠道建立起来的联系，沟通网络可以分为两大类型：正式沟通网络与非正式沟通网络。

#### 1. 正式沟通网络

正式沟通网络是通过正式沟通渠道建立起来的联系，它在组织中最为常见，在信息沟通中发挥主渠道作用。图9-4展示了五种典型的正式沟通网络：链式、环式、轮式、Y式、全通道式。

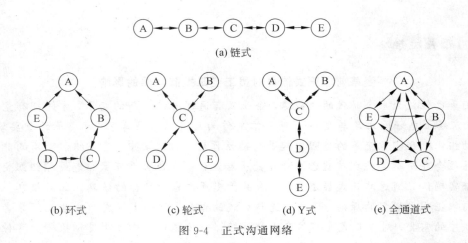

图 9-4 正式沟通网络

1）链式沟通

在一个组织系统中，它相当于一个纵向沟通网络，信息自上而下或自下而上进行逐级传递，其中居于两端的人只能与内侧的一个成员联系，居中的人则可分别于两人之间进行沟通。链式沟通的优点是传递信息的速度较快，解决简单问题的时效较高。链式沟通的缺点是信息经过层层筛选后，容易出现失真的现象，使上级不能直接了解下级的真实情况，下级不能了解上级的真实意图；各个信息传递者所接收的信息差异较大，平均满意程度有较大差距；每个成员的沟通面狭窄，彼此沟通的内容分散，不易形成群体共同意见。在管理中，如果某一组织系统过于庞大，需要实行分层授权管理，链式沟通是一种行之有效的方法。

2）环式沟通

此形态可以看成链式的一个封闭式结构，它表示组织成员间可以依次联系和传递信息。其中，每个人都可同时与两侧的人沟通信息。环式沟通的优点组织中成员具有比较一致的满意度，组织士气高昂。环式沟通的缺点是组织的集中化程度和领导人的产生程度都较低，沟通速度慢，信息易于分散，往往难以形成中心。如果在组织中需要创造出一种高昂的士气来实现组织目标，环式沟通是一种行之有效的措施。

3）轮式沟通

轮式沟通属于控制型网络，轮式沟通过程中有一个明显的主导者，凡信息的传递与反馈均须经过此主导者，且沟通成员也通过此主导者才能相互沟通。组织中，大体相当于一个主管领导直接管理几个部门的权威控制系统。轮式沟通的优点是集中化程度高，解决问题的速度快；领导者的产生程度很高，控制力强；处于中心地位的领导者的满足程度较高。轮式沟通的缺点是除去核心地位的领导者了解全面情况外，其他组织成员之间沟通不足；组织成员平均满意程度低，不利于提高士气。轮式网络是加强组织控制、争时间、抢速度的一个有效方法。如果组织接受紧急攻关任务，要求进行严密控制，则可采取这种网络。

4）Y式沟通

这是一个纵向沟通网络，其中只有一个成员位于沟通网络的中心，成为沟通的中间媒介。在组织中,这一沟通网络大体相当于从组织高层领导到中层机构,再到基层主管部门,最后到一般成员的纵向沟通。Y式沟通的优点是集中化程度高,信息传递和解决问题的速度较快,组织控制比较严格。Y式沟通的缺点是因为增加了中间的过滤和中转环节,易导致信息曲解或失真,因而沟通的准确性也受到影响;除中心人员C外,组织成员的平均满意程度较低。此网络适用于领导者工作任务十分繁重,需要有人选择信息,提供决策依据而又要对组织实行有效的控制的情况。

5) 全通道式沟通

全通道式网络沟通并不依靠中心人物来集中和传递信息,每个成员之间都能进行相互的和不受限制的信息沟通与联系,这是一个开放式的沟通网络系统。此沟通网络中组织的集中化程度及领导者的产生程度均很低。全通道式沟通的优点是组织中的每个成员都能与其他任何人进行直接交流,没有限制;组织成员的平均满意程度很高,各个成员之间满意程度的差距很小;组织内士气高昂,合作气氛浓厚,个体有主动性;可充分发挥组织成员的创新精神。全通道式沟通的缺点是沟通渠道太多,易于造成混乱;做出决策的过程较长,由于没有一个中心人物,往往会产生议而不决的现象。

上述五种沟通网络,各有其优缺点,如表9-2所示。在正式组织的沟通网络中,任务、环境、个人因素、群体绩效因素等是组成沟通网络的重要因素,管理者应根据组织目标,各种沟通网络的效能,综合各种情况,选择有效的沟通网络。

表 9-2 正式沟通网络

| 指 标 | 链式 | 环式 | 轮式 | Y式 | 全通道式 |
|---|---|---|---|---|---|
| 速度 | 快 | 慢 | 快 | 快 | 快 |
| 精确性 | 高 | 低 | 高 | 中 | 中 |
| 领导者的产生 | 中 | 低 | 高 | 高 | 低 |
| 成员满意度 | 中 | 高 | 低 | 低 | 高 |

## 2. 非正式沟通网络

非正式沟通网络是指通过非正式沟通渠道建立起来的联系。非正式沟通不是根据组织结构、按组织规定程序进行的,其沟通过途径繁多。非正式沟通网络有以下四种形式:单线式、流言式、随机式和集束式,如图9-5所示。

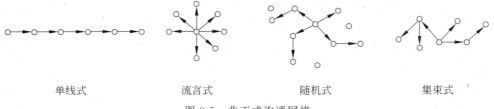

单线式　　　　　流言式　　　　　随机式　　　　　集束式

图 9-5 非正式沟通网络

(1) 单线式。单线式的传播方式是通过一连串的人把消息传播给最终的信息接收者,即由非正式组织的成员中前一个人将小道消息传递给后一人,后一人再传递给另外一个人。这种方式容易使信息在传递过程中发生失真现象，但最适宜传递不宜公开的信息。

（2）流言式。流言式的传播方式是有一个信息发送者，但同时有多个信息接收者。信息发送者不一定是该非正式组织的领导，可能只是信息率先获取者或喜欢传递各种信息的人。

（3）随机式。随机式的传播方式指信息发送者在传递信息时对信息接收者没有进行特定选择，完全是随意碰到任何人都将信息进行传递。

（4）集束式。集束式的传播方式是指信息的传递以几个人为传递中心，这些人有选择地将信息传递给周围的人。

## 9.3 组织沟通障碍及其改善途径

沟通过程中一旦出现障碍就会使沟通成为空话，甚至造成双方的误会。沟通障碍是指信息在传递和交换过程中由于信息意图受到干扰或误解而导致沟通失真的现象。沟通障碍可能出现在个人层面，也可能出现在组织层面。无论是在组织正式的或非正式的内部与外部沟通，如果希望达到预期的目标，那么克服沟通中存在的障碍就尤为重要。

### 9.3.1 人际沟通的障碍

人际沟通的障碍主要来自五个方面：选择性知觉、表达能力、情绪、双方的信任程度、双方的相似程度。

#### 1. 选择性知觉

在沟通过程中，接收者会根据自己的需要、动机、经验、背景及其他个人特点有选择地去看或去听信息。解码的时候，接收者还会把自己的兴趣和期望带进信息解码的过程中。接收者不是看到事实，而是对所看到的东西进行解释并称为事实。如果一名面试主考官认为女职员总是把家庭的位置放在事业之上，则会在女性求职者中看到这种情况，无论求职者是否真有这种想法。

#### 2. 表达能力

表达能力表现为沟通者能正确使用语言和非语言的沟通方式。如果不能正确使用语言，则会出现用词不当、词不达意、口齿不清、自相矛盾等问题。而非语言沟通通常是伴随着语言沟通进行的，如果不懂得使用非语言沟通的技巧，则会使信息表达不完全，或者令信息接收者产生困惑。

#### 3. 情绪

在接收信息时，接收者的感受也会影响到他对信息的理解。不同的情绪感受会使个体对同一信息的解释截然不同。极端的情绪体验，如狂喜或悲痛，都可能阻碍有效的沟通。这种状态常常使接收者无法进行客观而理性的思维活动，代之以情绪性的判断。

### 4. 双方的信任程度

沟通是发送者和接收者之间"给"与"收"的过程。信息传递不是单方面,而是双方的事情,因此,沟通双方的诚意和相互信任至关重要。上下级间的猜疑只会增加抵触情绪,减少坦率交谈的机会,也就不可能进行有效的沟通。

### 5. 双方的相似程度

沟通的准确性与沟通双方间的相似性有着直接的关系。沟通双方特征(如性别、年龄、智力、种族、社会地位、兴趣、价值观、能力等)的相似性影响了沟通的难易程度和坦率程度。沟通一方如果认为对方与自己很相近,那么他比较容易接受对方的意见,并且达成共识。相反,如果沟通一方视对方为异己,那么信息的传递将很难进行下去。

## 9.3.2 组织沟通的障碍

在组织信息沟通过程中,除了有和人际沟通相类似的沟通障碍存在以外,还会发生一些组织沟通所特有的情况。因此影响组织有效沟通的因素除了人际沟通中的一些因素之外,还主要表现在以下几方面。

### 1. 沟通主体的过滤

沟通主体的过滤是指发送者有意操纵信息,以使信息显得对接收者更为有利。例如,一名下属告诉上级的信息都是上级想听到的东西,这名下属就是在过滤信息。过滤的程度与组织结构的层级和组织文化这两个因素有关。在组织中,纵向层次越多,信息过滤的可能性就越大。组织文化则是通过奖励系统鼓励或抑制这类过滤行为。

### 2. 地位差别

大量实验表明,人们自发的沟通往往发生在同等地位的人之间。同时,人们通常倾向于与比自己地位高的人沟通,并觉得他们提供的信息是准确的,而不重视信息本身的可靠性。他们却很少考虑地位比自己低的人所发的信息,有时甚至予以否定。信息趋向于从地位高的流向地位高的,在谈话中,地位高的人常常居于沟通的中心地位。由于这些情况的存在,往往造成信息传递的失误。

### 3. 信息传递链

一般说来,信息通过的组织层级越多,它到达目的地的时间也越长,信息失真率则越大。这种信息连续地从一个层级到另一个层级所发生的变化,称为信息传递链现象。一项研究表明,企业董事会的决定通过五个等级后,信息损失平均达 80%。如表 9-3 所示,100% 的信息在组织沟通中经过五层过滤后,只剩下 20% 的信息传达到最终的信息接收者,其余 80% 的信息都在传递过程中流失了。

表 9-3　信息失真情况

| 层　　次 | 信息真实度(%) |
| --- | --- |
| 高层管理者的原始信息 | 100 |
| 副总经理理解的信息 | 63 |
| 生产经理理解的信息 | 56 |
| 工厂经理理解的信息 | 40 |
| 班组长理解的信息 | 30 |
| 员工理解的信息 | 20 |

### 4. 沟通氛围

以往的沟通,如员工与管理者之间是否互相信任、坦诚或封闭等,都会产生累积效应。组织中互信、坦诚的氛围有利于沟通的顺利进行,成功之后会带来更多的成功。然而,一两次重大失误产生后,积极的环境可能会变得缺乏信任、沟通不畅,从而使将来的沟通更加困难。

### 5. 信息超载

信息超载是指信息接收者所接收的信息远远超过了其自身的信息处理能力。伴随着互联网和通信技术的发展,以及基于互联网的组织工作平台的广泛使用,信息超载的现象在组织中愈加普遍。信息超载增加了人们选择信息的负担,加大了组织成员的工作压力,使得组织成员对信息更加缺乏充分、认真的鉴别、比较和分析,从而导致沟通效率降低和决策质量降低。

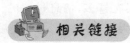
相关链接

**信息超载对信息用户的威胁**

随着大众传播媒介的出现,组织化的信息传播活动加速了信息的流动和知识的转移,人们却日益遭受信息超载带来的种种困扰。所谓信息超载,就是指大量分散的信息需要用户收集、鉴别、归纳、整理并内化进个人的知识结构体系,由于信息量巨大,信息处理任务重,超过了用户的处理能力而对用户形成的身心压力状态。海量的信息环境中,人们用于信息处理的时间越来越长,病态信息使用行为已给使用者带来种种威胁。

**1. 信息反客为主**

信息数量巨大,会导致信息消费用户熟悉信息的时间大大挤压反思的时间,信息反客为主。"失去控制和无组织的信息在信息社会里不再构成资源,相反,它成为信息工作者的敌人。"当一个人一味地追逐新信息,那么最终必会沦为信息的奴隶。

**2. 身体疾患增加**

长时间的信息接触会导致身体的虚弱,头痛、注意力、记忆力下降、视力下降、腰椎间盘突出、血压增高、鼠标手等生理疾病。甚至,科学家认为未来人类的形体将会因此发生很大变化。因 iPhone 等移动类电子产品的广泛使用需更加复杂的手眼协调能力,未来人类手臂和手指将会变得更长,以便减少常常伸出手臂的动作,而手臂上的神经末梢数量将会增加。因为计算机将会帮助人类进行很大一部分记忆和思考功能,而大脑体积将会缩减。由于人越来越依赖手机短信与别人联络,说话渐少,双眼经常盯着手机屏幕,科学家预测人类的眼睛将会变得更大,且眼纹更多。

**3. 催生精神疾病**

信息超载已引起心理学研究专家的重视,其中一个备受关注的研究课题是信息焦虑。一个人如果在短时间内接受过多的繁杂信息,大脑中枢来不及分解消化,便会造成一系列自我强迫和紧张,被称为"信息焦虑症"。人们在与信息打交道的过程中,由于信息量过大,超出了个人的有效处理能力,从而产生面对信息的低分析决策能力和无形的压迫感。

**4. 弱化社交能力**

过多的信息活动会减少社交时间,降低社交能力。现代数码产品的普及越来越多地影响到信息用户开会、吃饭、看电视等日常活动,人际关系也因此疏离。现实交往越来越被感觉"不需要",因网络视频已让人觉得"天涯共此时"了。然而,现实交往是一种全感官即时性交往,而网络中介化的交往则是部分感官参与的异步交往,因此网络虚拟社交并不能弥补现实交往活动不足带来的缺憾。

**5. 影响创新能力**

过度的信息接触会导致信息迷航,学习效率低下,影响创新能力。信息用户如果受兴趣的支配,在各类信息间自由跳转,就难以将精力聚集在某一特定问题上,从而忘记自己要解决的问题,产生信息迷航现象。特别是网络媒介的信息消费,尤其要注意信息使用的效率问题。

资料来源:改写自廖建国.信息超载时代的用户信息素养[J].编辑之友,2015(6):59-62.

## 9.3.3 改善人际沟通的途径

人际沟通效果的提高有赖于影响人际沟通障碍的消除,主要有以下途径。

### 1. 克服认知差异

为了克服认知和语言上的差异,发送者应该是信息清晰明了,尽可能使不同观点和经验的接受者都能够理解。只要有可能,应尽量了解沟通对象的背景,尽可能设身处地地从别人的角度看待问题。当传递的主题不清楚时,适当提问是至关重要的。为了克服语言上的差异,要求接受者确认或重复信息的要点是很有益处的。要鼓励接收者提出疑问,对不清楚的要点加以澄清。

### 2. 抑制情绪化反应

情绪化反应,如愤怒、戒备、憎恨、恐惧等,会使信息的传递严重受阻或失真。处理情绪因素的最简单方式就是暂停进一步的沟通直到恢复平静。管理者应该尽力预期员工的情绪化反应,并做好准备加以处理。管理者也需要关注自己情绪的变化,以及这种变化如何影响他人。

### 3. 使用简洁的语言

由于语言可能成为沟通障碍,因此沟通者应该选择措辞并组织信息,以使信息清楚明确,易于被接收者理解。管理者不仅需要简化语言,还要考虑到信息所指向的听众的自身特点,以使所用的语言适合于接收者。有效的沟通不仅需要信息被接收,而且需要信息被理解。通过简化语言并注意使用与信息接收者一致的言语方式可以提高理解效果。特别是在传递重要信息时,为了使语言问题造成的不利影响减少到最低程度,可以先把信息告诉不熟悉这一内容的人。这有助于确认沟通中含混的术语、不清楚的假设或不连续的逻辑思维。

### 4. 积极倾听

积极倾听是指不带先入为主的判断或解释地对信息完整意义的接收,因此它要求倾听者全神贯注。通过与信息发送者的移情,即设想自己处于发送者的位置,可以强化积极倾听。不同的发送者在态度、兴趣、需求和期望方面各有不同,因此移情更易于理解信息的真正内涵。一个移情的倾听者,并不急于对信息做出自己的判断,而是先认真聆听他人说的话。这使得信息不会因为不成熟的判断或解释而失真,从而提高自己获得信息完整意义的能力。积极倾听是一种能够加以开发的技能,表 9-4 列出的要点可帮助提高聆听能力。

表 9-4 "听"的艺术

| 要: | 不要: |
| --- | --- |
| 1. 表现出兴趣,赞许性地点头 | 1. 争辩 |
| 2. 全神贯注,使用目光接触 | 2. 打断 |
| 3. 该沉默时必须沉默 | 3. 从事分心的举动或手势 |
| 4. 选择安静的地方 | 4. 过快地或提前做出判断 |
| 5. 留适当的时间用于辩论 | 5. 草率地给出结论 |
| 6. 注意非语言暗示 | 6. 让别人的情绪直接影响你 |
| 7. 当你没有听清楚时,请以疑问的方式重复一遍 | |
| 8. 当你发觉遗漏时,直截了当地提问 | |

### 5. 积极运用反馈

很多沟通问题是由于误解或理解不准确造成的。如果管理者在沟通中使用反馈,就会减少这些问题的发生。反馈具有多种形式:语言的和非语言的,正式的和非正式的,等等。其中语言形式的反馈是以口头或书面的方式对所获信息做出的反应,非语言形式的反馈是以一系列的肢体语言对所获信息做出的反应。这类反应可以是有意识的,也可以是无意识的。正式的反馈常以报告、会议等形式表现,非正式的反馈则可以借助闲聊的方式做出。常见的反馈类型包括以下几种:①评价。即对所获信息加以判断和评价。②分析。即对所获信息加以剖析。③提问。即借助提问获取更多的相关信息,同时给对方传递了一个积极的信息——你对他的叙述很感兴趣。④复述。即通过对有关信息的复述,以核实所获信息正确与否。⑤忽略。即对所获信息不做任何反应。

#### 6. 获取沟通的信任

从组织学角度,联结员工和管理者的是权力与责任;从沟通角度,维系管理者和员工的是信任。从本质上看,信任是主体对客体未来采取行动的能力的正面预期。如果上级对下级充满信任,表示他对下级下一步将采取的行动很有把握。然而信任是双向的,管理者必须投入时间、资源建立信任。

### 9.3.4 改善组织沟通的途径

在组织层面克服组织沟通的障碍,改善组织沟通的途径主要包括以下几方面。

#### 1. 加强对员工的沟通培训

建立员工沟通培训体系,指导员工正确沟通,强调沟通对于企业的重要性,培训员工的沟通技巧。应该明确指出进行沟通之前应该做什么前期方面的准备工作;指导沟通者沟通过程中应该怎样进行正确的沟通以避免沟通过程中盲目瞎聊没有重点;指出沟通之后采取什么措施。

#### 2. 管理信息流

一方面,信息的发送者或接收者采取措施避免发生信息超载。对于信息发送者,不要一次性发送过多的信息。对于信息的接收者,必须告诉对方自己收到的要求立即行动的信息太多了。另一方面,组织应充分利用信息技术筛选、过滤和检索技术,尽量减少组织的信息输入。对相关信息资源进行合理的组织和规划,以有效的方式呈现信息。根据组织任务进行动态信息搜索满足其需求,并加强组织的反馈,提高组织信息的过滤效率,减少信息超载。组织成员应注重提高自己的信息素养,养成良好的信息使用习惯,掌握现代信息使用技术,提高个人的信息意识和信息处理能力。

#### 3. 营造良好的组织沟通环境

(1) 扁平型组织结构。具有较少层次的扁平型组织结构是现代组织管理的发展趋势,它可以缩短信息传递链、拓宽沟通渠道、避免信息传递链过长而失真,有利于信息的有效沟通。另外如果组织较少依赖刻板的层级安排,代之以更强调协作、合作的工作安排,信息过滤的问题就会减弱。例如,组织越来越多地使用电子邮件沟通方式,这使沟通方式更加直接,避免了中间环节,从而也减少了沟通主体过滤的现象。

(2) 良好的组织文化和沟通环境。实行"走动管理",给予员工鼓励、信任、勇气,营造健康、轻松的沟通环境;鼓励工作中员工之间的相互交流、协作,强化组织成员的团队协作意识。

#### 4. 选择有效的沟通媒介

沟通媒介的形式很多,不同的沟通媒介会产生不同的沟通效果,不同主题的内容需要选择适当的沟通媒介,用适当的方法来进行沟通。沟通媒介选择不当就会影响沟通各方对问题的理解,影响组织成员的心理和组织气氛,最终影响各方的工作效率。例如,对于一些重大紧急的工作,可以召开会议进行布置;对于紧急信息,可以用电话、电子邮件、社交媒体等形式及时传递;对于时效性不强但要求严格的事项,可以用公文的形式提出相关要求。

### 5. 进行团队对话

团队指在一个组织中,依成员工作性质、能力组成各种小组,参与组织各项决定和解决问题等事务,以提高组织生产力和达成组织目标。一方面建立团队沟通管理制度,让团队从制度层面上规定团队成员与成员,成员与管理者进行的必需以及必要的沟通。这样有利于在出现团队问题时能够有沟通的机制,这也是团队对话的重要保障因素。另一方面团队的管理者在进行团队的重大决策时一定要充分了解团队成员的反馈信息,以便做出更科学的集体决策。

### 6. 重视社交媒体在组织沟通中的应用

社交媒体是人们彼此之间用来分享意见、见解、经验和观点的工具与平台,现阶段主要包括微信、微博、Twitter、LinkedIn、Instagram、以 Facebook 和人人网为代表的社交网站、地理位置信息服务(LBS)、短信、BBS、DM、Wiki、博客、播客、网上社区、聚合订阅和协作网站等。组织在工作场所引入社交媒体缩短了沟通路径,提升了信息的沟通效率,活跃了组织内部沟通和交流氛围,弥补了其他沟通媒介的不足,因此组织应重视社交媒体在沟通中的应用。首先选择员工使用频率高、交流互动性强、能够进行信息共享和工作协作的社交媒体。其次对员工进行社交媒体的使用和功能方面的培训。最后将线上沟通和线下沟通进行有效的结合,使员工在各个层面上保持有效沟通。

国际视野

**社交媒体在企业沟通中的应用**

许多企业积极将社交媒体应用于企业沟通中,社交媒体在企业沟通中的角色日趋重要。2006 年,戴尔公司就开始研究如何运用社交媒体与用户直接沟通。戴尔公司的首席营销官认为在信息交流和分享方面,社交媒体有着显著的优势。它不但让公司通过大量的直接反馈提升服务、改进产品,而且让公司实时为客户解决问题。社交媒体应用不能仅仅作为企业战略附加的部分,而是要纳入组织架构中,融入企业文化,使之成为企业日常工作的一部分,甚至处于核心位置。在戴尔公司,在产品、销售、市场营销、人力资源、技术和服务等各项工作中,都把社交媒体整合进去,是不可剥离的部分。

2010 年,戴尔公司成立社交媒体聆听管理中心,以监测、回应和引导世界各地社交媒体上出现的涉及戴尔品牌的话题。每天,戴尔社交媒体聆听管理中心要处理 2.5 万条来自不同地区、不同内容的信息,通过一套系统进行分析,并根据话题、敏感度、区域、普遍性、趋势等,用红色、橙色和绿色分类标记,而且无论好坏都要反馈给相关部门。除了把社交媒体作为倾听客户声音的管道,戴尔公司还通过社交媒体与客户对话、交流。戴尔公司的创意风暴项目,让产品负责人和客户直接互动,而则客户分享他们的创意,与戴尔公司紧密沟通。针对消费端的用户,戴尔公司在各种社交平台上与他们建立联系,进行交流。戴尔公司在中国市场已经进驻微博、微信、人人网等社交平台,拥有数量可观的粉丝。戴尔公司有专门的团队运营社交媒体,并且对员工进行专业的社交媒体培训。戴尔公司在全球培训了一个有1 000多名员工的团队,培训他们在Twitter、Facebook等新媒体平台上与用户沟通要采用什么样的方法,增强用户忠诚度,帮助用户解决问题。而戴尔公司内部十几万员工进行沟通,则使用社交媒体平台Chatter。员工根据不同的需要建立社区,讨论和解决各种问题,向相关部门提出建议,或者与同事分享工作中的所思所想。

IBM公司运用社交媒体打造企业内部社群,增加员工参与、改进内部沟通、激发创意、促进团队精神。2013年IBM总部提出了"community(社群)"的概念,希望建立起横跨全球170个国家、40万员工的社群。建立社群分为两个层面:一是要在技术上建立起能保证跨国家以及跨部门的沟通工具和架构;二是要在管理机制上包容鼓励组织内具有相同兴趣和理想的小团队进行自治与创新。

IBM依托强大的IT专业业务,在公司内部打造了社群沟通平台,让全球范围内的员工能够跨地域、跨职能进行沟通。任何员工都可以在社群沟通平台上建立组织自己的团队和活动,也可以加入并追踪其他人建立的团队。假如IBM大中华区人力部门萌生了一个新的招聘工具创意,但没有专业技术可以实现,就可以在社群沟通平台上发出召集令,在全球范围内吸纳对该创意有兴趣,且具有相关云计算技术、数据资源以及写代码等工具的员工,一起完成该项目。IBM从2015年底发布"认知商业"战略,其中"IBM认知科技方案共创"项目,就是集思广益、全员参与众创的典范。在历时半年的时间内,IBM利用全球统一的社群平台,帮助员工迅速学习运用敏捷开发、设计思维等全新工作方法,使用公司原创的Bluemix开发平台,Watson APIs等技术工具,让员工充分发挥自身想象力,大胆进行业务创意头脑风暴。IBM全球员工根据个人的兴趣和专长敏捷组队,一共提出了8 000多个点子项目。IBM鼓励员工不断在公司内部跨平台转型,给员工提供丰富的机会和资源扮演不同角色,让员工不必换公司就能身体力行自我变革和创新,全方位地实现自己的价值。

资料来源:戴尔公司资料改写自和讯网,新营销:karen Quintos谈戴尔社交媒体战略.http://bschool.hexun.com/2013-10-25/159066882.html

IBM公司资料改写自哈佛商业评论,IBM:认知技术打造社群凝聚力.https://www.hbrchina.org/2018-1030/6773.html

1. 沟通是人和人之间进行信息传递的一个过称,沟通包括人际沟通和组织沟通。一个完整的沟通过程包括以下要素:信息发送者、信息、编码、渠道、解码、信息接收者以及反馈。

2. 按照沟通的层次划分,沟通可分为自我沟通、人际沟通、小组沟通和组织沟通;按照沟通是否有反馈划分,沟通可以划分为单向沟通和双向沟通;按照使用的沟通媒介划分,沟通可分为口头沟通、书面沟通、非语言沟通及电子沟通;按照组织系统中的沟通形式划分,沟通可分为正式沟通与非正式沟通。

3. 按照信息的流向,正式沟通可分为上行沟通、下行沟通、横向沟通和斜向沟通。正式沟通网络有五种典型的类型:链式、环式、轮式、Y式、全通道式。非正式沟通网络四种形式:单线式、流言式、随机式和集束式。

4. 人际沟通的障碍包括沟通选择性知觉、表达能力、情绪、双方的信任程度、双方的相似程度。组织沟通的障碍包括沟通主体的过滤、地位差别、信息传递链、沟通氛围、信息超载。

5. 改善人际沟通的途径包括克服认知差异、抑制情绪化反应、使用简洁的语言、积极倾听、积极运用反馈、获取沟通的信任。

6. 组织层面上改善沟通的途径包括加强对员工的培训沟通、管理信息流、营造良好的组织沟通环境、选择有效的沟通媒介、进行团队对话、重视社交媒体在组织沟通中的应用。

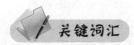

沟通(communication)
正式沟通(formal communication)
非正式沟通(informal communication)
上行沟通(upward communication)
下行沟通(downward communication)
横向沟通(lateral communication)
斜向沟通(diagonal communication)
正式沟通网络(formal communication network)
非正式沟通网络(informal communication network)
沟通障碍(communication barrier)

1. 沟通的过程。
2. 正式沟通渠道的类型有哪些?
3. 管理者怎样充分利用正式沟通渠道?
4. 非正式沟通渠道的管理措施有哪些?
5. 正式沟通网络有哪些类型?
6. 链式沟通的优缺点。
7. 环式沟通的优缺点。
8. 轮式沟通的优缺点。
9. Y式沟通的优缺点。

10. 全通道式沟通的优缺点。
11. 非正式沟通网络有哪些类型?
12. 人际沟通的障碍有哪些?
13. 组织沟通的障碍有哪些?
14. 改善沟通的途径有哪些?

**案例讨论题**

### 消除"沟通漏斗",跨越部门鸿沟

2013年2月26日晚8点,乐城超市客服课长吴金莲在"客诉汇报"微信群发消息称:日本某品牌刨丝刀因为刨不出丝而退货,这是该品牌第二次出现退货现象。据了解,该品牌的刨丝刀历来在业界口碑不错,也深受消费者喜爱,出现这样的问题实不应该。

两小时后,看到此微信的营运总监沈华烽做出指示:请采购部门对刨丝刀测试一下,看是产品质量问题还是消费者使用不当造成的。乐城超市总经理王卫随后补充:把顾客退掉的刨丝刀拿来测试。由于自己所管理的部门直接被"点名",采购总监魏娟立即在微信群里做出回应:明天即办!

2月27日,吴金莲在"客诉汇报"微信群就退货问题处理结果进行汇报:昨天退货的刨丝刀,今天魏总亲自进行测试了,结果发现刨丝刀使用很费劲,不太好用。最后,采购总监下令,将该产品进行下架处理。

"一个很平常的退货事件,引起了部门总监乃至总经理的重视,这在以前是不可能做到的。"乐城超市企划总监李奇表示。一家超市经营上万种商品,顾客退换货以及投诉的事件时有发生。这对门店而言是很正常的事情。在"客诉汇报"微信群开通之前,类似的事件基本上在门店层面就已经解决了。"在以前,门店发生顾客投诉,客服反馈到店长,店长就会按照标准流程让采购人员去核查。采购人员最后找来供应商,供应商也许会找一个理由搪塞过去了。此事不会第一时间上报到高层,并且进行如此深刻的反思和调整。"李奇表示。

对于超市而言,任何一件顾客投诉事件都不是孤立的,它背后牵扯到运营和管理的深层问题。如果对每一件顾客投诉不进行深究,草率处理,最终导致消费者对超市满意度的降低,直接影响超市未来的生存和发展。

在微信开通以前,王卫一般要求客服部门每天将当日的消费者投诉情况打印出来进行上报。但这样做的问题在于,反馈不够及时,等总经理发现问题所在,已经时过境迁,很难及时做出相应指示。但是乐城超市"客诉汇报"微信群的建立却改变了这一切。该微信群由客服课长进行发起和维护,及时发布顾客投诉信息。该微信群由客服课长、门店店长、相关部门总监、副总经理以及总经理参加。一旦客服课长将顾客投诉发布到微信群,相关部门的负责人立即会进行核查,并及时处理。"这其实解决了一个很微妙的问题。一旦将顾客投诉反映到微信群,上有总经理在监督,旁有其他同事在'围观',你无法坐视不理,必须给出稳妥的解决方案。这样保证了管理和执行的高效。"李奇表示。乐城超市总经理王卫表示,由于微信具有及时性、便捷性以及文字、图片、视频传输的多媒体属性,其辅助公司管理的"内向型"价值不可低估。

乐城超市利用微信的及时性、公开性以及平台作用，每个部门建立自己的管理微信群，公司管理层建立跨部门的协作微信群，甚至每一个正在进展的项目都有自己的微信群。总经理在每一个微信群参与讨论，上下协同，极大提高了公司的执行力。

管理学有一个著名的理论叫作"漏斗效应"。总经理将指令传达给部门总监，由于考虑问题的角度、思维方式、理解能力等方面的差异，这个过程大约有20%的信息衰减，部门总监理解到的也许只有80%的信息，他向下传达也会有20%的信息衰减，等到最后到达具体执行者，如同漏斗一样，他的理解也许与老总的初衷相去甚远。

对此，总经理王卫要求每一个部门成立部门会议微信群；管理层成立"总监会议群"；包括总部所有人员在内的"管理团队微信群"；以及用于培训的"干部培训教室"等共16个微信群。身为总经理的王卫会参加每一个微信群。在王卫看来，微信群具有平台型、大家参与的特点，因此可以减少指令传递的层级，从而消除"漏斗效应"。

资料来源：中国经营报网站 http://dianzibao.cb.com.cn/html/2013-05/06/content_26434.htm?div=-1

**启发思考题**

在社交媒体时代，管理者应该怎样利用微信等社交媒体提高组织沟通的效率？

## 本章推荐阅读资料：

1. [美]罗纳德·B.阿德勒，拉塞尔·F.普罗科特.沟通的艺术[M].黄素菲，李恩，王敏，译.北京：北京联合出版公司，2017.
2. [美]马歇尔·卢森堡.非暴力沟通[M].阮胤华，译.北京：华夏出版社，2018.
3. [美]科里·帕特森，约瑟夫·格雷尼，罗恩·麦克米兰，艾尔·史威茨勒.关键对话：如何高效能沟通[M].毕崇毅，译.北京：机械工业出版社，2017.
4. [美]罗伯特·B.西奥迪尼.影响力（经典版）[M].闾佳，译.北京：北京联合出版公司，2016.
5. [美]丹尼尔·卡尼曼.思考，快与慢[M].胡晓姣，李爱民，何梦莹，译.北京：中信出版社，2012.

# 第 10 章

# 控 制 概 述

(1) 掌握控制的概念和含义,以及控制的重要性和分类。

(2) 理解控制理论及控制系统的主要内容,组织绩效评价的基本方式及主要评价方法的基本原理,以及几种主要控制方法。

(3) 熟悉管理控制的过程及各个过程需要遵循的原则和达到的效果。

控制是管理过程中不可或缺的部分,是各级管理人员一项重要的工作内容。控制职能是计划执行和完成计划目标的保证,是保证管理效率和效果的手段。良好的控制可以保证管理各个职能的协调运行,提高管理效率,做到既能够保证管理制度实施的原则性、又能考虑环境变化的适应性,因地制宜地完成各项管理任务。

## 10.1 控制概述

"控制"这个词最早运用于军事和工程领域,是用来保证军事活动和工程项目如期进行、到期完成任务的一种手段。现代管理学引入"控制"这个词语作为管理活动一个职能,是因为管理的过程不总是按照计划发展,需要通过控制来保证管理目标的实现。

### 10.1.1 控制的定义和特征

#### 1. 控制的定义

控制是指根据计划与任务的要求,考虑环境的变化,对各项活动予以监视,从而保证各项行动按计划进行,并纠正各种显著偏差的过程。所有的管理者都需要做控制工作,即便其所在部门的表现完全符合计划,管理者仍应当承担控制的职责,原因在于,管理者对所应达到的目标与已经完成的工作进行比较之前,并不知道所负责部门的工作是否正常进行。因此,一个有效的控制系统能够保证各项行动依据组织的目标来完成。

控制是管理职能环节中的最后一环,能够帮助管理者了解组织目标是否实现,分析组织没有实现目标的原因。控制工作又是一个新的管理过程的开始。控制中发现的问题和产生的原因,是下一轮计划制订必须要考虑的信息。从而使新一轮计划更加符合实际。此外,控制职能还通过识别和纠正偏差来调整优化组织职能与领导职能。

2. 控制的特征

控制工作具有以下特征。

(1) 目的性。控制的最终目的是保证计划的顺利执行,保证控制目标的实现。控制的目的性特点要求控制的一切手段和措施都围绕控制目标的实现来进行。控制目标既可以是原计划目标也可以是根据环境变化调整后的目标,总之是符合企业管理任务要求的目标。因此,控制目标指引各项管理措施服务于完成特定目标的需要。

(2) 系统性。控制的系统性包括两层含义:一是保证控制的方法、手段、措施与环境变化相一致,也就是说保证控制与环境的系统性。二是保证控制职能与其他各项职能的一致性。保证控制职能的发挥与计划、组织、领导等其他职能的协调,只有这样才能保证管理系统目标的实现。

(3) 及时性。企业生存的内外环境变化越来越快,对与控制目标有关信息的捕捉要及时而准确,这是保证企业控制措施准确有力的前提和基础。这样可以保证和提高控制工作的有效性与灵活性。

(4) 经济性。控制所关心的不仅仅是如何完成目标,还应该关心如何高效低成本地完成目标。控制的经济性就是要以低成本的控制方法达成控制目标,既要保证效率和效果,也不能有过高的控制成本,要经济与高效相结合。

(5) 整体性。组织中所有的管理人员以及组织的各个方面(包括人员士气与作风、工作程序、产品质量、资金成本、物料消耗、工作或学习业绩等)均属于控制的范围。同时组织各个方面的控制又不是相互独立,而是相互联系、依赖为一个整体的。所以组织的控制,既是对组织各个方面的人和事进行控制,也是对组织整体运营和管理进行控制。

### 10.1.2 控制的重要性

控制是管理工作的重要职能之一,是保证组织运作和计划目标动态一致的管理职能。尽管组织计划可以被明确地制订出来,组织结构可以随着环境的变化加以调整,员工行动的积极性可以被领导有效地调动起来,但是以上这些都不能够完全保证所有的行动会按照计划执行,也不能够完全保证组织管理者追求的目标一定能达到。一个有效的管理者应该始终督促他人,确认应该采取的行动已经在进行,应该达到的目标事实上已经达到。实际上,管理是一个不断持续的过程,控制这一职能能够保证组织活动回到计划原点和预定轨道(图 10-1)。如果组织的管理者不执行控制这一职能,不知道组织及其成员是否对着目标和计划进行,就不可能知道未来该采取什么样的行动。

管理控制的重要性表现在如下几个方面。

#### 1. 环境变化的复杂性

企业面对的是动态的环境,其中影响企业活动的因素,如市场供求、产业结构、技术水平等都是在不断变化的,这些变化要求企业对制订的计划和经营内容做即时的调整。当今时代,全球经济深度融合,逆全球化浪潮也在涌动,企业面临的环境也愈加复杂。在复杂多变的环境中要保证计划目标的实现,更需要即时、准确地控制。

#### 2. 管理权力的分散

随着企业规模的扩大,企业的管理层次也会增加。使得管理权力分散到各个层级。企业分权程度越高,控制就越有必要。每个层次的主管都必须定期或不定期地检查直接下属的工作,以保证授予他们的权力得到正确的利用,且利用这些权力组织的业务活动符合计划与企业目的的要求。如果没有相应的控制系统,管理人员不去检查下级的工作情况,那么即使出现权力的滥用或活动不符合计划要求等其他情况,管理人员也无法发现,更无法采取及时的纠正行动。

#### 3. 工作能力的差异性

组织中的管理者和员工的工作能力会有差异。管理者的工作能力既涉及制订计划的能力,又包括计划实施的能力。这两方面的能力决定了计划与现实环境的匹配水平。如果计划制订能力差,造成计划制订得不周密,这必然造成控制人员工作量及控制难度的增加;计划实施的能力也考验了计划执行的效果,如果计划实施能力很差,必然出现比较大的偏差,要求控制人员在发现偏差、处理偏差方面能力要强。

组织员工的工作能力也会影响计划的实施。完善的计划实现要求每个部门的工作严格按照计划协调地进行。然而组织成员不可能始终在同一时空工作,他们的认识能力不同,对计划要求的理解也可能产生差异;他们的工作能力也有差异,工作的实际结果可能也与计划要求不符,甚至因为某个环节的偏离对整个企业活动的进行造成冲击。因此,加强对员工的工作控制十分必要。

### 10.1.3 控制的类型

#### 1. 前馈控制、同期控制和反馈控制

按照纠正措施的作用环节不同,可以将控制分为三种:前馈控制、同期控制和反馈控制,如图 10-1 所示。

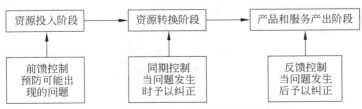

图 10-1 前馈控制、同期控制和反馈控制

1）前馈控制

前馈控制也称预先控制或提前控制。指的是在活动开展前就认真分析研究进行预测并采取防范措施，使可能出现的偏差在事先就可以筹划解决的控制方法，叫作前馈控制。例如，医生术前会与患者进行沟通，掌握患者的各项生命体征、患病史、药敏史、应用状态、生活背景及接受手术的态度和程度等，同时详细认真地向患者及其家属进行手术注意事项、手术流程及手术风险的介绍，缓解患者术前焦虑及恐惧心理，这就属于一种前馈控制。

前馈控制可以在计划、组织、人力资源管理和领导等各个环节实施。例如，饭店为提升服务质量，提前做好招聘计划，制定严格的筛选标准，并在员工上岗前进行素质培训，这些都是为保证计划目标实现所实施的前馈控制。

由于前馈控制能够避免预期出现的问题，所以是组织最希望采取的控制类型。前馈控制的作用在于防止问题的发生而不是解决已经出现的问题。前馈控制的优越性在于，前馈控制不仅能够使管理者得到及时的信息，以便采取根据信息采取相应的措施，也能够使管理者明确了解，如果不采取及时的措施组织就会出现问题。前馈控制能够克服反馈控制中由于时间差所带来的不可避免的缺陷。基于这点，从某种意义上说，前馈控制可以被视为一个真正的反馈系统。

前馈控制能够大大改善控制系统的效率，但是在实际中实行前馈控制需要满足以下几个必要的条件。

（1）确定重要的输入变量，基础在于必须对计划和控制系统做出全面的、透彻的、仔细的分析；

（2）建立完善的前馈控制系统的模式；

（3）保持前馈系统模式的持续动态，具体来说就是对该模式进行经常的检查，以了解已经确定的重要输入变量及其之间的相互关系是否还能够持续地反映实际情况；

（4）必须定期地收集所确定的输入变量的数据，并将所收集的数据输入至控制系统；

（5）必须定期地估计计划输入的数据和实际输入的数据之间的偏差，并评价偏差对预期的最终成果所产生的影响；

（6）必须有相应的保证措施，前馈控制的作用同任何其他的计划和控制方法一样，其所能完成的任务就是向组织成员指出问题，但是显然，在实际工作中还需要采取一定的措施来解决这些问题。

由此可见，前馈控制的基础是及时和准确的信息，对组织的信息管理能力要求较高，因此在实际工作中，管理者还需要借助另外两种类型的控制。

2）同期控制

同期控制又可以叫作现场控制，是指发生在工作活动进行之中的控制，在活动进行中对整个环节予以控制，能够使得管理者在发生重大的损失之前及时纠正问题。日常管理中，最常见的同期控制方式是直接监督。同期控制也可以用"走动式管理"来形容。管理者可以在直接视察下属的行动的同时，监督员工的实际工作，使得在问题发生时能够马上得到纠正。管理者越早知道业务活动与计划的不一致，采取纠偏措施的反应就会越快，可以在重大损失发生之前及时制止。

在计划实施的过程中，现场控制方法存在于大多数的管理控制中，尤其是基层的管理控制工作。基层管理者通过深入现场，能够做到亲自监督检查、控制和指导下属员工的活动。其中现场控制的主要内容包括以下三点。

（1）向下属员工指导合适的工作过程和工作方法；

（2）对下属员工的工作进行监督以保证计划目标的实现；

（3）在发现不合标准的偏差时，应予以及时的纠正。

同期控制的作用体现在以下两个方面。

（1）指导下属以正确的方法进行工作。现场监督的方式使得管理者有机会向下属当面传授工作技巧和方法，纠正错误的工作方式，从而提高下属的工作能力。

（2）保证计划的执行和计划目标的实现。通过现场监督，管理者可以随时发现工作中与计划偏离的现象，在萌芽状态解决问题，避免产生更大的损失。

在现场控制工作中有一个最需要注意的方面，就是组织的管理者要尽量避免凭主观意志进行工作。为了防止这类情况的发生，管理者需要通过学习来加强自身的能力，同时，尽量做到亲临第一线进行认真仔细地观察和监督，以制定好的计划或者标准为考核依据，服从组织制定的原则，遵从组织的正式指挥系统，以实现逐级控制。

随着计算机的普及和其在数据收集、处理、传递、储存上的应用，带来了实时信息系统的发展。商业数字化的发展，尤其是大数据的分析应用，为企业实现实时控制提供了基础。

3）反馈控制

反馈控制是组织管理中最常用到的控制类型，是指在一个时期的生产经营结束后，对本期的资源利用状况及其结果进行总结。反馈控制是一种"亡羊补牢"式控制方法，组织管理者是根据输出的成果和信息来对工作进行控制的。例如，产品质量控制，产品的质量标准是预先设定出的，产品的检验结果是生产之后进行统计，之后将统计结果同质量标准进行比较，然后才能根据结果采取相应的措施。在这个过程中，因为需要对信息进行收集、分析和处理，所以产品质量统计结果是滞后信息。产品检验的结果通常有两种：达到或者超过预期目标，未达到目标。假如在产品检验之后发现很多质量不合格的产品，那么这些生产出的不合格产品已经给企业造成了损失。因此，反馈控制的主要作用是通过总结过去的经验和教训，为未来计划的制订和活动的安排提供借鉴。

（1）反馈控制的分类

反馈控制可以分为两种：第一种叫作端部反馈，即用来控制系统的最终成果，如销售收入、产量、利润和利润率等；第二种叫作局部反馈，即用来控制系统的中间结果，如生产计划、新产品样机、在制品库存量、生产过程和工序质量等。局部反馈的主要作用在于改善管理控制系统的功能，通过采用各种不同的局部反馈方法，能够帮助管理者及时发现问题，排除隐患，避免造成严重的后果。端部反馈和局部反馈之间存在一种多种嵌套关系，同时这种结构也是复杂动态系统的一个主要特征。

（2）反馈控制的优缺点

反馈控制的优点体现在两个方面。

① 反馈控制能够为组织管理者提供有关计划实施效果的真实信息。如果反馈的信息显示实际效果和所设定的标准之间没有或者有较小的偏差，则说明计划达到了目的；但

是如果结果显示偏差较大,管理者就需要利用比较的结果和信息,分析偏差产生的原因,并制订新的更加有效的计划。

② 反馈控制能够起到增强员工积极性的作用。因为员工会希望获得有关评价其工作表现的信息,反馈控制所提供的信息能够满足员工这类需求。

反馈控制的缺点在于,当管理者获得反馈的信息时,偏差所造成的浪费或者损失已经产生了。不过很多情况下,反馈控制是唯一可用的控制手段。例如,反映公司财务状况的财务报表,如果结果显示销售收入有明显的下降,实际上收入下降已经产生了。此时,管理者能够做的就是分析销售收入下降的原因,并基于目前的状况提出改善措施。但是,管理者可以通过运用一些技术手段来缩短时间的延迟,减少资源浪费和损失。

在组织中,目前应用最广泛的四种反馈控制方法为:

① 财务报告分析。通过分析财务资料,了解本期资金利用的状况和结果,目的是弄清企业的盈利水平、偿债能力以及运维能力等,作为企业下期活动的指导,如调整产品结构和生产规模。

② 标准成本分析。通过比较标准成本和实际成本,了解成本计划的完成情况,分析影响成本投入的各项因素,如材料、设备、人力资源等,为下期活动提供降低成本、提高效益的指导。

③ 质量控制分析。通过研究质量控制系统的数据,了解产品质量水平,找出质量管理中存在的问题,为下期活动中的质量标准制定和质量管控过程提供依据。

④ 工作人员成绩评定。通过检查员工在本期工作中的表现,判断他们的行为是否符合计划要求,评估员工个人对企业的贡献值,作为员工报酬的客观依据。由于在组织中,人是最关键的资源,且人的成绩标准很难做到客观、简短、明了,所以在四种方法中,最重要且最困难的是"工作人员成绩评定"。许多管理或者非管理的任务无法用量化的方法来衡量,在组织中,有相当大一部分的评定过程是根据管理者的主观判断来进行的。

2. 直接控制和间接控制

按照主管人员与控制对象的关系,可以将控制工作分为两种:直接控制和间接控制。直接控制着眼于培养更好的管理者,使他们做到能够熟练地应用管理的原理、概念和技术,能够用系统的观点来推动和改善所负责的管理工作,以防止出现因管理不善而带来的不良后果。而间接控制着眼于发现工作中出现的偏差,分析偏差产生的原因,并为了改进未来的工作而追究个人的责任。

1) 直接控制

(1) 直接控制的指导思想

直接控制是通过提高管理者的素质来进行控制工作的。直接控制的指导思想是:合格的管理者所犯的错误最少,他们能敏锐地察觉到正在形成的问题,能及时采取必要的修正措施。而对"合格"的理解是:能够熟练地应用管理的原理、概念和技术,能够用系统的观点来推动和改善所负责的管理工作。因此,组织可以通过甄选、培训、完善考核方法等措施,来改变相关管理者的未来行为。

(2) 直接控制的依据

直接控制方法的合理性是建立在以下四个较为合理的假设的基础之上的：第一，合格的管理者所犯的错误最少；第二，管理工作的效果是可以被量化的；第三，在量化管理工作的效果时，管理的原理、概念和技术是一些有用的判断标准；第四，有关管理控制基本原理的应用情况是可以评价的。

(3) 直接控制的优点

直接控制有着以下四个方面的优点。

第一，管理人员的质量可以得到控制，在对个人进行委派任务时能够有较大的准确性。

第二，直接控制能够做到使管理者主动采取纠偏的措施，并使措施的执行更加有效。

第三，直接控制能够获得良好的心理效果。在管理者的素质提高后，他们的威信会得到相应的提高，下属对他们的支持和信任也会相应地增加，这种情况对于组织整体计划目标的实现有着积极影响。

第四，直接控制能够节约经费。由于直接控制能够帮助提高管理者的个人素质，相应的能够减少偏差的发生，便有可能减少由间接控制所带来的负担，能从根本上减少经费开支。

2) 间接控制

(1) 间接控制的指导思想。间接控制方法的应用是基于以下事实：组织的员工会不可避免地犯错误，或者没有察觉到即将出现的问题，导致适当的纠正措施或预防措施不能被及时采取。员工一般的流程则是依据计划和标准，考核和对比实际的结果，调查和研究产生偏差的原因，最后采取纠正措施。

但在工作中出现问题、造成偏差的原因是有很多的。标准制定不准确会造成偏差，但是在标准正确制定的情况下，管理人员缺乏判断力、知识、经验，以及不确定因素（包括无法确定的每一件事情）等也会使结果产生偏差。由于不确定因素所导致的管理失误是无法避免的，因而间接管理技术无法处理由于不确定因素所导致的失败情况。间接控制的作用体现在以下两个方面：一方面，能够帮助管理者纠正由于缺乏判断力、知识、经验所造成的管理失误和工作偏差；另一方面，能够帮助管理者总结、吸取经验教训，增加管理者的判断力、知识、经验，提高管理者的整体管理水平。

(2) 间接控制的假设。除此之外，间接控制的方法是建立在以下五个假设的基础之上：第一，工作的效果是可以被量化的；第二，组织的员工对于工作的效果具有个人责任感；第三，组织能够保证追查偏差产生的原因所需要的时间；第四，所出现的偏差能够被预料且能及时发现；第五，偏差出现后，相关的部门或者人员会采取相应的措施。

但在实际操作中，间接控制的假设在很多情况下不能成立。

第一，在实际管理中，有许多工作的效果是难以量化的。最常见的如：管理者的领导水平、决策能力和预见性是很难被量化的；对计划的完成起到关键作用的部门的工作效果，不能与非关键部门的工作效果相比较，即便是在前者的工作效果大于后者的情况下，也无法给出"前者的工作难度一定大于后者"这样的结论。

第二，组织员工个体的责任感是无法量化的。在组织中存在一些种类的工作，效果的高低和员工个体的责任感关系不大或者无关,而是由一些客观因素所导致的,如原材料价格上涨带来的成本提高。

第三,在一些情况下,管理者会不愿意主动花费精力和时间来调查与分析偏差产生的原因。这其中的原因可能包括部门管理者之间互相包庇、责任不明确导致缺乏调查分析的动力、可能面临较严重的处罚等。

第四,在实际管理中,有一部分偏差无法被预料或者及时发现。这类偏差被发现时往往已经太迟,管理者无法很难或者根本无法采取有效的纠正措施。

第五,在一些情况下,尽管偏差产生的原因已经被找到,但是组织中没有人愿意采取纠正措施。这其中的原因可能包括纠正措施的成本太高、员工相互推诿不愿意承担责任、当事的管理者固执己见等。

(3) 间接控制的缺点。由此可见,间接控制不可避免地存在一些缺点,除了上述假设难以满足外,另一个突出的缺陷是,间接控制的纠偏措施出现在偏差和损失之后。因而,采用间接控制方法的费用支出较大。基于以上可以看出,间接控制并不是在所有管理领域都普遍适用的方法,在实际的应用中,不能单纯仅依靠一种控制方法来对组织的各个方面实现管理控制,应当重点采用某种方法、其他方法加以辅助。

### 3. 战略、战术与作业控制

正如计划可以按照制订计划的管理人员层次划分成战略计划、战术计划和作业计划,控制也可以相对应地按照控制层次划分为战略控制、战术控制与作业控制三个类型,如图 10-2 所示。

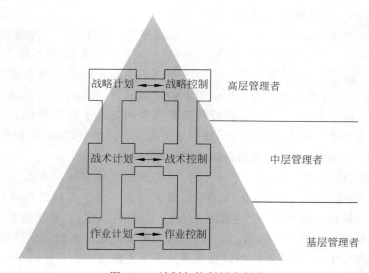

图 10-2 计划与控制层次划分

战略控制是指涉及企业同外部环境关系的基本战略方向的控制,通过监测关键的环境因素来保证战略计划的实施,评估组织战略行动的效果,并适时地调整计划。战略控制通常由高层管理者实施,着眼于企业发展与内外环境条件的适应性,从企业总体考虑,着重于长期(1年以上)业绩。虽然高层管理者主要关注战略问题,他们也会参与到战术和作业计划的实施和控制中。

战术控制着眼于评估部门层面的战术计划,监测实施结果,并适时做出调整。战略控制通常由中层管理者实施,主要处理战略规划实施过程中的局部、短期性问题,着重于短期(1年以下)业绩。虽然中层管理者主要关注战术问题,他们也会参与战略控制,为高层管理者提供解决战略问题的相关信息。同样,他们也会参与作业控制,检查作业计划实施的关键指标。

作业控制是指审查作业计划的实施,监督日常工作结果,并适时做出调整。作业控制大部分是基层管理者的工作职责,通常关注员工个人的工作日程、预算、管理以及产出。作业控制通常处理的是近期活动,考虑近期(如月度、季度)业绩,如日常的产品质量控制。

控制层级并不是割裂开的,不同层级的管理者需要相互配合,系统协调,才能保证控制工作的有效性。

## 10.2 控制的过程

控制工作贯穿企业管理的各个方面,无论控制的对象和方式方法是否相同,控制工作的过程是基本相同的。最有代表性的控制是反馈控制,其控制过程由三个步骤构成,即确定控制标准、衡量绩效与发现偏差、纠正偏差,如图10-3所示。

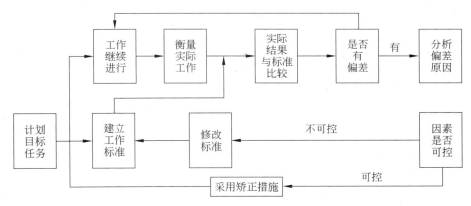

图10-3 管理控制的过程

### 10.2.1 确定控制标准

控制必须以一定的标准为依据。控制标准是人们检查和衡量实际工作及其结果(包括阶段结果和最终结果)的规范,是由一系列计划目标构成的。标准是进行控制的基础,没有一套完整的标准,衡量绩效或纠正偏差就失去了客观依据。

管理控制的标准一般是由计划提供,或是由计划目标分解而成,有些计划目标可直接用来作为控制标准,如销售量、利润率等。但有时由于控制的内容不同或为了可操作性,计划指标并不能直接作为控制标准,需要进行分解或转换处理后方可作为控制标准。

### 1. 控制标准的分类

1) 以标准的明确程度划分：数量标准与质量标准。

根据控制标准的明确程度可以将控制标准划分为数量标准和质量标准两部分。前者具有明确、可证实、可度量等特点，在管理中被广泛采用，是企业各种控制标准的主要构成部分；而后者由于难以用定量方式表达，管理者往往只能借助经验和判断来形成衡量的标准，因此，具有较大的主观性，限制了它的应用。但无论是作为独立的控制标准，还是作为数量标准的补充成分，质量标准在实践中的作用是不可忽视的。

数量标准包括经验标准、统计标准和技术标准三种。

（1）经验标准。经验标准是一种估计的标准，它是在缺乏统计资料和客观依据的情况下，根据管理人员的经验，通过判断、评估等确定的标准。显然，采用这种方法来建立控制标准时，带有较大的主观性。因此要注意利用各方面管理人员的知识和经验，综合大家的判断，给出一个相对先进合理的标准。

（2）统计标准。统计标准是一种历史性标准，是利用各种历史数据，采用统计方法建立的控制标准。采用这种方法确定的标准由于有历史资料做依据，因此具有较高的可靠性和准确性，实施起来也容易为组织成员所接受。不过，统计标准受历史数据水平及准确性的限制，以及立足于根据历史推断未来的前提，所以其应用也有一定的局限。

（3）技术标准。技术标准通常也称为工程标准，它是根据事物的内在联系，采用科学的测量和计算方法，并经过科学分析确定的标准。技术标准准确性高，具有较强的稳定性，所以，在企业中一般都采用标准文件的形式把它法律化，如产品质量标准、材料消耗定额、工时定额等。通常国家或国际机构也制定相关的产品质量标准，企业可以根据自己的技术水平和市场竞争要求选择采用。

2) 以管理职能的具体特点划分

管理组织性质不同，管理的环节不同的管理特点是不一样的，有的甚至是完全不同的。例如，服务性企业和生产企业在确定控制标准的时候就必须考虑其特点。因此，可以根据组织情况特点因地制宜地选择合适的控制标准。但一定要考虑标准的可考核性，现实中经常采用的标准有以下几种。

（1）实物标准，或物理标准。实物标准是非货币形式的衡量标准，普遍使用于基层单位，如使用原材料、雇佣劳动力、提供产品或服务等的标准。这些标准可以反映任务或工作的数量方面，也可以反映任务或工作的质量方面。从某种意义上讲，实物标准是计划工作的基石，也是控制的基本标准。

（2）费用标准，或成本标准。费用标准是货币形式的衡量标准。费用标准是以货币价值来衡量因作业造成的消耗，即作业消耗的货币价值形式。同实物标准一样，费用标准也适用于基层单位。

（3）资金标准，或资本标准。这是费用标准的变种，是用货币来计量实物项目而引起的。资金标准与投入一个企业的资金有关，而与经营费用无关。对于新的投资和综合控制而言，最广泛运用的标准是投资回收率。资产负债表通常还披露其他资本标准，如流动比率，资产负债率，固定投资与总投资的比率，速动比率，短期负债或债券与股票的比率，以及存货周转率和存货规模的大小等。资金标准与损益表无关。

（4）收入标准，或收益标准。收入标准是销售额的货币价值形式，通过收入的价值数量确定合理的控制标准，属于数量标准范畴。

（5）计划标准，或程序标准。在一些工作或任务的评价中需要运用主观判断，时间或其他因素通常被作为客观的判断标准。

（6）无形标准。一些问题要建立清晰的定量和定性标准是极其困难的。如主管人员对下属的人事科长或医务主任的能力的评价。在任何一个组织中，都存在着许多无形标准。在这些情形下，主观判断、反复试验、知觉便成为衡量的依据。

### 2. 控制关键点与控制标准的匹配

一般而言，选择什么样的控制标准与所控制的对象有关，不同的控制对象需要不同的控制标准。因此，确定控制标准实际上就是要选择需要控制的对象。理论上，企业经营过程中所有的经营因素都应该成为控制的对象，但实际上是不可能的，也是没有必要的。在实践中，应该结合企业的具体情况选择一些关键环节作为控制的重点，而对其他因素则可以进行一般性的控制。

最常用的控制标准有四种：时间标准（如工时、交货期等）、数量标准（如产品数量、废品数量）、质量标准（如产品等级、合格率）和成本标准（如单位产品成本）。组织中的所有作业活动都可依据这四种标准进行控制。

### 3. 确定控制水平的原则

在确定控制标准的过程中，除了选择标准的种类外，对其水平的确定也是一项十分重要的工作。合理、恰当的标准水平有利于保证控制系统的有效性，促进实际工作能力不断提高；反之，则可能使控制系统流于形式，收不到预想的效果。因此，要确定合理的控制水平必须遵循一定的原则。

（1）计划目标导向原则。所有的控制标准都应该围绕计划目标确定其水平。对于企业最终经营成果的控制，其标准水平一般直接由企业的经营目标决定，即计划目标。但对于中间各环节的控制，其标准水平却有着较大的不同，一些标准的水平可以通过经营目标的层层分解得到，而另外一些则可能与经营目标没有直接的联系，需要根据控制点对经营目标保证程度的要求来确定。

（2）先进合理性原则。标准的水平应该保证其先进合理性，也就是说既要有先进性，也要有一定的合理性，要使大多数人经过努力可以达到。标准水平太低，轻易就可以达到，这显然是管理者不愿意看到的，也不能起到激励员工的作用。标准水平太高，多数员工经过努力也无法达到，他们就会放弃对目标的追求，员工的工作积极性也会受到极大的挫伤。

（3）适度柔性原则。控制标准一旦确定下来，就应该具有一定的严肃性，但这种严肃性不应该成为一种限制，应该允许员工在具体工作中根据不同的情况灵活执行，即标准应具有一定的弹性。标准建立起来后，可能在一段时期内保持不变，但环境却在不断变化，所以，控制标准应对环境变化有一定的适应性，特殊情况能够做到例外处理。

#### 4. 控制标准要达到的效果

(1) 可操作性。要使标准便于对各部门的工作进行衡量,当出现偏差时,能找到相应的责任单位,如成本控制,不仅要规定总生产费用,而且要按成本项目规定标准,为每个部门规定费用标准等。

(2) 针对性。具体性建立的标准都应该有利于组织目标的实现。对每一项工作的衡量都必须有具体的时间幅度、具体的衡量内容和要求。

(3) 一致性。建立的标准应尽可能地体现出一致性。管理工作中制定出来的控制标准实际上就是一种规章制度,它反映了管理人员的期望,也为人们提供了努力的方向。控制标准应是公平的。如果某项控制标准适用于每个组织成员,就应该一视同仁,不允许个别人搞特殊化。

### 10.2.2 衡量绩效与发现偏差

理想情况下,控制应当是能够事先预料到可能发生的偏差,并在偏差发生之前采取相应的措施以避免偏差的发生。但是这类理想的控制需要一定的条件,而在实际情况中,大多数的控制行为还是基于活动效果所反馈的信息而采取的。因此,这个过程可以被看作控制过程中的"反馈"环节。

#### 1. 衡量的步骤

衡量绩效一般需要经历以下步骤:首先,需要明确衡量的方法是什么,并落实到进行衡量和检查的人员;其次,通过衡量实际工作的效果,获得大量的信息;最后,将效果同所制订的计划进行比较,以发现是否存在偏差。获得信息的目的在于:一方面,能够反映出计划执行的进行程度,使管理者充分了解每个部门的工作效果,以便对部门的员工进行相应的奖励和惩罚;另一方面,能够帮助管理者及时发现那些已经发生或者即将要发生的偏差。

其中,按照计划的标准来衡量实际成效的最好的办法的基础是向前看,建立在这种基础之上的控制能够帮助管理者在偏差将要发生时就被及时发现,并采取适当的措施加以避免。但是实际中这样的情况不一定行得通,只有对于那些敏感且有远见的管理者才能行得通。对于那些缺乏这种能力的管理者,应该通过一定技术手段帮助自己尽早发现已经发生的偏差。

在确定衡量的方法后,对实际或者预期的执行情况进行评价会变得相对容易。但是,实际的情况却不是这样理想,因为对于组织中的很多工作,无法制定出精确的衡量标准,且也难以进行量化。这类工作主要是那些技术性不强的工作,如各级管理者的工作效果等。

但是,对于这些难以衡量的管理者的工作,却是组织应该给予特别关注的部分。原因在于,各级管理者不仅是计划的执行者,更是计划的制订者和监督者,他们的工作效果不仅关系着他们自身的绩效考核,还决定着整个部门甚至整个组织的生存与发展。所以不仅需要对各级管理者的工作效果进行衡量和评价,还需要对他们自身的素质进行考评。

事实上，在拟订组织计划执行的标准时，已经部分解决了如何评定管理活动效果的问题。具体说就是，通过制定可考核的标准，并同时确定统计的口径、计量的单位和计算的方法。因此，对于评定效果而言，剩下的流程就是及时地收集可靠的、适用的信息，并传递到相关的、有权采取纠偏措施的管理人员手中。

### 2. 衡量的方法

管理者常用来衡量实际工作绩效的四种信息包括统计报告、个人观察、书面报告和口头汇报。就每一种信息而言，有各自的优点和缺点，但是如果将这四种信息结合起来的话，就可以增加信息的来源，并提高信息的可信程度。

（1）个人观察。通过个人观察，管理者能够获得关于实际工作最深入的第一手资料，且这种方法提供的不是过滤、加工后的信息。因为不管是细微的，还是重大的绩效活动都可以通过个人观察的方法获得，因此，这种方法不仅能够为管理者提供非常广泛的内容，还为管理者提供了查看实际工作进展的机会。

不能否定的是，个人观察确实存在一些缺点。首先，个人观察存在主观性，容易受到个人偏见的局限等。其次，一位管理者观察到的问题，另一位管理者可能观察不到或者认为不是问题。再次，个人观察需要耗费管理者大量的时间和精力，随着组织的不断扩张，管理者的控制范围也在持续增大，这种缺陷会越来越明显。最后，当管理者采用个人观察的方法时，会承受着贸然闯入的嫌疑，因为员工可能会将管理者的观察行为看作对自己缺乏信任和信心的行为。

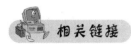
相关链接

**走动式管理**

著名的惠普公司具备一套独有的经营管理方式，并被其他企业奉为经典，其中核心之一就是"走动式管理"。

所谓"走动式管理"，就是指高管经常走动于各个部门之间，了解各级员工的工作情况，多和他们沟通、鼓励他们，更好地了解每个部门和员工以更有效地决策。

麦当劳曾经历过一段严重亏损的危机，创始人雷·克罗克发现这其中最重要的一个原因在于各个职能部门官僚主义严重，一些部门领导习惯坐在办公室对下属员工提出一些建议，而通常这些建议浮于表面，并不能解决当下真正的问题。

于是克罗克实施了一个有趣且有效的办法，即把部门领导办公室的座位椅背都拆掉，最初很多人不理解他的做法，不久大家都悟出他的良苦用心，很多经理开始走出办公室，及时去了解现状，走到现场解决问题，最终帮助麦当劳扭亏转盈。

随着实时通信工具的出现，使得"领导不出门，便知公司事"成为可能，走动式管理一度被认为不符合现代的管理趋势。然而，正是这些现代手段的运用，使得很多管理者隔离在了自己的办公室内，他们看到的，都是整理好的井井有条的数据，而非现实的情况。现代企业同样需要深入现场的走动式管理。

华为创始人任正非就在公司内部讲话时，说道："我们要砍掉基层的脑袋，中层的屁股,高层的手脚。"其中,"砍掉中层的屁股",有一层意思就是在鼓励中层走出办公室,去听听一线员工和市场的声音,要把指挥所建在能听得见"炮声"的地方。据说,任正非还曾经给华为的某些干部送皮鞋,因为他不满某些干部不愿走到一线和市场中,讥笑他们吝啬自己的皮鞋,年底评价这些干部的标准就是看谁的皮鞋磨损比较严重。

资料来源:桂兹佳.不妨尝试一下"走动式管理",载《湖南教育(上旬刊)》,2016,000(002).
次次.任正非:一刀一刀再一刀[J].当代工人,2017(1).有改动

(2) 统计报告。越来越多的管理者倾向于通过统计报告来衡量员工的实际工作绩效。因为,统计报告中不仅包含计算机输出的文字,还包含多种数值、图形、表格的展示等形式,可以帮助管理者用以更好地衡量员工的工作绩效。但是,统计报告只能够为那些少数的、可以用数值衡量的方面提供准确的数据和一定程度的分析,忽略了很多主观方面的、对组织管理十分重要的因素。

(3) 口头汇报。信息也能够通过口头汇报的方式获得。一般的口头汇报的方式包括聚会、各种会议、电话交谈、一对一地谈话等。如果组织中的员工在虚拟的环境中工作,口头汇报的方式可能是监督工作绩效最好的方式。与个人观察的方法类似,这种方法衡量员工工作绩效的方式存在相似的优缺点。尽管相对于个人观察,这种方法得到的信息是经过过滤的,但是这仍是一种快捷的、有反馈的方法,且交流双方可以通过语言的词汇和语调来传达内容之外的各种信息。在过去,这种方式的一个主要缺点是不正式,且不便于存档和以后重新使用。但是随着信息技术的发展,使得口头汇报的信息变得更加容易被录制,且能够像统计报告或者书面报告一样永久的保存。

(4) 书面报告。实际工作也能够通过书面报告的形式加以衡量,与其他几种方法相比,书面汇报有着以下几个特点:相对于统计报告,书面报告会显得慢一些;相对于一手或者二手报告,显得更加正式一些;相对于口头汇报,显得更加精确和全面;相对于其他三种方式,更加易于存档和查找。

### 3. 衡量的内容

因为,选择了错误的标准,会导致严重的不良后果,且衡量的内容在很大程度上决定了组织员工所追求的内容。因此,在控制的过程中,衡量的内容是比衡量方法更加重要的问题。

(1) 可量化的指标。有一些控制标准可以适用于任何管理环境的,如营业额、出勤率、员工的满意度等都是可以衡量和量化的。管理者的活动内容是指导他们的行动,且在管理者的职权范围内他们都有一定的费用预算,因此,根据预算来将管理者的这部分支出费用控制在计划范围内是一种比较常用的衡量方法。但是,在组织管理中需要认清这样一个现实,由于管理者之间存在着差异,所以任何内容广泛的控制系统都必须承认管理者之间存在着多样性。例如,对于组织的销售经理,衡量其工作的指标可能包括单笔销售的销售额、市场占有率、单次媒体广告影响的顾客数量、单位销售员拜访的顾客数量等。对于组织的生产经理,衡量其工作的指标可能包括每日的产量、单位工时的产量、顾客退货的百分比、次品率等。对于政府部门的工作人员,衡量其工作的指标可能包括处理文书工

作的平均时间、每天处理的市民请求数量、每天起草的文件数量等。

（2）工作目标。如上面所列举的可以衡量的指标相反,有些工作是效果是难以量化衡量的。衡量一个管理者的工作效果与衡量一个客服中心接线员的工作效果,显然前者的难度大于后者。对于这种情况,可以将组织的很多工作用目标来加以衡量。在这种情况下,管理者需要做到首先确定某个人、某个部门,对整个组织所贡献的价值,然后将贡献的价值转换成可以准确衡量的标准。

（3）主观内容。组织中有些工作是可以用可度量或者可确定的措辞来表达。当不能够用定量的方式来衡量一种成绩的指标时,管理可以通过寻找一种主观衡量的方法来解决。虽然主观衡量的方式具有较大的局限性,但是相对于没有任何标准衡量工作效果,主观衡量是一种较优的选择。组织的管理者不应该以难以量化为借口来避免衡量重要工作的效果。但是同时,管理者也应该意识到,任何建立在主观标准上的决策和分析都具有一定的局限性。

### 4．发现偏差

发现偏差的主要工作内容是比较,即将实际工作的成绩与计划的标准进行比较,以发现二者之间的偏差。在组织所有的工作中,虽然偏差是在所难免的,但是组织可以确定一个可以接受的偏差范围,如果偏差显著地超出了这个范围,产品的质量问题就应该引起管理者的注意。在比较的过程中,管理者还应该特别注意偏差的大小和方向。例如表10-1为某企业当月的定额标准和实际销售数量。

表 10-1　某企业当月的定额标准和实际销售数量　　　　单位：万件

| 品　　牌 | 定　额　标　准 | 实际销售数量 | 超出（欠缺） |
| --- | --- | --- | --- |
| 1 | 1075 | 913 | (162) |
| 2 | 630 | 634 | 4 |
| 3 | 800 | 912 | 112 |
| 4 | 620 | 622 | 2 |
| 5 | 540 | 672 | 132 |
| 6 | 170 | 286 | 116 |
| 总计 | 3835 | 4039 | 204 |

从整体看来,当月的实际情况比计划的标准要高,也就是说整体的表现还不错。但是有些品牌的情况需要引起品牌经理的注意,同时值得关注的数量依赖于所设定的显著程度,也就是多大的偏差才会引起品牌经理的注意,并采取相应的行动。品牌2和4的偏差很小,毫无疑问,这两个品牌的偏差是不值得注意的。品牌1的实际销量比预定目标少15.1%,这是一个显著的且值得注意的偏差,品牌经理必须找出实际销量没有达到预计标准的原因。同时还需要分析这种下降情况是否是持续的,如果是则需要降低品牌1下个月的预订量和库存。

是不是所有的比预计标准高的情况都是好的呢？不是的,过低估计销量与过高估计销量所引起的后果同样都是有害的。如品牌6,当月的销量出乎意料的高,实际销量高出预计标准68%,这时品牌经理需要分析这只是当月的偏差,还是这个品牌真的越来越受到消费者的欢迎。品牌经理需要根据实际提供的各种信息来分析和决策,如果是后者,那么品牌经理需要提高品牌6下个月的预订量和库存,从而不冒缺货和损失顾客的风险。虽然品牌5超出预计标准的程度没有品牌6高,但是超出预计标准24.4%的偏差仍然是不可忽视的,同品牌6一样,品牌经理需要有相同的信息收集、分析,并根据结果做出相应决策。

### 10.2.3　纠正偏差

控制过程的最后一个步骤就是纠正偏差。这一步骤是控制工作的关键,因为这一步体现了组织整体控制工作的目的。同时,管理者通过采取纠正偏差的行动,能够将控制与其他管理职能结合在一起。在进行实际的纠正偏差举措之前,管理者需要深入分析偏差产生的原因。了解原因之后,管理者需要在下列两种行动方案中做出选择:改进实际工作,或者修改计划标准。

**1. 分析偏差产生的原因**

如果组织制订的计划标准能够反映组织结构的实际情况,那么在发现偏差后就能够准确找出对于偏差的产生负有责任的人,以对偏差做出迅速的纠正措施。但是在实际工作中,尽管有着明确的标准,能够及时地得到有关工作效果的信息以发现偏差,且能够准确地找到应该对偏差负责人的人,及时采取纠正措施也不是一件简单的工作,甚至会很困难。

这是因为,偏差的纠正措施需要基于偏差产生的原因来采取,且原因可能是极其复杂的。管理者需花费较大的精力和时间去分析偏差产生的原因,而不是仅仅头痛医头、脚痛医脚。

例如,销售收入的上升和下降。无论采用计划目标衡量的方法,还是采用同期比较方法,管理者都能够很容易地发现销售收入是上升还是下降了,但是分析引起销售收入上升或者下降的原因却不是那么容易,因为仅仅是引起销售收入下降的原因就可能包括:技术研发部门新产品开发进度太慢致使产品老化,组织产品的竞争力下降;制造部门所生产的产品质量下降和不能按时交货;销售部门营销工作出现了问题,产品促销力度不够;新的生产同质产品厂家的进入导致产品市场份额下降;宏观经济调控造成的行业整体市场规模缩小;等等。一方面准确的销售收入下降产生的原因需要大量、全面的信息;另一方面造成收入下降的原因可能不止一种,因此分析原因的过程不是一件简单的工作。但是,如果对于造成偏差产生的原因分析不准确,纠正措施就会是无的放矢,不能产生应有的效果。

**2. 纠正偏差**

在查明偏差产生的原因之后,纠正偏差的工作可能涉及一些其他的管理职能。根据分析出的偏差产生的原因,管理者可以采取两个方面纠正措施:改进实际工作;修改计划标准。改进实际工作旨在改进流程、工作方式等,修改计划标准旨在调整计划或者目标以适应实际情况。

1) 改进实际工作

如果偏差是由于工作的不足所产生的,管理者应该采取纠正措施以提高实际工作效果。其中纠正措施可以包括:组织结构、管理策略、培训计划、组织结构上的调整;给员工重新分配工作、雇用新的员工、解雇员工。

管理者在采取纠正措施前,需要决定采取何种纠正行动,包括直接纠正措施和彻底纠正措施。直接纠正措施指的是在偏差出现后立即将出现的偏差矫正到正确的轨道上,属于救火措施;彻底纠正措施则指的是在偏差出现后,首先需要弄清楚偏差产生的原因,然后从偏差产生的环节开始采取纠正措施,比较彻底。在组织中,更多需要的是彻底纠正措施,这样能够从根本上杜绝相同或者类似偏差再次产生。但是在实际中,管理者经常以没有时间为借口而不采用彻底纠正措施,导致自身处于不断地采取救火式直接纠正措施的境况。事实证明,对于一个有效的管理者而言,花费一定的时间和精力对偏差进行认真的分析,并彻底地纠正工作中的偏差,在整体上是更加有益的。

在上述表 10-1 的例子中,品牌经理能够采取的直接纠正措施包括:与零售商取得联系,立即将品牌 1 产品的价格下调 5%,或者其他促进销售的直接措施。如果要采取彻底纠正措施,品牌经理需要做到首先分析销售收入低于预期标准的原因,并针对原因采取提高广告预算、减少订货、增强促销努力等措施,而采取措施的依据一方面是偏差产生的原因;另一方面是品牌的潜在利润。

2) 修改标准

有时,工作中产生的偏差也有可能是由不现实的标准所导致的,具体来说就是标准制定得太高或者太低了。在这种情况下,值得关注的应该是标准的制定,而不是工作的本身。在表 10-1 的例子中,品牌经理需要提高品牌 6 的销售收入标准以准确反映其受欢迎的程度。

在修订标准时如果采取降低标准的措施,会引起更多的麻烦。这是因为在组织中,不管是普通的员工还是管理者,当他们没有达到计划的标准时,会首先将产生的偏差归咎到标准本身,而不是首先是否是由其他原因造成。例如,组织中的员工或者部门,如果其实际工作效果与目标之间存在较大的差距,会普遍抱怨计划的标准,而不是说自己的努力不够;学校的学生如果成绩较低,会抱怨是由扣分过严或者评分标准不合理导致的,而不愿意承认是自己努力不够。作为管理者,如果认为所制定的标准是现实的,就应该坚持这个标准,不因为员工的抱怨而降低标准。同时,向部门的员工解释自己的观点,首先保证未来的工作效果是会得到改进的,然后根据偏差产生的原因采取相应的措施使期望变成现实。

## 10.3 有效控制的原则与权变因素

控制不仅是一项重要的管理职能,还在组织中扮演着十分重要的角色。如果没有控制这一职能,管理者就不可能获得足够的信息用以解决问题、做出决策和采取适当的行动。对于一个管理者而言,如何能有效且有效率完成这一职能是十分重要的。实现有效控制,需要遵循一定原则,而控制的有效性也会受到一系列权变因素的影响。

### 10.3.1 有效控制的原则

控制工作必须针对组织的其他主要方面来进行,包括计划要求、关键环节、发展趋势和例外情况等。因此,组织要想使控制工作发挥效用,在设计和建立控制系统时应遵循以下基本原则。

#### 1. 反映计划要求

控制的目的是保证计划的实现,因此,计划越是完整、明确、全面,依据计划所设计和建立的控制系统就越能反映所制订的计划,控制工作也就越有效。

每一种工作、每一项计划都有其自身的特点,所产生的信息也各不相同。所以针对每一种工作、每一项计划来设计控制系统和进行控制工作时,要保持过程基本一样,但是在标准确定、选择控制的关键点、选择控制的关键参数、信息的收集、信息收集的方式、评定效果的方式、控制负责人和纠正措施的采取等方面,都需要按照不同的情况和不同计划的特殊要求进行设计。最明显的例子是同一个生产系统中的质量控制系统和成本控制系统,二者的控制系统的设计要求是完全不同的。

另外,虽然一些控制技术在不同的情况下得到了广泛的运用,如定额工时、定额费用、预算、财务比率等,但是不能简单地认为这些被广泛运用的方法能够适用于任何一种情况。管理者需要经常了解计划的内容,以及计划在实施过程中需要注意和控制的关键因素,并采取相适应的方法。

由于控制的目的是保证计划的实现,所以控制必须同计划相关。这意味着,管理者不仅需要迅速报告偏离计划的实际执行情况,还应当设计一个系统以预告可能出现的偏差,使管理者能够有足够的时间对偏差采取措施。而这个系统的设计和建立,也应该结合自身特点和计划的要求。

#### 2. 控制关键点

为了使控制有效,管理者需要特别关注根据各种计划来衡量工作成效时有关键意义的那些因素。对于一个管理者来说,时刻关注计划执行情况中的每一个细节是没有必要的,这需要花费管理者大量的时间和精力。管理者需要将时间和精力集中在那些对计划执行起关键影响作用的因素上。因为,在一定程度上,控制住了关键点,也就控制住了整个环节。

在管理中还需要提高管理者的控制效率,这一点更加强调了控制关键点的重要性。控制工作的效率指的是,同样能够达到探查实际效果和计划之间偏差的情况下,以最低的费用完成控制目标,这样就是有效的。对控制效率的要求是控制系统的一个限定因素,同时这点也要求管理者在自己认为重要的因素中选择其中较为关键的因素来进行控制。

对管理者来说,选择关键控制点的能力是其管理工作较为艺术的方面,同时控制工作的有效程度很大一定程度上也取决于关键点选择。到目前为止,一些有效的方法已经被开发出,帮助管理者选择控制工作中的关键点,最常见的是计划评审技术。这种技术是一种强有力的系统工程方法,能够帮助管理者在有着多种平行作业的复杂管理活动的网络中,寻找控制工作的关键线路和关键活动。美国北极星导弹研制工程和阿波罗登月工程等大型的科技工程项目能够提前与如期完成,在管理方面就是因为成功运用了计划评审技术。

### 3. 控制趋势

对于控制全局的组织管理者,重要的是现状所预示的趋势,而非现状本身。相对于仅仅改善现状,控制变化的趋势更加重要,也更加困难。因为在一般情况下,趋势是多种复杂的因素综合作用的结果,是在较长的一段时间内逐渐形成的,且对管理者的工作能够起到长期影响的作用。除此之外,由于趋势容易被现象所掩盖,所以其不易被察觉,也不容易被控制或者扭转。

例如,一家生产太阳能热水器的大型企业,当年统计的财务数据显示销售额较去年的增长率是5%,但是国内该行业当年整体的增长率是9%,因此,该企业的市场地位其实是下降的。且数据同样显示,本企业在经历了过去几年的高速增长期后,其增长率下降到了一个较低的增长水平,即进入了低增长率的停滞期。在这种情况下,无法通过销售部门的努力从根本上改变现状,需要企业管理者把精力转向新产品开发和技术改造,从根本上改变增速下降的趋势。

通常情况下,当变化的趋势能够通过数学模型被描述成一条曲线或者模型时,再采取控制措施已经来不及了。控制趋势的关键在于敏锐地察觉到趋势的变化,最好在趋势刚刚显露苗头时,即从现状微妙的变化中揭示倾向,这也是管理中的艺术所在。

### 4. 关注例外情况

例外情况是指超出一般情况的特别差或者特别好的情况,管理者越是将注意力集中在一些重要的例外偏差上,管理者的控制工作的效能和效率就越高。

例外原理广泛地运用于质量控制中来控制工序质量。工序质量控制的目的是检查生产过程是否稳定,如果诸如工具、原材料、操作工人和设备等影响产品质量的主要因素没有显著变化,相应的产品质量也就不会发生较大的变化。这时可以认为生产过程是相对稳定的,或者说生产的工序质量在控制中。反过来,如果在生产的过程中出现违反规律的异常状态,管理者应该立即查明原因,并尽快采取措施使之恢复稳定。

在实际的管理应用中,例外原理必须结合控制关键点原理一起使用。仅仅将注意力放在寻找例外情况是不够的,管理者还应该把注意力集中在关键点的例外情况的控制上。

## 10.3.2 有效控制的权变因素

虽然上一部分对有效控制的原则进行了归纳总结,但是并不代表遵照这些原则,控制系统就一定可以有效运行,因为在实际管理中,控制系统的有效性还会受到很多其他因素的影响。这些因素包括职位和层次、组织规模、活动重要性、分散程度、组织文化,表10-2列举了以上权变因素对于组织控制系统设计的影响。

表 10-2 有效控制系统的权变因素

| 权变因素 | 程度 | 控制建议 |
|---|---|---|
| 职位和层次 | 高 | 许多标准 |
|  | 低 | 少且易于衡量的标准 |
| 组织规模 | 大 | 依靠正式的、非个人的、广泛的管理 |
|  | 小 | 依靠非正式的、行走式的、个人的管理 |
| 活动重要性 | 高 | 复杂且广泛的控制 |
|  | 低 | 松散的、非正式的控制 |
| 分散程度 | 高 | 增加控制的数量和宽度 |
|  | 低 | 减少控制的数量 |
| 组织文化 | 公开及有帮助 | 非正式的、自我控制 |
|  | 威胁 | 正式的、广泛的控制 |

### 1. 个人在组织中职位和层次不同，所面对的控制标准也不同

员工在组织结构中的职位和层次不同，对其采取的控制标准也不同。个人在组织的层次结构中所处的地位越高，对多种控制标准的需求就越高，这些不同的控制标准能够适应不同单位的目标。同时，这也反映出个人在组织层次结构内上升的过程中，逐渐增加的对绩效评估的多样性。相反的，对于处于较低职位和层次的个体，其工作具有明确的绩效定义，组织对其工作绩效进行评估的范围就相对较窄。

### 2. 组织的控制类型应该根据组织规模的大小而有所不同

对小型组织而言，通过采用同期控制中的直接视察的方法能够帮助组织降低成本，因此这类组织倾向于依靠非正式的、行走式的、个人的管理。但是随着组织规模的扩大，直接视察的形式需要有所改变，转为依靠正式的、非个人的、广泛的管理，形式主要包括规章、报告、条例等。而对于规模非常大的组织，一般需要极为正规的、非个人的前馈和反馈控制。

### 3. 一项活动的重要性同样会对组织控制其方式产生影响

如果控制该项活动的代价很高，且偏差造成的影响较小，那么针对该项活动的控制系统就不需要太精致。相反的，如果该项活动的偏差对组织能够造成非常大的损害，那么组织则需要对其实施广泛的控制，而不需要考虑控制的代价。

### 4. 组织权力的分散程度同样会影响控制系统

随着分权化程度的提高，管理就更加需要做到反馈员工的决策和绩效。因为当管理者将决策权力下放后，被授权者的工作绩效和行为最终还将是由管理者负责。同时，管理

者希望所负责的员工的行为和决策是有效且高效的。

#### 5. 组织文化也会对控制系统的实用性产生影响

如果一个组织的文化是开放、自主、信任的,员工就会产生主动的、非正式的自我控制,积极完成组织目标。

如果一个组织的文化是不信任、报复、害怕的,员工就会增强自我保护,被动接受领导权威和领导的决策。在这种情况下,组织就需要外部强加的、正式的、广泛的控制系统来保证工作行为达到标准。相关的内容包括参与决策的程度、冲突管理方法、组织结构决策、激励技巧和领导作风等。由此可见,在决定控制的程度和类型时,应该考虑使其与组织的文化相协调。

## 10.4 当今时代的控制问题

经济和科技的发展给管理者带来了新的挑战,科技是把双刃剑,在给人类的生活带来便利的同时,也潜藏着一些道德上的风险,在管理领域同样如此。随着互联网和信息技术的发展,组织的控制活动更加地容易开展,但是同样也带来了一些难题。在接下来的部分,将讨论当今时代的四个控制问题:信息化背景下的控制问题、虚拟团队的控制问题、突发事件的应急控制问题、员工贪腐问题。

### 10.4.1 信息化背景下的控制问题

#### 1. 信息化背景下的管理控制工作

互联网、物联网、云计算、大数据等新一代信息技术推动了知识社会的发展,进而改变了人们的生产、生活方式。企业管理控制信息化发展应积极应对这一新形式。"互联网+"的到来,致使企业信息传播和沟通的速度与质量进一步提高,企业在管理上逐渐出现信息量大、传播速度快、连接单位多、地域广等一系列新特点。这些特点促使企业和利益相关的多方实现了信息共享,在"互联网+"战略下的现代企业组织结构表现出网络化、现代化和扁平化的特点,管理层级减少,效率提高,极大地提高了企业管理控制的有效性。

#### 2. 信息化给管理控制带来的挑战

另外,"互联网+"战略必然加速信息化在企业发展和成长历程中的深化,这也给企业带来信息多而杂、信息的真实性和安全性容易受到侵蚀等问题,进而导致一系列问题。在信息化背景下,企业面临的管理控制挑战有以下几点。

1) 控制环境更加复杂

互联网生态环境改变了企业业务的处理方式、生产经营模式以及内部控制理念、流程。与传统的内部控制环境相比,现代企业的运作更多地依赖信息系统。企业的管理控制变成了"利用信息系统进行控制"和"对信息系统进行控制"两部分。此时,信息系统既是内部控制的技术和手段,也是控制的对象和内容;信息技术在以其实现信息的快速传递等特点提高内部控制效率的同时，其带来的风险也可能影响企业控制的效率。

2）风险评估难度加大

企业管理的目标是提高效率、降低成本，最大化实现产品价值，而实现这一目标的基础是对企业风险的防范。在全球化、信息化的环境下，企业的内外部环境动态实时变化，使得基于互联网的企业内部控制在防范风险的同时又内生出相应的特殊风险。例如控制操作身份的识别难度增大、内部稽核削弱等。管理信息平台的规划建设、系统中内部控制的机制漏洞、系统运转的不稳定以及操作中一些人为的风险等新的风险点构成了内部控制新的内容。

3）信息沟通不顺畅

互联网技术的应用具有开放化、实时化等特点，可以促进企业业务处理由静态核算转变为动态核算，将控制流程由顺序化转向并行化。但是由于信息系统有功能模块分区、"数出多门"、更新速度快等特征，使得各部门间的信息传递容易形成"信息孤岛"。由于信息需求多样，不同部门有独立的数据库与信息系统，会造成信息重复录入的浪费和数据被窃取、篡改的风险，各部门之间获取信息也存在延迟和不一致，进而可能导致沟通不顺畅。

4）缺乏适当的监督

在信息化、科技化的今天，企业竞争早已由原来的区域化和片面化发展为全球化和全面化竞争，企业想要赢得市场并在竞争中长存，就需要不断地对产品和服务进行更新换代，推陈出新，并且必须及时有效地调整企业组织结构。在企业互联网环境下，如果控制仅仅授权计算机程序自动完成，会使得控制的失效在发生损失后才得以显现。

### 3. 信息化背景下的控制措施

1）改善组织的控制环境

针对控制环境复杂化的问题，在互联网环境下，企业需要改善组织环境，以适应海量数据处理时的抉择困难等新问题。在组织结构的配合上，企业应该将高耸型的组织结构转变为管理层级较少、管理幅度较宽的扁平型组织结构，以提高信息传递速度，增强组织对环境的适应性，调动组织成员的能动性。例如，在会计部门设立会计信息系统组、网络管理组、纳税管理组等，每组成员分工明确，授权适当，协作有序，更适合互联网环境下企业的长期发展。

2）加强风险的识别和评估

在互联网环境下，风险评估的难度加大，组织需要加强对风险评估的重视，建立控制风险的新机制，来保证信息技术能够真正成为强化内部控制的有效工具。例如，可以设立专门的风险评估小组，选拔财务、计算机、审计等有经验的专业人员，专门负责企业风险的识别和评估。加强对由信息系统引起的新型风险的识别和评估，有针对性地设计和实施控制活动，是信息化环境下管理控制成败的关键。

3）完善组织信息沟通

针对信息沟通不畅的情况，组织要践行"互联网+"战略，依托网络技术完善信息沟通系统，使得企业各部门甚至企业与企业之间的信息能够实现实时的共享和更新，防止出现信息滞后和过载造成的重复工作与信息沟通不畅，真正实现互联互通、资源共享。

4)加强对控制系统的监督

为了适应互联网环境的需要,控制在风险的识别、评估和应对等环节呈现出新的特点,组织需要加大监督力度,增加从企业系统的分析、开发、实施到维护监督的内容,特别是需要对基于互联网的控制制度的实施进行重点监督。例如,针对信息系统的开发、运行和操作进行专项审计,以保证信息系统的安全性、完整性和准确性。

### 10.4.2 虚拟团队的控制问题

#### 1. 虚拟团队的概念和特点

虚拟团队是指在不同地域、空间的个人通过各种各样的信息技术来进行合作。团队成员可能来自同一个组织,也可能来自多个组织,甚至成员之间可能从未见过面。现代通信与信息技术的使用大大缩短了世界各地的距离,区位不再成为直接影响人们工作与生活地点的因素,这就大大拓宽了组织的人才来源渠道,为虚拟团队的发展提供了基础和可能。通过虚拟团队的形式,组织可以动态地集聚和利用世界各地的人才与信息资源,减少人工成本和管理成本。

#### 2. 虚拟团队的控制问题

1)沟通障碍

由于虚拟团队中的人员分散于不同的时间、空间和组织边界,成员之间的沟通与传统的面对面的团队相比就具有许多障碍。首先,成员之间缺乏相互接触时所具备的特征,如无法感知语言信息、形体信息、行为信息等所表达的意见、观点、态度,而这些特征往往是提高团队效率、创造一流业绩的先决条件。其次,在合作过程中,习惯性的防卫心理和行为,也为团队内部的沟通设置了障碍。最后,成员之间的沟通一般仅限于正式沟通,非正式沟通减少,然而非正式沟通往往有助于成员人力资本的积累和组织的技术创新,有助于成员体验团队文化,有助于成员之间建立良好的协作关系,有助于团队凝聚力的形成。这种交往的减少容易使成员产生孤立感和焦虑感,成员之间、上下级之间的关系会趋于疏远,并导致缺乏对团队目标的认同。

2)协调问题

由于虚拟团队所具有的分散性、临时性和网络性等特点,使成员之间的协调更加困难。首先,虚拟团队每一成员都有自身的核心竞争力,要把这些强势个体糅合在一起,本身就具有很大的挑战性。其次,每个成员都处于不同的区域,有着不同的作息时间、不同的工作顺序、不同的工作方式等,这也给整个团队的协调增加了难度。此外,成员间的沟通依赖于现代信息技术,而有的成员可能不会使用这些技术,每个成员的技术熟练程度也可能不同,这都会导致信息的单向流动和反馈的不及时,进而影响整个团队的效率。

3)信任障碍

虚拟团队的特点决定了成员之间的信任非常重要,团队成员必须在很短的时间内建立高度的信任感,以便开展项目时能够彼此相信并相互依赖。但是,由于团队成员之间缺少每天面对面进行交流和互动的机会,所以信任难以建立,也容易失去。同样,相隔一定的距离又很难对能力进行验证,由此会产生不信任感。

4)分配激励障碍

在虚拟团队中,对各个成员没有固定的日常工作安排,各个成员的业绩不仅取决于自身,而且取决于整个团队成员的努力,因此,对于员工个人的工作监督和绩效评价就比较困难。此外,在虚拟团队中,建立团队激励体系也具有很大的挑战性,因为很难确定衡量个人业绩的有效标准,唯一能够衡量的是团队的产出,个人的业绩无法用这种产出来推断。所以,在虚拟团队中,成员的报酬分配和激励体系的恰当与否,将会直接影响团队的工作效率和团队的创造性。

**相关案例**

### 疫情下的远程办公

2020年1月,由于新冠肺炎疫情,很多企业采取了远程居家办公的形式。实际上,这种办公模式因为工作时间、地点、方式等较为弹性,近年来颇受关注,不少公司甚至已将居家办公作为一种员工福利。

2月3日开工第一天,数百万企业使用企业微信,达到上年同期的3倍。同期,包括钉钉、企业微信、猿辅导在内的多个在线办公及教育网站遭遇限流,随后又被紧急修复。但居家办公的工作效率如何保证?员工工作业绩如何评估?工作信息安全如何维护?这些都是摆在远程办公面前的现实问题。

**工作环境限制,降低工作效率**

微博关于远程办公的话题下,除了各种即时通信软件、远程办公协作软件宕机被诟病外,大家吐槽最多的还是被居家环境影响到了工作效率,如有人发微博抱怨,开一次视频会议,因为同事家人频繁入镜,一不小心就认识了同事的各路亲戚。

"对于多数人而言,家里并不是合适的办公环境。太多零碎的事情会导致分神,而且由于缺少来自领导的监督、同事的压力,容易在工作中出现倦怠"。该职员认为,要想在家里提高工作效率,首先应该区分清楚工作和生活的界限,能够长期坚持在家工作的人基本都能做到这点。

**居家办公也得打卡,工作时间无意中拖长**

虽然办公软件的远程协作技术、即时通信软件可以无延时沟通,但是跟以前的面对面、互动式的交流相比,线上方式传递的有效信息毕竟还是有限的。

与以往到点儿就打卡下班不同,线上办公意味着随时都可能在工作。"到了下班时间,我准时打了卡,但是工作还得继续"。以往手头工作没有做完,员工会选择第二天去公司再完成。"现在不一样了,活儿就在那里,领导、同事也都还在忙活儿,我直接撂挑子有点不合适"。

**不是所有的工作都适合居家办公**

居家远程办公更适合工作本身对于互联网的依赖性较大,对于工作环境和办公设备要求不高的工作,如新媒体从业者、电子商务、销售等群体。

协作性较强的工作不适合远程完成。如果彼此之间的工作在程序上存在上下游的关系,那么尽可能多地重叠办公时间其实更有利于工作的开展。远程办公对于需要思维碰撞的创造性工作而言是一种制约,远程协作的方式不能解决个体之间的交互影响问题。

资料来源:张子谕.战"疫"之下,远程居家办公跟你想的一样吗?[N].工人日报,2020-02-12,有改动.

### 3. 虚拟团队的控制措施

1)选拔合适的团队成员

基于虚拟团队设立的目的及要求,明确团队角色的胜任力要求,通过胜任力匹配度等参照数据,选择合适的人员加入虚拟团队。一般来说,虚拟团队成员必须具有自我开拓意识、较强的沟通能力和其他较高的虚拟团队技能,这样才能克服可能出现的沟通障碍和协调问题。

2)建立合理的沟通机制

对于虚拟团队,在合作推进工作任务的过程中需要建立起有效的内部沟通机制,及时通过内部沟通解决问题。组织文化和管理层的行为对形成相互信任的团队氛围很有影响,如果组织崇尚开放、诚实、协作的办事原则,同时鼓励员工的参与和自主性,就比较容易形成信任的环境。

3)设立合理的团队目标

目标在任何组织中都很重要。团队目标是依靠全体员工的努力来完成的,因此,团队设置的目标要得到全体团队成员的认同,最好由全体团队成员自觉地参与目标设置的过程,不应由管理者强加在他们身上。当然,设立目标时一定要充分考虑团队的能力,目标不能过于理想化,要根据实际情况而定。另外,团队成员个体设立的目标要与团队的整体目标相关联,因为目标的关联性可以激发团队成员完成目标的动机。

4)构建系统的考核机制

对虚拟团队的绩效考核,需要充分考虑虚拟团队的特殊性,兼顾长期与短期、财务与非财务指标、滞后与先行指标、外部与内部业绩指标,既强调结果,也对获得结果的动因、过程进行分析,全面、客观、及时地反映团队的绩效状况和战略实施的效果,这样才能对团队各个成员的工作贡献建立起明确的衡量标准,科学核定团队成员的实际贡献。

## 10.4.3 突发事件的应急控制问题

### 1. 新形势下应急控制的发展

随着经济一体化和信息化的发展,企业面临的经营环境越来越复杂,给企业的生存和发展带来很多不确定性因素,导致突发性事件发生的可能性和频率越来越高。组织处理突发事件的方法,体现了组织应急管理的能力。2018年3月,国家应急管理部正式成立,说明我国已经将应急管理工作上升到国家战略层面。应急管理部成立以来,应急管理和安全生产工作融为一体、同下一盘棋,不但最大限度地整合了各方资源,而且体现出了更高的工作效率。在国家战略的指导下,企业也越来越重视应急控制工作。

## 2. 针对突发事件的应急控制措施

应急管理体系的建设,可以从前馈控制、同期控制和反馈控制的三个方面进行构建。

### 1）树立危机意识,建立预警系统

在前馈控制的阶段,企业要未雨绸缪。首先,在组织范围内树立危机意识,把突发事件的预防融入企业的日常工作中。其次,建立完善的职责体系,建立科学的预警系统,对各种潜在因素进行分门别类,有效规范预防措施、应急程序、警报程序和处理程序等。真正做到有章可循。同时严格检测可能引发危机的相关因素,及时分析,科学预测,消除危机隐患。

### 2）加强现场处置,提高协调能力

在实际工作的同期控制中,要提升快速反应能力。健全应急决策支持机制,发挥专家队伍的咨询与辅助决策作用;完善现场指挥与协调机制;加强应急联动与协作机制建设。在危机处理中,需要遵循以下原则。

（1）承担责任原则

事件发生后,组织必须勇于承担自己该负的责任,否则信誉就会受损,在公众心目中的形象也会大打折扣。

（2）真诚沟通原则

事件发生后,组织与公众的沟通至关重要。要根据危机事件的性质、规模及影响范围和后果等情况,做到具体情况具体对待。但无论采取什么方式,真诚的态度是沟通成功的前提和保证。

（3）速度第一原则

当危机事件发生时,作为组织所要做的重要工作之一就是及时、准确地把危机事件的真相告诉公众和媒体,以最快的速度做出反应,才能在第一时间赢得公众的理解和支持。

（4）系统运行原则

在处理整个危机事件的过程中,组织者要按照应对计划全面、有序地开展工作。处理危机过程是一个完整的系统,环环相扣,一个环节出现问题,必然影响到其他环节。所以,一定要坚持系统运行原则,不能顾此失彼,才能保证及时、准确、有效地处理危机事件。

（5）权威证实原则

作为组织,尤其是生产企业和经销企业,产品质量是企业赖以生存发展的保障。企业应尽力争取政府主管部门、独立的专家或权威机构、媒体及消费者代表的支持,而不要自己去徒劳地自吹自擂,必须用"权威"说法,用"权威"来证明自己。

### 3）及时反馈处理,做好善后总结

一旦有突发事件发生,组织要及时进行反馈控制,必须积极主动地正视问题、解决问题,杜绝逃避责任和可以隐瞒的心理与行为。同时,必须及时、迅速地展开危机的处理和控制,并拿出相应的处理方案。

事件处理之后,还要及时地总结经验教训。首先,全面总结事件本身,详细分析事件发生的原因,预防办法及处理措施。其次,全面评价本次事件的应急控制工作,对企业在应急时间控制中的决策和行为进行客观评估,了解不足之处,把工作中所存的问题详尽列出来,提出针对性的整改措施,使企业的应急预案更加科学。

### 10.4.4 员工贪腐问题

1. 员工贪腐问题的新挑战

贪腐问题是全世界共有的现象,也是一个世界性难题。贪腐一般指通过不正当地运用自身掌握的公共权力牟取个人利益的行为。传统意义上认为,腐败行为多出现在政府高官、企业高管身上。实际上,一些普通员工利用制度漏洞、管理漏洞和职务之便等引发的职务犯罪也时有发生,并且涉案金额巨大,这给组织的反腐倡廉工作提出了新的挑战。

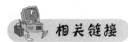

**互联网行业贪腐实录**

互联网行业高速迭代,业务的多样性和复杂性,导致腐败的多样性和复杂性。互联网公司的贪腐,八成发生在"看门人"身上。"看门人"是指从事采购、运营和招投标的一线员工。他们可能职级不高,却掌握着对供应商的选择权和议价权。对千千万万的小供应商来说,想要登上互联网巨头的"大船",必须先敲开他们这道门,由此衍生出行贿、刷单等行为交织的灰色地带。

受贿是最普遍的贪腐类型。在 2019 年曝光的案例中,包括百度"百家号"业务人员收好处费 30 余万元、小米市场部负责人索要高额好处费、美团市场部 3 人受贿,以及蚂蚁金服两名员工受贿 1 300 余万元。

一位曾经从事微信电商的员工对记者说:"采购是公认的肥差,就是因为能收回扣,再白的人进去也容易变黑。"例如,采购跟供应商谈好,买一颗纽扣,单子上写 2 元一颗,实际上付给供应商的是 1.5 元,采购赚差价。

还有一种贪腐形式是"串货"。一些大型品牌每年固定把一些费用投到电商,一些投到线下卖场。同一款货,当卖场的售价高于京东的时候,电商平台的人愿意把电商的货卖给线下,中间操作的人吃返点。对于电商来说,卖给谁都是卖,对于线下来说,进货价可能更便宜,损害的是品牌方的战略规划和利益。

针对这些情况,互联网公司反腐方式主要有三种:一是设立专门的审计部门;二是对举报贪腐和拒绝受贿的员工给予奖励;三是成立行业组织,共建"黑名单"。

在携程,审计部直接向集团董事会审计委员会汇报,专人负责公司举报电话与举报邮箱,其他个人和部门均无权接触。京东的监察部直接向集团 CEO 汇报,反腐团队由从事过公安、反贪以及其他专业训练的专职调查人员组成。

在奖励方面,京东设立了每年 1 000 万元人民币的反腐奖励基金,奖励举报违规的行为,拒绝受贿的员工也会被奖励贿赂金额的 50%,升职加薪时被优先考量。滴滴出行对于内部举报或拒绝受贿的员工最高奖励 10 万元,目前已经奖励了数十人。

2017 年 2 月 24 日,由京东倡议,联合腾讯、百度、美团等企业发起首个反腐行业自治组织"阳光诚信联盟",目前有成员300余家,60%为互联网企业。其网站上线了"失信名单共享系统",通过该系统,成员单位可共享腐败人员"黑名单"。

除了这三种方式以外,各家企业也有其他的反腐办法。例如,携程要求每年全员必须完成反舞弊及合规培训,并要求100%考试通过。京东实行管理层ABC问责制,除涉及腐败的员工被辞退外,其直接管理层和间接管理层也会被问责处理。

资料来源:张玥,王欣怡,项臻.触目惊心的互联网腐败黑洞[J].党员文摘,2019(12).

### 2. 防治员工贪腐的措施

针对员工贪腐问题,可采取以下防治措施。

1) 以廉政文化建设为抓手,构建廉政教育的长效机制

思想是行动的先导和指南,如果企业的主流文化被员工所认同,员工与企业之间就可以建立起坚固的"心理契约"。构建廉洁文化体系,打造崇尚廉洁文化的企业内部环境,可以通过社群控制系统发挥组织文化的导向和规范作用,通过建立廉政教育的长效机制有效控制员工的贪腐行为。

建立廉政教育长效机制,首先要注重教育形式,常规教育与主题教育相结合同时进行。借助学习、会议、讲课等机会,让员工接受廉政教育,让其思想境界和道德情操得以提高,在实际工作中起到模范带头作用。其次要抓好重点人员的权力观教育,同时还要做到全员教育与重点人员教育相结合,相辅相成。最后注重教育方法,在宣传廉政先进人物的典型事迹的同时,为广大员工树立榜样,同时也要充分利用反面典型案例开展警示教育,要做到正面典型示范与反面典型警示教育相结合。

2) 健全完善监控和制度体系,形成制度防范体系

在制度的完善上,一是要做到企业的重大问题都需遵从民主集中制原则,如通过召开党委会、办公会、董事会等方式进行集体研究,避免做出错误决策;二是建立健全重点领域和关键环节的规章制度,重点对经济活动频繁、容易诱发腐败的环节制度进行修订和完善。

在制度的落实上,需要做到定期检查制度的执行情况,确保企业制度得到有效贯彻和落实,维护制度的权威性,强化制度的执行力,对腐败现象及时处理,绝不姑息迁就。

3) 健全完善监控和制度体系,形成监督制约机制

法律法规、制度规则固然能端正言行、规范取向,但这并不意味着制度只要建立即可发挥效力,想要落到实处、发挥规制效用,还必须依赖监督机制。要从多角度、多层次、多方位抓制度落实监督,尤其要从员工八小时之外休闲娱乐进行监督。

4) 制定实施敏感岗位人员定期轮换制度

针对物资采购、后勤、财务等容易产生职务犯罪的岗位人员实行定期轮换和交流。积极通过岗位交流,减少职务犯罪的发生概率,起到从源头上防范腐败的作用。岗位定期轮换和交流,不宜过频、过滥,时间短了,员工未能全身投入做好工作;时间长了,又会产生职务犯罪的可能。因此,一般2~3年更换为宜。

本章小结

1. 控制的概念和类型。控制是监视各项活动的运作，及时纠正活动中出现的偏差，使活动按计划进行的过程。控制运用在管理活动中就称为管理控制，它是管理工作的一项基本职能。适时有效的控制有助于组织达到预期的目标。控制工作可以按照不同标准进行分类，学生需要在这部分掌握管理控制的不同分类方式，才能了解各类控制的特征。

2. 控制的过程。这一部分按照控制的过程，将控制活动分成了三个基本环节：确定控制标准、衡量绩效与发现偏差、纠正偏差。旨在使学生从系统上了解控制活动的基本流程。

3. 管理控制系统。管理控制系统通过一系列的机制、流程、系统、信息和网络等影响成员的行为以达成组织的战略与目标。控制系统可以分成三种类型：官僚控制系统、市场控制系统和社群控制系统。

4. 当今时代的控制问题。这一部分着重阐述了信息化、虚拟团队、应急控制、员工贪腐等当代的控制问题。旨在使学生了解当今时代背景下控制工作面临的新挑战及解决方法。

控制(control)  
同期控制(concurrent control)  
战略控制(strategic control)  
财务控制(financial control)  
控制系统(system of control)  
市场控制(market control)  

前馈控制(feedforward control)  
反馈控制(feedback control)  
战术控制(tactic control)  
成本控制(cost control)  
官僚控制(bureaucratic control)  
社群控制(clan control)  

1. 什么是控制？
2. 控制的类型有哪些？
3. 简述反馈控制的优缺点。
4. 简述控制的过程。
5. 控制标准的分类有哪些？
6. 控制标准要达到哪些效果？
7. 简述衡量实际工作绩效的四种信息。
8. 纠正偏差的措施有哪些？
9. 控制系统设计的原理有哪些？
10. 什么是控制的例外原理？

11. 控制系统的分类有哪些？
12. 官僚控制系统适应什么样的组织？
13. 当代的控制问题主要有哪些？

 案例讨论题

### Z 卷烟厂从"救火"向"防火"的转变

Z 卷烟厂作为 H 中烟工业公司的骨干企业，始建于 1949 年 5 月，国家大型二级企业，主要生产中高档的卷烟产品。

Z 卷烟厂与国内先进的卷烟企业存在的差距主要是在生产管理和质量管理方面。在生产过程中，各种突发质量事故和各种缺陷时有发生，特别是各类小停机问题。小停机是指在生产中出现质量缺陷和产品检验发生不合格以及原料辅材料不匹配等问题后，卷烟产品生产线必须暂停，进行调整，消除缺陷和产生质量问题的原因后再次开机。由此，带来一系列的问题，如生产效率、开机时的质量保证、动力匹配等。因此，如何解决小停机的问题一直是困扰着各个卷烟厂的生产和质量管理人员。

为解决这一问题，主管生产和质量的杨副厂长召开了有关生产质量的一次特别会议。参加会议的人员从生产厂长、车间主任到相关的质量控制人员和工艺技术人员。

目前，Z 卷烟厂的质量管理工作由质量监督检验站和质量管理部两个部门负责。质量监督检验站负责对成品进行抽样检验，质量管理部对生产过程的半成品进行检验。当产品质量出现不合格、操作工人只有"小停机"，然后进行设备参数调整、更换原材料。如果问题解决不了，就由质量监督检验站或质量管理部召集各生产车间、技术、原料、物资、设备等相关部门人员分析原因，责成相关责任单位或部门解决问题。如果无法马上解决，则由质量管理部牵头找出替代方案临时解决问题。

比如在卷烟生产过程中，经常出现卷烟爆口的问题。卷烟爆口主要是由于胶粘不牢导致的。每次出现，都会发生造成"小停机"。工人首先需要对相关的设备和胶水等进行检查，然后进行调整。在生产线上的质量问题的出现频率直接和工人的经验有关。尽管技术图纸、流程等都已经非常清晰和明确了，更多的类似情况还是经常出现。特别是在生产新牌号产品时，发生的最为频繁，相关人员疲于奔命。

但是，随着市场营销的策略和力度的加大，新产品越来越多，出现"小停机"的频率也越来越高，导致生产流水线的生产效率低下，直接影响着生产进度。

经过认真的思考和与质量管理专家的沟通，质量管理部吴主任向杨厂长提出了在卷烟厂生产过程中首先实施质量预防的试点，即在生产过程中推进 FMEA（潜在失效模式及后果分析）技术来推进质量预防思想的具体实施。

刚开始实施 FMEA 推广项目的时候，各部门和车间还觉得产品质量是质量管理部门的事情。长期以来，我国的卷烟企业大多是成品检验来确保市场产品质量的。从国家、地方和卷烟厂三级质量监督检验机构对卷烟产品进行抽检，判定各个烟草工业企业的质量水平。在卷烟企业质量管理和生产管理人员的脑海中认为，"产品质量不是靠加大检测频次来保证的吗？现在生产任务这么紧，让所有部门都跟着做 FMEA 会影响生产进度，增

加技术人员和一线员工的劳动强度。"不过,由于产品质量工作是公司生产管理部的重中之重,各部门也就跟着做了。

一个月时间过去了,车间的领导和工程师们在接受专家培训与具体实施以后和项目开始时的想法,都觉得是一种脱胎换骨的思想解放。许多以前没有想到的质量隐患和问题,通过 FMEA 的分析都显露出来,进而通过提出相应的措施,对这些潜在的质量风险加以解决。

通过一年多的实际运行,Z 卷烟厂卷烟生产过程得到了系统的梳理,识别并消除了大量的潜在质量风险。通过在工艺路线、设备参数、检测方法等多个方面采取的各种改进措施,大大降低了这些失效模式的风险优先数,减少了小停机和各类质量缺陷的发生,提高了新的产品规格批量生产的反应速度,而且突发的质量事故几乎没有再发生过。

资料来源:杨剑锋.Z 卷烟厂从"救火"向"防火"的转变[DB/OL].中国管理案例共享中心案例库 2012(10).

**启发思考题**
1. 这一案例中,"救火"和"防火"分别对应哪种控制方式?
2. FMEA 的定义和操作过程是什么?为什么实施 FEMA 能解决 Z 卷烟厂的问题?

## 本章推荐阅读资料:

1. 秦杨勇.平衡记分卡与绩效管理[M].中国经济出版社,2005.
2. [美] 彼得·德鲁克.卓有成效的管理者[M].167 页,北京,机械工业出版社,2009.
3. 魏加宁.危机与危机管理[J].管理世界,1994,000(006):53-59.
4. 王斌,高晨.组织设计、管理控制系统与财权制度安排[J].会计研究,2003(3):15-22.

# 第 11 章

# 控 制 方 法

1. 掌握预算的编制过程和要点、全面质量管理的含义和实施要点、标杆控制的步骤、平衡计分卡控制的原理和实施流程。

2. 理解预算的作用,弹性预算、零基预算的概念,外部审计、内部审计和管理审计各自的功能,质量的含义和质量控制理念的三阶段,标杆控制的作用与缺陷。

3. 了解预算的种类、常用的财务比率和运营比率指标、经济订购批量和即时库存控制、管理信息系统在组织中的作用。

为了尽可能好地达成计划目标,管理者必须善于收集和分析信息,据此做出判断和纠偏行动,也就是学习和采用科学、系统、高效的控制方法。在实际工作中,除了利用监督、巡视、听取汇报和阅读工作报告等手段进行控制外,管理者还经常借助预算、审计、标杆管理等多种控制技术。本章将分别从财务、运营和综合控制三个方面介绍常用的控制方法。

## 11.1 财务控制方法

财务控制致力于资金的积累,着重于资金的妥善支配,以确保企业的生存与发展。组织在管理活动中常用的财务控制方法包括预算控制、比率分析、审计控制等。

### 11.1.1 预算控制

**1. 预算控制的概念**

预算,也可以称为预算编制,是一种计划,是用数字编制来反映组织在未来某一个时期的综合计划。也可以简单地理解为预算是计划的数量体现,即用财务或数字术语表示的对期望结果或要求的说明。它预估了组织在未来时期的经营收入或现金流量,同时也限定了各部门或各项活动在资金、劳动、材料、能源等方面的支出额度。

预算的准备主要属于计划职能,然而,它的管理则属于控制职能。预算可能是运用最广泛的控制手段,组织在未来时期的几乎所有活动都可以利用预算来进行控制。

预算控制就是通过编制预算,并根据预算规定的收入和支出标准,来检查、监督和控制组织各个部门的生产经营活动,在活动过程中比较预算和实际的差距及原因,以保证各种活动或各个部门在充分达成既定目标、实现利润的过程中对经营资源的合理利用,从而保证费用支出受到严格有效的约束。一般制造企业中的预算控制体系如表11-1所示。

表11-1 组织中的预算控制体系

| 组织层次 | 预算控制的内容 |
| --- | --- |
| 公司层次 | 利润、在行业中的位置、方针、组织结构、销售、采购、财务、研究与发展 |
| 分公司层次 | 产出、原材料和人工成本、产品质量 |
| 运作层次 | 人工标准、原材料标准、间接变动成本、废品 |
| 职能层次 | 销售:产品、广告、赊销、销售人员、产品组合<br>采购:质量、成本、存货<br>财务:现金、应收账款和应付账款、资本支出、资本结构<br>研究与开发:纯理论和应用型、新产品、降低成本、单个项目<br>人事:选拔和培训、激励、工资和薪水 |

### 2.预算的编制

编制预算有助于改进计划工作,更有效地确定目标和拟定标准。但是,预算的最大价值还在于它有助于改进协调和控制工作。当为组织的各个职能部门都编制了预算时,就为协调组织的活动奠定了基础。同时,由于对预期结果的偏离将更容易被查明和评定,预算也为控制工作中的纠正措施奠定了基础。所以预算可以促使更好地计划和协调,并为控制提供基础。

为了有效地从预期收入和费用两个方面对企业经营进行全面控制,不仅需要对各个部门、各项活动制定分预算,而且要对企业整体编制全面预算。分预算是按照部门和项目来编制的,详细说明了相应部门的收入目标或费用支出的水平,规定了他们在各项活动中筹措和利用劳力、资金等生产要素的标准;全面预算则是在对所有部门或项目的分预算进行综合平衡的基础上编制而成的,它概括了企业相互联系的各个方面在未来时期的总体目标。只有编制了总体预算,才能进一步明确组织各部门的任务、目标、制约条件以及各部门在活动中的相互关系,从而为正确评价和控制各部门的工作提供客观的依据。

任何预算都需用数字形式来表述,全面预算必须用统一的货币单位来衡量,而分预算则不一定用货币单位计量。例如,原材料预算可能用千克或吨等单位来表述;劳动预算可能用职工数量或人工小时来表述。这是因为对一些具体的项目来说,用时间、长度或重量等单位来表达能提供更多、更准确的信息。用货币金额来表达原材料预算,我们就只知道原材料消耗的总费用标准,而不能知道原材料使用的确切种类和数量,也难以判断价格变动会产生何种影响。当然,不论以何种方式表述的各部门或项目的分预算,在将它们综合平衡以编制企业的全面预算之前,必须转换成用统一的货币单位来表达的方式。

### 3. 预算的种类

不同企业,由于生产活动的特点不同,预算表中的项目会有不同程度的差异。但一般来说,预算内容要涉及以下几个方面:收入预算、支出预算、现金预算、资金支出预算、资产负债预算等。表11-2概括了一些最常见的预算种类,其中有一些是用非财务数字表示的。例如,一项设备预算可能是用机器的数量表示,材料预算可能是用公斤、块、升等来表示。不用货币表示的预算通常在全面预算中要转换成货币量。

表 11-2  常见预算类型及目的

| 预算类型 | 预算目的 |
| --- | --- |
| 收支预算 | 提供收入和开支计划的细节 |
| 现金预算 | 预测现金收入和支出 |
| 生产和时间预算 | 表示在预算期对于生产、材料和时间的要求 |
| 投资预算 | 概括对厂房、设备、机器、存货和其他资本项目的专项支出 |
| 资产负债预算 | 预测预算期末的资产、负债和资本净值的状况 |

1) 收支预算

收入预算和支出预算提供了关于企业未来某段时期经营状况的一般说明,即从财务角度计划、预测了未来活动的成果以及为取得这些成果所需付出的费用。其主要包括销售预算、直接材料预算、直接人工预算和附加费用预算等。

(1) 销售预算

由于企业收入主要来源于产品销售,因此收入预算的主要内容是销售预算。销售预算是在销售预测的基础上编制的,是销售预测的详细说明,即通过分析企业过去的销售情况、目前和未来的市场需求特点及其发展趋势,比较竞争对手和本企业的经营实力,确定企业在未来时期为了实现目标利润必须达到的销售水平。由于销售预测是计划的基石,企业主要是靠销售产品和提供服务的收入来维持经营费用的支出并获利的,因此销售预算是预算控制的基础。

销售预算应该和企业的具体业务活动相对应,不同的产品、不同的销售区域、不同的时期的销售状况往往会有很大差别,所以销售预算需分项、分期编制。

与销售预算相对应,企业必须编制能够保证销售过程得以进行的生产活动的预算,关于生产活动的预算,不仅要确定为取得一定销售收入所需要的产品数量,而且更重要的是要预计为得到这些产品、实现销售收入需要付出的费用,即编制各种支出预算。

(2) 直接材料预算

直接材料预算是根据实现销售收入所需的产品种类和数量,详细分析为了生产这些产品企业必须利用的原材料的种类和数量,通常以实物单位表示。考虑到库存因素后,直接材料预算可以成为采购部门编制采购预算、组织采购活动的基础。

(3) 直接人工预算

直接人工预算需要预计企业为了生产一定数量的产品,需要哪些种类的工人,每种类型的工人在什么时候需要多少数量,以及利用这些人员的直接成本是多少。

(4) 附加费用预算

直接材料和直接人工只是企业全部经营费用的一部分。企业的行政管理、营销宣传、人员推销、销售服务、设备维修、固定资产折旧、资金筹措以及税金等,也要耗费企业的资金,对这些费用也需要进行预算,这就是附加费用预算。

2) 现金预算

现金预算实质上是一种现金收支预算,主要反映计划期间预计的现金收支的详细情况,是对企业未来生产与销售活动中现金的流入与流出进行预测,通常由财务部门编制。

现金预算只能包括那些实际包含在现金流程中的项目,如今后需要逐年分摊的投资费用却需要当年实际支出现金;赊销所得的应收款在用户实际支付以前不能列作现金收入;赊购所得的原材料在未向供应商付款以前也不能列入现金支出。因此,现金预算并不需要反映企业的资产负债情况,而是要反映企业在未来活动中的实际现金流量和流程。企业的销售收入、利润即使相当可观,但大部分尚未收回,或收回后被大量的库存材料或在制品所占用,那么也不可能给企业带来现金上的方便。通过现金预算,可以帮助企业发现资金的闲置或不足,从而指导企业及时利用暂时过剩的现金,或及早筹齐维持营运所短缺的资金。从某种意义上讲,现金预算是组织中最重要的一种控制。为了有计划地安排和筹措资金,现金预算的编制期应越短越好,如按季度、按月编制,甚至逐周、按天编制。

3) 生产和时间预算

生产预算是指预计组织在预算期内生产多少产品才能满足销售和期末存货的需要。生产预算是按产品品种、数量分别编制的。生产预算取决于销售预算、期初产成品存货量以及期末产成品预计存货量。确定预计生产量的公式如下:

预计产量＝预算的销售量－期初产成品存货量＋期末产成品存货量

时间预算一般以直接工时为单位进行预算,如直接工时数、台时数等。

4) 投资预算

企业往往利用大部分经营盈利来进行生产能力的恢复和扩大。由于这些支出具有投资的性质,因此对其的计划安排通常被称为投资预算或资金支出预算。

投资预算的项目主要包括:更新改造或扩充厂房、设备等生产设施;研究与开发;人事培训与发展;广告宣传、市场发展;等等。

投资预算的基本内容包括:投资时间和投资规模、资金来源及回收期,以及每年的现金净流量等。投资预算应力求和企业的战略以及长期计划相结合。

5) 资产负债预算

资产负债预算用来表明如果企业的各种业务活动达到预先规定的标准,在财务期末企业资产与负债会呈现何种状况。

作为各分预算的汇总,管理人员在编制资产负债预算时虽然不需做出新的计划或决策,但通过对预算表的分析,可以发现某些分预算的问题,因而利用资产负债表可以验证所有其他预算的准确性,从而有助于及时采取措施调整。例如,通过分析流动资产与流动债务的比率,可能发现企业未来的财务安全性不高,偿债能力不强,可能要求企业在资金的筹措方式、来源及其使用计划上做相应的调整。另外,通过将本期预算与上期实际发生的资产负债情况进行对比,还可发现企业财务状况可能会发生哪些不利变化,从而指导事前控制。

#### 4. 预算的方法

1) 弹性预算

在传统的预算编制过程中,某预算期内编制财务预算所依据的成本费用和利润信息都是在一个预定的产销业务量水平基础上确定的。这种预算属于一种静态预算,也称为固定预算。显然,一旦预计业务量与实际水平相去甚远,必然导致有关成本费用及利润的实际水平与预算水平因基础不同而失去可比性,从而不利于考核与控制。

弹性预算是在固定预算的基础上发展起来的一种预算模式。它是根据计划或预算可预见的多种不同的业务量水平,分别计算其相应的预算额,以反映在不同业务量水平下所发生的费用和收入水平的财务预算编制模式。由于弹性预算随业务量的变动而做相应调整,考虑了计划期内业务量可能发生的多种变化,故又称变动预算。

弹性预算有以下两方面的特性。

(1) 弹性预算仅以某个"相关范围"为编制基础,而不是以某个单一业务水准为基础。

(2) 弹性预算的性质是"动态"的。弹性预算总是提出一个产量幅度,在这个幅度内,各种固定费用是不变的。如果产量低于该幅度的下限,就要考虑采用一个更适合于较低产量的固定费用,如压缩行政人员,处理闲置设备等。如果产量超过了该幅度的上限,就需要按较大生产规模来考虑必需的固定费用,如增加设备,扩大厂房面积等,则应另外编制一个不同的弹性预算。

采用弹性预算方法编制财务预算有效地弥补了固定预算方法的不足。由于弹性预算的出现,使不同的财务经济指标水平或同一经济指标的不同业务量水平有了相应的预算额。因此,在实际业务量发生后,可将实际发生量同与之相适应的预算数进行对比,以揭示生产经营过程中存在的问题。

2) 零基预算

增量预算是一种传统的预算方法,是以上年度的实际发生数为基础,再结合预算期的具体情况加以调整,很少考虑某项费用是否必须发生,或预算的数额是否正确。在增量预算法下,预算编制单位的负责人常常竭力用完全年的预算指标。针对传统预算编制方法存在的问题,美国得克萨斯仪器公司的彼得·A.菲尔于1970年提出"零基预算法"。

零基预算法的含义,大体可以表述如下:在每个预算年度开始时,将所有还在进行的管理活动都看作重新开始,即以零为基础。根据组织目标,重新审查每项活动对实现组织目标的意义和效果,并在费用—效果分析的基础上,重新排出各项管理活动的优先次序,并据此决定资金和其他资源的分配。

零基预算的目的,是防止以上一年预算为基期进行今年的预算。零基预算要求每个管理者详细地论证整个预算申请的合理性。管理者负责提出相应的证据,阐明所有花费的用途和原因。根据零基预算,管理者决定的每一行为都要经过确认、评估,并根据重要性进行排序。这样,每年预算中的每个活动都要重新验证,并要与组织资源的其他用途要求相匹配。

零基预算也有不足之处,如预算本身要投入大量的人力、物力、财力;在安排项目的优先次序上存在着主观性等。因此,在实际执行中,零基预算很可能犹如画圆,费了半天劲,又回到了起点。

5. 预算的作用及局限

1) 预算的作用

(1) 由于预算的实质是用统一的货币单位为企业各部门的各项活动编制计划,因此它使得企业在不同时期的活动效果和不同部门的经营绩效具有可比性,可以使管理者了解企业经营状况的变化方向和组织中的优势部门与问题部门,从而为调整企业活动指明方向。

(2) 通过为不同的职能部门和职能活动编制预算,为协调企业活动提供了依据。

(3) 预算的编制与执行始终是与控制过程联系在一起的,编制预算是为企业的各项活动确立财务标准。

(4) 用数量形式的预算标准来对照企业活动的实际效果,大大方便了控制过程中的绩效衡量工作,也使之更加客观可靠。在此基础上,很容易测量出实际活动对预期效果的偏离程度,从而为采取纠偏措施奠定了基础。

由于这些积极的作用,预算手段在组织管理中得到了广泛运用。但在预算的编制和执行中,也暴露了一些局限性。

2) 预算的局限性

(1) 只能帮助企业控制那些可以计量的、特别是可以用货币单位计量的业务活动,而不能促使企业对那些不能计量的企业文化、企业形象、企业活力的改善予以足够的重视。

(2) 编制预算通常参照上期的预算项目和标准,从而会忽视本期活动的实际需要。

(3) 企业活动的外部环境是在不断变化的,这些变化会改变企业获取资源的支出或销售产品实现的收入,从而使预算变得不合时宜。因此如果预算控制过于全面和详细,容易导致控制过细,从而束缚主管人员的手脚,使企业经营缺乏灵活性和适应性。

(4) 预算,特别是项目预算或部门预算,不仅对有关负责人提出了期望结果,而且也为有效开支的费用规定了限度。这种规定可能引发预算目标取代组织目标,导致本位主义,使管理者将行动目标定位于"费用不超过预算",而忽视组织目标。

(5) 费用预算的编制通常依据过去的费用,同时,主管人员深知预算申请多半是要被削减的。因此,他们习惯于使预算费用的申请数大于实际需要数,特别是对于那些难以观察、难以量化的费用项目更是如此。所以,如果在预算编制的过程中,没有仔细复查相应的标准和程序,那么,预算可能成为低效的管理部门的保护伞。

只有充分认识了上述局限性，才能有效地利用预算这种控制手段，并辅之以其他类型的财务信息来达到控制的目的，如财务报表、财务比率、财务审计等。

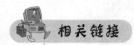

### "全面预算管理"的驱动因素分析

目前预算管理存在严重的"两张皮"现象，主要表现在全面预算与企业战略相脱离、预算编制与执行相脱离、预算制度和制度落地相分离等现象。要解决此问题，必须在战略导向下，分析全面预算管理的各项驱动因素，以科学地实现对全面预算的管理和控制。

内容驱动：现代企业管理内容的延伸。传统意义上的企业管理着重于职能层面，包括计划、组织、协调、控制、考核等内容。随着经济的发展，不确定性增强，现代企业管理内容向战略管理、企业生命周期管理、价值链管理、风险管理等方面拓展。管理内容的拓展，对全面预算管理的需求逐步增强。

技术驱动：大数据、云计算技术的应用。企业全面预算管理基于战略目标，以相对精确的市场预测以及内部运营状况为前提来进行编制，预算编制完成后，还要对外部市场数据、供应链上各企业的合作数据及内部运营数据和其他管理数据进行大量的比对、挖掘和分析，从而进行预算的调整和预算执行结果的考核。

需求驱动：企业风险控制要求。由于企业经营环境的变化和不确定性的增强，企业各类风险预测、控制、转移、化解成为企业稳定经营的前提。企业对各类风险的管控对全面预算管理提出更高的要求，风险管理也成为全面预算管理的一大驱动因素。

方法驱动：平衡计分卡。平衡计分卡的提出，改变了企业以财务绩效为中心的绩效考核体系，使业绩考核内容更加全面。其在财务维度的基础上将考核的内容进行了拓展，将企业总体和各职能部门的考核划分为财务、业务、客户、学习与成长四个维度。围绕四个维度来设置相应的考核指标，将预算结果指标与预算目标、部门和公司的经营目标进行比较，以确定当期企业总体预算以及各部门全面预算的执行情况以及与战略的契合度。因此，平衡计分卡作为一种绩效考核的方法，促进了全面预算管理的落地。

综上所述，全面预算体系的编制、执行和考核都必须建立在企业战略基础上，而企业管理内容的拓展从内容上驱动预算管理、大数据云计算技术的应用则从技术上为全面预算管理提供了保障，企业风险管控要求企业超前的预测能力又从需求的角度拉动全面预算管理，平衡计分卡的应用则从考核的角度确保全面预算管理的成功落地。因此，全面预算管理的几个驱动因素共同确保了公司战略的执行、运营管理的顺畅和组织能力的提升。

资料来源：张素蓉，李健.全面预算管理的逻辑起点与驱动因素分析[J].会计之友，2020(1)：36-40，有改动．

## 11.1.2 财务数据分析

### 1. 财务报表

财务主管和财务人员为企业的资本结构与公司的财务操作设立目标及标准,并加以控制,这种控制主要依赖于财务报表。财务报表,是组织财务状况某些方面的概述,必须以人们普遍接受和要求的形式制作并提交。最基本的财务报表是资产负债表、收益表和现金流量表。

1) 资产负债表

资产负债表是定期审核企业在特定时刻的财务结构,列出了某一时点(通常是财务年度最后一天)组织的财务状况,它必须特别指明企业的资产、负债与所有者权益。大多数资产负债表被划分为流动资产(流动性相对较高或可以较容易地转化为现金的资产)、固定资产(使用时间较长或流动性较差的资产)、流动负债(必须在不久的将来偿还的债务或其他负债)、长期负债(可以在较长时期内偿还的负债)以及股东权益(所有者对资产的要求权)。从资产负债表中,派生出几个众所周知的控制"比率",比如债务—资产比率、流动比率和速动比率。

2) 收益表

资产负债表反映了一个组织在某一特定时点的财务状况,而收益表则描述了一段时期(通常是一年)的财务表现。它报告了企业在一个时期内的业务成绩,表明它在这个时期内的收入、开支,以及两者之间的差额(是盈利,还是亏损)。收益表提供的信息同样可以用来计算重要的控制比率。

3) 现金流量表(或称资金流量)

现金流量表反映在一个时期内企业的现金从哪里来,往哪里去。它使得管理人员对实际进出企业的现金能够进行计划与控制。

### 2. 比率分析

单个地去考虑反映经营结果的某个数据,往往不能说明任何问题。企业本年度盈利 200 万元,某部门本期生产了 10 000 个单位产品,或本期人工支出费用为 90 万元,这些数据本身没有任何意义。只有根据它们之间的内在关系,相互对照分析才能说明某个问题。比率分析就是将企业资产负债表和收益表上的相关项目进行对比,形成比率,从中分析和评价企业的经营成果与财务状况。比率分析法是一种必需的控制技术,通常分为财务比率和运营比率。

1) 财务比率分析

财务比率主要用来分析财务结构,帮助了解企业的偿债能力和盈利能力等财务状况,从而控制财务状况,并通过这种资金形式来对整个系统进行控制。

(1) 流动率

流动率用来判断一个企业偿付短期负债的能力,主要包括流动比率和速动比率。

流动比率。企业流动资产和流动负债的比率。这一比率普遍被用来衡量企业短期偿债能力，流动比率越高，表示短期偿债能力越强。企业资产应有足够的流动性来增强企业的短期偿债能力和信誉，但也要防止追求高流动性而导致财务资源得不到充分利用而使收益受损。

速动比率。速动比率是流动资产和存货之差与流动负债之比。该比率和流动比率一样，是衡量企业资产流动性的一个指标。当企业有大量存货且这些存货周转率低时，速动比率比流动比率更能精确地反映客观情况。

（2）负债率

负债率，也称财务杠杆比率。用来反映所有者要求权和债权人要求权的大小，表明组织偿付长期负债的能力。自有资金负债率和总资产负债率是两个广泛使用的负债率。自有资金负债率是企业总负债和所有者权益的比率，总资产负债率是企业总负债和总资产的比率。

负债率用来衡量企业利用债权人提供的资金进行经营活动的能力，也反映了债权人借出资金的安全程度，负债比率低虽然表明了企业的长期偿债能力强，但会影响企业利用外部资金发展并获取额外利润。因此，确定合理的债务比率是企业成功地举债经营的关键。一般来说，只要企业全部资金的利润率高于借入资金的利息，且外部资金不从根本上威胁企业所有权的行使，企业就可以充分地向债权人借入资金以获取额外的利润。通常，在经济迅速发展时期，债务比率可以相对较高。

（3）收益率

收益率是企业利润与销售额或全部资金等相关因素的比例关系，反映了企业在一定时期从事某种经营活动的盈利程度及其变化情况，表示组织的经营效率或管理效果。收益率指标较多，毛利率、净利率、销售利润率、资金利润率、资产利润率、权益收益率和投资收益率等都是常用的收益率指标，下文简要介绍其中几种。

毛利率。毛利率是毛利与销售收入（或营业收入）的百分比，其中毛利是收入和与收入相对应的营业成本之间的差额。毛利是企业经营获利的基础，企业要经营盈利，首先要获得足够的毛利，在其他条件不变的情况下，毛利额大，毛利率高，则意味着利润总额也会增加。

销售利润率。销售利润率是销售净利润与销售总额之间的比例关系，它反映企业在一定时期的产品销售中是否获得了足够利润。将企业不同产品、不同经营单位在不同时期的销售利润率进行比较分析，能为经营控制提供更多的信息。

资金利润率。资金利润率是指企业在某个经营时期的净利润与该期占用的全部资金之比，它是衡量企业资金利用效果的一个重要指标，反映了企业是否从全部投入资金的利用中实现了足够的利润。企业可以利用这一比率来考虑如何调控资金的投入分配，可以获得最大的利润。同销售利润率一样，资金利润率也要同其他经营单位和其他年度的情况进行比较。一般来说，要为企业的资金利润率规定一个最低的标准。同样一笔资金，投入到企业营运后的净利润收入，至少不应低于其他投资形式（如购买短期或长期债券）的收入。

2）运营比率分析

运营比率，又称活力比率，是与资源利用有关的几种比例关系，通常指资产的周转速度。因而，有些教材中也称为周转率，列于财务比率中。运营比率反映了企业经营效率的高低和各种资源是否得到了充分利用,为企业管理控制工作提供依据。流动资产周转率、固定资产周转率、存货周转率、应收账款周转率、销售收入与销售费用的比率代表了几个常用的周转率。

(1) 流动资产周转率

流动资产周转率指企业一定时期内主营业务收入净额同平均流动资产总额的比率,是评价企业资产利用率的一个重要指标,反映了企业流动资产的周转速度。

一般情况下,该指标越高,表明企业流动资产周转速度越快,利用越好。在较快的周转速度下,流动资产会相对节约,相当于流动资产投入的增加,在一定程度上增强了企业的盈利能力;而周转速度慢,则需要补充流动资金参加周转,会形成资金浪费,降低企业盈利能力。要实现该指标的良性变动,应以主营业务收入增幅高于流动资产增幅做保证。

(2) 固定资产周转率

固定资产周转率,也称固定资产利用率,是企业销售收入与平均固定资产净值的比率。反映了单位固定资产能够提供的销售收入,表明了企业对厂房、设备等固定资产的利用程度。该比率越高,表明固定资产利用效率越高,利用效果越好。如果固定资产周转率与同行业平均水平相比偏低,则说明企业对固定资产的利用率较低,可能会影响企业的获利能力。

(3) 存货周转率

存货周转率是企业营运能力分析的重要指标之一,是销售总额与库存平均价值的比例关系,即与销售收入相比库存数量是否合理。反映了存货的周转速度,表明了存货的流动性及存货资金占用量是否合理。

存货周转率是对流动资产周转率的补充说明,通过存货周转率的计算与分析,可以测定企业一定时期内存货资产的周转速度,是反映企业购、产、销平衡效率的一种尺度。存货周转率越高,表明企业存货资产变现能力越强,即存货转化为现金或应收账款的速度就越快,这样会增强企业的短期偿债能力及获利能力。通过存货周转率分析,有利于找出存货管理中存在的问题,尽可能降低资金占用水平。

(4) 应收账款周转率

应收账款周转率,又叫作收账比率,是指在一定时期内(通常为一年),赊销净额与应收账款平均余额的比率,也就是年内应收账款转化为现金的平均次数,它说明应收账款流动的速度,是用于衡量企业应收账款流动程度的指标。

一般来说,应收账款周转率越高,平均收账期越短,说明应收账款的收回越快。否则,企业的营运资金会过多地呆滞在应收账款上,影响正常的资金周转。存在一些影响该指标正确计算的因素,如季节性经营的企业使用这个指标时不能反映实际情况,仅根据指标的高低分析不出其原因。

(5) 销售收入与销售费用的比率

表明单位销售费用能够实现的销售收入,反映了企业营销活动的效率。由于销售费用包括人员推销、广告宣传、销售管理费用等组成部分,因此还可进行更加具体的分析。

反映经营状况的这些比率也通常需要进行横向的(不同企业之间)或纵向的(不同时期之间)比较,才更有意义。表11-3概括了常见的财务和经营比率计算方法。

表 11-3 财务和运营比率计算方法

| | 比 率 | 计 算 | 反 映 |
|---|---|---|---|
| 财务比率 | 流动比率 | 流动资产/流动负债 | 短期偿债能力 |
| | 速动比率 | (流动资产－存货)/流动负债 | 短期流动性 |
| | 自有资金负债率 | 总负债/股东权益 | 长期流动性 |
| | 总资产负债率 | 总负债/总资产 | 借贷获得的金融资产的百分比 |
| | 毛利率 | (销售额－销售成本)/销售额 | 经营和产品定价的效率 |
| | 净利率 | 税后净利润/销售额 | 考虑了所有支出的效率 |
| | 资产收益率 | 税后净利润/总资产 | 资产的生产率 |
| | 权益收益率 | 税后净利润/股东权益 | 权益资本的盈利能力 |
| | 销售利润率 | 销售净利润/销售总额 | 销售的盈利能力 |
| | 资金利润率 | 净利润/该期占用的全部资金 | 资金的利用效果 |
| | 投资收益率 | 年平均利润总额/投资总额 | 投资的收益能力 |
| 运营比率 | 流动资产周转率 | 主营业务收入净额/流动资产平均占用额 | 流动资产的周转速度 |
| | 固定资产周转率 | 销售收入/平均固定资产净值 | 固定资产的利用程度 |
| | 总资产周转率 | 销售额/总资产 | 资产利用的效率 |
| | 存货周转率 | 销货成本/平均存货余额 | 对存货投资的控制能力 |
| | 应收账款周转率 | 年赊销额/应收账款 | 收款和信贷政策的有效性 |
| | 销售收入与销售费用的比率 | 销售收入/销售费用 | 营销活动的效率 |

## 11.1.3 财务审计

审计是对组织会计、财务和营运系统的独立评估,是对会计记录及财务报表进行审核、鉴定,以判断其真实性和可靠性,从而为控制和决策提供依据。根据审查主体和内容的不同,可将审计划分为外部审计、内部审计和管理审计。

### 1. 外部审计

外部审计是由外部机构(如会计师事务所)选派的审计人员对企业财务报表及其反映的财务状况进行独立的评估,主要针对会计程序和财务报表编制的客观性及可核实性。为了检查财务报表,及其反映的资产和负债的账面情况与企业真实情况是否相符,外部审计人员需要抽查企业的基本财务记录,以验证其真实性和准确性,并分析这些记录是否符合公认的会计准则和记账程序。

外部审计实际上是对企业内部虚假、欺骗行为的重要的、系统的检查,因此可以防止欺诈、鼓励诚实。由于知道外部审计不可避免,企业就会努力避免做那些在不符合审计要求的不光彩的事。

遗憾的是，审计过程中的问题是导致安然公司和其他一些大公司垮台的主要原因。审计小组面临着利益冲突逐渐失去其客观性是审计过程中存在的一个重要问题。例如，安然公司对于审计公司安达信来说是举足轻重的客户，由于担心如果过于严格，安然公司会将业务交给另一个审计公司，所以审计者开始给予安然公司的会计系统一定的自由度。在随后的丑闻中，安达信被迫关门，安然公司只剩下一个空壳。

外部审计的优点是审计人员与被审计企业不存在行政上的依附关系，不需看企业经理的眼色行事，只需对国家、社会和法律负责，因而可以保证审计的独立性和公正性。但是，由于外来的审计人员不了解内部的组织结构、生产流程和经营特点，对具体业务的审计过程中可能产生困难。此外，处于被审计地位的内部组织成员可能产生抵触情绪，不愿积极配合，这也可能增加审计工作的难度。

#### 2. 内部审计

内部审计则是由组织的内部人员进行的，其目的和外部审计相同，都是证实组织使用的财务与会计流程的效率及恰当性。

内部审计是一种检查现有控制程序和方法能否有效地保证达成既定目标与执行既定政策的手段。例如，制造质量完善、性能全面的产品是企业孜孜以求的目标，这不仅要求工人提供高质量的工作、利用先进的生产工艺，而且对构成产品的基础——原材料，提出了相应的质量要求。这样，内部审计人员在检查物资采购时，就不仅限于分析采购部门的账目是否齐全、准确，而且要力图测定材料质量是否达到要求。

根据对现有控制系统有效性的检查，内部审计人员可以提供有关改进公司政策、工作程序和方法的对策建议，以促使公司政策符合实际，工作程序更加合理，作业方法更加正确，从而更有效地实现组织目标。

此外，内部审计有助于推行分权化管理。从表面上来看，内部审计，作为一种从财务角度评价各部门工作是否符合既定规则和程序的方法，加强了对下属的控制，似乎更倾向于集权化管理。但实际上，企业的控制系统越完善，控制手段越合理，越有利于分权化管理。因为主管们知道，许多重要的权力授予下属后，自己可以很方便地利用有效的控制系统和手段来检查下属对权力的运用状况，从而可能及时发现下属工作中的问题，并采取相应措施。内部审计不仅评估了企业财务记录是否健全、正确，而且为检查和改进现有控制系统的效能提供了一种重要的手段，因此有利于促进分权化管理的发展。

虽然内部审计为经营控制提供了大量的有用信息，但在使用中也存在不少局限性，主要表现在以下几方面。

（1）内部审计可能需要很多的费用，特别是进行深入、详细的审计。

（2）内部审计不仅要收集事实，而且需要解释事实，并指出事实与计划的偏差所在。要能很好地完成这些工作，而又不引起被审计部门的不满，需要对审计人员进行充分的技能训练。

（3）即使审计人员具有必要的技能，仍然会有许多员工认为审计是一种"密探"或"侦查性"的工作，从而在心理上产生抵触情绪。如果审计过程中不能进行有效的信息和思想沟通，那么可能会给组织活动带来负激励效应。

### 3. 管理审计

外部审计主要核对企业财务记录的可靠性和真实性；内部审计在此基础上对企业政策、工作程序与计划的遵循程度进行测定，并提出必要的改进企业控制系统的对策建议；管理审计的对象和范围则更广，它是一种对企业所有管理工作及其绩效进行全面系统的评价和鉴定的方法。管理审计虽然也可由组织内部的有关部门进行，但为了保证某些敏感领域得到客观的评价，企业通常聘请外部的专家来进行。

管理审计的方法是利用公开记录的信息，从反映企业管理绩效及其影响因素的若干方面将企业与同行业其他企业或其他行业的著名企业进行比较，以判断企业经营与管理的健康程度。反映企业管理绩效及其影响因素主要有以下几方面。

（1）经济功能。检查企业产品或服务对公众的价值，分析企业对社会和国民经济的贡献。

（2）企业组织结构。分析企业组织结构是否能有效地达成企业经营目标。

（3）收入合理性。根据盈利的数量和质量（指盈利在一定时期内的持续性和稳定性）来判断企业盈利状况。

（4）研究与开发。评价企业研究与发展部门的工作是否为企业的未来发展进行了必要的新技术和新产品的准备，管理层对这项工作的态度如何。

（5）财务政策。评价企业的财务结构是否健全合理，企业是否有效地运用财务政策和控制来达到短期与长期目标。

（6）生产效率。保证在适当的时候提供符合质量要求的必要数量的产品，这对于维持企业的竞争能力是相当重要的。因此，要对企业生产制造系统在数量和质量上的保证程度，以及资源利用的有效性等方面进行评估。

（7）销售能力。销售能力影响企业产品能否在市场上顺利实现销售。这方面的评估包括企业商业信誉、代销网点、服务系统以及销售人员的工作技能和工作态度。

（8）对管理层的评估，即对企业的主要管理人员的知识、能力、勤劳、正直、诚实等素质进行分析和评价。

管理审计在实践中遇到了许多批评；其中比较重要的意见认为，这种审计过多地评价组织过去的努力和结果，较少关注预测和指导未来的工作，以至于有些企业在管理审计获得极好评价后不久就遇到了严重的财政困难。

尽管如此，管理审计不是在一两个容易测量的活动领域进行比较，而是对整个组织的管理绩效进行评价，因此可以为指导企业在未来改进管理系统的结构、工作程序和结果提供有用的参考。

相关案例

**工程公司的内部审计**

中广核工程有限公司成立于2004年2月，是我国第一家专业化核电工程建设和管理公司。中广核工程公司以核电工程建设为主业，受工程项目业主委托行使业主工程管理职能,全面负责核电工程及其他能源工程从前期准备到设计采购、土建施工、安装调试的全过程管理。公司按照国际一流核电 AE 公司的组织架构,以专业化平台为基础,按照多项目、多基地、多技术路线实施集约化运作。

中广核工程公司内部审计通过了 IIA(国际内部审计师协会)的全面质量评估,获得了评估的最高级别结论——总体遵循。内部审计在公司风险管理中,在扮演四种角色:一是"警察"。通过对国家法律法规、公司规章制度的执行情况实施审查,查错纠弊,对经济活动予以监督,严肃财经纪律,减少损失浪费和国有资产流失等,防范违法违规风险;要像一把高悬的利剑,对违纪违规行为起威慑作用,并且与纪检、监察部门明确分工与合作,充分发挥合力作用,提供廉政风险提示。二是"保健医生"。内部审计要及时发现和揭露隐藏在公司机体中的矛盾与问题,调节在先,预防为主,注重"保健",帮助改进。一个高明的医生是"不治已病治未病",就是说等问题暴露了才去解决问题,即使成功了也不算高明;要在问题还没有暴露的时候就发现会产生问题的机理、环境、要素等,并且将其都调理顺畅,从根本上避免问题的孕育。三是"参谋"和"助手",即内部审计要围绕公司目标,把审计活动与经营管理和核电工程项目管理充分结合在一起,积极为管理出谋划策,做公司和项目的"参谋"与"助手",为公司和项目决策提供具有价值的审计信息、审计建议,等等。四是"协调员"。核电站建设错综复杂,各类规章众多,各种关系纠结,在工程建设过程中,各个单位在制度执行时难免出现不同意见,需要一个较为独立、客观的第三方进行协调,理顺关系。

资料来源:郭旭.打造国际一流的内部审计——访中广核工程有限公司总经理束国刚[J]. 中国内部审计,2010(1):22-25.

## 11.2 运营控制方法

运营管理是企业增加价值、生产产品与服务工作中的核心,是组织将输入的资源转化成产品和服务的一系列管理活动。当一家电脑公司购买电子器件、将它们装配成电脑然后运送给消费者时,它就是在进行运营管理。当必胜客的一位员工订购食品和纸制品并把生面团、奶酪、番茄酱制作成一个比萨饼时,他也参与了运营管理。

本节着重讨论和投入活动有关的库存控制以及与产出有关的质量控制。

### 11.2.1 库存控制

#### 1. 库存的概念

库存是与运营系统相关的不同流程之间的缓冲器,根据在运营系统中的位置,库存可以划分为三类:①原材料库存;②半成品库存;③制成品库存。原材料库存是购买和生产之间的缓冲器;半成品库存是用来缓冲不同生产过程引起的流程速度差异;制成品库存是生产最后阶段和运送之间的缓冲器。

库存增加了运营系统的灵活性,并使企业能够:

(1)以经济批量而不是小批量进行采购、生产和运送。

（2）即使对制成品或原材料的需求有波动，也可以在平稳、持续的基础上进行生产。

（3）当对需求的预测发生错误，或供给及生产发生减速或中断时，防止出现大问题。

如果不是成本昂贵，每个组织都会尽量维持很大量的库存来便于采购、生产安排和分销。然而，保持库存会带来多种成本，包括保险费、财产税、储存成本、无形损耗成本、损毁和投资在存货上的资金的机会成本等。这些成本的相对重要性依赖于所持有的特定库存。例如，对妇女的时尚用品来说，潜在的无形损耗成本很高。类似地，危险化学药品的储存成本也会很高。因此，管理部门必须不断地平衡持有库存成本和运营时库存短缺引发的成本。

### 2. 经济订购批量

对库存的控制主要是为了在保证生产经营活动正常进行的前提下，降低各种与库存有关的成本耗费，提高经济效益。为此，企业通常希望大批量购买原材料和产品，同时，企业又必须考虑订购成本与保存成本的平衡，寻求最优订购数量。

订购单位的最优数量称为经济订购批量，是由订购成本等于保存成本的那一点来决定的，或由总成本（订购成本加上保存成本）最小之处决定。管理人员使用经济订购批量模型计算最优的订购批量，使总费用达到最小化。这个模型需要考虑两种成本：一是订购成本，即每次订货所需的费用（包括通信往来、文件处理、差旅、行政管理费用等）；二是保管费用，即储存原材料或零部件所需的费用（包括库存、利息、保险、折旧、损坏以及变质损失等费用）。

当企业在一定期间内总需求量或订货量为一定时，如果每次订购的量越大，所需订货的次数就越少；如果每次订购的量越少，所需订购的次数就越多。对第一种情况而言，订购成本较低，但保管成本较高；对第二种情况而言，订购成本较高，但保管成本较低。通过经济订购批量模型，可以计算出订购量为多大时，总成本（订购成本和保管成本之和）为最小。图11-1为经济订购批量示意图。

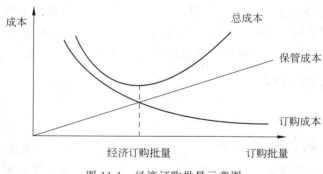

图 11-1　经济订购批量示意图

一般来说，企业除了最优订购批量外，为了预防万一，会保留一个额外的储存量，这个储存量即为安全库存。

### 3. 即时库存控制

即时库存控制在日本形成,但普及在美国。即时库存控制系统有时也称为零库存系统、无库存系统或看板系统,其目标是实现零库存。它的基本思路是企业不储备原材料库存,一旦需要,立即向供应商提出,由供应商保质保量按时送达,保证生产继续进行。

即时库存控制的具体做法如下:企业收到供应商送来的装有原材料的集装箱,卸下其中的原材料准备用于生产装配,同时把箱中的"看板"(日语中卡片或标牌的含义)交回给供应商;供应商接到"看板"后立即进行生产,并将新生产出来的原材料再送来。如果双方衔接得好的话,此时,上次的原材料刚好用完。

很明显,即时库存系统可以减少库存、降低成本、提高效益。供应商必须在规定的时间,按照规定的质量和数量,将原材料或零部件生产出来,并且准确无误地运送到规定的地点。因此,即时库存系统为企业选择和控制供应商提出了更高的要求。许多研究指出即时库存系统事实上将库存及带来的风险转嫁给了供应商,供应商所能做的是自己消化或再次转嫁给那些为自己供货的供应商。

## 11.2.2 质量控制

### 1. 质量和质量管理

1) 质量的含义及维度

(1) 质量的含义

所谓质量有狭义和广义之分。狭义的质量指产品的质量,而广义的质量除了涵盖产品质量外,还包括工作质量。

产品质量主要指产品的使用价值,即满足消费者需要的功能和性质。这些功能和性质可以具体分为下列五个方面:性能、寿命、安全性、可靠性和经济性。

工作质量主要指在生产过程中,围绕保障产品质量而进行的质量管理工作的水平。

(2) 质量的维度

运营管理者主要关注的是产品或服务达到的规格。因而,从运营管理者的角度来讲,质量是由设计阶段中确定的规格或标准决定的。美国质量控制协会将质量定义为一种产品满足确定的或潜在需求的能力的总体特点和特征。因而,要管理和控制质量,首先要明确质量的属性。表11-4列出了确定某一特定产品质量的八个基本维度。

表 11-4 质量的八个维度

| 维度 | 含义 |
| --- | --- |
| 性能 | 产品或服务的基本特征 |
| 特色 | 产品基本特征补充;附加特征;非基本特征;次要特征;如电动车窗 |
| 可靠性 | 一定时期内不出故障的可能性;一段时间内性能的一贯性 |
| 一致性 | 产品的设计和运营特性与确立的标准相吻合的程度 |

续表

| 维 度 | 含 义 |
|---|---|
| 耐用性 | 产品的使用寿命 |
| 维护保养方便性 | 维修的速度和容易性 |
| 美观性 | 感官特征,如产品的外观、触感、口味和气味 |
| 感觉到的质量 | 消费者看到的质量 |

资料来源:戴维·加文:《八个维度的质量竞争》,哈佛商学院,1987.

质量与产品和服务都有关系。尽管像汽车和计算机这样的产品,质量被放在第一位,但从航空公司到饭馆的各类服务企业也同样认识到质量是决定其成败的极为关键的因素。在当今世界,服务质量也已经成为竞争焦点。

(3) 质量的重要性

出于竞争、生产率和成本这三个原因,质量是每个管理者关心的重点问题。

首先,竞争。质量在当今已经成为企业最有力的竞争点之一。每家公司都把质量当成一个主要的竞争点。因此,跟不上步伐的企业可能发现自己不仅无法与外国企业竞争,而且也没有能力与本国的其他企业竞争。

其次,生产率。管理者还认识到,质量和生产率是相关的。过去,许多管理者认为仅仅通过降低质量就可以增加产出(生产率)。当今的管理者已经明白,这样的假设几乎永远是错误的。如果一家企业启动了一个有意义的质量强化项目,可能会有三种结果:第一,次品数量可能会减少,使得消费者退货量减少;第二,由于次品数量降低,用于对缺陷进行修复的资源(原材料和人力)减少;第三,由于要求员工对质量负责,因此减少了对质量检查人员的需求,组织可以用更少的资源生产出更多的产品。

最后,成本。质量的改善还可以降低成本。低劣的质量会导致消费者更高的退货率、高担保成本,以及消费者受到劣质产品伤害后的法律诉讼费用。未来的销售会由于消费者的不满意而受到损失。有质量问题的企业常常需要增加质量检查支出以发现有缺陷的产品。

2) 质量管理

多年以来,几乎所有的组织中都有一个质量控制部门来对质量负责,以便消灭其缺陷和错误的产品,或纠正错误。一些系统强调在流水线的终端发现和纠正错误;另一些则致力于在生产过程中检测缺陷。两种方法都仅关注流程中的生产部分,而很少或没有考虑到与产品和服务的设计商、供应商的合作。这种对质量管理的理解过时了。

(1) 质量管理的发展

迄今为止,质量管理和控制已经经历了三个阶段,即质量检查阶段、统计质量管理阶段和全面质量管理阶段。质量检查阶段大约发生在 20 世纪 20—40 年代,工作重点在产品生产出来后的质量检查。统计质量管理阶段发生在 20 世纪四五十年代,管理人员主要采用统计方法为工具,对生产过程加强控制,提高产品质量。

从 20 世纪 50 年代开始的全面质量管理是以保证产品质量和工作质量为中心,企业全体员工参与的质量管理体系。它具有多指标、全过程、多环节和综合性的特征。如今,全面质量管理已经形成了一整套管理理念,并风靡全球。

（2）质量保证

当今的质量管理强调预防缺陷和错误,而不是发现和纠正它们。与"检查质量"相对的"打造质量"的想法,也就是人们所知的质量保证。这种方法把质量视为所有员工的责任,而不仅仅是质量控制部门的责任。此外,它把供应商当成伙伴而不是对手。

质量管理的预防领域最有代表性的研究可能就是戴明的十四要点。戴明在20世纪40年代是纽约大学的统计学教授,第二次世界大战后他去了日本以帮助进行改进质量和生产率。虽然戴明在日本已经非常受推崇,但他对于美国的企业领导者来说依然名不见经传,直到20世纪80年代日本的质量和生产率引起了全世界的注意。戴明认为造成低劣的质量和低生产率的原因是系统而不是员工。他也强调修正系统以便能获得想要的结果是管理部门的责任。据此,他提出,要保证质量,有十四个要点对任何组织而言都是必要的,如表11-5所示。

表11-5 戴明的十四个要点

| 序号 | 内容 |
| --- | --- |
| 1 | 创立并向所有员工公布一份公司或其他类型组织的目标和目的的声明。管理当局必须履行他们承诺的目标 |
| 2 | 最高管理层和每个人都要学习新思想 |
| 3 | 理解检查的目的：改进流程和降低成本 |
| 4 | 不要仅把业务奖励建立在价格标签的基础上 |
| 5 | 始终不断地改进生产和服务系统 |
| 6 | 使培训制度化 |
| 7 | 教授和制度化领导方式 |
| 8 | 驱逐恐惧,建立信任,创立一种创新的氛围 |
| 9 | 为实现公司的目标和目的,优化团队、小组和员工的努力 |
| 10 | 取消工作场所的训诫 |
| 11 | a. 取消生产的数量限额,代之以学习和制度化改进的方法 |
| | b. 取消目标管理,代之以学习工作流程的性能和如何改进它 |
| 12 | 消除人们为自己的手艺而自豪的障碍 |
| 13 | 鼓励每个人接受教育和自我完善 |
| 14 | 采取行动来完成变革 |

资料来源：戴明.摆脱1986年危机[M].麻省理工学院出版社,1986.

## 2. 全面质量管理

### 1）全面质量管理的含义

质量管理一直是组织经营的一项重要内容,也是对相关组织活动实施控制的一种重要手段。随着组织管理理论的演变,质量管理经过了从检验质量管理、统计质量管理、全过程质量管理到全面质量管理的演变。全面质量管理,有时也被称为质量保证,是一种全新的质量管理观点和方式,是企业为了保证和提高产品质量,综合运用一整套质量管理体系、手段和方法,将质量作为组织所有活动的原则的系统性管理活动。具体地说,就是组织企业全体职工和有关部门参加,综合运用现代科学和管理技术成果,控制影响产品质量的全过程和各因素,经济地研制生产和提供用户满意的产品的系统管理活动。

全面质量管理于20世纪60年代产生于美国,后来在西欧和日本逐渐得到推广与发展。它应用数理统计方法进行质量控制,使质量管理实现定量化,变产品质量的事后检验为生产过程中的质量控制。它通过计划—实施—检查—处理的质量管理循环,提高质量管理效果,保证和提高产品质量。因此,它比传统的质量检验、统计质量控制等质量管理更加完善与全面。全面质量管理是一个系统化、综合化的管理方法,是一套能够控制质量、提高质量的管理技术和科学技术。

全面质量管理的基本内容包括以下几方面。

(1)对全面质量的管理。全面质量指所有质量,即不仅是产品质量,还包括工作质量、服务质量。在全面质量中产品质量是核心,企业应以质量为中心。

(2)对全过程的管理。对产品的质量管理不限于制造过程,而是扩展到市场研究、产品开发、生产准备、采购、制造、检验、销售、售后服务全过程。

(3)由全体人员参与的管理。企业把质量第一、人人有责作为基本指导思想,将质量责任落实到全体职工,人人为保证和提高质量而努力。

全面质量管理可以用以下的行为来总结。

(1)发现顾客需要。利用调查、焦点小组、访谈或其他方法将顾客的声音整合到决策制定过程中。

(2)设计一种达到(或超越)顾客要求的产品或服务,并使它容易使用和容易生产。

(3)优化生产流程,尽力实现无差错流程。判断哪儿有可能发生错误,并努力防止。当错误发生了,找出原因,以便降低再次发生的可能性。

(4)追踪结果,并用追踪到的结果来引导系统的持续改进。

(5)将这些概念延伸到供应商和分销商。

全面质量管理是整个组织对于顾客所定义的质量的持续关注。它不是技术的集合,而是关于在组织内人们如何看待他们的工作和质量的思想或思考方法。

2)全面质量管理的组成

图11-2描述了全面质量管理的主要组成部分。

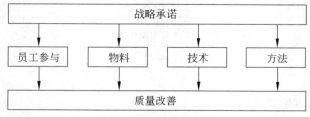

图11-2 全面质量管理

（1）战略承诺

全面质量管理的起点是高层管理者的战略承诺。出于以下两个原因,这一承诺很重要：第一,必须改变组织文化,使组织认识到质量并不是一个理想,而是必须追求的目标；第二,追求质量目标需要付出真实的成本——如购买新机器设备的支出。因此,如果没有高层管理者的承诺,质量改进就会只是一个口号,不会有什么实质的改变。

（2）员工参与

员工参与是全面质量管理中的另一个关键要素。事实上,所有成功的质量改善项目都包括使个人对正确地完成工作负责。员工参与是改善质量的一个关键因素。工作团队是提高员工参与的常用工具。

（3）技术

新技术对于全面质量管理也很有价值。例如,投资于更精确、更可靠的自动化设备和机器人通常能够改进质量。

（4）物料

全面质量管理的另一个重要部分是提高原材料的质量。假设一家公司从另一家公司购买芯片和电路,用于组装智能手机。如果芯片的故障率很高,消费者会将有缺陷的智能手机退回标牌上注明的生产厂家,而不是将其退回芯片生产厂家。智能手机生产厂家要在两方面承受损失：一是要向消费者退款,二是声誉受损。因此,许多企业提高了对其供应商产品质量的要求。

（5）方法

方法是组织将原材料转化为产品或服务的运营系统。改善方法可以提高产品和服务的质量。例如,京东应用大数据分析和智能包装系统,在北京、上海等全国30个城市开设"京准达"服务,将2小时预约送达时间缩短为1小时。这使得其服务质量得到显著提高。

**本田公司的质量成本控制分析**

日本本田公司为汽车、摩托车生产企业,在美国、欧洲和日本设有地区总部。20世纪80年代末,本田公司开始引入质量成本管理,1993年全面推行质量管理。本田实验室负责汽车设计和研发,将每款车型设计图纸传递到工厂,每家工厂都设立一个质量管理中心,新车型项目部负责产品发展第一阶段的质量和可靠性。质量控制部门负责对生产过程中的质量监控,对外部供应商供应零部件质量的审查则是零件质量部责任,这些部门的人工和其他费用即质量成本中预防成本与鉴定成本。与上述质量成本比较,本田管理层更注重质量问题造成的市场销售损失。他们将在保修期内发生的保修成本称为一般售后服务成本,而保修期后由制造商承担的维修成本称为服务后成本。一个新车型引起的保修和修理成本作为外部差错成本。由于日本汽车销售商大都是制造商的分支机构或子公司,因此销售商发现的质量缺陷造成的成本被视为内部差错成本。本田公司规定销售商必须反馈所有客户评价信息,制造商再将这些信息反馈给实验室人员,将这些意见吸纳到产品设计、研发和生产中。这样,本田公司就构建了一套完整的质量成本控制体系,建立了质量成本控制长效机制,并在生产过程中提高产品质量,提升产品敏感度和顾客满意度,取得了良好的经济和社会效益。

资料来源:严锐.汽车制造企业质量成本控制分析——以本田公司为例[J].北方经贸,2018(8):136-140.

## 11.3 综合控制方法

随着竞争的加剧和经营复杂性的提高,现代企业需要进行控制的组织层面越来越高,所要控制的活动范围越来越广,这就需要企业采用综合的方法对企业运营的整个过程进行控制。目前在企业中最为广泛采用的就是标杆控制和平衡计分卡控制。

### 11.3.1 标杆控制

作为一种学习先进经验的系统、科学、高效的方法,标杆管理和控制在当代企业管理中得到了广泛的应用。

1. 标杆控制的内涵

根据大多数学者的观点,标杆控制是以在某一项指标或某一方面实践上竞争力最强的企业,或行业中的领先企业,或组织内某部门作为基准,将本企业的产品、服务管理措施或相关实践的实际状况与这些基准进行定量化的评价、比较,在此基础上制定、实施改进的策略和方法,并持续不断反复进行的一种管理方法。标杆控制的心理学基础在于人的成就动机导向,认为任何个人与组织都应设定既富有挑战性又具有可行性的目标,只有这样,个人和组织才有发展的动力。

施乐公司是实施标杆控制的典范。1976年前后,一直保持着世界复印机市场实际垄断地位的施乐公司遇到了来自国内外,特别是日本竞争者的挑战,如佳能、日本电器等公司以施乐的成本销售产品仍能够获利,而产品开发周期、开发人员则分别比施乐短或少50%。面对着竞争威胁,施乐公司最先发起向日本企业学习的运动,开展了广泛、深入的标杆管理。通过全方位的集中分析比较,施乐弄清了这些公司的运作机制,找出了与佳能等主要对手的差距,全面调整了经营战略战术,终于把失去的市场份额重新夺了回来。

2. 标杆控制的步骤

标杆控制的实施需要历经一系列的步骤。
1) 确定标杆控制的项目

标杆控制的项目一般是对企业竞争力影响最重要的因素,同时也是企业的薄弱环节。如一个企业的生产成本高于竞争对手,那么它可以选择成本管理作为标杆管理的项目。

2) 确定标杆控制的对象和对比点

这个对象应当是在同组织、同行业、同部门业绩最佳、效率最高的少数有代表性的对象。标杆控制的对比点通常为业绩的作业流程、管理实践或关键要素,在此基础上确立测量指标作为控制的依据。

3) 组成工作小组,确定工作计划

企业层次标杆控制活动的组成人员通常由决定竞争力因素的核心部门的能够识别专业流程优劣的人士参加。

4) 资料收集和调查

首先收集已有的相关研究报告、调查报告或相关信息,在研究已有资料的基础上,拟定实地调查提纲和调查问卷,并然后在内部对调查问卷和实地调查方法进行检验,确定其有效性。在实地调查过程中,需要重点关注差异及其原因。

5) 分析比较,找出差距,确定最佳纠偏做法

在调查资料分析和进一步调查的基础上,进行对比,确定差异,明确差距形成的原因和过程,并确定出最佳做法。

6) 明确改进方向,制订实施方案

在明确最佳做法的基础上,找出弥补自己和最佳实践之间差距的具体途径或改进机会,设计具体的实施方案,并进行实施方案的经济效益分析。实施方案要明确实施重点和难点,预测可能出现的困难和偏差,确定对实施情况的检查和考核标准。

7) 沟通与修正方案

利用各种途径,将拟订的方案、所要达到的目标前景同全体成员进行反复交流与沟通,征询意见,争取全体成员的理解和支持,并根据成员建议,修正和完善方案,以统一成员思想,使全体成员在方案实施过程中目标一致、行动一致。

8) 实施与监督

将方案付诸实施,并将实施情况不断和最佳做法进行比较,监督偏差的出现并采取有效的校正措施,以努力达到最佳实践水平,努力超过标杆对象。

9) 总结经验

在完成了首次标杆控制活动之后,必须对实施效果进行合理的评判,并及时总结经验,对新的情况、新的发现进行进一步的分析。

10) 进行再标杆循环

针对环境的新变化或新的管理需求,锚定下一次标杆的项目和对象。

### 3. 标杆控制的作用和缺陷

通过设立挑战和赶超对象,并以最关键或最薄弱的因素作为改进内容,标杆控制有助于全面提升企业的竞争力。在标杆管理的控制指标中,不仅要求采用财务指标,还要求采用一些非财务指标。与其他控制方法一样,标杆控制也存在着不足。

1) 导致企业的竞争战略趋同

标杆控制方法鼓励企业相互学习和模仿,因此在奉行标杆控制的行业中,可能所有的企业都企图通过采取类似行动来改进绩效,在竞争的某个关键方面超过竞争对手。模仿可能使得企业之间相对效率差距日益缩小,但这会导致各个企业在战略上趋向一致,各个企业的产品、质量、服务甚至供应销售渠道大同小异,在企业运作效率上升的同时,利润率

却在下降。

2) 导致企业陷入"标杆管理陷阱"

标杆控制容易使企业陷入"落后—标杆—又落后—再标杆"的"标杆管理陷阱"之中。如果标杆控制活动不能使企业跨越与领先企业之间的"技术鸿沟",单纯为赶超先进而继续推行标杆控制,反而会使企业陷入繁杂的"标杆管理陷阱"。例如,国际商业机器公司和通用电气公司在复印机刚刚问世时,曾对标于复印机领先者施乐公司,结果陷入了无休止的追赶游戏之中,最终不得不退出复印机行业。

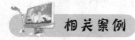
相关案例

### 国网冀北电力有限公司"六位一体"标杆管理体系研究

国网冀北电力有限公司隶属国家电网有限公司,成立于 2011 年 12 月 15 日,肩负着服务河北经济社会发展和保障首都北京安全可靠供电的重要使命。其在国家电网公司强大的企业文化的指引下,基于"努力超越,追求卓越"企业精神,围绕卓越电网、卓越公司、卓越运营、卓越队伍的"四个卓越"的战略框架,构建了企业"六位一体"标杆管理体系,促进了企业追求卓越,提高了整体绩效能力和综合竞争力。

其体系构建过程主要包括以下几个方面:第一,确定战略定位,明确"四个卓越"目标。国网冀北电力把国家电网公司发展战略作为基本遵循,立足"一保两服务"职责使命和"一省两公司""一公司两省",确定了"四个卓越"战略框架,以及建设具有卓越竞争力的一流能源互联网企业的新时代战略目标。第二,开展三级联动,优化内部指标体系。纵向分解指标,设计市县公司指标体系。明确业务关联,差异设置市公司指标。强化落地执行,发布县公司指标体系。第三,构建目标体系,分类设置指标目标。明确管理原则,实施分类提升策略。确定年度目标,三重目标协同一致。逐级开展分解,确保目标上下一致。第四,构建责任体系,精确传导管理压力。指标业务联动,开展横向责任分解。纵向责任联动,打造纵向目标责任树。第五,强化管控体系,构建实施四项机制。实施月度监控,开展异常指标预警。实施短板点评,推动主动改进提升。实施专项改进,有效提升关键指标。强化沟通协调,推动对标信息共享。第六,应用考评体系,激发全员对标动力。开展二次评价,分析目标完成情况。实施考核奖励,激励指标持续提升。

体系应用成效主要表现在以下几个方面:本部专业层面,连续三年有序推进 35 项次专项指标攻关,开展 132 项整改措施落实,形成长效管控和监测机制,建设管理、营销管理、运行管理获得过共计 3 次国家电网公司专业标杆称号。2017 年,国网冀北电力营业收入 675.99 亿元,同比增长 5.36%;实现利润 6.18 亿元;资产总额 622.79 亿元,同比增长 2.62%;获得国家电网公司业绩对标进步标杆单位,2 项典型经验入选国家电网典型经验库,对标综合成果创历史最好水平。

国网冀北电力通过研究构建并实施应用"六位一体"标杆管理体系,在公司上下树立来"对标的本质是管理提升"的核心理念,强化了"抓对标就是抓专业、抓专业就是抓管理"的意识,形成积极有效的全员对标文化,有效地传递对标压力,实现了公司管理水平和经营业绩的全面提升。

资料来源：陈龙发,黄波.供电企业"六位一体"标杆管理体系研究[J].企业管理,2018(S2)：400-401.

### 11.3.2 平衡计分卡控制

平衡计分卡,源自哈佛大学教授罗伯特·卡普兰与诺朗顿研究院的执行长戴维·诺顿于1990年所从事的关于"未来组织绩效衡量方法"的研究,当时该计划的目的,在于找出超越传统以财务量度为主的绩效评价模式,以使组织的"策略"能够转变为"行动"。

由于传统的控制方法偏重于财务性衡量指标,而忽视企业创造未来长远的经济价值与利益,因此1992年卡普兰和诺顿的文章《平衡计分卡：企业绩效的驱动》一经发表,便得到了学术界和企业界的广泛推崇与应用。

经过20多年的发展,平衡计分卡已经发展为集团战略管理的工具,在集团战略规划与执行管理方面发挥非常重要的作用。

#### 1. 平衡计分卡控制的内涵

平衡计分卡就是根据企业组织的战略要求而精心设计的指标体系,是由财务、顾客、内部经营过程、学习和成长四个方面构成的衡量企业、部门和人员的卡片,之所以取名为"平衡计分卡"是因为它的目的在于平衡,兼顾战略与战术、长期和短期目标、财务和非财务衡量方法、滞后和先行指标。

按照卡普兰和诺顿的观点,"平衡计分卡是一种绩效管理的工具。它将企业战略目标逐层分解转化为各种具体的相互平衡的绩效考核指标体系,并对这些指标的实现状况进行不同时段的考核,从而为企业战略目标的完成建立起可靠的执行基础"。

诺顿和卡普兰认为,企业的发展,不仅依赖于企业内部的因素,还依赖于外部环境,如市场需求和消费者偏好的变化；企业不仅要注重短期目标,还要能兼顾长期发展的需要；除了关注财务指标之外,必须同样重视非财务方面的组织运作能力。

#### 2. 平衡计分卡的原理流程

1) 目标转化

以组织的共同愿景与战略为内核,运用综合与平衡的哲学思想,依据组织结构,将公司的愿景与战略转化为下属各责任部门（如各事业部）在财务、顾客、内部经营过程、学习和成长四个方面的系列具体目标（成功的因素）,并设置相应的四张计分卡,其基本框架如图11-3所示。

2) 评价指标体系设置

依据各责任部门分别在财务、顾客、内部经营过程、学习和成长四个方面可计量可具体操作的目标,设置——对应的绩效评价指标体系,这些指标不仅与公司战略目标高度相关,而且是以先行与滞后两种形式,同时兼顾和平衡公司长期与短期目标、内部与外部利益,综合反映战略管理绩效的财务与非财务信息。

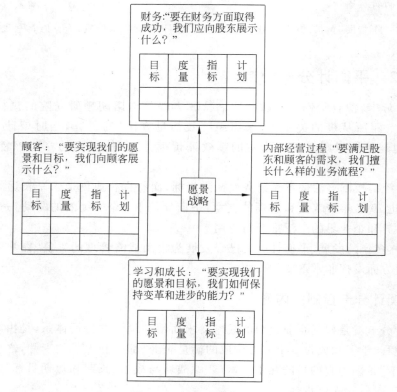

图 11-3 平衡计分卡框架

3) 设定评分规则

由各主管部门与责任部门共同商定各项指标的具体评分规则。一般是将各项指标的预算值与实际值进行比较，对应不同范围的差异率，设定不同的评分值。以综合评分的形式，定期（通常是一个季度）考核各责任部门在财务、顾客、内部经营过程、学习和成长四个方面的目标执行情况，及时反馈，适时调整战略偏差，或修正原定目标和评价指标，确保公司战略得以顺利与正确地实行。平衡计分卡管理循环过程框架如图 11-4 所示。

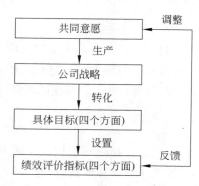

图 11-4 平衡计分卡管理循环过程框架

### 3．平衡计分卡的控制指标

1）财务方面

财务衡量在平衡计分卡中不仅是一个单独的衡量方面，而且是其他几个衡量方面的出发点和落脚点。一套平衡计分卡应该反映企业战略的全貌，从长远的财务目标开始，然后将它们与一系列行动相联系。如果质量、客户满意度、生产率等方面的改善和提高无法转化为销售额的增加、营业费用的减少、资产报酬率的增加等财务成果，那么做得再好也无济于事。财务方面的衡量指标要结合企业的发展阶段，如在成长阶段，由于前期投入较大，企业的现金流量可能是负数，投资回报率亦很低，此时财务衡量应着重于销售额总体增长百分比、特定顾客群体和特定地区的销售额增长率等指标。

2）客户方面

在客户方面，核心的衡量指标主要包括市场份额、老客户回头率、新客户获得率、客户满意度和从客户处所获得的利润率。这些指标存在着内在的因果关系，客户满意度决定了新客户获得率和老客户回头率，后两者又将决定市场份额的大小；新客户获得率、老客户回头率和市场份额等指标共同决定了销售利润率；而客户满意度又源于企业对客户需求的反应时间，产品的功能、质量、价格。

3）内部经营过程

在内部经营过程方面，应本着满足客户需要来制定衡量指标。现在的内部经营过程往往是以销定产式，常常要创造全新的流程，它循着"调研—寻找市场—产品设计开发—生产制造—销售与售后服务"的轨迹进行。生产制造过程的业绩衡量可以沿用财务指标，如标准成本和实际成本的差异、成品率、次品率、返工率等。产品设计开发可以采用新产品销售额在总销售额中所占的比例、专利产品销售额在总销售额中所占的比例、比竞争对手率先推出新产品的比例、开发新产品所用的时间、开发费用占营业利润的比例、第一次设计出的产品中可全面满足客户要求的产品所占的比例、在投产前对设计进行修改的次数等指标。售后服务质量的衡量，则可以采用公司对产品故障反应的速度、用于售后服务的人力和物力成本、售后服务一次成功的比例等指标。

4）学习和成长

在学习和成长方面，最关键的因素是人才、信息系统和组织程序。要促进企业的学习和成长，必须改善企业内部的沟通渠道，加强对员工的基于职业生涯发展的教育和培训，激发员工的积极性，提高员工的满意度。这方面的衡量指标主要包括培训支出、培训周期、雇员满意度、雇员换留率、信息覆盖比率、每个员工提出建议的数量、被采纳建议的比例、采纳建议后的成效、工作团队成员彼此的满意度等。

### 4．平衡计分卡的控制作用

成功的平衡计分卡控制制度是把企业的战略和一整套财务与非财务性评估手段联系在一起的一种手段。平衡计分卡可以阐明战略，并在企业内部达成共识；在整个组织中传播战略；把部门和个人的目标与这一战略相联系；把战略目标与战术安排衔接起来；对战略进行定期和有序的总结；利用反馈的信息改进战略。因此，从某种意义上来说，平衡计分卡不仅仅是一种控制和业绩评价手段,更是一个战略管理方法。

### 11.3.3 管理信息系统控制

#### 1. 管理信息系统的定义

管理信息系统,是一个由人、计算机及其他外围设备等组成的能进行信息的收集、传递、存储、加工、维护和使用的系统。MIS的主要任务是最大限度地利用现代计算机及网络通信技术加强企业信息管理,通过对企业拥有的人力、物力、财力、设备、技术等资源的调查了解,建立正确的数据,加工处理并编制成各种信息资料及时提供给管理人员,以便进行正确的决策,不断提高企业的管理水平和经济效益。目前,企业的计算机网络已成为企业进行技术改造及提高企业管理水平的重要手段。

#### 2. 管理信息系统的结构

管理信息系统的结构,是指管理信息系统各部件的构成框架。从不同角度理解,可以生产不同的结构,主要包括概念结构、功能结构和软硬件结构。

从概念上看,管理信息系统可以由信息源、信息处理器、信息用户和信息管理者四大部分组成(图11-5)。

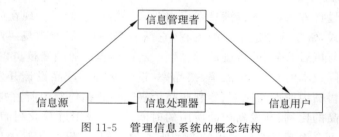

图11-5 管理信息系统的概念结构

这里,信息源是指对信息进行识别和收集后产生的信息,信息处理器担负保存、传输和加工的任务,信息用户是信息的使用者,而整个的信息处理活动由信息管理者进行管理和控制。

一个管理信息系统从使用角度看,一般由各种功能组成。一个企业组织的管理信息系统可以由计划系统、供应子系统、技术子系统、销售子系统、生产子系统等功能模块组成。这些功能模块通过信息的使用和产生形成联系,并构成一个有机的整体。在这个整体中,功能之间的组成方式被称为管理信息系统的功能结构。

管理信息系统的软硬件结构包括管理信息系统所依托的计算机硬件设备、网络设备及其连接方式、系统内部运行的系统软件、系统的操作系统、数据库软件等。

#### 3. 管理信息系统在组织中的作用

随着信息技术的发展,人类社会开始进入知识经济和信息经济时代,信息成为组织越来越重要的战略资源,管理信息系统作为作用于一个组织的信息系统,其作用也越来越重要,组织应用管理信息系统的目标由追求组织某个局部领域的效率和效益的提高,向追求组织整体效率和效益的提高及增强组织的竞争力转变。它在组织中的作用体现在如下几个方面。

（1）管理信息系统是管理现代化的体现。一个有效的管理信息系统是现代化的管理思想、现代化的组织制度与先进的信息技术的有机统一体。

（2）管理信息系统能为组织的决策提供服务。决策是通过对组织内部、外部的情况的充分把握才能做出正确的判断和决策，因此，决策依赖于信息，信息是决策的基础。

（3）管理信息系统是管理的依据。在管理控制中，信息可以用来控制组织的整个生产过程、服务过程的运作，并且信息的反馈不但用来调整已有的计划，使组织的各种运作过程达到最佳。

（4）管理信息系统为组织内外联系提供保障。组织内各职能部门之间的联系以及组织和外界的联系都是通过信息互相沟通的，没有管理信息系统，组织内外的各种沟通和协同工作就难以做得很好。

（5）管理信息系统能给组织带来巨大的效益。一个能够集中体现先进思想和方法的管理信息系统，会对组织中的各种要素进行优化组合和合理配置，组织活动过程中的人力、物流、资金流和信息流处于最佳状态，从而达到组织效益的最大化。

本章小结

1．控制系统的有效性。从控制有效性的原理入手，提出了有效控制系统的特征，并分析了控制有效性的影响因素、阻碍力量，据此，提出了提高控制系统有效性的措施。

2．财务控制方法。这一部分，介绍了最常用的财务控制方法——预算，以及财务报表、比率分析、审计等其他财务控制方法的概念、应用方法和控制含义。旨在使学生在理解各项财务控制方法的管理意义基础上，能在实践中熟练应用各项方法。

3．运营控制方法。从运营管理者的视角，阐述了库存控制、质量控制的常用方法，包括广为使用的即时库存管理、全面质量管理等，旨在使学生熟练掌握这些控制方法的概念、用法及其管理意义，并能在企业管理的实践中加以应用。

4．综合控制方法。从企业管理的组织结构和战略视角，阐述了控制的意义及方法。详尽介绍了平衡计分卡控制和标杆控制这两种常用的综合控制方法。通过这一部分的学习，旨在使学生能够从企业管理的更高层面理解控制的含义，理解各项控制方法与企业战略以及企业竞争力提升之间的综合关系。

关键词汇

预算控制（budget control）
收支预算（operating budget）
现金预算（cash budget）
投资预算（investment budget）
零基预算（zero-base budget）

财务比率分析(financial ratio analysis)
财务审计(financial auditing)
库存控制(inventory control)
即时库存控制(just-in-time inventory control)
质量控制(quality control)
全面质量管理(total quality management)
官僚控制(bureaucratic control)
分权控制(shared control)
战略控制(strategic control)
标杆控制(benchmarking control)
平衡计分卡控制(balanced score card control)

**思考题**

1. 按组织系统的层次,可以将控制分为哪些类型?解释各种类型的含义?
2. 简述控制有效性的原则。
3. 简述控制的多重性标准的积极意义。
4. 简述影响控制的因素及控制建议。
5. 论述有效控制的阻力及克服方法。
6. 解释预算控制的含义。
7. 简述常见的预算类型及相应的预算目的。
8. 试论述弹性预算和零基预算的含义及优缺点。
9. 试回答财务和运营比率分析的常见形式。
10. 试回答财务审计的分类及各类别的含义。
11. 解释库存控制的含义。
12. 简述全面质量管理的基本内容。
13. 简述标杆控制的步骤。
14. 简述平衡计分卡控制的原理及实施流程。

**案例讨论题**

### 太子奶集团财务控制研究

2008年,太子奶集团的资金链出现问题,陷入经营和财务困境,部分生产基地已经停产,工人工资发放延期,供货商停止向太子奶提供原料和设备,经营商集体讨要预付款。在花旗银行向开曼群岛申请太子奶集团破产的情况下,太子奶的大股东即摩根、英联和高盛三大投行对太子奶的董事长李途纯进行逼宫,希望能够引入另外的投资者。太子奶集团的经营困境和财务危机不是由偶然因素造成的,集团在财务控制方面存在缺陷,集团财务控制模式不尽完善。如何改进财务控制模式,加强财务控制,保持财务杠杆和经营杠杆平衡,是值得我们探讨的。

太子奶集团财务控制现状。财务控制模式。太子奶集团是以其核心产业湖南太子奶生物科技股份有限公司为母体注册成立,随之母体公司名称变更为湖南太子奶集团生物科技股份有限公司,集团由以下公司构成:北京太子奶生物科技发展有限公司、湖北太子奶生物科技发展有限公司、成都太子奶生物科技发展有限公司、昆山太子奶生物科技发展有限公司、湖南五仙山旅游度假开发有限公司、湖南太子奶销售有限公司、北京太子传媒广告有限公司、北京太子童装有限公司、上海太子服饰有限公司、上海太子化妆品有限公司、太子奶集团供应公司。集团的财务构架如图11-6所示。

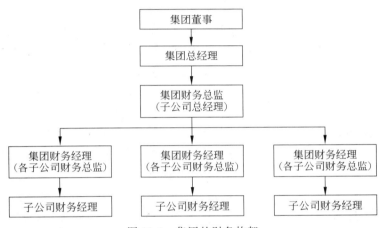

图11-6 集团的财务构架

太子奶集团财务权限配置分为两个方面:集团单个成员企业的权限配置是以母公司的财权配置为主;企业集团内各成员企业之间的配置主要是母子公司财务管理权限的配置。

就集团母公司而言,参与母公司财权分配的主体有股东大会、董事会、总经理、财务总监、财务经理,他们都是行使财权的主体,具体内容如表11-6所示。

表11-6 权利主体的权利内容

| 行使主体 | 权利范围 |
| --- | --- |
| 股东大会 | 重大投资、筹资、资本变动、利润分配及公司重组等行使最终决策权和监督权,制衡和监督董事会 |
| 董事会 | 代表股东大会行使日常决策权,对投资、筹资、资本及资产变动、利润分配进行决议,设置财务职能机构和制定财务管理制度 |
| 总经理 | 执行董事会所授予的财权,把专职财务事务管理权授予财务总监或财务副总,同时把部分财权授予其他副总,并进行监督 |
| 财务总监 | 行使部分日常财务决策权、指挥权和控制权,对财务经理依法进行财权的制衡和监督 |
| 财务经理 | 行使日常财务管理权 |

母子公司之间的财权配置过程中,母公司为了控制子公司的经营活动,要参与控制子

公司的筹资、投资等经济活动的财权配置，把母公司的财务管理权力渗透和延伸到子公司，母公司采取下派董事和高级管理人员，制定财务管理制度等措施，就形成了集团财务管理体制。太子奶集团的筹资都是以全国母公司、子公司的名义来进行的，随着附属企业的增加，处于顶层的母公司的负债率较高。

随着企业的快速发展，附属企业越来越多，以李纯途为代表的管理层决定对公司的财务控制模式进行改善。公司的财务构架应该如何改变，如何完善财务控制模式从而进行更加有效的财务控制，是李纯途为代表的领导层急需解决的问题。

融资渠道。2004年度中国乳酸菌饮料行业最新排名中，太子奶以76.2%的市场占有率高居行业榜首。太子奶虽然连续5年以70%以上的市场占有率占据中国发酵型乳酸菌饮料业的霸主的位置，但是包括太子奶在内的前150多家乳酸菌饮料企业的销售总额，在乳品行业中所占比例只有区区的5%，而蒙牛和伊利在乳业市场的份额都在20%以上。

太子奶集团公司自2005年，开始加快生产基地投资的步伐，通过2005年底集团合并报表显示，总资产32个亿，其中在建工程占到了7个亿左右，占总资产比例为21.88%。从根本上看，公司的持续、健康发展，需要从外部补充适量的流动资金；同时，销售规模的快速增长，也使得老基地的扩张、改造升级必不可少，也需要筹集一定数量的项目资金。为了在未来奶业竞争中占得先机，取得优势，公司决定新设江苏昆山、四川成都两大立生产基地，改造升级湖南株洲基地，预计总投资8个亿，需要从外部至少筹集4个亿的长期项目资金。

太子奶集团在生产经营的过程中，凭借企业的良好信誉，进行变相融资。先从供货方获取原材料和设备进行生产，生产的产品销售之后再进行款项的支付；对于下游，要求经销商预先支付款项，等产品生产出来之后进行发货。这种方式减少了流动资产的投资，增加了企业的流动负债。随着生产基地的扩建，生产规模越来越大，太子奶在30多个省市、3 000多个县建立了100个营销大区，3 000多个一级经销商，10多万个二级批发商，获得的短期借款也越来越多。

由于太子奶的快速发展和巨大的成长性，2006年底摩根、英联和高盛愿意为太子奶提供7个亿的人民币，为了促使企业方最大限度地调动经营潜力，尽最大努力去实现约定的经营目标，保证投资的收益，三大投行要求太子奶签订对赌条款。2007年太子奶启动IPO（首次公开募股）进程后，花旗银行北京分行的两位行长主动要求太子奶接受其贷款，提出保证不要抵押品、保证不要任何担保、保证国内利息最低、保证贷款时间最长等五大优惠条件。

资料来源：吴俊岭，太子奶集团财务控制研究[DB/OL]，中国管理案例共享中心案例库，FAM-0057，2011年3月。

**启发思考题**

集团在财务控制方面存在一些缺陷，财务控制模式也不尽完善。本案例的企业是如何改进财务控制模式的？这个过程对我们有哪些启示？

## 本章推荐阅读资料：

1. 霍华德合伙管理咨询公司.管理控制精要[M].王煦逸，译.上海：上海财经大学出版社，2018.

2. 张先治,王兆楠,柳志南.基于管理会计的企业管理控制模式[J].会计研究.2017(12):24-29.

3. 陈良华.管理会计镜像.对管理控制系统评[J].财务与会计.2015(19):6-8.

4. Lueg R,Radlach R,Managing sustainable development with management control systems:A literature review,European Management Journal,34,2(2016),158-171.

5. Otley D.Management control in contemporary organizations:towards a wider framework,Management accounting research,5,3-4(1994),289-299.

# 第 12 章

# 管理新环境与新问题

(1) 掌握企业伦理、社会责任、文化、创新与创新管理、创业与创业管理、数字经济、数字化转型、平台企业的概念。

(2) 理解跨文化管理理论以及不同文化情境下管理模式、创新和创业的相关概念与基本内容、数字经济给组织管理带来的机会和挑战、中国企业管理创新的时代背景与要求。

(3) 了解组织如何走向全球化的方式、企业社会责任的层次、创新的过程及类型、创业与创业者的内涵、创业管理和传统管理之间的区别、创业管理的阶段过程、世界主要国家的数字经济战略、中华人民共和国成立以来中国企业管理的演进历史。

管理是组织的器官。而当今时代的组织正在面对一个剧烈变化的时代。无论是经济的全球化融合、"大智移云"促动的数字经济发展,还是社会对企业承担社会责任的呼声,中国经济增长方式的转型,无不深刻地影响着管理者的工作,推动着管理学理论的变革与创新。本章将着重就企业伦理与社会责任、全球化和多元文化中的管理、创新与创业管理、数字经济与组织管理、新时代的中国企业管理创新展望五个方面,总结中国企业所面对的管理新环境、新问题与新思想、新理论。

## 12.1 企业伦理与社会责任

企业既是经济组织,也是社会组织。企业是人际关系的一种集合形式,也是一种重要的社会单元形式,因此企业伦理与社会责任也是企业中的必然内容。而随着经济的发展、社会的前进以及意识的觉醒,伦理与社会责任对于企业的重要性日益递增。

## 12.1.1 企业伦理

### 1. 什么是企业伦理

伦理是在一定的社会背景下,一个人用来判断是对是错、是好是坏的价值观、观念和原则。伦理行为是指符合个人和社会对正确的与好的判断标准的行为,如拒绝贪污腐败;反之则称为非伦理行为,如行贿受贿。企业伦理涉及的是工作中表现出来的伦理行为或非伦理行为。一个组织或个人的行为是否符合伦理规范,通常受多种因素的影响,主要包括个人伦理道德的发展阶段、个人特征、组织结构设计、组织文化以及伦理问题的强度等。

### 2. 企业中的非伦理行为

企业拥有股东、员工、供应商、社区、环境等众多的内外部利益相关者,侵犯利益相关者在企业中的基本权利,就是不符合企业伦理的行为。管理者面临的伦理问题和非伦理行为的范围十分广泛,从工作环境到商业贿赂,但总结起来主要有四大类。

(1) 不尊重员工。这类非伦理行为主要包括:员工的聘用和解雇过程缺乏公平,工资显著低于市场平均水平,缺乏安全的工作条件与环境,员工的疾病等个人隐私遭到泄露,基于疾病、性别乃至地域的歧视,等等。

(2) 管理者谋私利。这主要是指自行交易和信息操纵。自行交易是指管理者通过私设小金库、自主加薪、收受商业回扣等方式使用企业资金假公济私,侵犯了股东获取合理投资回报的基本权利。信息操纵是指管理者通过瞒报数据或披露虚假数据粉饰企业财务绩效,侵犯了投资者获取准确及时信息的基本权利。

(3) 不正当竞争与非公平合作。垄断企业滥用垄断权打击竞争对手,侵犯了竞争对手要求自由公平竞争的权利。强势企业按照利己原则,单方面修改与价值链上的其他合作企业的合同,侵犯了合作伙伴要求得到公平、公正、公开对待的权利。通过行贿手段获得订单货合同,不仅侵犯了竞争对手公平竞争的权利,还侵犯了公民期望政府作为社会代表的权利。

(4) 其他的非伦理行为。其包括制造污染破坏环境、破坏社区关系、直接或间接制裁与管理者伦理标准不一致的员工等。

### 3. 企业的伦理管理

在企业的日常运营中,如何确保企业的行为符合基本的伦理准则,如何确保决策过程中确实考虑到了伦理因素,是企业管理者需要重点关注的事情。

(1) 在招聘和晋升环节引入伦理因素。毫无疑问,有了伦理观念强的员工和领导者,企业才能实现良好的伦理行为。因此,企业在招聘和晋升环节就应该引入伦理因素。在企业伦理氛围明确的前提下,可以借助心理测试、背景调查、实际考验等技术手段选拔出伦理观念强的员工和管理者。

(2) 制定成文的伦理准则加以重视和强。许多企业发布了伦理守则或者将伦理融入企业使命的表述中,以此来表明伦理因素在企业文化中的重要性。同时,管理者特别是高层管理者对于上述文字及其含义应该反复强调,并且身体力行、以身作则。此外,企业的激励机制应该发挥作用,伦理观与企业相符的员工或行为应该得到表彰和奖励。

(3) 借助机制或程序的力量规范伦理标准。设计良好的公司治理机制可以避免管理者出现披露虚假信息、内幕交易等违背伦理规范的行为;比较成熟的伦理决策程序和模型也可以帮助判断一项行为是否符合伦理规范,特别是针对那些在伦理上看起来模棱两可的行为。

此外,企业还可以采取其他措施来提高企业的伦理管理水平。例如,根据企业发展情况设立专门的伦理管理职位,来负责与伦理相关的培训、调查、审计等工作;也可以制订专门的伦理计划来推进伦理管理。

### 12.1.2 企业社会责任的内涵

#### 1. 企业社会责任的主要观点

进入 20 世纪后,钱德勒所定义的现代公司逐渐成为社会经济活动的主要组织形式,这为企业社会责任思想的产生提供了背景土壤。1916 年美国学者克拉克在《政治经济学期刊》上发表的《经济责任基础之变革》一文里面首次述及了企业的社会责任的思想:"迄今为止,大家并没有认识到社会责任中有很大一部分是企业的责任。"而鲍文则在 1953 年最早在其专著《商人的社会责任》中对企业社会责任进行了系统化和条理化的解释。半个多世纪以来,企业社会责任的研究和实践得到了长足发展,但是,由于触及了管理者的受托责任以及企业的社会功能等现代市场经济的基础内核,企业社会责任一直是一个引起关注和争议的热点问题。迄今为止,关于企业社会责任的问题形成了四种主要观点。对企业社会责任主要有四种认识。

(1) 古典观点。古典观点强调企业社会责任中经理人和股东之间基于委托代理关系的利益冲突问题,进而旗帜鲜明地反对企业承担社会责任。美国芝加哥大学教授弗里德曼认为,在自由经济中,企业有且仅有一种社会责任,那就是在法律和规章制度许可的范围之内,利用其资源和从事旨在于增加它的利润的活动;而企业社会责任则为经理人提供了一种违背股东信托责任并得以自我服务的途径,即可以通过花费股东的钱对社会进行转移支付来追求其个人的社会、政治和职业的抱负,是一种缺乏效率的资源不当配置。

(2) 利益相关者观点。一个组织的利益相关者是可以影响到组织目标的实现或受其实现影响的群体,具体包括供应商、雇员、股东、社区、债权人、政府以及利益团体等群体,如图 12-1 所示。企业是所有利益相关者之间的一系列多边契约的集合,而所有缔约方都向企业投入了个人资源,具有主张个人权益的权利,因此企业不仅仅是追求股东利益最大化,还应当充分考虑其他所有利益相关者的权益要求,即企业要履行其对利益相关者的社会责任。

(3) 战略观点。企业社会责任是一种重要的战略工具,通过实施战略型的社会责任行为,企业能够获得预期的利益增进,如增加声誉、吸引具有社会责任偏好的消费者以获取社会责任溢价、吸引更高素质的劳动力等,从而获得并维持竞争优势(与股东利益最大化并不矛盾)。企业应当根据不同主体(不局限于利益相关者)对企业可持续竞争优势影

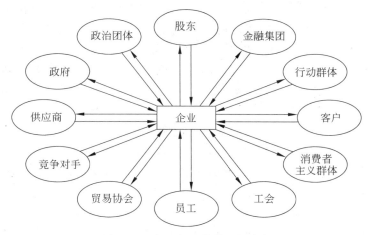

图 12-1　大型企业的利益相关者

响程度的变化,战略性的采取社会责任行动来构建和维护企业的竞争优势。此外,战略流派还特别关注了媒体在企业社会责任中的作用。

(4)企业公民观点。企业公民将企业理解为社会中的公民,可以拥有或管理公民权。企业和个人一样拥有公民的权力与义务,社会对个人的公民要求也适用于企业。在这种视角下,企业社会责任从一种自愿行为发展成公民理念中公民对社会的义务,企业应当尊重人类、社区和环境,将社会基本价值与企业战略和运营相融合。同时,企业公民观点也重新审视了企业的地位和作用,社区替代企业在利益相关者关系中居于中心地位,企业与其他相关利益者作为并列成员构成整个社会生态大环境,相互依存,共同面对社会承担责任和义务。

在上述四种理论观点中,利益相关者观点提出用利益相关者的关系来衡量企业社会责任,使企业可以将普遍性、抽象的社会责任根据特定问题分解为针对特定利益相关者的特定责任。这大大提高了企业实践与理论研究的可操作性,也使得利益相关者的理论和框架长期成为指导社会责任实践与理论研究的主导思想。

## 2. 企业社会责任的重点领域

一般而言,多数企业首先会重点关注消费者、员工、投资者、社区、自然环境等常见利益相关者。

(1)消费者。消费者通过购买产品或服务,从而成为企业收益的来源,因而是企业的首要利益相关者之一。作为企业,对待消费者应当公平诚实,定价合理,保证产品质量,履行保修承诺等。相反,价格联盟、不正常哄抬价格、制售假冒伪劣、虚假宣传等行为,就是对消费者不负责任的表现。

(2)员工。员工是企业重要的人力资源,是企业能够产出产品或服务的关键因素。具有社会责任感的企业往往会公平、平等地对待员工,不能由于性别、种族、残疾或其他无关因素而歧视员工;尊重员工尊严和需要,使员工融入组织;提供合理的工资福利待遇、工作环境以及上升通道;等等。

(3) 投资者。投资者是企业的所有者。企业应当通过使用正当合法的会计程序、提供准确的财务业绩信息、合理评估企业未来成长能力等,保护投资者权益,为投资者赚取最大利润;同时要避免内幕交易、操纵股价、虚报瞒报财务数据等不负责任的行为。

(4) 社区。社区是企业能够正常运营的依托。企业可以采取参与当地的慈善事业、扩大在当地的吸纳就业比例、资助当地教育事业、降低对当地环境的负面影响等多种方式来履行对本地社区的社会责任。

(5) 自然环境。随着自然环境的日趋恶化和自然资源的日益减少,社会和政府乃至普通的消费者越来越关注企业对自然环境的影响。企业可以通过节约能源、降低二氧化碳和其他温室气体排放、应用新型环保节能技术、与具有环保责任的供应商合作等行为来控制和降低对自然环境的负面影响。

当然,企业的利益相关者不局限于这些,利益相关者对于企业的相对重要性也会发生改变,企业要能够按照一定的规则甄别挑选出对组织而言特别重要的利益相关者,并尽力满足这些群体的需求和期望。

### 3. 企业社会责任的层次

美国佐治亚大学教授卡罗尔在对企业社会责任进行长期研究的基础上提出了企业社会责任的"金字塔模型",即企业社会责任的层次构成,如图 12-2 所示。

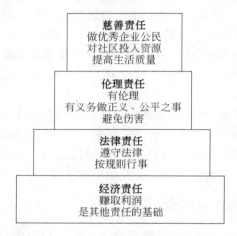

图 12-2 企业社会责任的金字塔模型

资料来源:卡罗尔,巴克霍尔茨.企业与社会:伦理与利益相关者理论[M].黄煜平,等译.北京:机械工业出版社,2004:23-24.

最底层是企业的经济责任。企业是为社会成员提供产品与服务的基本经济的单元,满足消费者需求并盈利是发展企业的主要激励。因此,企业的经济责任要素包括股东盈利、经济效益、竞争能力、经营效率、效益持续性等方面的最大化。企业经济责任是企业其他责任的基础。

第二层是企业的法律责任。社会认同企业的盈利宗旨,同时期待企业遵守政府的法律法规、在经济框架内追求经济目标。因此,企业的法律责任要素包括政府与法律期待、遵守法律法规、成为守法企业公民、履行法律义务、产品和服务符合满足最低法定要求、拒绝贿赂和腐败等。企业法律责任反映法典伦理,体现公平运营观念与经济责任并存,构成自由企业制度的基本规则。

第三层是企业的伦理责任。伦理责任包括那些尚未纳入法律的、为社会所期待或禁止的活动与实践,反映了消费者、雇员、股东、社区等对于公平、公正和道德权利的关注。伦理价值与道德规范随时间而演化,反映有关公正、人权和功利等道德哲学原理,是法律法规的先导及驱动力。伦理责任一般体现比现有法律法规要求更高的绩效标准,多具有法律上的争议性。

最顶层是企业的慈善责任。慈善责任是社会期待一个良好企业公民应采取的行动,包括企业为促进人类福祉或善意而在财务资源或人力资源等方面对艺术、教育、社区、环境、社会发展等方面的贡献。慈善责任属于自主决定的、具有自愿性。

企业社会责任包括以上四个层次的内容。当然,如前所述,人们对于企业社会责任的认知非常多元化。例如,也有许多的研究者坚持,经济责任和法律责任并不属于企业社会责任的范畴。他们认为,企业社会责任是指在法律或者商业伦理所要求的范围之外,企业主动采取行动去促进某些社会问题的解决。

### 12.1.3 企业的社会责任行为

社会中存在着许多的与企业相关或不相关的社会问题。这些问题或者为某些社会群体所特别关注,或者对于企业的正常运转经营构成了阻力。企业面对这些社会问题的行为方式各不相同。有的企业回避问题,而更多的企业则希望能通过采取社会责任行为解决问题,甚至是增加声誉。

一般而言,企业的行为有四种类型:抵触型、保守型、适应型、主动型。四类行为反映了企业对社会责任的四种姿态,呈现从低到高的社会责任意愿。抵触社会责任意味着该企业的社会责任感最低,而主动开展社会责任则意味着该企业具有最高的社会责任感。

(1) 抵触型。否认社会责任,不关心社会问题或伦理问题,企业所提供的社会责任远远低于社会必需水平,有时甚至是掩盖或否认自己的社会失责问题,并蓄意阻挠相关社会问题的解决。例如,A化工厂污水直排入江,污染居民饮用水源,甚至在问题曝光清理整顿后又偷摸开工生产继续排污。当然,随着经济水平的快速发展以及社会责任意识的日益觉醒,持抵触型姿态的企业将越来越少。

(2) 保守型。企业仅提供最低限度的必需水平的社会责任,或者说,只是被动履行相关法律法规中的责任,而不提供任何额外的社会责任行为。例如,排污问题曝光后,在政府监管下,B化工厂安装了符合法律法规规定技术条件的污水处理设备,但不会为了进一步降低排污效果而安装技术更为先进的设备。

(3) 适应型。企业会主动采取社会责任行为来满足法律法规和道德的要求。甚至,如果企业认为社会责任会给企业带来战略收益的话,有可能还会超出法律法规和道德的要求,去开展额外的社会责任行为。例如,除了污水处理设备,C化工厂又安装了粉尘回收装置和余热循环利用装置,通过废物循环利用,这些装置能够给企业增加净收益。

(4) 主动型。企业具有高度的社会责任感,能够充分认识到社会责任行为的社会价值与战略意义,积极以企业公民的立场采取行动,奉献社会,共同发展。例如,D化工厂不仅主动投资安装先进的节能减排设备,同时捐款创办"饮用水安全基金会"为社会中有关饮用水安全的公益项目提供资金支持,而且积极扩大工厂在当地的招工比例,并将厂办小学向当地适龄儿童开放。

当然,并不是所有的企业在社会责任行为上都是内在一致的,企业一边污染环境一边捐资助学的现象也时常发生,因此不能武断地把某一种类型的帽子扣在某家企业的头上。将企业的行为作为评判对象是更为稳妥的做法。

对于具有社会责任感的企业而言,做好社会责任工作的管理是确保社会责任行为取得预期效果的重要前提。首先,企业的社会责任工作必须要得到高层管理者的强力支持,并将社会责任纳入企业的战略计划;其次,必须制订高层级的社会责任计划,明确相关的支持承诺,特别是关于资金的支持;再次,必须有管理人员专门负责管理和监控社会责任工作的实施与进度,确保其与社会责任计划以及企业的整体战略相一致;最后,必须适时做好社会审计,系统分析相关资源的使用情况和产出情况,并根据审计结果进行动态调整,以提高社会责任工作的绩效。

## 12.2 全球化和多元文化中的管理

经济全球化时代,组织的规模不再局限在一个国家或者地区,而是逐渐走向国际化。随着组织国际化程度的提高,组织将会面对内部多种文化的融合冲击,以及外部合作伙伴的多元化。除了一般组织所需要面对的管理问题,国际化、全球化的组织将会面对多元文化、多元价值的员工的管理问题,以及与跨地区或跨国界的合作伙伴的沟通问题。充分理解全球化环境及其带来的管理问题,能够帮助组织管理者更好地对组织进行管理,以推动组织的长远发展。

### 12.2.1 全球化及其影响

要想在全球化环境中更好地生产与发展,需要充分理解全球化以及其给组织带来的影响,这样组织才能够通过合理的方法应对全球化环境。

1. 理解全球化

全球化通常是指国际性的互联网络将国家、组织和个人融合到一个相互联系的全球化经济环境中,这也体现了全球化竞争的特征。贸易壁垒的减少,世界范围内商品与服务、资本、劳动力和科技流动性的增强,推动了经济一体化。随着全球化的逐渐成熟,国家之间的界限日趋模糊,科技的进步以及新兴市场的出现进一步推动了全球化竞争程度的加深。

全球化的趋势具体表现在以下五个方面。

(1) 相比于发达地区,经济增长逐渐向新兴市场倾斜,并且这些地区的中产阶层消费者的数量也在增加。

(2) 为了刺激经济,发达国家需要提高生产率和消费能力。

(3) 科技的发展使得全球互联性增强,同时也带来了更多的机遇和挑战。
(4) 自然资源的需求与供给之间缺口越来越大,该现象在发展中国家尤为明显。
(5) 为了促进经济增长和财政稳定,政府在制定政策时将面临诸多挑战。

由于新兴市场中的企业给世界各地的投资者和企业联盟提供了大量的商机,但是共同处于全球化竞争范畴内的竞争者,它们也会谨慎地处理与国外企业的关系。因此,企业在制订战略规划时,需要考虑这些因素,才能合理利用全球化带来的机会形成战略创新。

**2. 全球化环境**

在全球化环境中,管理者不再受到地区或者国界的限制。各种类型和各种规模的组织管理者均面临着管理全球环境的机会与挑战。管理者首先需要充分了解全球化环境的内容和重要特征,才能在全球化环境中做到游刃有余。

1)区域性贸易集团

世界上的许多交易都是在三个区域性自由贸易集团内进行的,即亚洲、西欧和美洲。这些贸易集团不断地扩展自己的边界,要么通过直接的方式,要么利用不同的协定,逐渐将邻国拉入集团内部。这些贸易集团主要包括欧洲联盟(EU)、东南亚国家联盟(ASEAN)、区域全面经济伙伴关系(RCEP)、中国—东盟自由贸易区(CAFTA)、南亚区域合作联盟(SAARC)、南方共同市场(MERCOSUR)等。

2)不同类型的全球组织

经济全球化使世界各国、各地区的经济相互交织、相互影响、相互融合,从而促进了劳动力、金融、技术、生产和销售的全球化,也产生了多种形式的跨国企业。跨国公司包括在多个国家开展业务的任何类型的国际公司,按其决策方式可以分为多国公司、全球公司和无国界组织。

(1)多国公司。多国公司是指把管理权和其他决策权下放给东道国的跨国公司。该类型的全球化反映了多国中心论。一家多国公司并不会设法复制母国的成功经验来管理国外的运营机构,而是雇用东道国当地人来经营,并根据该国独有的特征来制定合适的战略。总部位于瑞士的雀巢公司就是一家典型的多国公司,其运营机构遍布世界各国,雀巢公司的管理者努力使公司产品迎合当地消费者。

(2)全球公司。全球公司是指把管理权和其他决策权集中在母国的跨国公司。该类型的全球经营方法反映了民族中心论。全球公司把世界市场看作一个整体,并重点强调全球效率和成本节约。例如索尼公司就是一家全球公司,在日本的母国公司对全球整个公司的管理决策起决定性作用。

(3)无国界组织。由于目前的全球环境日趋一体化,因此我们看到许多著名的大型组织正致力于消除人为产生的地理界限的结构划分,以使得组织的管理结构更加适应外部环境的变化。采用这种方式进行管理的组织就是无国界组织,其处理业务的理论接触是全球中心论。无国界组织的管理方式是组织在提高其全球竞争市场上的效率和有效性的一种尝试。例如,美国商用机器公司放弃了以国别为基础的组织结构,以产业集群为基础进行重组,目的是在充满竞争性的全球市场上,提高全球化管理的效率与效果。

### 12.2.2 多元文化情境

经济全球化改变了竞争的边界,使企业面临前所未有的挑战。在竞争尤为激烈的社会环境中,管理者对于当地文化与商业环境充分理解,可以帮助管理者取得竞争优势。进军海外的企业如果忽视了对当地文化的学习与理解,会面临很多危机。不同的国家文化和生活方式需要管理者发展多元化管理,即根据东道国的当地文化环境进行适应性权变管理。东道国的政治因素、法律因素、经济因素、技术因素以及文化因素等都在一定程度上影响着管理战略、管理职能和管理过程。

#### 1. 文化的含义

在研究文化如何影响管理这个问题方面,需要回归到文化定义本身的繁多以及探索文化的工具和方式的特殊性上。英国人类学家泰勒在1871年出版的《原始文化》著作中,较早地对文化给出了相对完善的定义。泰勒认为,文化是包括知识、信仰、艺术、道德、法律、习惯以及其他人类作为社会的成员而获取的各种能力、习性在内的复合的整体。人类学家克拉克洪和斯乔贝克提出……文化也许可以被描述为共享的假设、价值观和行为,从而将一个群体与另外一个区分开来,并且是一代一代传递下去的。这一定义后来也被美国麻省理工学院管理学教授埃德加·沙因采纳。

#### 2. 文化的层次

近年来,人们普遍认为文化应该是多层次的。其中,最基本的文化层次应该是生活方式、习惯以及社会风俗等。这一层次的文化适用于个体的日常生活,这一层次文化的多元性表现为个体的选择权利是自由和多样的,它的底线是不违反法律规定和不损害他人的权利与利益。此外,接下来一个层次的文化是制度文化,适用领域是社会公共生活领域,底线是民主。多元化具体体现在民主基本原则的制度的多样性,是一个社会或者国家文化多样性的制度保障。还有一个层次的文化是精神层次的文化,包括价值观、伦理道德观、知识体系和科学研究等,其适用范围是社会和个人的价值判断、行为准则、知识修养、思维方式和精神生活,它的基本原则是自由表达与自由选择,其底线是不损害社会公共利益和他人自由表达与自由选择的权利。

探索文化犹如探索海洋。在海面上的人们可以冲浪、可以观赏海面的浮雕美景、可以欣赏海边的习俗与人们的行为等表面现象,这些表面所呈现出的现象给我们提供了线索,告诉我们海面之下到底隐藏着哪些事物。但是为了确认哪些原因导致了表面现象的出现,需要潜入海面下一探究竟。在管理实践中,为了寻找决定个体行为规范的因素,我们需要挖掘个体的信仰、价值观等相关要素,这就是文化的力量。

#### 3. 多元文化维度理论

企业经营的全球化带来跨文化管理的挑战,呼唤学术界提出理论予以指导。美国人类学家克拉克洪和斯乔贝克(1961)最早提出了跨文化理论,并提出了区别不同社会文化差异的六大问题。而后,不少学者都对识别多元文化差异作出了理论贡献。而其中最为著名的则是荷兰学者霍夫斯泰德所提出的价值观维度理论。

霍夫斯泰德在对50个国家和超过11.6万人进行研究的基础上,提出了权利距离、不确定性规避、个人主义和男性主义四个价值观维度。

(1) 权力距离。权力距离,是指一个社会对机构中权利不平等分配的接受水平。对等级制度的态度和对权威尊重的水平是如何的。员工有多不情愿向经理表达不同意见。

(2) 不确定性规避。不确定性规避,指一个社会中人们对模糊情境在多大程度上感受到了威胁。在不确定性规避水平高的国家(如日本和希腊),倾向于指定严格的法律和程序,人们有很强的民族主义情绪。在商务环境下,这种价值观会导致设计好正式的规则和程序以提供更多的安全感与更高的职业稳定性。管理者有做出低风险决策的倾向,雇员野心程度较弱,终身雇用很普遍。在不确定性规避水平较低的国家(如美国、英国和挪威),很少表现出民族主义,抗议和其他类型的行动是被宽容的。导致的结果是公司行为组织化程度低,不够正式,一些管理者愿意冒更大的风险,工作流动性较高。

(3) 个人主义。个人主义,是指人们只考虑自己及其所在的小群体而忽视社会需求的程度。提倡个人主义的国家中,民主、个人创新和成功被高度鼓励,个人与组织的关系即使在经济的层次上不独立,在情感的层次上也是独立的。

(4) 男性主义。男性主义,是指"男子气概"价值观——过于自信、物质主义、缺乏对别人的考虑。在阳刚之气强烈的社会,女性被期望待在家里照顾家庭,如日本和奥地利。而在阳刚之气较弱的国家,人们发现很少有冲突和工作压力,高层次工作岗位中有更多的女性,如瑞士和新西兰。

霍夫斯泰德提出的这四个价值观维度并不是完全独立的,而是相互依赖、相互影响的。例如,来自男性主义和个人主义国家的企业家和来自女性主义和集体主义国家的企业家相比,更好关注合作战略。男性主义文化通常把合作看作弱者的标志,个人主义文化把独立和控制置于很高的价值观之上。

**不同国家的时间观**

美国人、日本人、德国人倾向于把时间看成线性的,认为一段时间内做一件事情,做完这件事情之后再做另一件事情,如在日本看牙医,一定要提前预约就诊时间。如果按照预约的时间做完牙齿的基础检查,临时决定加项洗牙,医生会告诉我请预约洗牙的时间,因为他的下一位患者正在等待他,他得按照时间表做事情。对我来讲,会觉得他的想法与行为不可思议,难道患者就在他面前还没有他的时间表重要?而且我已经在这里,再次跑一趟岂不是浪费时间?而相反,俄罗斯人、意大利人、中东人等其他一些国家的人则把时间看成是非线性的,一段时间内可以做许多件事情,不需要一定按部就班、有板有眼地按照时间表行动,可以根据当时的具体情况随时调整时间安排,随机应变,不要让自己成为时间表的奴隶。在与意大利人谈生意的时候,如果突然他的老朋友到访(他的老朋友也不会事先通知他何时何地前来到访),他很有可能让此时的谈判暂停一段时间,先去招待令人"自远方来,不亦乐乎"的老朋友。或者干脆直接让到访的老朋友来到谈判房间内,生意谈判与会见老朋友共同进行。他们认为老朋友不是外人,让老朋友了解自己的公务也没有什么不好。而这样的行为却令美国人和日本人瞠目结舌,难以置信。

资料来源:陈晓萍.跨文化管理[M].3版.北京:清华大学出版社,2017:32.

### 12.2.3 全球化下的管理实践

随着全球化趋势日益深化,文化多元性、空间扩大化、交流网络化等因素增加了企业在管理工作方面的难度与挑战。有效进行全球化情境下的管理工作,需要充分认识本地法律制度、文化特色等相关方面,并且坚持因地制宜原则,及时调整管理思想及方法,满足全球化发展趋势。全球化给企业带来了前所未有的机会,同时也让企业面临着不可预知的挑战。因此,企业需要根据用户众口难调的需求,及时调整产品结构与服务创新。企业的渠道选择与当地市场的动态变化息息相关,因此与当地市场保持紧密联系至关重要,继而需要努力实现人力资源的本土化和动态开放式的全球管理实践。

1. 跨文化管理

在全球化背景下,跨文化管理这一新兴管理模式应运而生。跨文化管理又称为"交叉文化管理",即在全球化经营中,对子公司所在国的文化采取包容的管理方法,在跨文化条件下克服任何异质文化的冲突,并据以创造出企业独特的文化,从而形成卓有成效的管理过程。其目的在于在不同形态的文化氛围中设计出切实可行的组织结构和管理机制,在管理过程中寻找超越文化冲突的企业目标,以维系具有不同文化背景的员工共同的行为准则,从而最大限度地控制和利用企业的潜力与价值。全球化经营企业只有进行了成功的跨文化管理,才能使企业的经营得以顺利运转,竞争力得以增强,市场占有率得以扩大。

2. 全球化管理的挑战

在多元文化中实现有效高效的管理,要求管理人员不仅要具备和不同文化与生活背景的员工交流能力,而且需要具备可以协调处理各种政治要素、经济要素等影响因素的能力。全球化管理仍然存在很多障碍。首先,在进行全球化管理活动中,由于语言或者信息传递与接收等方面造成了沟通不畅。其次,部分管理人员的全球化管理能力存在一定的知识短板或者经验的欠缺。而且,在全球化管理中,要充分了解当地风俗、宗教信仰、法律法规等内容,这些内容处理不当会导致群体性矛盾激化。最后,在全球化管理实践过程中,部分企业不能充分尊重不同文化之间的差异性,在面对多元文化时,管理者在履行管理实践的过程中难免会出现冲突与矛盾。

3. 有效的全球化管理

在全球化管理工作中,可以选择一种通用语言作为官方沟通交流的工具,减少误解,制定统一行为规范,重点需要强调双方在交流过程中的坦诚相待,使用最简洁的语言与肢体动作表达最真实的想法。建立有利于员工之间交流的员工报箱,定期召开主题研讨会,为员工构建良好和谐的工作氛围,这样可以有效地推动企业健康持续发展,促进企业成功实现跨文化中的管理工作。在对于总公司的海外分公司管理方面,适当推广本土化管理模式,分公司所在国的员工更加容易接受,并且也为挖掘本地优秀人才提供了支持,正面激励作用较为显著。通过实施本地化管理,可以有效推动企业的健康有序发展,并且可以逐渐形成规模化发展路径。

企业在进行全球化管理时,需要定期进行语言能力以及文化习俗和礼仪的培训课程,使得员工在了解对方的文化的基础上进行交流沟通,并且在沟通的过程中倡导相互尊重的准则,才能够达到良好的沟通效果。面对文化差异所导致的矛盾冲突时,管理者需要树立平和与宽容的心态,通过相互交流与沟通,形成相互尊重的文化融合,求同存异地把双方文化的相同的进行融合,并且认识到文化的差异性,学会尊重不同文化之间的差异性,以尊重对方文化为前提互相包容理解。可以针对对方国家的宗教、历史、价值观等方面进行文化融合,在全球化管理的进程中最终形成自己本土公司的企业文化。

国家文化的差异影响到组织的管理。例如,东方国家比较倾向于循序渐进的管理模式,而西方国家更加提倡管理变革与创新。那么,跨国公司在进行全球化管理中,单方面采取任何一种管理方式,都会与来自不同文化背景的员工以及相关的管理活动发生冲突。管理人员如果能掌握不同文化的管理方式,在管理实践中可以有效结合东西方管理方式,汲取各管理方式的优点,通过数据制订合理的计划并且鼓励激发员工的创造力与创新灵感,可以使得团队工作高效完成。

## 12.3　创新与创业管理

创新是企业生存和发展的源泉和动力,是从新思想的产生、研究、开发、实验、制造到首次商业化的全过程。成功的创业活动离不开创新。与创新相比,创业更加注重商业化的过程。组织的管理者需要全面了解创新和创业管理的内涵、过程和方法,才能更好适应环境的变化,获得商业成功。

### 12.3.1　创新的内涵、分类和动力

#### 1. 创新的含义

创新的意思是更新、制造新的东西或改变。1912年,哈佛大学教授约瑟夫·熊彼特(Joseph A. Schumpeter)系统地从经济学角度提出创新理论。他提出,创新就是"建立一种新的生产函数",即实现生产要素和生产条件的"一种新组合"。创新包括以下五种情况。

(1) 创造一种新的产品,即消费者还不熟悉的产品,或是老的产品但又有了新的特性。

(2) 采用一种新的生产方法,这种新的方法不一定非要建立在科学所发现的基础上,它可以是以新的商业方式来处理某种产品。

(3) 开辟一个新的市场,有关地区的某一个以前不曾进入的市场。

(4) 取得或控制原材料或者半成品的一种新的供给来源,不论这种来源是已经存在

的还是第一次创造出来的。

（5）实现任何一种新的产业组织方式或企业重组，如形成一种垄断地位，或打破一种垄断地位。

熊彼特的创新概念涉及创新领域的产品、市场、技术、环境和组织等方面的创新，包括了创造全新的资源配置方式、方法的内在含义。熊彼特还认为企业家是创新活动的倡导者和实践者，创新主体是企业家，企业家不同于一般的企业经营管理者，后者是按照传统的方式经营管理企业，而前者富有进取精神，敢于冒险同时敢于承担风险，能够不断倡导和开展创新活动。

从创新的产生过程来看，创新是面向顾客，创造出一种新产品、新服务、新流程的新思想的产生和实施过程，最终要为顾客带来新增的价值。因此，创新不仅是一个经济学概念，也是一个重要的管理学概念。创新是以新的更好的产品、生产工艺、组织和管理方法，产生更大的经济效益。它涉及一系列多层次的活动，是从一个新概念开始直至形成生产力并成功进入市场的过程。

从企业管理的角度来看，我们把企业内的管理方式的变革、组织机构的变动，现行技术与生产系统的改进、新产品的开发，现有产品的改进、产品质量的提高、企业文化的变革等也称为创新。创新管理可以理解为，组织将其所形成的创造性思维转换为有用的产品、服务或作业方式的过程，或是企业把诸如新的管理方法、管理手段、管理模式等新的管理要素组合引入企业管理系统，从而更有效地实现组织目标的创新活动。

### 2. 创新的基本内容

一般情况下，组织可以在以下六个方面进行创新：观念创新、组织创新、技术创新、产品创新、文化创新和商业模式创新。

（1）观念创新。观念是人们对事物主观与客观认识的系统化之集合体。人们会根据自身形成的观念进行各种活动。面对外部环境的变化，先知先觉者能够首先注意到其发展变化趋势，从而提出对环境、组织、资源的新认识，成为行动变革的先导。可以说，管理学理论的发展、企业管理方式的更替就是一个观念创新的历史。

（2）组织创新。组织是具有明确的目标导向和精心设计的结构与有意识协调的活动系统，是组织战略落地的保障。组织创新就是通过调整和变革组织结构及管理方式，使其能够适应外部环境及组织内部条件的变化，从而提高组织的内部整合和外部适应能力。

（3）技术创新。技术是制造一种产品的系统知识，所采用的一种工艺或提供的一项服务。技术创新是指创造新技术并把它引入产品、工艺或商业系统之中，或者创造全新的产品和工艺以及对现有产品与工艺进行重大技术改进。

（4）产品创新。产品是指能够供给市场，被人们使用和消费，并能满足人们某种需求的任何东西。产品创新即是指提供一种能够满足顾客需要或解决顾客问题的新产品（服务），可以分为有形产品创新和无形产品创新。

（5）文化创新。文化是群体共享的心理软件。文化创新是指为了使组织的发展与环境相匹配，根据本身的性质和特点形成与调整组织共同价值观，并不断创新和发展的过程。

(6) 商业模式创新。商业模式是企业价值创造的基本逻辑,商业模式创新是指企业把新的商业模式引入社会的生产体系,为客户和自身创造价值的过程。新引入的商业模式,可能在构成要素、要素间关系或者动力机制方面不同于已有的商业模式。

**3. 创新的类型**

创新是一切事物向前发展的根本动力,是事物内部新的进步因素通过斗争战胜旧的落后因素,最终发展成新事物的过程。由于创新主体所在的行业、规模、环境及创新能力各有不同,创新呈现出不同的类型。

1) 自主创新、模仿创新和合作创新

根据组织是依靠自身力量还是通过模仿进行创新,可以把创新分为自主创新、模仿创新与合作创新。

自主创新是指企业依靠自身力量所进行的创新。在自主创新中,知识、技术或制度等方面的关键性突破是依靠自身力量实现的,这是自主创新的本质。自主创新最具有主动性和专有性,这种主动性和专有性是以企业自身的知识与能力为条件的,也是以独立承担创新风险为代价的。因此,自主创新是难度最大、风险最高的创新。

模仿创新是指企业在创新示范影响和创新利益的诱导之下,通过合法方式学习、模仿别人的创新思路,在此外基础上进行改进的一种创新形式。一般来说,模仿创新是一种跟随性创新,模仿创新往往以率先创新的成功企业为基础,这样模仿创新具有较低的风险。

合作创新是指企业与科研机构、高等院校及其他企业之间所进行的联合创新行为。它通常是以资源共享和优势互补为前提,有明确的合作目标、合作期限和合作规则,双方相互信任,在创新的全过程或某些环节共同投入、共同参与、共享成果、共担风险。

2) 渐进性创新和根本性创新

根据创新的广度和深度的不同,可以把创新分为渐进式创新和根本式创新。

渐进性创新是指连续的、渐进的小创新。渐进性创新对产品成本、可靠性和其他性能都有显著的影响:一是虽然每个渐进的创新所能带来的变化是小的,但它却能起到重要的作用。例如,计算机是一项重大创新,但离开软件的不断升级换代这些小创新,计算机就不可能普及得那么快。二是一些创新虽然从规模、技术含量上突破较小,却可能有很大的商业价值。三是渐进性创新的积累效果常常促使创新发生连锁系列反应,如由火柴盒、包装箱发展起来的集装箱,由收音机发展起来的组合音响等,都是渐进性创新的结果。

根本性创新是指在观念上和结果上有根本突破性的创新,通常是指首次向市场引入的、能对经济产生重大影响的创新产品和技术,它一般是研究开发部门进行研究的结果,常伴有产品创新、过程创新和组织创新的连锁反应。这类创新要求全新的技能、工艺以及贯穿整个企业的新组织方式。例如,互联网的出现就是一个根本性创新。

3) 自发创新和有组织的创新

从创新的组织程度看,创新可分为自发创新和有组织的创新。

自发创新是指针对自身组织现状进行的自发调整活动。其常包括两种情况:一种是组织对环境的变化做出自发反应而进行的创新;另一种是组织内部的团体或个人根据自己的意愿进行的创新,主要是指没有受到组织的指令而进行的创新。从自发创新的这两种情况来看,这些创新最终仍需要得到组织的认可,否则就不可能进行下去。

有组织的创新是指组织内部管理人员通过创新活动的制度化、组织化,有计划、有组织地进行创新活动。有效的管理要求有组织的创新,有组织的创新能培养创新精神,形成创新习惯。使创新活动有计划、有目的、有组织地进行,避免了创新的盲目化,容易取得创新的成功。

自发创新通常是局部的小范围创新,并且极有可能遭到保守势力的反对和扼杀而失败,同时由于缺乏组织性,自发创新的进程、程度和影响难以控制,这会使创新结果充满不确定性;有组织的创新得到部门及组织领导的支持、配合与协作,进而减少了变革过程中的阻力,使其容易取得成功。因此,管理者的职责之一就是及时意识到变革的必要性,对出现的创新积极予以支持,使这种自发创新变为有组织的创新。

### 4. 创新的动力

企业是以盈利为目的的经济行为主体,为提高自身的竞争能力和经济效益,企业要求必须进行创新。企业创新的动力可以归纳为六个因素:市场需求、市场竞争、技术推动、政府行为、企业家偏好和路径依赖。

1) 市场需求

市场对企业创新的动力激励,是通过市场需求表现出来的。企业经济利益的实现有赖于其产品和服务通过市场满足社会需求的程度,产品在市场上存在的社会需求成为拉动企业创新的重要力量。市场需求拉动企业创新,主要有几种情形:新的市场需求拉动新产品的需求;对现有产品质量的更高要求,拉动改变产品质量的过程创新;对现有规模扩大化的需求,拉动提高生产效率的过程创新。

2) 市场竞争

随着经济全球化的进程,社会发展速度不断加快,组织需要更快地适应外部变化,绝大部分企业都面临一定的竞争压力,企业创新不仅是发展的问题,更是能否生存的问题。市场的竞争迫使企业不断完善自身的创新机制,不断推出新的产品和服务,实现企业的持续经营。

3) 技术推动

技术创新是以新技术投入为特点的技术经济活动,新技术是推动企业创新的重要力量。科学技术不断创新和发展,并不断应用于生产和服务,技术推动带来的效率提高和新的产品服务类型,要求企业充分跟随技术创新成果快速推动企业的整体创新,同时企业也可以通过在科学技术上的创新突破实现行业的领导地位。

4) 政府行为

政府行为可以为企业创造一个有利于创新的外部环境,对企业创新起到优化配置和激励作用。政府对企业创新的推动具体表现在各项政策的实施上,包括财政激励政策、公共采购政策、风险投资政策、中小企业政策、专利政策和放松政府管制政策等。此外,某些特殊的产品创新需要政府的直接参与。例如,在中国目前的发展阶段,芯片、军工产品、航天产品等关系国计民生的产品的研制和生产,都需要政府与企业的共同参与。

5）企业家偏好

熊彼特曾经说过：所谓创新，就是指企业家对生产要素的新的组合，企业家的偏好是推动企业创新的重要因素。企业经营的实质就是通过企业家的创新，使企业内部生产要素的组合适应市场需求，在满足市场需求中更好地谋求企业发展。

6）路径依赖

一般来说，企业创新在形成以后会具有相对稳定性和惯性，即存在所谓的路径依赖，企业一旦进行某种创新之后，惯性的力量会使这种创新在以后的发展中不断得到自我强化，而这种强化又形成了新一轮的企业创新。

### 12.3.2 创新的过程和创新的管理

#### 1. 创新的过程

对"一般创新"来说，呈现出一定的规律，遵循一定的步骤和程序。创新工作大体上可以分为以下六个步骤。

1）准备阶段

创新并不是偶然、突发的"奇思妙想"，在偶然的背后有必然的因素在起作用。这些必然的因素首先是社会的需求，如恩格斯所说，社会一旦有技术上的需要，这种需要就会比十所大学更能把科学向前推进。其次是能够孕育创造力的环境，包括鼓励交流想法的环境、对想法的公正和建设性评判、对创造性工作的奖酬和认可、足够的财力物力和信息支持、选择工作内容并决定工作方法的自由等。最后，创新起源自个体的创意，创新者本人在数个领域的专业知识、丰富的工作经验、完成任务的内在驱动力和创造性的思维技巧也是重要的创新准备因素。

2）寻找创新的机会和时机

创新破坏了原有的秩序，创新活动正是从发现和利用旧秩序内部的不协调开始的。管理者要以敏锐的眼光捕捉这些不协调，并引导组织成员分析导致不协调的原因；同时让他们认识到这可能给组织带来巨大的机会或严重的威胁，使他们意识到创新的必要性和紧迫性。

3）提出构想

在觉察到不协调现象后，首先要透过现象研究其原因，据此分析和预测这种不协调的未来变化趋势，估计给组织带来的积极或消极后果，然后设法利用机会或将威胁转化为机会。可采用头脑风暴法、德尔菲法等多种方法，提出消除不协调、解决问题的构想，使系统在新的情境下实现新的平衡。

4）迅速行动

迅速行动是创新成功的关键所在。由于外部环境的不确定性以及决策时掌握信息的有限性，人们决策时提出的构想可能还不完善，但它有可能能够解决组织所面临的新情况、新问题，必须迅速把它付诸行动，如果迟迟不能对内外环境的变化做出反应，容易错失良机。

5）不断完善构想

经过尝试才能成熟，而尝试是有风险的，是不可能"百发百中"的，是可能失败的。创新的过程是不断尝试、不断失败、不断完善、不断提高的过程。因此,创新者在开始行动后,必须坚定不移地继续走下去,绝不能半途而废,不断地探索、不断地总结行动中的经验教训,对当初的构想不断进行修正和完善,否则便会前功尽弃。

6) 形成模式

在某种环境下组织在发展过程中形成的从工作程序到行为方式、管理方式、思维习惯和价值观念都成为某种内在一致的特定类型的状态。特定的创新模式要经过一定时间的积累才能形成,它是组织内部各方面经过反复探索、学习、调整和适应才能形成的。对某种特定环境而言,组织的创新模式是管理水平提高、效率提高、资源浪费和内耗减少的结果。

### 2. 创新的管理

组织创新是一项充满挑战和艰难险阻的工作。要想成功地进行创新,组织需要总结创新管理的经验,掌握创新管理的科学方法。

1) 明确创新的目的和抵制因素

管理者从事创新时必须考虑下列问题:组织实施某项创新活动的原因;创新的成功实施可能给组织带来变化;这种创新的实施可能给组织带来的额外损失。

创新活动中,组织一定会遇到各种阻碍创新的因素。这些阻力包括组织的文化、既定的发展战略、组织的结构、技术水平、领导的风格、成员的因素等。

2) 激发组织创新

激发组织创新通常要经过三个阶段:创新动员、实施创新、创新的制度化。创新动员是指在组织内部广泛宣传创新的必要性,让每个成员都能够真正地感受到创新的必要性,接受创新的挑战。实施创新是指通过寻找机会、提出问题、迅速行动、坚持不懈等创新的环节,提出创新的观念和将其付之于行动的过程。创新的制度化是通过完善的规章制度,使创新活动锁定成为组织的新范式。

3) 创新活动的领导

优秀的管理者要根据创新规律对自己的工作进行创新,更要领导和组织下属进行创新。为此,组织的管理者必须做好以下工作。

(1) 自觉地带头创新,并积极鼓励、支持、引导组织成员进行创新。

(2) 大力宣传创新、激发创新,营造促进创新的积极氛围。

(3) 制订有弹性的组织计划,如弹性的工作时间。

(4) 允许创新失败,支持失败,甚至鼓励失败,解除创新主体的后顾之忧,鼓励更多的人参与到创新工作中来。

(5) 建立科学、合理的创新评价和奖励制度,不仅奖励创新成功者,也要奖励创新努力者。

### 12.3.3 创业者和创业管理

#### 1. 创业与创业者

创业是指发现、创造和利用适当的创业机会,借助有效的商业模式组合生产要素,创立新的事业,以获得新的商业成功的过程或活动。成功的创业离不开创新,他们可能开发出新的产品或服务,可能找到新的商业模式,也可能探索出新的制度和管理方式,从而获得成功。

创业是创业者主导下的高度综合的不确定管理活动,它可以应用于中小型企业、大型国有和跨国企业、社会企业、私人企业、团体和政府。创业不限定于既定人群,任何有意愿的人都可以尝试创业。创业的概念体现在创业者的三类行为属性上:①采取主动行动;②组织、重组社会和经济机制,将资源和形势变为实际利润;③接受风险或失败。

创业者这一概念是根据商业、管理、个人经验和术语进一步完善得来的。对经济学家而言,创业者是指将资源、劳动力、幻想、材料和其他资产结合起来,提高产品或服务价值,引入并实施变革、创新和新秩序的人。对心理学家来说,这样的人通常受到某种力量的驱使——需要获得某些东西,需要尝试某些事情,需要完成某些事情,或者逃避权威。对管理学家而言,德鲁克认为:创业者是那些能寻找变化并积极反应、充分利用机会、创造增量财富的人。虽然这些描述对创业者的看法略有不同,但它们都包含了类似的内涵:新颖性、组织、创造财富和承担风险。

### "机会识别"助力创业者成功

创业活动是创新、就业和经济增长的重要来源。企业家通过持续探索创造新业务,促进社会和经济的发展与繁荣,识别合适的商业机会是成功企业家最重要的能力。

创业机会识别是企业认知一个好的创意并将其转化为增加社会价值和产生回报的业务概念的能力,机会的识别需要经历准备、洞察、孵化创意的发现阶段和评价、计划的构建阶段,发现、评估和利用机会是企业家创业精神的一个重要特征。

创业机会不仅由现存市场的外部冲击所形成,也受到创业者的创造性想象以及内生行动等内在因素的影响。机会可能是通过感知未被利用的或创造性的资源组合,发现满足市场需求和特定资源匹配的机会。创业者所经历的客观环境,都会在创业者身上留下创业印迹,影响着其发现创业机会的能力,而且对已存信息的搜索,导致了创业者和非创业者区别与开发机会的差异。创业机会并不是完全由于对环境的外生性而形成的,通过寻求创造经济财富的内生行为也会创造机会,随着机会创造过程的开始,行为者参与以前他们所面临的机会性质相关的活动,逐渐形成对于利用这些机会的资源和能力的理解。机会识别是机会发现和机会创造的综合。

资料来源:孙永波,丁沂昕.创业导向、外部知识获取与创业机会识别[J].经济与管理研究,2018(5).

#### 2. 创业的类型

对创业的基本分类可以围绕着谁在创业、在哪里创业、创业效果这三个基本问题展开,进而识别出基本的创业活动。

1）谁在创业

从谁在创业的视角看，包括个体创业、团队创业和社会创业三种类型。在创业本质上，个体创业和团队创业有许多共同点，但是由于起初的资源禀赋不同、组织形态不同、战略目标不同等，在创业的风险承担、成果收获、创业环境、创业成长等方面也有很大的差异。

所谓社会创业，就是指社会组织通过采用企业模型的方式为复杂的社会问题提供创新性和创造性的解决方案，为社区和社会作出更大贡献。社会创业的机构包括了如非营利性机构、营利性机构、公共部门组织以及兼具三者的机构。它们的共同点是其创业的核心目标是创造社会价值而不是个人和利益相关者的财富。

2）在哪里创业

从在哪里创业的角度看，常把创业分为独立创业、内部创业和网络创业三种类型。独立创业是指创业者独立抓住新的商业机会，创办新的企业，谋求商业利润，同时谋求新创企业的生存、成长与发展。

内部创业是现存企业以相对独立的组织单元开创新的事业，以谋求企业的持续成长与发展。组织可以通过鼓励员工像创业者一样思考，给予他们自由和灵活性去进行某个项目，不受组织官僚的限制，通过重新调配资源、重新定义组织任务来实现更新，促进产品和技术的新组合。

网络创业是利用互联网作为平台进行创业的行为，人们利用互联网作为平台形成了巨大的市场。由于互联网具有传播速度快、互动性强、不受地理等自然条件限制等特点，成为创业者关注的重要平台。

3）创业效果

克里斯汀等人依照创业对市场和个人的影响程度，将创业分为了四种基本类型：复制型创业、模仿型创业、安家型创业和冒险型创业。

（1）复制型创业，是在现有经营模式基础上的简单复制，如某人原先担任某家电公司部门主管，后来离职创建了一家与原家电公司相似的新家电公司，这种类型的创业对于创新的贡献较低。

（2）模仿型创业，是模仿已有成功模式进行的创业，其很少给顾客带来新创造的价值，创新成本较低，但对创业者而言却是巨大的调整。

（3）安家型创业，创业者仍从事原先熟悉的工作，依赖对技术问题的深入理解以及以往建立起的关系追求个人创业精神最大限度的实现，不断为市场创造新的价值，为消费者带来实惠。

（4）冒险型创业，是从事一项全新的产品经营，由于是创造新价值的活动，将面临较高的失败可能性。它需要创业者高超的能力、适当的创业时机、合理的创业方案和科学的创业管理，才可能获得成功。

创业活动作为一种社会现象，普遍存在于人类活动中，随着环境的变化，创业活动的类型也会越来越多，了解创业活动的类型，有助于把握创业活动的本质和关键要素，掌握不同类型创业活动的特殊性。

### 3. 创业管理与传统管理的比较

创业管理与传统管理有所区别，创业管理是"以生存为目标""主要依靠自有资金创造自由现金流"的管理，创业管理与传统管理内容不同表现在以下三个方面：客体不同、出发点不同、内容体系不同。

1) 客体不同

传统管理是以现有大公司为研究对象，而创业管理则是以不同层次的新建事业以及新的创业活动为研究对象。传统管理理论侧重于向人们提供在现存大企业中开展管理工作所需要的知识和技能，运用科学的管理工具和方法，降低风险，培养优秀的职业经理人。创业管理培养优秀的企业家，其客体为创业形态的中小企业，内容不是一般企业管理知识在中小企业领域的翻版。

2) 出发点不同

传统管理的出发点是效率和效果，创业管理的出发点是寻找机会并取得迅速的成长和成功。创业管理的核心问题是机会导向，即创业是在不局限于所拥有资源的前提下，识别机会、开发机会、利用机会并产生经济成果的行为。

3) 内容体系不同

传统管理通过计划、组织、领导和控制来实现生产经营；而创业管理是在不成熟的组织体制下，更多依靠团队的力量，靠创新和理性的冒险来实现事业的起步与发展。创业管理的内容体系是围绕如何识别机会、开发机会、利用机会而展开的。

### 4. 创业管理的四阶段

不同的学者将创业管理划分为不同的阶段。霍尔特（Holt）从企业的生命周期角度提出创业过程需经历四个阶段，分别是创业前阶段、创业阶段、早期成长阶段、晚期成长阶段。

（1）创业前阶段。其也称为创业构思决策期，是创业者从产生创业冲动、创业热情到形成创业决策的过程，是决定创业方向、创业行业、创业产品或服务以及创业方式的过渡期。

（2）创业阶段或创业准备期。创业者在形成创业决策后，围绕创业决策进行的各种创业前准备工作的时期，包括资金的筹集、市场的调查、创业经营计划书的撰写、创业团队的形成、核心产品或服务的定位、创业场地的选择、工商税务咨询等方面。

（3）早期成长阶段或创业启动期。组织形成的成型期，是组织工商登记、税务登记、生产、销售、出纳、会计等基本部门和岗位的设立、人员工作安排、业务程序确定、生产与办公等设备用具采购的具体实施阶段。它的顺利实施是建立在创业准备期基础上的。

（4）晚期成长阶段或创业经营期。其是创业管理水平要求最高的阶段，组织在这一阶段进入了高风险时期，由于组织抗风险能力较弱，来自市场的任何坏消息都足以对组织构成致命的威胁。这一时期，组织有其独特的管理问题与发展规律，要求创业者除了本身拥有天然优势外，还应具有相当的创业管理水平，这样创业成功的概率会更大。

**精益创业的根基**

《精益创业：新创企业的成长思维》提供了不同于传统管理理论，针对新创公司或大企业新创业务的科学管理模式。"精益创业"的理念极大影响了美国新创企业的创业模式，并在全球范围内具有很大的影响力。它缔造了 Facebook、Twitter 等强大的崭新的科技公司；并不断影响、渗透、改变着创业者，促使他们缔造的企业更加人性化、更加智能化、更加有爱、更加成功。精益创业的名称来源于精益生产。后者是由丰田公司的大野耐一和新乡重夫发展出来的。它的原则中包括吸取每位员工的知识和创造力、把每批次的规模缩小、实时生产和库存管理，以及加快循环周期。精益创业在"创业"这个背景下对上述这些概念加以改造，用科学的认知作为衡量标准。精益创业强调新创企业的目标在于弄明白到底要开发出什么东西，它得是顾客想要的，还得是顾客愿意尽快付费购买的。换言之，精益创业是研究新产品开发的一种新方式，强调要求同时兼具快速循环运作和对顾客的认知、远大理想，以及壮志雄心。精益创业的方式是教你如何驾驭一家新创企业，你需要的不是基于众多假设制订复杂的计划，而是不断调整的"开发—测量—认知"的反馈循环。我们是否应该"坚持"走在当前的道路上，一旦引擎加快转速，精益创业提供了以最大加速度扩充和发展业务的方法。

资料来源：莱斯.精益创业：新创企业的成长思维[M].吴彤，译.北京：中信出版社，2012.

## 12.4 数字经济与组织管理

数字经济是全球经济发展的重要引擎，也是国家的核心竞争力之一。美国、中国、英国、印度等国家在数字经济设施、产业、治理、创新等方面不断发展，涌现了 Alphabet、亚马逊、华为、阿里、三星、苹果等全球知名的数字经济企业。云计算、人工智能等技术快速发展，数字经济既给企业带来新的发展机遇，也给组织管理带来新的挑战。

### 12.4.1 数字经济的内涵和发展历程

#### 1. 数字经济的内涵和特点

数字经济是引领全球经济增长的重要驱动力。2016 年，在 G20 峰会发布《二十国集团数字经济发展与合作倡议》，该倡议认为，数字经济是指使用数字化的知识和信息为关键生产要素、以现代信息网络为重要载体、以信息通信技术的有效使用为效率提升和经济结构优化的重要推动力的一系列经济活动。数字经济不仅包括数据产业，而且包括数据产业与经济和社会融合带来的新产品、新业态和新模式。

数字经济作为一种新兴经济活动与形式，其竞争力主要体现在数字经济活动的各个环节中，从生产要素禀赋状况、配置效率到数字经济依托现代信息技术所产生的产品和服务，再到数字经济对社会和经济领域形成广泛影响，产生更多的衍生产品和服务，以及面对数字经济强大外部性所带来的潜在市场失灵风险时,政府所能提供的外部保障和宏观调节,这些环节体现了一个国家或地区数字经济的竞争力水平。

随着数字经济的不断发展,其内涵和外延不断演化。计算机制造、通信设备制造、电子设备制造、电信、广播电视和卫星传输服务、软件和信息技术服务等行业是数字经济的基础产业,互联网零售、互联网和相关服务等是构架于数字化之上的行业,可视为数字经济范畴。数字经济难以界定的原因之一在于它是融合性经济,其他行业因信息通信技术的应用与向数字化转型所带来的产出增加和效率提升,是数字经济的主体部分,在数字经济中所占比重不断提高,这部分却难以准确衡量。

### 2. 数字经济的历史演进

20世纪90年代,全球经济表现平平,美国却保持了持续快速发展。驱动美国经济增长的要素中首次出现了现代信息通信技术,互联网开启了商业化进程。互联网改变了信息传输方式和交互方式,改变了商品流通方式和交易方式,一经商业化就展现出强大的生命力。1995年,唐·泰普斯科特(Don Tapscott)出版了名为《数字经济》的著作,详细论述了互联网对经济社会的影响。随着曼纽尔·卡斯特(Manuel Castells)的《信息时代三部曲:经济、社会与文化》、尼古拉斯·尼葛洛庞帝(Nicholas Negroponte)的《数字化生存》等一系列著作问世,数字经济的概念流行开来。

各国政府把发展数字经济作为推动经济增长的重要手段。1997年日本通产省开始使用数字经济一词。1998年美国商务部发布《浮现中的数字经济》的报告,并以数字经济为主题发布了多项研究成果,关注"信息"这一核心资源对经济的决定作用。2009年英国政府发布了《数字英国》白皮书,提出了数字社会、数字经济、数字文化等方面的行动计划。2015年,中国政府工作报告中首次提出"互联网+",促进互联网融合创新,加快经济转型步伐。2017年,数字经济首次出现在中国政府工作报告中,开启了发展新篇章。

### 3. 世界主要国家的数字经济战略

无论是美国、英国、日本等发达国家,还是中国、印度等发展中国家,都把发展数字经济列为国家经济发展重要战略,并在设施建设、技术创新、产业应用和治理等方面采取了一系列举措。经济合作与发展组织(OECD)《2016年经济合作与发展组织数字经济展望》报告显示,截至2015年,大多数OECD成员国都构建了数字经济国家战略框架。

1993年,美国推出"国家信息基础设施"工程计划,人们将该计划通俗地称为"信息高速公路"战略。该计划在世界范围内产生了广泛影响,也造就了美国数字经济日后的辉煌。"信息高速公路"的建设并不仅仅是计算机行业或电信行业的事情,而是把研究和建设"信息高速公路"作为美国科技战略的关键部分。2006—2016年,数字经济是美国经济中的一个亮点,年均增速高达5.6%,而同期美国GDP增速只有1.5%,缓解了2008—2009年金融危机的影响。美国的数字经济企业呈现强者愈强的马太效应。谷歌、脸书(Facebook)、亚马逊、苹果和微软成长为历史上从未有过的巨无霸,各自构建了完整的生态系统,是全球股市市值最高的5家企业。2012年美国发布《数字政府:创建21世纪的平台更好地为美国人民服务》，将面向用户的移动政务服务置于优先地位。

英国政府出台了诸多数字经济发展战略，包括2009年的《数字英国》、2013年的《信息经济战略2013》、2015年发布的《英国2015—2018年数字经济战略》以及2017年发布的《英国数字战略》等。英国是全球信息基础设施建设水平最高的国家之一，较高的互联网普及率为英国数字经济的腾飞奠定了基础。网络和信息通信产业是英国的龙头产业，物联网和大数据的发展促进英国智慧城市的建立，以伦敦、伯明翰为代表的智慧城市发展得如火如荼。

2015年中国发布了《国务院关于积极推进"互联网＋"行动的指导意见》，数字技术创新不断发展，数字经济持续深度融合高端制造业。随着"中国制造2025"战略计划的深入实施，依托"互联网＋"行动计划和人工智能发展规划，提高自主创新和基础技术研发能力成为中国数字经济发展的重点。

2014年印度政府提出"数字印度"计划，包括数字化基础设施、各类电子政务服务、公民的数字化赋权这三个方面。印度的电子商务发展迅速，在线商务、支付平台、物流体系等方面的发展使在线消费人数和规模实现起飞。

### 12.4.2　数字经济给组织管理带来的机会和挑战

#### 1. 数字经济给组织管理带来的机会

数字技术正在重塑商业世界，新的商业模式不断涌现，产业边界日益模糊，外部环境的数字化决定了数字化转型是传统企业的必经之路。数字化转型是在数字化转换、数字化升级的基础上，并结合公司核心业务，以新建一种商业模式为目标的高层次转型。企业的数字化转型包括企业战略、营销、商品、企业文化等方面的转变。

企业战略的数字化转型是理解和适应外部环境的变化，主动学习和应用数字技术，提升效率和推动创新，在变化中更好地识别机会并创造价值。传统企业应用数字技术和数字媒体，建设数字品牌，提升用户体验，与客户互动等是营销数字化转型的重要内容。商品的数字化是数字技术对商品形态和功能的改变，通常包括三类：产品本身的数字化，如金融、媒体、出版等行业的产品和服务的数字化；借助数字技术对商品附加更多功能，如耐克运动鞋通过内置传感器记录客户的运动路线、距离、时间数据，并与App、社交网络相连，满足客户从科学锻炼到情感交流的多种需求；围绕数字技术对传统产品进行革新，如奔驰、宝马等汽车企业开发无人驾驶汽车等。

随着全球数字治理的深入，信息安全产业迎来发展机遇，人脸识别、态势感知、云安全服务等技术开始应用于安防领域，市场规模不断扩大。"中兴事件"之后，国内数字经济相关高端制造业大而不强的情况引起了政府、企业和社会各个层面的反思。中美贸易战背景下，中国数字经济核心技术攻关将加速。

#### 2. 数字经济给组织管理带来的挑战

数字经济的发展在提高效率和促进创新的同时，也带来了隐私保护、知识产权保护、网络安全、过度依赖数据进行决策等新问题，组织管理面临一系列新挑战。数字化企业需要考虑这些问题并制定相应的策略,包括制定严格的用户隐私保护条款和服务规则,采用高级别的安全策略和安全技术,与监管者合作等。

数据驱动的决策过程可能带来对数据的过度依赖,导致管理者决策失误。哈佛商学院教授克莱顿·克里斯坦森(Clayton Christensen)认为数据只是让人们看到过去的现象,从数据收集到分析和解读,每一步都在损失大量信息,数据无法看到未来;相反,企业管理者对产品、服务、客户的了解对决策依然具有重要影响。

数字经济时代,企业的商业活动与个人生活更加紧密地联系在一起,无论是数字企业还是处于数字化转型中的企业都需要承担更多的社会责任。2017年6月《中华人民共和国网络安全法》正式实施,中国数字治理进入新阶段。2018年3月Facebook超过5 000万用户信息数据被剑桥分析(Cambridge Analytica)公司泄露,5月欧盟《通用数据保护条例》正式生效,强化了数据主体对个人数据的控制力。提醒用户某些网站的潜在风险、维护公共网络空间、管理网络社区内的语言暴力等都是企业需要面对的新问题。

3. 企业的数字化转型

企业的数字化转型包括营销转型、战略转型、供应链转型、能力转型、研发转型等。互联网环境下的企业营销正在逐渐从以产品为核心转向以消费者为核心,对企业与消费者交易产生的价值提供模式如何转变为企业与消费者合作产生的价值共创模式的探讨引发了广泛关注。互联网带来的企业和消费者及消费者之间连接与交互方式的变化,既对企业营销创新提供了机遇,也对传统营销模式构成了巨大冲击。互联网改变了竞争环境。在传统竞争环境中,企业只要开发了适销的产品,就可以在较长时间内占领市场;在互联网环境中,新技术能迅速应用于产品,并不断推陈出新,企业难以依靠产品维持长期竞争优势。互联网改变了消费者的权利地位。消费者市场选择的权利逐步增强,对企业运作的参与也日益加深。互联网带来了沟通方式的变化。消费者与企业之间的紧密互动成为可能,消费者之间的联系也日益密切,沟通方式的改变使企业越来越注重与消费者的互动营销。

组织变革一直是战略管理中的重要课题,企业只有通过不断变革,才能在竞争中得以生存和发展。当前,传统企业面临的重大变革就是数字化转型,企业只有将互联网的优势与自身的产品或服务优势充分结合,才能获得新时代的竞争力。战略风险对企业转型的成败具有重要影响。在战略转型中,企业可能会因颠覆原有结构而面临变异的风险,也可能会因难以与环境匹配而面临适应的风险。企业数字化转型由突破组织惯性和形成新惯例两个阶段构成。前一阶段,企业面临的战略风险主要是模式、能力和资源的变异风险,企业通过组合变革、组合学习和组合重构形成风险控制机制,以降低突破组织惯性过程的风险。后一阶段,企业面临的战略风险主要是模式、能力和资源的适应风险,企业通过模式迭代匹配、能力迭代提升和资源迭代整合形成风险控制机制,以降低形成新惯例过程的风险。

## 12.4.3 数字经济时代的组织管理创新

在数字经济时代,几乎所有组织都要进行数字化转型,是一种组织的进化,也是实现社会治理现代化的重要组成部分，企业在组织管理、战略、决策和控制等方面拥有创新机会。

### 1. 数字经济时代的平台型企业

在数字经济时代，一种新型的组织结构形态即平台型企业产生，数字平台或许是数字时代最重要的商业模式创新。学者们从不同视角界定了平台型企业的内涵：产业组织经济学视角认为平台型企业是为双边或多边市场塑造公共交易界面并提供嵌入于界面中的产品、服务或技术的经济组织；技术管理视角将平台型企业视为公共技术架构或模块系统的开发者与运营者；战略管理视角则提出平台型企业是协调安排不同利益群体、成功构建发展平台、承担治理功能并处于平台生态系统中心位置的组织。尽管学者们从不同视角界定了平台型企业的内涵，但均包括三个主要特征：一是双边/多边市场，即两个或多个市场群体或利益相关群体参与；二是网络效应，即网络中的一边会因其他边的规模和特征而获益；三是开放性，即平台型企业拥有支持不同市场群体交互以及影响其机会识别的开放性系统。

数字平台是线上技术支持型的双边或多边市场商业模式，帮助两个或多个有潜在商业关系的平台参与者完成交易。数字平台颠覆了传统行业的规则，创造了新型社群市场，原来相互竞争的企业、需求不同的消费者成为平台价值贡献者。平台获益的方式是多样的，可以收取交易佣金，如滴滴出行收取一定比例的佣金；单方收取服务费，如谷歌搜索引擎广告向广告方收取费用；也可以围绕平台数据提供市场营销、投资咨询和数据交易等服务。平台可以出售产品，如亚马逊、京东等，也可以提供服务，如谷歌广告、淘宝等。

建设数字平台是传统企业适应数字时代的商业模式创新，需要相应的组织管理创新。传统企业的数字平台商业模式基于已有资源、对行业的深刻理解和能力积淀，短期看是企业当前竞争优势的延伸，长期看是平台本身将成为企业的竞争优势，传统业务在平台环境下继续发展。数字技术推动传统企业从流程驱动、中心控制的组织形式变成共享平台、去中心化的新型组织，改变了企业运营的整个过程。有的企业通过设立新部门或新职位，整合与数字化相关的业务或职能工作，专门负责企业的数字化转型工作。例如专业的数字分析部门、网络安全部门等。企业也可以建立统一的数字平台并将业务系统和职能系统迁移到该平台，实现实时的数据分析和灵活的业务流程优化，大幅提高运营效率。例如，英国广播公司建设了一个统一的数字平台，同时支持内容的制作生产、发布和企业内部管理，便利跨部门的沟通和协作。

### 2. 数字经济时代的创新生态

数字技术推动创新范式新一轮的变革与升级。随着大数据、云计算、人工智能技术的发展，网络空间和物理空间的融合促进了创新资源配置范围的拓展与资源配置效率的提高。创新活动的组织方式由工业时代纵向一体化的组织架构向网络化、生态化的组织方式转变。以多元创新主体组成的创新生态系统为基础，创新过程呈现出开放性、包容性的特征。

领先的数字企业重视技术研发,构建创新生态。华为成立于1987年,是全球领先的信息与通信技术(ICT)解决方案供应商,产品几乎覆盖通信行业全环节,业务遍及全球170多个国家和地区,服务全球1/3的人口。近年来,华为聚焦全连接网络、智能计算、创新终端三大领域,在技术研发和创新生态方面持续投入,坚持每年将10%以上的企业销售额用于技术研发,研发人员占公司总人数的40%以上。华为在标准组织、产业联盟、开源社区等各类产业组织中加大投入,做大产业空间;围绕客户商业场景,联合生态伙伴进行开放式创新,快速提供适配需求的客户解决方案。华为还与全球多个国家的政府合作,和产业合作伙伴一起为各国信息与通信技术以及产业数字化转型贡献力量,发展5G、云等新技术,促进各国经济发展。

20多年来,Alphabet(其前身是谷歌)由一个单一的信息搜索公司成长为枝繁叶茂的创新生态系统,Android、Chrome、Gmail、Google Maps、YouTube等核心产品风靡全球。广告、数字内容、企业云服务和硬件构成了谷歌的主要收入来源。为了保持技术领先,谷歌在研发领域投入巨大,研发支出占总收入的15%左右。从移动优先到人工智能优先的战略转移帮助谷歌在人工智能领域全面布局,语音识别、人工智能硬件等方面发展显示了谷歌强大的技术储备和创新能力。

在企业产品研发中,创新者、领先用户等特殊消费者参与的价值已成为共识。消费者是企业研发的重要来源,能为企业研发提供有价值的信息和创意设计。大数据技术提升了普通消费者参与行为的可数据化程度,使其生成的数据具有高易获得性和高商业价值。普通消费者既不需要具备专业知识,也不需要具备主动意愿,就可通过在线行为自动生成大数据,而对企业产生价值。同时,大数据的出现挑战了企业传统决策结构,技术的成熟应用极大降低了企业获取普通消费者信息的成本,使企业利用普通消费者的数据资源成为可能。

### 小米智能硬件生态体系

小米科技成立于2010年,以优质平价、互联网营销等手段迅速成长起来。2013年,小米成立智能硬件生态链事业部,投资孵化初创企业。截至2017年,这一成立仅四年的部门实现年销售收入200亿元,投资孵化了紫米移动电源、万魔耳机、华米手环、智米空气净化器等77家生态链创业企业,其中16家年收入过亿元,4家成为独角兽。小米智能硬件生态链是一个业务规模与投资价值双增长的成功实践,是一种创新的商业生态模式,小米扮演了孵化器、投资商、渠道商、品牌输出者等多重角色。智能硬件生态链企业数量不断增加,成功率高于独立企业,形成良性协同和商业生态系统价值增值效应:生态链企业与小米智能硬件生态链事业部的业务规模和投资价值均快速增长。

资料来源:谭智佳,魏炜,朱武祥.商业生态系统的构建与价值创造——小米智能硬件生态链案例分析[J].管理评论,2019,31(7):172-185.

## 12.5 中国企业的管理探索及展望

自1949年中华人民共和国成立尤其是改革开放以来,我国企业管理实践和管理理论不断成长发展,并在世界舞台上扮演越来越重要的角色。但是,由于我国企业管理起步晚,加之有些先进的企业管理的实践经验尚未得到很好的提炼总结,我国企业管理在理论发展方面仍然相对滞后于世界先进水平,为世界贡献中国管理理论是未来中国管理学者的努力方向。为此,本节以时间为轴,以1978年党的十一届三中全会、1992年十四大确立社会主义市场经济体制建设目标为分界线,回顾中华人民共和国成立以来中国企业管理的演进历史,并在分析中国企业管理成长环境的基础上,对新时代中国企业管理的理论和实践创新做出展望。

### 12.5.1 计划经济条件下的生产导向型管理

从1949年中华人民共和国成立到1978年党的十一届三中全会召开之前的这段时间,中国企业管理的实质是中国高度集中的计划经济背景下的经济组织管理,企业更多地被看作整个社会主义计划经济体制中的组成部分,企业管理没有自主权,而管理的中心和重心集中在生产环节。这一时期,中国企业管理又可以进一步划分为如下三个小的阶段。

**1. 对苏联模式的模仿阶段(1949—1955年)**

在三年国民经济恢复时期,国家将全部官僚资本企业改造成社会主义国营工厂。之后,1953年开始实施发展国民经济的第一个五年计划,在苏联的帮助下,以苏联帮助设计的156个项目为中心,集中全国的资金、物资和技术力量,建立工业化的初步基础。与此同时,在全国范围内全面、系统地引进苏联的工厂管理经验,建立和健全适合现代化大生产要求的科学管理制度,建立起与高度集中的计划经济体制相适应的生产型管理制度。这一套管理制度类似于泰罗的科学管理,着眼点放在工厂一层,包括强调计划管理、重视技术规程、厂内经济核算、重视人才培养等。这为我国工厂管理的科学化奠定了基础。

**2. 开始探索建立适合中国国情的社会主义企业管理阶段(1956—1965年)**

随着时间的推移,苏联模式的一些弱点开始暴露,如单纯强调行政命令管理,忽视民主管理,助长个人独断专行的倾向等。以1956年毛泽东发表《论十大关系》的讲话为标志,中国共产党开始提出以苏为鉴,探索适合中国国情的经济和企业管理模式。这一阶段,除了"大跃进"留下的沉痛教训外,也形成了有突出进步意义的"鞍钢宪法"、"工业七十条"和大庆油田的科学管理经验。

相关链接

"鞍钢宪法"是相对苏联的"马钢宪法"(苏联一个大钢厂的一套权威性的办法)而言的。1960年3月22日毛泽东在中共中央批转鞍山市委《关于工业战线上的技术革新和技术革命运动开展情况的报告》的批示中,以苏联经济为鉴戒,对我国的社会主义企业的管理工作做了科学的总结,强调要实行民主管理,实行干部参加劳动,工人参加管理,改革不合理的规章制度,工人群众、领导干部和技术员三结合,共同研究解决生产技术和工厂管理中的问题,即"两参一改三结合"的制度。"鞍钢宪法"所体现的思想与现代企业管理中的人本观念、全员参与和权变管理等都有相通之处,这是我国社会主义工业企业在实践中的创造,也是毛泽东探索我国工业企业发展模式的重要成果。

资料来源:陈佳贵.新中国管理学60年[M].北京:中国财政经济出版社,2009.

所谓"工业七十条",就是1961年出台的《国营工业企业工作条例(草案)》的简称。这是我国第一部关于企业管理方面的章程,是当时整顿工业企业、改进和加强企业管理的一个重要文件。条例明确规定把"在国营工业企业中,实行党委领导下的行政管理上的厂长负责制"作为我国企业管理的根本制度,规定企业的主要管理权力集中在厂部,限制企业党组织对生产行政工作的过多干预,企业必须实行职工代表大会制度,强调按劳分配是社会主义分配原则等。实践证明,"工业七十条"对促进我国工业的恢复与发展,起到了积极作用。

这一时期,大庆油田所创造的管理经验在全国得到广泛推广,对提升工厂管理水平起到了非常积极的作用。这包括坚持科学态度,掌握第一手资料,加强基层建设、基础工作、基本训练,建立以岗位责任制为中心的各项管理制度;依靠职工管理工厂,重视发挥工程技术人员的作用,发扬政治民主、技术民主、经济民主;提倡领导部门面向基层,为生产第一线服务;等等。时至今日,大庆油田在企业管理基础工作方面创立的"三基工作""三老四严""四个一样",仍然在企业界有着广泛的影响。

3. "文化大革命"期间企业管理的停滞及其后的两年徘徊阶段(1966—1978年)

"文化大革命"期间,动乱开始扩展到工业交通企业之后,给经济建设带来严重的灾难。企业内部行之有效的规章制度,都被当作修正主义的"管、卡、压"而遭到践踏。1975年,邓小平主持中央日常工作后,主持起草了《关于加快工业发展的若干问题》("工业二十条")。主要精神是:全面整顿企业管理秩序,恢复和健全规章制度;坚持按劳分配原则,调动积极性;引进新技术新设备,扩大进出口;加强科学研究和教育工作等。虽然由于受到"四人帮"阻挠而没有形成正式文件,但仍对当时工业的整顿发生了积极的影响。

## 12.5.2 转轨时期的管理变革与创新

从1978年党的十一届三中全会召开到1992年党的十四大召开的这段时间,中国企业管理在实践和理论两个方面都处于转轨时期,国有企业是中国企业管理探索的主角,并且获得了较好发展,但仍以学习模仿为主。企业管理理论方面,学习的重点由苏联转移到美日欧等发达国家,大量学习引入西方先进管理思想和科学管理方法;管理实践方面,由生产型向生产经营型转变。特别是1984年邓小平视察南方后,外资企业开始进入中国,国企改制加快步伐,一批本土企业也迅速成长起来。这一时期,中国企业管理又可以进一步划分为如下两个小的阶段。

1. 以放权让利、扩大生产为导向的企业管理阶段(1978—1983年)

从1978年中共十一届三中全会后,国家政治上实现拨乱反正和平稳过渡,工作重点向经济建设转移。而经济建设的首要任务便是恢复和扩大生产,解决市场供给不足的问题。为此,国家在体制上开始突破高度集中统一的传统国有企业管理模式,先后发布《关于扩大国营工业企业经营管理自主权的若干规定》《关于国营企业实行利润留成的规定》等文件。扩大企业经营自主权后,国有企业经营便受到指令性计划和市场机制的双重调节。为此,国家又及时总结经验,提出以"合同制"推动企业间横向经济联合,在纵向上推行企业对国家的经济责任制。

这一阶段,企业管理主要围绕恢复和扩大生产展开,总体属于自发型的工厂制管理阶段。增产节约、增收节支成为企业管理的主要目标,内部实行全面经济核算,落实按劳分配,加强生产管理,开展生产竞赛,设立超产奖等成为这一阶段中国企业内部管理的关键动作。

2. 以提高生产效率为导向的企业管理阶段(1984—1991年)

1984年10月,中共十二届三中全会上通过《中共中央关于经济体制改革的决定》,提出在坚持社会主义公有制的基础上,自觉运用价值规律,有计划地发展社会主义商品经济。增强企业活力,特别是增强全民所有制的大中型企业的活力是以城市为重点的经济体制改革的中心环节。此阶段,国有企业改革的主要措施是实行厂长(经理)责任制,并在大多数国有企业实行承包经营责任制。与此同时,乡镇企业开始崛起,到1991年,乡镇企业总产值突破1.1万亿元,超过国营企业。另外,中国第一波创业潮兴起,1984年成为联想、海尔、万科、娃哈哈等许多知名企业的元年。

相对第一阶段的自发式工厂制管理,本阶段的中国企业管理属于自觉式的准企业法人管理;从管理内容来看,增加了初级的销售管理工作,但总体上还是停留在对生产的重视和动作规范上,因此,此阶段仍然属于科学管理阶段,在管理方法和技术上部分学习借鉴了当时日本企业的全面质量管理做法。采用上述管理模式,部分企业取得了成功,如1990年海尔获得了"国家质量管理奖";扬子电冰箱厂效益成为全国同行业第一;四川长虹成为当时全国最大的彩电制造企业,在1989年发起中国家电史上的第一次价格战。

### 12.5.3 市场经济条件下的企业管理

1992年,邓小平发表南方谈话,中共十四大召开,确定我国经济体制改革的目标是建立社会主义市场经济体制,标志着中国企业管理开始在社会主义市场经济目标模式下,呈现融合创新的特征。中国企业在立足中国特殊体制制度背景和具体国情基础上,在全球化背景下,在借鉴国外先进的管理理论和方法同时,挖掘中国传统文化中的管理因素,不断探索推进中国式管理理论和管理实践的发展。这一时期,中国企业管理又可以进一步划分为如下三个小的阶段。

### 1. 以建立现代企业制度为导向的企业管理阶段(1992—2001年)

1993年中共十四届三中全会通过《中共中央关于建立社会主义市场经济体制若干问题的决定》,进一步明确了国有企业建立现代企业制度的目标与步骤,并将现代企业制度特点概括为"产权清晰,权责明确,政企分开,管理科学",从此国有企业改革进入转机建制、制度创新的新阶段。这一阶段国家经济格局发生重要变化:第一,市场供需关系发生重要转变,短缺经济基本结束,买方市场开始形成;第二,国有企业经历了一个涅槃重生的过程,从受制于旧观念和机制的束缚而陷入谷底到完成国有经济战略布局调整,实现攻坚改革,三年脱困;第三,民营企业快速发展,企业规模和管理水平显著提高,经济效益明显优于国有企业。

这一阶段,"面向市场,提高竞争力"成为中国企业的主要目标;公关策划、CI(企业形象)宣传、广告战、价格战、模拟市场核算、实行成本倒逼,成为这一阶段的企业管理关键词。与此同时,国有企业陷入困境,国家开始大刀阔斧推进改革攻坚,抓大放小、破产重组、主辅分离、下岗分流、减员增效同样成为企业改革的关键词。这一时期,一些明星民营企业,如巨人、三株、爱多等在快速扩张的过程中信心膨胀,快速扩张,但管理水平没有跟上,导致企业陷入困境的现象也屡有发生。因此,建立面向市场的现代企业制度成为中国国有与民营企业共同的管理课题。

### 2. 快速增长时代下国际导向的企业管理阶段(2002—2012年)

从2002年中共十六大召开之后,到2012年中共十八大召开以前的十年,是我国经济快速发展的十年。这一时期,"转型升级"开始成为中国企业的主要目标。国际化、信息化、自主创新、节能减排、社会责任、组织变革、知识管理、文化管理、中国式管理成为企业管理的关键词。中国企业所面对的环境及作为突出表现在以下方面:第一,无论是国企还是民企,都加快了国际扩张的步伐。不同的企业结合自身实际,或通过绿地投资、兼并收购、战略联盟,或通过设立研发机构,以获取技术、人才、原料、能源等资源,开始了国际化的征程。面对复杂的国际市场和规则,中国企业的征程既有成功的硕果,如联想收购IBM全球电脑业务部、海尔在美国和巴基斯坦设立工厂,吉利汽车收购沃尔沃;也有惨痛的教训,如TCL收购阿尔卡特和汤姆逊,中海外承建波兰高速项目;等等。这些经验和教训促使理论界去强化中国企业跨国经营理论的研究。第二,此阶段的中国企业,更加重视引入西方跨国公司管理经验,通过学习西方最新的管理理念,引入外企职业经理人、跨国管理咨询公司等方式,提升企业的管理规范化水平。第三,随着中国经济的发展,既往的劳动力成本优势逐渐丧失,而新的技术优势尚未建立,中国的制造企业尤其是中小民营制造企业陷入困境,实现转型升级,突破成长瓶颈成为摆在中国众多企业面前的课题。第四,面对中国特定的制度环境,中国企业开始探寻如何将中国传统文化精髓与西方现代管理思想融会贯通,中国式管理在企业界影响扩大,开展中国本土管理研究成为管理学术界的追求。

### 3. 创新驱动战略下的企业管理阶段(2013年迄今)

2012年11月,中共十八大召开,提出全面深化经济体制改革,加快转变经济发展方式转变,实施创新驱动发展战略的总方针;2013年11月,中共十八届三中全会审议通过《中共中央关于全面深化改革若干重大问题的决定》,部署60项改革任务。决定的落实必将深远影响中国企业的经营管理,标志着中国企业的经营环境进入一个新时代。

近年来,国内外经济环境也已发生重大变化。人口红利的逐渐消失,中国经济增速换挡,互联网深刻改变人类生产生活方式,全球经济竞争日趋激烈,外部叠加的重重挑战,要求中国企业真正能做到袁宝华同志所讲的"以我为主,博采众长,融合提炼,自成一家",通过技术、管理和制度创新,建立中国企业的国际竞争力。

### 12.5.4　新时代的中国企业管理创新展望

"经过长期努力,中国特色社会主义进入了新时代,这是我国发展新的历史方位。"党的十九大做出这一重大判断。报告指出:我国社会主要矛盾已经转化为人民日益增长的美好生活需要和不平衡不充分的发展之间的矛盾;我国经济已由高速增长阶段转向高质量发展阶段。必须坚持质量第一、效益优先,以供给侧结构性改革为主线,推动经济发展质量变革、效率变革、动力变革,提高全要素生产率,激发和保护企业家精神,加快建设创新型国家。这些集中全党智慧的论断为中国企业管理创新提出了问题,指出了方向。基于此,我通过对中国企业成长的资源、市场条件,技术和竞争环境以及制度环境的审视,对新时代中国企业管理的创新展望如下。

#### 1. 中国国有企业改革和经理人队伍建设

国有企业曾经是中国最主要的经济主体,也一直是经济体制改革的重点。未来,国有企业改革需要在中共十八届三中全会决议的指引下进一步深化。如何发展混合所有制经济,完善国有资产管理体制,进一步完善现代企业制度尤其是法人治理结构,增强国有经济活力、控制力、影响力,都是需要深入分析相关矛盾、做出理论回答、提出操作建议的课题。另外,从国有企业内部来讲,建立职业经理人队伍是国有企业改革成功的重要条件,该研究嵌于公司治理、组织管理、人力资源管理等各个方面,成为国有企业改革研究的重要部分。

#### 2. 中国企业的国际化经营战略研究

中国企业如何在复杂多变的全球市场上成功经营?如何通过参与全球价值链分工获取竞争优势?如何在国际国内通过并购成长?哪些因素决定了中国企业在国际范围内的成功?如何抓住"一带一路"倡议带来的机遇,从中国企业向跨国公司、全球公司转变?如何成功实施跨文化管理?都是需要在理论上做出回答的重大问题。

#### 3. 转型环境下企业创新战略研究

在中国转型发展的环境中,哪些经济、制度和文化环境因素是突出的或独特的?它们对企业战略行为有何影响?在中国转型发展环境下,企业为什么会产生差异或不同?在中国转型发展环境下,企业是如何行为、成长和决策的?什么决定了中国企业的多元化范围?中国如何从低端模仿向模仿创新,再向自主创新和局部领先,乃至总体领先转变?如何实现后入者对先入者的超越？如何从做产品向做品牌转变？如何通过延伸价值链实现从制造型企业向创造型企业转变？这些问题牵涉到中国企业转型升级策略实现的速度和效果。

### 4. 企业文化管理或价值观管理研究

企业管理不仅是一门科学，还应是一种文化，即有其自己的价值观、信念、工具和语言的一种文化。只有建立共同的价值前提，才能使一个组织形成真正的内在力量。中国悠久的文化传统深刻地影响着中国人的心灵和行为，只有在理解中国人人性的基础上，才能建立起独特的组织优势。此外，对企业伦理的研究，对新生代员工价值观的研究，也应成为中国企业管理研究的重点。

### 5. 新技术背景下商业模式创新研究

当今时代，互联网已经并继续深刻地改变人类生产生活的方式。对于企业来讲，无论是外部消费者的消费习惯、消费观念和消费方式，还是企业内部的组织架构、管理方式及营销模式都蕴含着根本性的变革。谁能够抢占先机，通过商业模式的创新，谁就能获得突破性的发展机会。因此，传统企业如何适应网络经济和大数据时代的挑战，新兴企业如何把握新技术提供的机会，成为管理实践和理论创新的热点。中国企业应当在新技术背景下赢得赶超的机会，这也需要学界的跟踪关注。

### 6. 企业伦理与社会责任研究

在中国历史上，企业从来没有像现在这样成为社会发展的核心与主流，发挥着如此巨大的影响力。企业不仅在创造财富，也在创造新文化、新规则。因此，企业对自身责任的认识深刻影响着社会的进步。而随着经济的快速发展，一些新的社会问题逐渐暴露出来，包括生态环境污染、中小股东、员工和消费者权益受损、城乡差距加大、社会秩序失范等。中国企业应如何建立伦理规范，在解决社会问题过程中应发挥怎样的作用？如何评价中国企业社会责任承担的水平？如何认识企业承担社会责任与经济绩效的关系？如何将公司治理与企业社会责任理论整合？这些理论问题的回答，有助于引导企业建立社会责任战略，获得国内外的认可。

总之，"直面中国管理实践，解决中国管理问题"逐步成为中国管理学界的共识，中国企业管理的研究不仅要注重严谨性，还要面向重大社会现实问题、实践问题。未来，中国管理学界一方面要对40年来中国优秀企业的管理经验做出深刻的总结给予理论的解释；另一方面要围绕着中国企业如何实现高质量发展、创新引领和参与"一带一路"建设等重大课题提供理论支持。

## 本章小结

1. 伦理与社会责任对于企业的重要性日益递增。企业应将伦理准则纳入日常运营决策的考量，借助机制或程序的力量规范伦理标准。企业应考虑到利益相关者的期望，通过主动履行社会责任和有效管理,提升社会责任绩效。

2. 全球化旨在表现一种人类社会发展的现象过程。随着全球联系日趋紧密,国家之间在经济、文化、政治、贸易等方面日趋互相依存。在多元文化中实现高效的管理,要求管理人员具备和不同文化背景员工的交流能力与处理各种政治要素、经济要素等影响因素的能力。多元文化管理是全球化背景下中国企业战略创新的着眼点。

3. 创新是从新思想的"产生—开发—商业化"的过程。创业是发现、创造和利用机会,组合生产要素,创立新事业的过程。成功的创业离不开创新,掌握创新管理和创业管理的科学方法,利于企业获得持久的竞争力。

4. 数字经济是指使用数字化的知识和信息为关键生产要素、以现代信息网络为重要载体、以信息与通信技术的有效使用为效率提升和经济结构优化的重要推动力的一系列活动。中国、美国、英国、印度等国家都把发展数字经济列为国家经济发展重要战略。企业的数字化转型包括营销转型、战略转型、供应链转型等。

5. 国有企业改革和经理人队伍建设、中国企业的国际化经营战略研究、转型环境下企业创新战略研究、企业文化管理或价值观管理研究、新技术背景下商业模式创新研究、企业伦理与社会责任研究是中国企业管理创新的问题着眼点。

 关键词汇

企业伦理(corporate ethics)

利益相关者(stakeholder)

社会责任(corporate social responsibility)

伦理责任(ethical responsibilities)

慈善责任(discretionary responsibilities)

文化(culture)

多元文化(multicultural)

权力距离(power distance)

不确定性规避(uncertainty avoidance)

个人主义(individualism)

男性主义(masculinity)

全球化(globalization)

区域性贸易集团(regional trading blocs)

跨文化管理(cross-cultural management)

全球管理(global management)

跨国公司(multinational corporation)

多国公司(multidomestic corporation)

全球公司(global company)

无国界组织(transnational or borderless organization)

创新管理(innovation management)

创业管理(exercises of entrepreneurship)
数字经济(digital economy)
数字化转型(digital transformation)
平台型企业(platform enterprises)

1. 企业应该如何履行企业社会责任？
2. 简述组织走向全球化需要经历的三个阶段。
3. 简述霍夫斯泰德文化差异的主要内容。
4. 简述全球化过程中组织管理者需要的具备的四个方面的职能。
5. 一个中国管理者，前往美国去管理一家位于肯塔基州的五星级酒店，他可能面临什么挑战？前往日本大阪的一个中国管理者则会面临哪些挑战？请给出合理的解释。
6. 简述渐进性创新和根本性创新的区别。
7. 什么是创业，创业者又是什么样的人群？
8. 概述创业管理和传统管理之间的区别。
9. 简述社会创业的特点。
10. 哪些因素会导致创业失败？哪些因素会助力创业成功？大学生在面对创业这一问题时，需要注意哪些方面的内容？请给出合理的解释。
11. 简述数字经济的内涵。
12. 数字经济给组织管理带来哪些机会和挑战？
13. 简述企业数字化转型的主要方面。
14. 在管理新环境下，中国企业应如何适应本土情境进行管理创新？

### 肆拾玖坊：变革时代的创业之路

2013年3月26日，联想移动2012财年业绩结算的最后一天，时任公司中国手机开放市场总经理的张传宗，一天之间打出了84个电话，亲自压出100多万台手机，以完成年度任务。打电话后，办公室已经没人了。开车回家的路上，这个联想老兵回想起当初高歌猛进的岁月，想到这个时代的变化，突然泪流满面。

张传宗，1994年从山东潍坊农村考入中国人民大学农业经济系，2001年获管理学硕士学位，同年加入联想集团。从市场部的基层员工干起，15年的时间内先后轮换过20多个岗位，做过五大区总经理，屡创佳绩，是联想渠道体系内的风云人物。2013年，受当时的联想移动业务总裁刘军召唤，调任联想移动。这次他发现情况不同了。一直以来，张传宗认为自己的成功秘诀是帮助别人、成就伙伴，而压货则是一种彼此的伤害，是实在不愿为之的。

世界怎么了？原来极具竞争力的经验和优势好像不起作用！耳边听到的都是关于小米、雕爷牛腩的故事。原来特别鲜活的、很有思想的、名牌大学毕业的那些同事，现在感觉不成长了。多数人都在困惑，有的盲目跨界，有的沉浸在纠结中，有的混迹在各种各样的培训课里，有的甚至自暴自弃。"难道我们这么快就老了？就要被时代淘汰了？"这种感触让他很难受。

2014年9月，张传宗去美国硅谷考察，同行路上一位朋友极力推广"众筹"概念，引发了他很大的兴趣。国庆假期之后，张传宗到贵阳开会，闲暇之余到茅台镇一游，获取了这样的信息：中国白酒是个5 000亿元的大市场，而且白酒业内的玩法依旧很传统，几乎没有几个真正的互联网"跨界打劫者"介入。现如今市面上流通的白酒常常价高物虚，标签上打着纯粮酒的许多名不副实，名酒假货层出不穷。2015年1月15日，朋友提供了一批原产自茅台镇的白酒，张传宗将同窗好友一起拉进了一个100人的微信群。然而，令张传宗没有想到的是：在短短两天之内，张传宗和群助理两个人仅凭这100人的微信群，就销售出了4 000多支白酒，并且还是无品牌、无标识、无包装盒的"三无产品"。最终，张传宗的这次"众筹实验"以10 000支白酒、25%左右的净利润完美收官。

这场"众筹实验"，张传宗总结为：除了个人多年在IT界积攒下的号召力，那支"神奇的白酒"也是功不可没。传统酒业利益链条冗长，中间渠道商分食一支酒的大半利润；更严重的是，中国白酒业内"公开的秘密"是：市面上流通的多数白酒是用食用酒精勾调香精、香料而来，但在包装标注上却一概都是水、高粱……。因此一般消费者无从鉴定是否是真的传统工艺粮食酒。这次成功的众筹实验，反映了食品安全危机和信任危机背景下消费者的主权意识，反映了人们对货真价实产品的巨大需求。

"众筹实验"的成功，触动了张传宗的商业神经。之后，他与一位从事白酒行业多年的朋友聊天，"众筹＋白酒"，带领IT老朋友们"跨界打劫"的思路出现了。2015年4月28日，张传宗将他多年在联想渠道体系内结交的各路豪杰拉了一个微信群，喊出了他多年来的创业梦想："共做创业真人秀，大家一同来众筹！"多年的工作经历使得张传宗在众筹股东的过程中如鱼得水，两天时间召集了40多位众筹股东，以5万元、10万元、20万元不等的众筹金额，筹集到500多万元初始资金。到2015年5月1日，资金基本集齐，之后陆续成立了董事会、监事会、执行机构，其间还找到了白酒界的三位"宗师"。2015年7月4日，肆拾玖坊召开了第一次股东大会。会议决定，肆拾玖坊要以互联网精神和两级股权众筹的模式来破局传统行业，并就公司文化达成共识如下。

宗旨：弘扬侠义精神，提升民族自信，寻回失落的中国经典文化。

愿景：做移动互联时代的新模式标杆企业，打造中产家庭的理想国。

核心价值观：平等、共享、极致、情怀。

宣传语：侠义新世界，互联醉生活。

肆拾玖坊的商业模式是基于宗式众筹的"坊式"商业模式，结合宗式众筹、社群经济和生态布局而成。宗式众筹集合了股权众筹、产业众筹和连锁众筹的模式。宗式众筹的魅力源自去中间化，众筹入股、建立分舵，以及扁平化管理。在这个模式中，人是资产，产品是入口，社群是商业模式。

凭借这种"打造众神"的宗式众筹模式，从2015年8月15日成立第一家分舵到2016年7月10日第39家分舵，再到2017年5月第65家分舵，不到两年时间，肆拾玖坊已经实现了全国除台湾地区外所有省（区、市），包括300多个地市的布局，股东人数达到6 000

多人,会员 30 多万名。肆拾玖坊开始实现了爆发式的裂变。肆拾玖坊在茅台镇和众筹界都已成为传奇。2016 年 12 月 29 日,创始人张传宗作为特邀嘉宾在 2017 年正和岛年会上分享肆拾玖坊股权众筹与社群经济案例。

张传宗认为,移动互联网带来了三个改变:第一,信息垄断被打破,口碑传播变得高效和重要;第二,每件事情都成为营销的环境,产品、包装、供应链、用户体验都是营销;第三,大数据使得精准、个性和交互成为可能。因此,社群经济成为肆拾玖坊的另一道"撒手锏"。建立社群,通过社群将精准的粉丝群体集结,打破了信息不对称。从产品到用户"去中间化"。肆拾玖坊已经建立了 2 000 多个社群,涵盖粉丝 30 余万名。在这些社群里,除了现有股东、潜在股东的日常沟通之外,他们经常会不定期地进行一些线上线下的讲座分享。张传宗亲自带头在股东群内分享,包括自己从 15 年"老联想"到新兴社群经济的转型心路、互联网思维的理解、共享经济时代的核心竞争力等。此外,肆拾玖坊允许并且提倡各位股东就自己的业务和经营心得在社群内进行分享。

"肆拾玖坊"这个名字是如何而来的呢?一方面是因为公司最初由 49 名股东众筹而来,更重要的是张传宗对整个肆拾玖坊产业布局的构想。在他的计划里,肆拾玖坊可以通过不同的"坊",来实现衣食住行各方面的生态布局。肆拾玖坊最终的目标群体是中年中产人群,围绕中产阶级的消费需求,酱香型白酒只是一个"入行"的拜门贴,未来会有茶、米等,优先解决食品安全问题,搞好消费升级。后面在很多方面都可以有所触及,逐渐完善产品品类、优化供应链条。

张传宗表示:未来,肆拾玖坊会形成一个集团,目标是形成 10 万名股东,每名股东来覆盖 100 个用户,覆盖 1 000 万户中产家庭。我们希望围绕中产阶级家庭,以众筹、社群的模式,布局吃喝玩乐、健康养老、学习教育、创业投资。我们希望尊重传统文化的创新,以社群经济为渠道构建起千万户中产家庭的连接,为他们提供健康安全的产品与服务。

资料来源:改编自王长斌、唐香香.肆拾玖坊:做有情怀的商业传奇[DB/OL].中国管理案例共享中心(2017 年全国百优案例).

**启发思考题**
1. 作为资深 IT 界经理人,张传宗成功跨界白酒行业创业的原因是什么?
2. 当今时代的管理环境有什么变化趋势?企业应如何回应?

## 本章推荐阅读资料:

1. 王俊.从生活世界到跨文化对话[J].中国社会科学,2017,10:47-69.
2. 刘海龙.企业社会责任理论研究的三个流派[J].中国非营利评论,2010,6:82-103.
3. [美]彼得·德鲁克.创新与企业家精神[M].蔡文燕,译.北京:机械工业出版社,2018.
4. 马化腾,孟昭莉,闫德利,王花蕾.数字经济:中国创新增长新动能[M].北京:中信出版集团,2017.
5. 陈佳贵.新中国管理学 60 年[M].北京:中国财政经济出版社,2009.

# 参 考 文 献

[1] [美]彼得·F.德鲁克.管理的实践[M].齐若兰,译.北京:机械工业出版社,2009.
[2] [美]斯蒂芬·P.罗宾斯,玛丽·库尔特.管理学[M].13版.刘刚,程熙镕,梁晗等,译.北京:中国人民大学出版社,2017.
[3] [美]哈罗德·孔茨,海因茨·韦里克.管理学:国际化与领导力的视角[M].精要版第9版.马春光,译.中国人民大学出版社,2014.
[4] [美]理查德·L.达夫特.管理学[M].11版.王蔷,译.北京:中国人民大学出版社,2017.
[5] [美]加雷思·琼斯,珍妮弗·乔治.管理学基础[M].黄煜平,译.人民邮电出版社,2004.
[6] [美]琼·玛格丽塔,南·斯通.什么是管理[M].李钊平,译.电子工业出版社,2003.
[7] [美]希尔,[澳]麦克沙恩,[中]李维安,周建.管理学[M].北京:机械工业出版社,2009.
[8] 杨杜.现代管理理论[M].2版.北京:经济管理出版社,2013.
[9] 邢以群.管理学[M].2版.北京:高等教育出版社,2011.
[10] 芮明杰.管理学现代的观点[M].3版.上海:格致出版社,上海人民出版社,2013.
[11] 朱舟,周健临.管理学教程[M].4版.上海:上海财经大学出版社有限公司,2017.
[12] 王利平.管理学原理[M].4版.北京:中国人民大学出版社,2017.
[13] [美]弗雷德里克·泰勒.科学管理原理[M].赵涛等,译.北京:电子工业出版社,2013.
[14] [美]迈尔斯.管理与组织研究必读的40个理论[M].徐世勇,等,译.北京:北京大学出版社,2017.
[15] [美]史密斯,希特.管理学中的伟大思想:经典理论的开发历程[M].徐飞,路琳,译.北京:北京大学出版社,2016.
[16] 徐淑英,任兵,吕力.管理理论构建论文集[M].北京:北京大学出版社,2016.
[17] 李平,杨政银,陈春花.管理学术研究的"知行合一"之道:融合德鲁克与马奇的独特之路[J].外国经济与管理,2018,40(12):28-45.
[18] [美]大卫 R 亨德森.决策的智慧[M].侯君,译.北京:机械工业出版社,2015.
[19] [美]罗杰·道森.赢在决策力[M].刘祥亚,译.重庆出版社,2010.
[20] [美]雷德·海斯蒂,罗宾·道森.不确定世界的理性选择:判断与决策心理学[M].2版.谢晓非,李纾等,译.人民邮电出版社,2013.
[21] Richard M.Cyert, Herbert A.Simon, Donald B.Trow. Observation of a Business Decision.[J]. Management Decision Making. L.A.Welsch, Ronald M.Cyert, eds. Harmondsworth, England: Penguin Books,1970.237-248.
[22] E.Dane, M.G.Pratt. Exploring Intuition and Its Role in Managerial Decision Making.[J].*Academy of Management Review* 32, no.1 (2007), pp.33-54.
[23] M.H.Bazerman, D.A.Moore. Judgment in Managerial Decision Making[M].7th ed. Hoboken, New Jersey: Wiley, 2008.
[24] A.W.Kruglanski and G.Gigerenzer. Intuitive and Deliberate Judgments Are Based on Common Principles.[J].*Psychological Review* 118 (2011), pp.97-109.
[25] J.A.Hicks, D.C.Cicero, J.Trent, C.M.Burton, and L.A.King. Positive Affect, Intuition, and Feelings of Meaning.[J].*Journal of Personality and Social Psychology* 98 (2010), pp.967-979.
[26] C.Akinci and E.Sadler-Smith. Intuition in Management Research: A Historical Review.[J]. *International Journal of Management Reviews* 14 (2012), pp.104-122.

# 参考文献
# REFERENCES

[27] [美]小阿瑟·A.汤普森.战略管理[M].段盛华,王智慧,于凤霞,译.13版.北京:中国财政经济出版社,2005.

[28] 任浩.战略管理——现代的观点[M].北京:清华大学出版社,2008.

[29] 徐飞.战略管理[M].4版.北京:中国人民大学出版社,2019.

[30] [美]埃德加·沙因.组织文化与领导力[M].4版.章凯,罗文豪等,译.北京:中国人民大学出版社,2014.

[31] 田俊国.赋能领导力[M].杭州:浙江人民出版社,2017.

[32] Ling Y, Simsek Z, Lubatkin M H, and Veiga J F. Transformational leadership's role in promoting corporate entrepreneurship: Examining the CEO-TMT interface.[J]. Academy of Management Journal,2008, 51(3)557-576.

[33] Hmieleski K M, Cole M S, and Baron R A. Shared authentic leadership and new venture performance.[J].Journal of Management,2012,1476-1499.

[34] Mayer D M, Aquino K, Greenbaum R L and Kuenzi M. Who displays ethical leadership, and why does it matter? An examination of antecedents and consequences of ethical leadership.[J]. Academy of Management Journal,2012,55,151-171.

[35] Demirtas O, Akdogan A A. The effect of ethical leadership behavior on ethical climate, turnover intention, and affective commitment.[J].Journal of Business Ethics,2015,130(1):59-67.

[36] Chughtai A, Byrne M, Flood B. Linking ethical leadership to employee well-being: The role of trust in supervisor.[J], Journal of Business Ethics,2015,128(3):653-663.

[37] [美]斯蒂芬·P.罗宾斯,玛丽·库尔特.管理学[M].13版.刘刚,程熙镕,梁晗等,译.北京:中国人民大学出版社,2017.

[38] 周三多,陈传明等.管理学:原理与方法[M].7版.上海:复旦大学出版社,2018.

[39] 邢以群.管理学[M].杭州:浙江大学出版社,2013.

[40] 谭力文,李燕萍.管理学[M].4版.武汉:武汉大学出版社,2014.

[41] 罗珉.管理学原理[M].2版.北京:科学出版社,2019.

[42] 康青.管理沟通[M].5版.北京:中国人民大学出版社,2018.

[43] 赵涛,齐二石.管理学[M].北京:清华大学出版社,2013.

[44] 李毅,周燕华,孙宇.管理学[M].北京:经济管理出版社,2013.

[45] 龚艳萍,陈卓,谢菊兰,谢笑春.手机冷落行为的前因、后果与作用机制[J].心理科学进展,2019,27(07):1258-1267.

[46] 周海萌.浅析领导方式与员工建言关系[J].中国管理信息化,2019,22(02):75-78.

[47] 杜旌,崔雨萌.未雨绸缪:变革前非正式信息对员工变革抵制意愿的影响[J].心理学报,2019,51(02):248-258.

[48] 廖建国.信息超载时代的用户信息素养[J].编辑之友,2015,(06):59-62.

[49] 魏加宁.危机与危机管理[J].管理世界,1994,000(006):53-59.

[50] 中华人民共和国财政部.企业内部控制基本规范[M].立信会计出版社,2008.

[51] [美]斯蒂芬.罗宾斯,[美]玛丽·库尔特.管理学[M].13版.刘刚,程熙镕,梁晗等,译.577页,北京:中国人民大学出版社,2017.

[52] 周三多等.管理学:原理与方法[M].7版.446页,上海:复旦大学出版社,2018.

[53] 方振邦,鲍春雷.管理学原理[M].1版.281页,北京:中国人民大学出版社,2013.

[54] [美]彼得·德鲁克.卓有成效的管理者[M].许是祥,译.167页,北京:机械工业出版社,2009.

[55] Otley D. The contingency theory of management accounting and control: 1980-2014.[J].

Management accounting research,31,(2016),45-62.

[56] Langfield-Smith K. Management control systems and strategy: a critical review, Accounting, organizations and society.[J]. 22,2(1997),207-232.

[57] [美]海伦·德雷斯凯.国际管理：跨国与跨文化管理[M].英文版·2版.宋丕丞,译.126-141页,北京：中国人民大学出版社,2017.

[58] 陈晓萍.跨文化管理[M].3版.32页,北京：清华大学出版社,2017.

[59] [美]海伦·德雷斯凯.国际管理：跨国与跨文化管理[M].8版.周路路,赵曙明,译.107-113页,北京：中国人民大学出版社,2015.

[60] [美]莉莲·钱妮,珍尼特·马丁.跨文化商务沟通[M].6版.张莉,王伊芹,译.北京：中国人民大学出版社,2014.05.

[61] [美]戴维·迈尔斯.社会心理学[M].11版.侯玉波,乐国安,张智勇等,译.北京：人民邮电出版社,2016.

[62] 王东京.经济全球化与中国的经济结构调整[J].北京：管理世界,2017,5：1-6.

[63] 卡罗尔,巴克霍尔茨.企业与社会：伦理与利益相关和管理[M].黄煜平等,译.北京：机械工业出版社,2004.

[64] 王振,等著.全球数字经济竞争力发展报告（2019）[M].北京：社会科学文献出版社,2019.

[65] 马化腾,等著.数字经济：中国创新增长新动能[M].北京：中信出版集团,2017.

[66] Clarkson M. A Stakeholder Framework for Analyzing and Evaluating Corporate Social Performance.[J].Academy of Management Review,1995：20(1)：92-117.

[67] McWilliams A, Siegel D. Corporate Social Responsibility：A Theory of The Firm Perspective.[J]. Academy of Management Review,2001：26(1)：117-127.

[68] Carroll A B. A Three-dimensional Conceptual Model of Corporate Performance.[J].Academy of Management Review,1979,4(4)：497-505.

[69] Bird A, Mendenhall M.E. From cross-cultural management to global leadership：Evolution and adaptation.[J].Journal of World Business,2016：51：115-126.

[70] Wu, X.Y. Influence of job stress on job satisfaction among younger bank employees in China：The moderating role of guanxi-oriented attitude. [J]. Chinese Management Studies,2020：14（1）：257-273.

[71] Guan, Y.J. Deng, H. & Zhou, X.Y. Understanding the impact of the COVID-19 pandemic on career development：Insights from cultural psychology.[J].Journal of Vocational Behavior,2020(6)：1-5.

[72] 许晖,王琳,张阳.国际新创企业创业知识溢出及知识整合机制研究——基于天士力国际公司海外员工成长及企业国际化案例[J].管理世界,2015,6：141-188.

[73] 武晓宇.银行从业人员压力研究与管理[M].北京：人民邮电出版社,2020.4.

[74] 刘畅唱,贾良定,李珏兴,刘德鹏,杨椅伊.经验开放性对跨文化管理有效性的作用机制[J].心理学报,2016,48(10)：1326-1337.

[75] 王东京.经济全球化与中国的经济结构调整.管理世界[J].2017(5).

[76] [美]海伦·德雷斯凯.国际管理：跨国与跨文化管理[M].8版.周路路,赵曙明主译.北京：中国人民大学出版社,2015.

[77] [美]约翰·贝赞特,乔·蒂德：创新与创业管理[M].牛芳等,译.北京：机械工业出版社,2013年.

[78] [美]阿玛尔·毕海德.创业精神[M].北京新华信商业风险管理有限责任公司,译校.北京：中国人民大学出版社,2000.

[79] 王振.全球数字经济竞争力发展报告(2018)[M].北京:社会科学文献出版社,2018.
[80] 卡罗尔,巴克霍尔茨.企业与社会:伦理与利益相关和管理[M].黄煜平等,译.北京:机械工业出版社,2004.
[81] 杜传忠,郭树龙.经济转轨期中国企业成长的影响因素及其机理分析[J].中国工业经济.2012年11月第11期.
[82] 陈小洪等.共生共长:中国环境演变对企业管理的影响[M].机械工业出版社,2011年6月.
[83] 杨国枢,黄光国,庄仲仁主编.中国式的管理:科际性的探讨[M].台北:国立台湾大学,1984.

# 教学支持说明

▶▶ 课件申请

尊敬的老师:

您好!感谢您选用清华大学出版社的教材!为更好地服务教学,我们为采用本书作为教材的老师提供教学辅助资源。该部分资源仅提供给授课教师使用,请您直接用手机扫描下方二维码完成认证及申请。

任课教师扫描二维码
可获取教学辅助资源

▶▶ 样书申请

为方便教师选用教材,我们为您提供免费赠送样书服务。授课教师扫描下方二维码即可获取清华大学出版社教材电子书目。在线填写个人信息,经审核认证后即可获取所选教材。我们会第一时间为您寄送样书。

任课教师扫描二维码
可获取教材电子书目

 清华大学出版社

E-mail: tupfuwu@163.com　　　　　　网址: http://www.tup.com.cn/
电话: 010-83470332 / 83470142　　　　传真: 8610-83470107
地址: 北京市海淀区双清路学研大厦B座509室　　邮编: 100084